일본 조몬 고고학

일본 조몬 고고학

하부 준코 지음 / 강봉원 옮김

사회평론

한강문화재연구원 학술총서 4

일본 조몬 고고학

2016년 11월 5일 초판 1쇄 인쇄
2016년 11월 11일 초판 1쇄 발행

지은이 하부 준코
옮긴이 강봉원
펴낸이 윤철호·김천희
펴낸곳 (주)사회평론아카데미
편집 고인욱·고하영
표지 디자인 김진운
본문 디자인 디티피하우스
마케팅 정세림·남궁경민

등록번호 2013-000247(2013년 8월 23일)
전화 02-2191-1133
팩스 02-326-1626
주소 03978 서울특별시 마포구 월드컵북로12길 17(1층)

ISBN 979-11-85617-87-9 93900

일본 조몬 고고학

하부 준코(羽生淳子)는 일본 조몬시대(繩文時代, 대략 BC 14,500-300)의 고고학에서 최근의 발전을 설명하고 새로운 분석을 제시한다. 대부분의 선사시대 토기를 사용하던 민족들과는 달리, 조몬인들은 수렵-채집민이었던 것으로 생각된다. 식물재배의 흔적이 존재하지만 조몬 유적지로부터 수거된 재배종자들 중에서 주 식량자원으로서 사용되었을 것으로 여겨지는 것은 하나도 없다. 높은 유적 밀집도, 식량저장, 그리고 원거리무역 또한 조몬시대를 특징짓는 것들이다. 수렵-채집 문화와 행위를 생태 모델로 사용하는 하부는 생업-취락, 제의, 수공업과 무역을 포함한 조몬문화의 다양한 양상을 고찰하고 수렵-채집민의 문화 복합성에 있어서 장기간의 변화에 대한 모델을 제시한다. 이 같은 종합적인 분석에서 하부 준코는 이 10,000년 동안의 일본 선사시대와 나중의 수렵-채집민 사회에 대한 대부분 일본인들의 학설과 현대 과학적 논쟁 사이의 간극을 메울 수 있도록 돕는다. 이러한 것들은 학생들과 연구자들에게 모두 무한한 가치가 있음을 증명할 것이다.

하부 준코는 캘리포니아 버클리대학 인류학과 부교수이다. 그는 일본과 북아메리카 두 지역에서 야외조사를 수행해 오고 있다. 그의 출판물은 『일본 전기 조몬시대의 모로이소(諸磯) 분기에서 생업-취락체계와 유적지 간의 다양성(*Subsistence-Settlement Systems and Intersite Variability in the Moroiso Phase of the Early Jomon Period of Japan*)』등 선사시대에 관한 국제적 단행본(2001)들이 있다.

『초기 사회들의 사례연구』

시리즈 편집자: 리타 P. 라이트(Rita P. Wright), 뉴욕대학교(New York University)

이 시리즈는 학생들에게 지속적인 고고학적 연구의 주제가 되어 오고 있는 초기 사회들을 소개하는 데 목적을 두고 있다. 각 연구는 또한 진행 중에 있는 고고학적 분석의 현대 방법을 논증하도록 고안되어 있으며 모든 저자들은 전문가들로서 현재 야외조사 중에 있다. 이 교과서들은 동일한 기본적인 주제의 상당부분을 다루도록 기획되어 오고 있다. 장기간의 발전을 추적하고 한 지역의 선사시대 혹은 역사시대로 구별되는 부분을 묘사하고 분석함으로써 비교분석을 위한 무한한 가치가 있는 수단을 보여 준다. 명료하고, 잘 조직되어 있고, 신뢰성이 있으며 간명하여 이 사례연구들은 학생들과 인류학, 민족역사학, 역사 및 정치학과 같은 동반 분야의 학자들에게 중요한 자원이다. 또한 이 연구들은 일반 독자들이 중요한 고고학 유적지에 접근할 수 있도록 소개한다.

이 시리즈에 포함되어 있는 다른 책 제목:

1. 『고대 메소포타미아(*Ancient Mesopotamia*)』
   수잔 폴락(Susan Pollock)
2. 『고대 와하카(*Ancient Oxaca*)』
   리챠드 E. 블랜튼(Richard E. Blanton), 개리 M. 파인만(Gary M. Feinman),
   스테픈 A. 코왈르스키(Stephen A. Kowalewski), 린다 M. 니콜라스(Linda M. Nicholas)
3. 『고대 마야(*Ancient Maya*)』
   아써 디마레스트(Arthur Demarest)

일본과 세계 고고학 간의 적극적인 교류의 중요성을

내게 처음으로 가르쳐 주신

스즈키 키미오(鈴木公雄) 교수님께

감사의 글

필자가 이 책의 모양을 갖출 수 있도록 많은 사람들과 기관들이 도와 주었다. 첫째, 초기 사회 시리즈 사례연구의 편집인인 Rita Wright에게 그녀의 따뜻한 격려와 건설적인 평을 해 준 데 대해 감사드린다. 그가 없었더라면 필자는 결코 이 책을 완성하지 못했을 것이다. 또 Simon Whitmore와 Jessica Kuper에게도 그들의 사려 깊은 편집상의 도움과 인내심에 대해 감사드린다. Ken Ames, Meg Conkey, John Daehnke, Clare Fawcett, Ben Fitzhugh, Tim Gill, Mark Hall, Holly Halligan, Kari Jones, Mio Katayama, 김민구, Patrick Kirch, John Matsunaga, Paolo Pellegatti, James Savelle, Tanya Smith, 鈴木公雄, 그리고 익명의 심사자, 이 책의 초기 원고의 일부 혹은 전부를 읽은 모든 이들과 내게 귀중한 평과 제언을 주신 분들에게 심심한 사의를 표한다. 이 책은 또 Kent Lightfoot와 小山修三와의 토론에서 도움을 받았다. Chih-hua Chiang, Jeffrey Huang, Silvia Huang, Aaron Newton, Caroline Ogasawara, Derek Shaw와 Martin Sedaghat이 도면 작업에서 필자를 도왔다. John Daehnke, Mariko Idei, 그리고 Mio Katayama는 참고문헌 정리를 하는 데 필자를 도와 주었고 그리고 Brian Chen, Melodi McAdams, Theresa Molano, 그리고 Gabe Rodriguez는 필자가 색인 정리하는 것을 도왔다. 필자는 또 사진과 도면을 재사용할 수 있도록 허락하였거나 혹은 원본을 제공한 아래의 개인과 기관들에게 심심한 감사의 마음을 표하고 싶다. 安孫子昭子; 아나카시(安中市) 교육위원회, 아오모리현 교육청 문화과, 치토세시(千歳市) 교육위원회, 고토 신수케, 하치노해시(八戸市) 조몬학습관, 히라카정(平賀町) 공동사료관, 이치하사마정(一迫町) 교육위원회, 今村峰雄, 稻野彰子, 稻野裕介, 가미키타정(上北町) 역사민족사료관, 가리야시(刈谷市) 교육위원회, 기타카미시(北上市) 교육위원회, 기타쿠(北区) 교육위원회, Daisuke Kodama, 고단사 (講談社), 국립 역사민족박물관, 미에현(三重縣) 매장문화재 센터, 松本直子, 나가노(長野) 현립 역사관, 노토정(能登町) 교육위원회, 오다이야마모토(大平山元) I 유적 학술조사단, 大塚和義, 오야비시(小矢部市) 교육위원회, Prism and Co., 리쿠젠다카다시(陸前高田市) 교육위원회, 佐々木勝, 芹澤長介, 토가리시(茅野市) 고고관, 도호쿠(東北) 역사박물관, 도카마치시(十日町市) 박물관, 도쿄 국립박물관, 그리고 도리데시(取手市) 매장문화재 센터. 마지막으로 필자는 Koji와 Makiko Habu, Akiko Idei, Mariko Idei, 및 Mark Hall에게 그들의 사랑, 성원, 그리고 격려에 감사드리고자 한다.

한국어판 서문

『일본 조몬 고고학(*Ancient Jomon of Japan*)』은 2004년 캠브리지대학 출판부에서 출판되었는데, 일본열도의 조몬(繩文)시대(약 1만 6,000-2,500년 전)를 연구한 책입니다. 영미 수렵채집민 연구에서의 생태학 이론을 종축으로 하고, 현대 사회·정치 정세와 고고학과의 관계를 횡축으로 하여 조몬시대를 논한 이 책을 쓴 첫 번째 목적은 일본 고고학과 세계 고고학 연구 간에 교량역할을 하는 것이었습니다. 이 책이 사회평론아카데미 출판사를 통해, 경주대학교의 강봉원 교수님께서 번역해 주셔서 한국어판으로 출판된다는 사실에 저는 무척이나 기쁩니다.

이 책에서 사용한 collecter와 forager 모델은 과거의 환경과 생업·취락·사회 시스템과의 상호작용이라는 시점에서 수렵채집민의 문화와 생활의 특징을 다루고 있습니다. 이 책이 출판된 지 12년이 흘렀고 조몬시대에 관한 고고학 자료가 더욱 증가하였습니다만, 선사시대 소규모 사회를 논할 때 이러한 생태학적 모델이 유효하다는 점에서는 변함이 없다고 생각합니다.

이 책의 또 하나의 이론적 기둥인 조몬 고고학과 현대사회와의 관계에 대해서는 과거 10년 남짓 동안 큰 변화가 있었습니다. 일본에서는 2000년대 초반부터 긴급발굴조사 수와 그에 따른 비용이 크게 감소하였고, 자연히 조몬 고고학의 초점과 그 사회적 의의도 앞으로 크게 변화할 것이라고 예측됩니다.

한반도의 선사시대, 특히 빗살무늬토기문화와 일본열도 조몬문화의 사이에는 다양한 상이점이 있습니다만, 토기를 가진 수렵·채집·어로문화라는 공통점도 많습니다. 또한 대규모 토지개발에 따른 긴급발굴의 성과가 학술연구에 큰 영향을 미치는 점도 한국과 일본 고고학에서 공통됩니다. 그런 점에서 이 책이 앞으로 한국과 일본의 고고학을 전공하는 연구자들 간의 교류에 일조할 수 있기를 바랍니다.

재작년 가을에 저는 한국 국립중앙박물관의 초청을 받아, 서울과 그 주변을 방문하고 빗살무늬토기문화~청동기시대 유적을 견학할 기회가 있었습니다. 춘천의 거대한 청동기시대 취락·제사유적을 방문했을 때 만나 뵌 한강문화재연구원의 신숙정 원장님께서 노력해 주신 덕분에 이 책의 한국어판이 간행될 수 있었습니다. 번역 기획에서부터 문헌목록 교열에 이르기까지 열의를 가지고 임해 주셨던 신숙정 원장님과 번역해 주신 강봉원 교수님, 그리고 이 두 분과 함께 일할 수 있는 기회를 만들어 주신 국립중앙박물관의 김영나 전 관장님, 방문 스케줄을 조정·담당해 주신 문화교류홍보과의 김연신 님을 비롯한 박물관 관계자분들께 마음으로부터 감사의 말씀을 전합니다.

2016년 10월 17일

미국 캘리포니아 주 버클리에서

하부 준코(羽生淳子)

韓国語版への序文

*Ancient Jomon of Japan*は、2004年にケンブリッジ大学出版会から出版された、日本列島の縄文時代（約16000～2500年前）の研究を扱った本です。英米の狩猟採集民研究における生態学の理論を縦軸として、現代の社会・政治情勢と考古学の関わりを横軸として縄文時代を論じたこの本を書いた第一の目的は、日本考古学と世界の考古学研究との橋渡しでした。ですから、この度、社會評論社より、慶州 大学のGang Bong Won教授のご翻訳により、この本の韓国語版が出版されることは、たいへん嬉しいことです。

この本で用いたコレクターとフォレジャーのモデルは、過去の環境と生業・集落・社会システムとの相互作用という視点から、狩猟採集民の文化と生活の特徴を扱っています。この本の出版から12年たち、縄文時代に関する考古学資料はさらに増加しましたが、先史時代の小規模社会を論じる際の、このような生態学的モデルの有効性には変わりはないと考えています。

この本のもう一つの理論的な議論の柱である縄文考古学と現代社会との関係に関しては、過去10年余りで大きな変化がありました。日本では、2000年代のはじめより緊急発掘調査の数とそれに伴う費用が大きく減少しており、それに伴い、縄文考古学の焦点とその社会的意義もこれから大きく変化することが予測されます。

韓半島の先史時代、特に櫛文文化と日本列島の縄文文化の間には、様々な相違点がありますが、土器をもつ狩猟・採集・漁撈文化としての共通点も多くあります。また、大規模な土地開発に伴う緊急発掘の成果が学術研究に大きな影響を与えてきている点は、韓国と日本の考古学に共通します。この本が、韓国と日本の考古学を専門とする研究者間の今後の交流の一助となれば幸いです。

一昨年の秋に、私は、韓國國立中央博物館のお招きにより、ソウルとその近辺を訪問し、櫛文文化～青銅器時代の遺跡を見学する機会がありました。春川の巨大な青銅器時代の集落・祭祀遺跡を訪問した際にお会いした、Hangang Institute of Cultural HeritageのShin Sook Chung博士のご尽力により、この本の韓国語版が刊行されることになりました。翻訳の企画から文献目録校閲にいたるまで熱意を持って当たってくださったShin博士と翻訳者のGang教授、そしてお二人と仕事をするきっかけを作ってくださった韓國國立中央博物館前館長のKim Youngna博士と、訪問のスケジュール調整を担当してくださった文化交流弘報科のKim Yeonshin氏をはじめとする博物館の皆様に、心からの感謝をささげます。

2016年10月17日

アメリカ合衆国カリフォルニア州バークレーにて

羽生淳子

차례

제IV부 논의 및 결론

그림 목록

표 목록

일러두기

1. 본서는 일본 고고학 내용을 다루지만 영어로 작성되어 있어 일본의 인명, 지명, 유적명 등의 고유명사를 모두 영어 발음으로 바꾸어 놓아 이를 국립국어원의 외래어표기법에 준하여 한글로 표기하였고 처음 나올 때 한 번만 원어(일어 혹은 서양어)로 표기하였다. 다만 괄호 속 출전에만 나오는 인명은 예외이다. 본문에 등장하는 일본 인명과 지명을 부록에 정리하였다.

2. 본문의 괄호 속에 한자로 된 출전 표시를 제외하고 문장에 인명이 나올 때 한글로 표기하였다.

3. 중국의 인명, 지명이 많지는 않지만 우리말과 한자음으로 표기했고 한자를 병기하였다. 한자 표기가 불가능한 인명의 경우 영어를 그대로 두었다.

4. 미국의 인명과 지명도 외래어표기법에 준하여 한글로 표기하였고 처음 언급할 때만 영어를 병기하였다. 기타 외국어도 이와 동일하다.

5. 조몬은 繩文 혹은 繩紋 두 가지가 주로 사용된다. '繩文'으로 통일하지만 참고문헌에서 논문 제목으로 '繩紋'이 사용되었거나 특별한 경우는 '繩紋'을 사용하였다.

6. 일본해(Japan Sea)는 동해(East Sea)로 통일한다. 단, 일본열도를 기준으로 태평양쪽 지역을 일컫는 東海지역이 존재하므로, 이 경우는 일본어 표기법대로 도카이로 통일하여 구분한다.

7. 본문과 참고문헌에서 단위가 틀리게 표기되어 있는 경우(예, m³이 m²로 표기), 이를 바로잡았다.

8. 영어권의 고고학 학술잡지에는 주를 전혀 달지 않는 경우가 원칙이다. 본서에도 주는 원래 하나도 없지만 번역을 하는 과정에서 독자의 이해에 필요하다고 생각되는 부분에 역자가 미주를 달았다.

9. 참고문헌 중의 일부는 본문에 제시되지 않은 것으로 이들은 참고문헌 목록에서 제외되는 것이 원칙이다. 그러나 독자들이 이 논저들도 참고할 수 있도록 배려한다는 차원에서 삭제하지 않고 역주를 달아 표기해 두었다.

제1부 개관

제1장 서언

이 책의 목적과 범위

조몬토기 생산의 전통은 시간적으로 훨씬 더 거슬러 올라가 대략 1만 6,500년 전까지 간다(미보정 연대로는 13,780 bp). 이것이 조몬인들로 하여금 세계에서 최초로 부드러운 진흙을 단단하고 내구성 있는 용기로 변형할 수 있는 기술을 터득하도록 한 것이다.

"조몬"은 선사시대의 문화로서 1만여 년 전에 일본열도에서 번성하였던 시대를 가리키는 명칭이다. 조몬시대(繩文時代)는 구석기시대 다음에 오며 농경의 야요이시대 (弥生時代)보다는 앞선다. 대부분의 선사시대 토기를 사용하는 민족들과는 달리 조몬시대 사람들은 주로 수렵-채집-어로인이었던 것으로 상정되어 오고 있다.

토기의 예술적 정교함이 이 복합 수렵채집민 문화의 한 가지 유일한 양상이다. 많은 발굴조사로부터 몇몇의 조몬취락 지역의 규모가 엄청나서 현대의 야구장만큼 크다는 것을 우리는 알고 있다. 실제로 그런 유적 하나가 북일본에서 야구장을 건설하는 과정 중에 발견되었다(그림 1.1; 또 4장을 보기 바람). 조몬인들은 또한 흑요석과 옥제 유물이 포함된 광범위한 교역망과 연계되어 있었다. 이 발견물들은 초기 선사시대 수렵채집민 문화의 측면에서 놀랄 만한 것이고, 또 그것들은 인류 역사상 문화적 복합성의 발전에 대한 우리들의 이해에 귀중한 정보를 제공한다.

이 책은 조몬인들의 삶과 문화에 관한 것으로 음식, 취락, 무덤, 예술, 그리고 공예가 포함되어 있다. 본서의 출판은 최근 많은 발굴 건수를 감안하면 아주 시의적절하다. 지난 수십 년 동안 수많은 조몬 유적지들이 일본 정부의 다양한 수준의 체계적인 예산

그림 1.1 조몬 전기 및 중기 아오모리현 산나이마루야마(三内丸山) 유적의 발굴(青森県教育庁文化課 1996b: ii; 아오모리현 교육청 문화과로부터 게재 허락을 받음)

지원에 의해 발굴조사되어 오고 있다. 이러한 발굴조사 결과는 보통 출간된 보고서의 형태로 이용할 수 있다. 이러한 구제발굴조사의 많은 부분이 규모면에서도 상당히 커서 종종 수만m²의 면적에 이른다.

이 발굴조사들은 구제(救濟) 연구과제이기 때문에 종종 제한된 연구 전략하에 수행된다. 통상, 제한된 시간과 예산이 주요 문제점이다. 그럼에도 불구하고 엄청난 양의 자료를 가질 수 있다는 이점이 이들 제약상의 불리한 점을 훨씬 능가한다. 예를 들면, 일본은 출판된 발굴보고서 기록물 연구를 통해서 지역적 취락유형 분석이 가능한 세계 몇 나라 중의 하나다.

이러한 괄목할 만한 양상과 앵글로 아메리칸 고고학자들(즉, 미국, 캐나다, 영국, 오스트레일리아, 그리고 뉴질랜드를 포함한 영어권 국가들에 있는 고고학자들) 사이에 조몬문화에 대한 강한 관심이 있음에도 불구하고 조몬 고고학은 영어권의 사람들에게 비교적 적게 소개되고 있다. 이러한 현상은 조몬에 관한 대부분의 고고학 출판물이 일본어로 작성되어 있기 때문이다.

필자의 목적은 이 책에서 일본 고고학과 앵글로 아메리칸 고고학의 학문적 전통 사이에 있는 간극을 연결시켜 주는 것이다. 처음에는 일본에서 그리고 나중에는 북미에서 교육을 받은 일본인 고고학자로서 필자는 조몬시대의 연구가 세계 선사시대 수렵채집민들의 행태와 다양성의 이해에 크게 기여할 수 있다고 믿는다. 동시에 필자는 일본인들과 다른 고고학적 전통 사이에 활발한 상호 교류가 조몬문화의 이해를 향상시키는 데 중요하다고 확신한다. 이 목적을 달성하기 위하여 조몬문화 발전의 조건, 원인, 그리고 결과에 대한 연구가 생업, 취락, 제의, 공예, 그리고 교역을 포함한 조몬문화의 다양한 구성 요소들의 분석을 통해 제시하고자 한다.

이 책에서 조몬 자료에 적용된 이론 및 방법론적 접근의 상당 부분이 비록 앵글로 아메리칸에 기원을 둔 것이기는 하지만 필자는 이들 이론 및 방법론적 접근이 일본 고고학의 그것들보다 더 나은 것이라고 제시할 의도는 없다. 오히려 이 책에서 필자는 다른 접근 방법을 택하는 것이 조몬문화의 또 다른 모습을 보여 줄 수 있다는 것을 주장하고자 한다. 이것은 어쩌면 구 자료의 새로운 해석과 두 학문적 전통의 각각으로부터 고고학자들에 의해 채택된 다양한 접근 방법들의 이점과 한계에 대한 논의를 유발시킬 수 있다.

이 책에서 다루어진 지리적 범위는 일본열도 네 개의 주요 섬(홋카이도[北海道], 혼슈[本州], 시코쿠[四國], 규슈[九州])과 이들 네 섬 가까이에 있는 작은 섬들이 포함된다(그림 1.2). 비록 이 네 개의 섬이 일본의 현재 영역의 주요한 부분을 이루고 있지만 이 책에서 필자는 조몬시대를 묘사할 때 가능하면 "일본" 혹은 "일본인"이라는 단어를 피하고자 하였다. 왜냐하면 조몬시대는 고대 일본국 형성 이전의 시기이기 때문이다("일본"과 "일본인"의 개념에 대한 비판적 논의에 대해서는, 예를 들면, 網野善彦 1997을 보기 바란다). 조몬시대의 문화/사람과 현대 일본인들의 문화/사람과의 관계는 2장의 마지막 부분에서 논의된다. "일본"이라는 단어가 이 책의 제목 "일본 조몬 고고학"에 붙어 있는 것은 오로지 단순함을 위해서이다.

"일본"이라는 단어는 필자가 지역 단위로 "동부 일본"과 "서부 일본"을 거론할 때도 사용된다. 일본인의 관행에 따라 "동부 일본"은 일본열도의 동북 절반(홋카이도[北海道], 도호쿠[東北], 간토[關東], 주부[中部], 호쿠리쿠[北陸], 그리고 도카이[東海] 지역)을 가

그림 1.2 일본의 현과 지역

리키는 반면, "서부 일본"은 서남부 절반(긴키[近畿], 주고쿠[中國], 시코쿠[四國], 그리고
규슈[九州] 지역)을 가리킨다.

상자 1 **조몬 고고학에 대한 영어로 작성된 출판물**

조몬 연구에 대한 최근의 상황을 종합적으로 제공하는 영어로 작성된 출판물은 극히 적은 수에 불과하다. 일본 고고학에 대한 비교적 많은 수의 책이 출판되기는 했지만(예, Aikens and Higuchi 1982; Aikens and Rhee 1992; Akazawa and Aikens 1986; Barnes 1993; Chard 1974; Groot 1951; Hudson 1999; Kidder 1968; Mizoguchi 2002; Pearson 1992; Pearson et al. 1986a), 대부분이 1980년대 혹은 그 이전에 간행되었거나 혹은 조몬시대에 대해 오직 한정된 수의 장(章)만 실려 있다. 몇 개의 예외적인 것들 중의 하나가 이마무라 케이지(Imamura 1996)의 *Prehistoric Japan*이다. 이 책에서 이마무라는 조몬 연구(Habu 1999를 보기 바람)의 강조와 더불어 일본 선사 고고학의 최근 연구 결과를 훌륭하게 요약하고 있다. 그러나 강점이 있음에도 이 책은 세계 고고학의 맥락에서 조몬 연구의 이론 및 방법론적 의미에 대한 논의가 지극히 제한적이다.

세계 고고학의 맥락에서 조몬 연구의 이러한 고립의 일부분은 조몬 고고학의 연구 결과들이 주로 일본 내에서 일본어로 출판되고 있다는 사실에 기인한다. 심지어 1970년대 이전에 이용 가능한 자료의 양이 비교적 적을 때 조몬 고고학의 연구 결과를 비(非)일본 언어로 발표하는 것도 어려운 과제였다. 오늘날 학문적인 그리고 대중적인 두 가지 형태에 있어서 출판된 발굴 기록의 수가 엄청나기 때문에 조몬 고고학의 연구 결과를 간명하게 요약하는 것이 거의 불가능할 것으로 보인다. 동시에 이론과 방법론적 접근의 차이는 일본과 다른 고고학적 전통과의 활발한 교류를 어렵게 만든다(Habu 1989a). 한편, "역사로서 고고학"의 전통에서 교육을 받은 많은 일본 고고학자들은 조몬을 포함한 일본의 선사문화가 역사적으로 독특하다고 느낀다. 결과적으로 그들은 다른 선사문화와의 직접적인 비교가 조몬 자료를 해석하는 데 별로 도움을 주지 못한다고 믿고 있다(예, 穴沢咊光 1985). 다른 한편, 조몬 고고학에 관심을 가지고 있는 많은 비일본인 고고학자들은 일본 연구자들의 문화–역사적 그리고/혹은 경험주의적 연구 방향뿐만 아니라 그들에 의해 창안된 토기 분류에 대한 지나친 강조 때문에 실망한다. 이러한 실망은 북미 및 영국 고고학자들(예, Barnes and Okita 1999를 보기 바람; 또 Bleed 1989를 보기 바람)에 의해 출판된 논고에서 특히 눈에 띈다.

이론적 접근

이 책은 위에서 언급한 목적을 달성하기 위해 두 가지 다른 이론적 접근법을 사용한다. 첫째, 생태적 모델의 관점에서 수렵채집민들의 문화적 복합성을 분석한다. 둘째, 고고학적 실습은 그것이 수행되는 사회적 맥락으로부터 유리되지 않는다는 것을 인지한다.

수렵-채집 문화 복합성에 대한 생태학적 접근:
정주저장형 수렵채집민(collector)—이동형 수렵채집민(forager) 모델

이 책에서 채택된 첫 번째의 이론적 관점은 "이 환경과의 관계라는 점에서 자연과 사회환경 내에서의 문화 행태의 연구"라고 간단히 정의되는 생태인류학에서 가져온 것이다(Jochim 1979: 77-78). 특히, 이 책은 빈포드(Binford 1980; 1982; 1983; 1990)에 의해서 개발된 생태학에 기초를 둔 모델인 정주저장형 수렵채집민(定住貯藏型狩獵採集民)—이동형 수렵채집민(移動型狩獵採集民) 모델[1]을 사용한다. 이 모델은 자원의 분포, 생업활동과 취락유형 간의 직접적인 관계의 존재를 상정한다.

이 모델에 의하면 수렵채집민들의 생업-취락의 체계는 다음과 같이 두 가지 기본 형식으로 나눌 수 있다. (1) 이동형 수렵채집민 체계로 높은 거주지 이동성을 특징으로 하는 것과 (2) 정주저장형 수렵채집민 체계로 낮은 거주지 이동성을 특징으로 하는 것이 그것이다.

〈그림 1.3〉은 이동형 수렵채집민의 주요 특징을 보여 주고 있다. 자원의 분포가 동질성인 환경에서 수렵채집민들은 그들의 거점취락 인근에서 매일의 식량과 다른 필요한 자원을 획득하는 경향이 있다. 매일 자원을 획득하는 구역을 *채집구역*이라 부른다. 채집구역의 반경은 10km 정도이거나 걸어서 두 시간 걸리는 거리이다. 이 모델에서는 채집민들이 채집구역 내에서 식량이 고갈되었을 때 거점취락을 새로운 곳으로 이동하는 것이 예상된다. 식량 저장고의 부재가 이동형 수렵채집민 체계의 특징이다. 〈그림 1.4〉는 남아프리카 칼라하리(Kalahari) 사막의 구이 산(G/wi San)족[2]의 자료를 이용하여 이동형 수렵채집민들의 연중 거주지 이동의 예를 보여 준다.

이동형 수렵채집구역
반경 대략 10km

★ = 거점취락
✕ = 생업활동(식료 및 연료 등) 장소

그림 1.3 이동형 수렵채집민 체계의 특징

이 예에서 일 년에 총 아홉 번의 거주지 이동이 발생한다. 민족지적 자료에 의하면 이동형 수렵채집민들은 일 년에 다섯 번에서 마흔다섯 번까지 그들의 거점취락을 옮긴다고 한다(Binford 1980: 7).

이동형 수렵채집민들에 비해 정주저장형 수렵채집민들은 더 정주적이다. 〈그림 1.5〉는 정주저장형 수렵채집민 체계의 주요 특징을 보여 준다. 주요 자원이 공간적 그리고/혹은 계절적으로 고르지 않을 때 수렵채집민들은 그들의 생업활동을 저장용 식료보급형(貯藏用食料補給形, logistically)[3]으로 조직하는 경향이 있다. 즉, 채집지구 내에서 매일 식량 채집 활동을 하는 것에 더하여 정주저장형 수렵채집민들은 외부에 위치하고 있는 채집지구[貯藏用食料補給地區, logistical zone]에서 식량자원을 획득할 수 있도록 특수 임무 수행 집단을 보내서 식량을 가져오게 한다. 식량 저장이 정주저장형 수렵채집민들의 생계전략에 중요한 부분이다. 〈그림 1.6〉은 알래스카 누나미웃(Nuna-miut)의 자료를 이용하여 정주저장형 수렵채집민들의 취락유형의 예를 보여 준다. 그

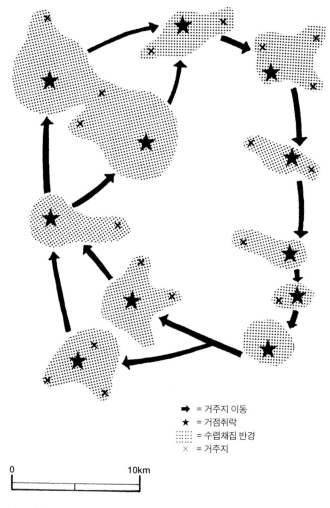

= 거주지 이동
★ = 거점취락
▒ = 수렵채집 반경
× = 거주지

0   10km

그림 1.4 이동형 수렵채집민 취락유형의 도식 표(Binford 1980: 6에서 수정 및 다시 그림)

림에서 보이는 대로 대부분의 정주저장형 수렵채집민들은 일 년에 단 몇 번만 그들의 거점취락을 옮긴다. 이 예에서, 이 집단은 그림의 ★1 취락지에서 큰 거점취락을 형성하고 그곳에서 가을부터 봄까지 머문다. 초여름 그들은 전체 마을을 취락 ★2로 이동한다. 왜냐하면 ★2가 ★1보다 여름에는 생업활동이 더 편리하기 때문이다. 늦여름에 그 집단은 취락지 ★3에서 작은 거점취락으로 흩어진다.

　빈포드(1980: 12)에 의하면 이동형 수렵채집민과 정주저장형 수렵채집민의 체계는 양극화된 형식의 시스템은 아니고 단순에서 복합으로의 연속선상에 놓여 있다고 한다. 이러한 체계들이 비교적 더 전략적 요소들을 통합함으로써 거주지 이동의 역할

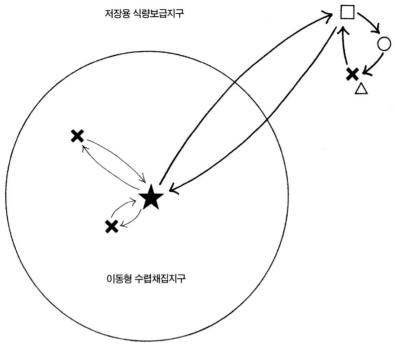

저장용 식량보급지구

이동형 수렵채집지구

★ = 거점취락
× = 생업활동(식료 및 연료 등) 장소
□ = 일시적 캠프(특수 임무 집단용)
○ = 망루(감시 장소)
△ = 저장소

그림 1.5 정주저장형 수렵채집민 체계의 특징

과 중요성이 변할 것이다. 바꾸어 말하자면 우리가 조몬인들의 생업과 취락을 연구할 때 우리는 "순수한" 정주저장형 수렵채집민 혹은 "순수한" 이동형 수렵채집민 체계를 찾지는 못할 것 같다.

이는 대부분의 체계는 정주저장형 수렵채집민과 이동형 수렵채집민의 연속선상 어딘가에 위치할 것이기 때문이다. 그러나 이 두 개의 극단적인 예는 필자가 수렵채집 민들의 실제 생업-취락체계를 설명하는 데 필요한 기준점을 제공한다.

비록 빈포드(1980; 1982)에 의해 제시된 정주저장형 수렵채집민들의 모든 민족지 적 예가 계절에 따라 이동하는 집단이기는 하지만, 이론적으로 정주저장형 수렵채집 민들은 일 년 내내 영구 거점취락에 머물 수도 있다. 실제로 그러한 사회는 드물고 민 족지적으로 기록된 몇 개 중의 하나가 홋카이도에 있는 아이누이다(Watanabe 1972). 아이누족의 취락유형은 〈그림 1.7〉에서 볼 수 있다. 이 예에서 아이누족들은 일 년 내

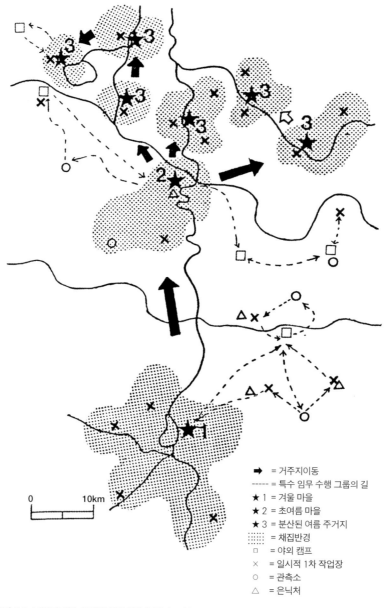

그림 1.6 정주저장형 수렵채집민 취락유형의 도식 표(Binford 1980: 11에서 수정 및 다시 그림)

내 거점취락을 유지한다. 이러한 형태의 체계는 한 곳의 거점취락으로부터 계절적으로 중요한 자원을 얻을 수 있을 때만 발생한다. 필자는 이러한 유형을 완전 정주저장형 수렵채집민이라고 부른다.

다른 많은 수렵채집민의 생업과 취락의 생태적 모델들이 생태 및 경제적 원리를

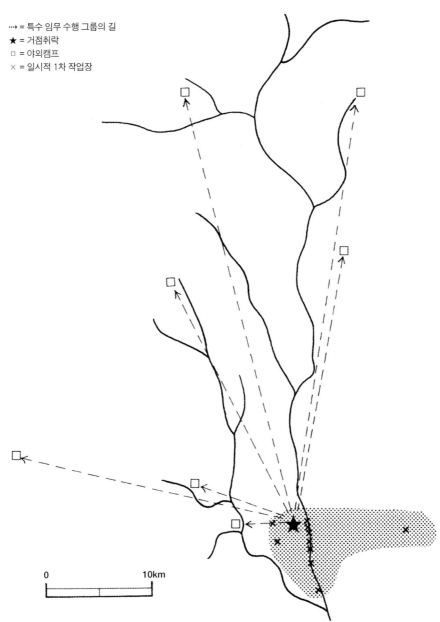

그림 1.7 완전 정주 수렵채집민들의 취락유형 모식도(Watanabe 1972: 지도 2에서 수정 및 다시 그림)

이용하여 연역적으로 일반 모델을 발전시키는 것과는 달리, 정주저장형 수렵채집민—
이동형 수렵채집민 모델은 민족지적 예에 근거를 둔 격식을 갖추지 않은 모델이다. 즉
그 모델의 기원은 귀납적이다. 이러한 특징 때문에 몇몇의 일본 고고학자들은 조몬 자
료를 분석하는 데 그 모델의 효용성에 관해 회의적이었다. 예를 들면, 사사키 후지오(佐

々木藤雄 1993)는 정주저장형 수렵채집민 모델은 북극에 살았던 누나미웃의 민족지적 예를 토대로 한 것이기 때문에 온대지방의 조몬 수렵채집민들에게는 적용할 수 없다고 한다. 그러나 무격식의 모델로서 필자는 그 모델의 적용성이 놀랄 만큼 광범위하다고 본다. 피츠휴·하부(Fitzhugh and Habu 2002a)의 논문들이 보여 주는 것처럼 그 모델을 다소 수정하여 세계의 다양한 곳의 수없이 많은 고고학적 그리고 민족지적 사례에 적용할 수 있다.

비록 정주저장형 수렵채집민—이동형 수렵채집민 모델이 생태 모델이기는 하지만, 이 책에서 필자가 사용하는 것은 자연환경이 모든 인간 행태에 대한 단일 요인이라고 추정하는 것을 의미하는 것은 아니고 또 생업과 취락의 연구가 조몬문화의 사회 및 이념적 양상에 대한 연구보다 더 중요하다는 것을 암시하는 것도 아니다. 오히려 정주저장형 수렵채집민—이동형 수렵채집민 모델이 설명적 도구로 사용된다. 즉, 비록 자원 가용성 및 생업활동과 이동유형 간에 상당한 상관관계가 있다고 추정되지만 조몬인들의 생활양식과 시간이 지남에 따른 그들의 변화를 정의하는 데 다른 요인들도 잠재적으로 동등한 영향을 미쳤을 것으로 사료된다. 예를 들면, 간토와 주부 지역에서 장기간 취락유형의 변화에 대한 사례연구는 112-133쪽에 제시되어 있다. 이 사례연구는 한 지역에서 정주저장형 수렵채집민에서 이동형 수렵채집민으로의 전환이 다른 지역에서 체계의 변화를 촉발시킬 수도 있다는 것을 시사한다.

비록 필자가 정주저장형 수렵채집민—이동형 수렵채집민 모델의 관점에서 이 변화를 설명하지만 필자의 분석 결과는 역사적으로 고유한 요인들이 이 특정한 곳에서 생업과 취락의 변화를 이해하는 데 아주 중요할 수도 있다는 것을 보여 준다.

정주저장형 수렵채집민—이동형 수렵채집민 모델의 사용이 조몬인들이 오직 수렵-채집-어로에만 의존한다는 것을 의미하는 것은 아니다. 식물 유체 분석에 의하면 들깨(*Perilla frutescens* var. *japonica*) 혹은 소엽(蘇葉)(*P. frutescens* var. *crispa*), 조롱박(*Lagenaria siceraria*), 그리고 아마 피(*Echinochloa utilis*)를 포함한 여러 가지 재배종들이 조몬 전기 즈음에는 존재하였던 것으로 보인다. 더욱이 아오모리현의 조몬 후기 카자하리(風張) 유적지에서 일곱 톨의 볍씨(*Oryza sativa*)가 수거되었다(D'Andrea et al. 1995). 그러나 그 당시 이들 재배종들 중 어떤 것이 조몬인들의 주식(主食)이었는지 알려 주는 고고학 자료는 없었다. 앤더슨(Anderson 1988)이 뉴질랜드에서 수행한 연구에서 볼 수 있듯이 수렵채집민들도 그들의 생업전략 중의 부수적인 요소로서 식물재배를 아주 쉽게 포용했을 것이다. 그의 사례연구는 비록 고구마 경작이 명백하게 그 사람들의 계절적 생계 순환의 부분이지만 계절적 이동과 더불어 채집 체계의 하나의 예로 볼 수 있다. 어떤 경우라도 만약 조몬인들이 어떤 구체적인 한 지역 그리고/혹은 어느 한 특정한 시기이든 간에 식물재배에 크게 의존하였다면 생업 자료 그리고/혹은 취락유형들은 정주저장형 수렵채집민—이동형 수렵채집민 모델과는 현격하게 다를 것이다. 그리하여 정주저장형 수렵채집민—이동형 수렵채집민 모델에 맞지 않는 고고학적 사례를 확인함으로써 고고학자들은 식물재배에 많은 정력을 쏟은 새로운 체계의 존재를 찾을 수 있을지도 모르겠다.

정주저장형 수렵채집민—이동형 수렵채집민 모델을 사용하여 본서의 II부에서는 조몬의 생업과 취락의 특성에 대해 검토하고자 한다. 특별히 정주(定住)의 발달, 집약적 생업, 그리고 인구밀도의 변화 등과 같은 연구주제에 주의를 기울이고자 한다. 3장에서 논의되는 주제들은 연어잡이와 식물재배, 식량 저장, 그리고 해상 적응의 중요성 여부에 대한 논쟁이 포함된다. 4장에서 논의되는 쟁점들은 전통적인 취락 고고학(예, Adams 1965; Chang 1968; Flannery 1976; Trigger 1967; 1968; Willey 1953)과 과정주의적 생업-취락 연구에서 공히 연구되는 다양한 연구주제와 밀접하게 관련되어 있다.

II부에 이어서 III부의 두 개 장은 생업과 취락을 넘어 조몬문화의 다양한 특성에 관해서 검토한다. 정주저장형 수렵채집민—이동형 수렵채집민 모델(Binford 1980; 1982)은 생업과 취락에서의 조직적 변화가 거기에 부합하는 사회 및 이데올로기의 방향 전환을 유도한다고 추정한다. 사회 행태가 생업-취락체계에 의해 필연적으로 구조화된다고 추정하기보다는, III부의 두 개 장은 조몬의 제의(祭儀), 공예, 그리고 독립적인 교역 체계를 검토한다. 생업-취락과 다른 요소들 사이의 연계는 IV부의 7장에서 논의된다.

3장에서 6장까지 논의된 주제들은 수렵-채집 문화 복합성에 관한 최근 연구 성과의 다양한 쟁점에 관해서 논한다. 소위 "복합" 수렵채집민들의 특성은 전형적으로 계절 그리고/혹은 공간적으로 집약적인 생업전략, 식량 저장, 정주, 높은 인구밀도, 물질문화의 정교함, 그리고 사회 불평등이 포함된다(Ames 1985; Lightfoot 1993; Price and Brown 1985a; Price and Feinman 1995). 지난 20여 년 동안 수렵채집민의 고고학적 연구에 대한 특별한 관심은 이들 문화적 요소들과의 상호작용에 있다.

수렵-채집 고고학에서 사용되는 "복합성"이라는 개념의 모호함은 광범위하게 논의되어 오고 있다(예, Arnold 1996a; Fitzhugh 2003; Price 2002). 프라이스와 브라운에 의하면, "복합성이라는 것은 여러 가지 다른 부분으로 구성되어 있는 것을 의미한다" (Price and Brown 1985a: 7, 강조는 원저자에 의함). 이것은 국가 단계 사회의 형성에 관심을 가지고 있는 사람들을 포함하여 문화 복합성의 진화에 대한 논의에 연루되어 있는 많은 학자들에 의해 공유되고 있는 일반적인 견해이다(문화 복합성의 고고학적 연구에 대한 개관은, 예를 들면, McGuire 1983; Tainter 1996을 보기 바람). 이 일반적인 이해에 이어서 프라이스와 브라운은 "우리는 사회 크기, 규모와 조직에 있어서 증대에 초점을 맞추는 문화적 복합성의 일반적인 정의를 따른다"라고 주장한다(Price and Brown 1985a: 8). 좀더 최근에 프라이스는 "복합성이라는 것은 더 큰 집단, 장기간의 체류, 더 정교한 기술, 집약적 생업, 광범위한 자원 이용과 같은 것을 의미한다는 것에 일반적인 합의가 있다"고 주장한다(Price 2002: 418). 이들 정의에 의하면 "문화 복합성"은 생업과 취락체계에 있어서 조직적 복합성을 포함하는 개념으로 이해될 수 있다. 즉, 만약 우리들이 이러한 정의를 따르게 되면, 빈포드(1980)의 의미에서 정주저장형 수렵채집민들은, 즉 좀더 저장용 식료보급형으로 조직된 수렵채집민들, 그들의 사회 불평등의 수준에 관계없이 "복합" 수렵채집민들이라고 불리는 것도 타당할 수 있다.

이와는 대조적으로 몇몇 연구자들은 "복합성"이라는 단어는 세습적 사회 차별이 있는 사회의 경우에만 사용되어야 한다는 견해를 제시한다. 엘리트층에 의한 노동력의 통제에 초점을 맞춘 진 아놀드(Jeanne Arnold)는 *내가 여기에서 사용하는 "복합성은 지도자들이 비친족의 노동을 유지하거나 혹은 언제든지 그것을 필요로 하는 사회와 노동관계"를 소유하는 그런 사회와는 구별되고 "사회 차별은 세습적이다"*라고 주장한다(Arnold 1996a: 78, 강조는 원저자에 의함). 그는 "복합성은 가장 기본적으로 두 개의 조직적 특징과 관계되어 있다고 한다. 즉, (1) 몇몇 사람들은 그들의 친족 집단 외부 사람들의 지시하에 타인들을 위해서 작업을 수행해야 하고, 그리고 (2) 지도자를 포함한 몇몇 사람들은 다른 사람들보다 태어날 때부터 지위가 높았다"고 한다(Arnold 1996a: 78). 노동 조직을 강조하는 이 정의는 마르크스의 관점에 그 근원을 두고 있다 (Arnold 1992; 1995; 1996b를 보기 바람).

이 책에서 필자는 "문화적 복합성"의 폭넓은 정의를 채택한다. 프라이스와 브라운 (1985a) 그리고 프라이스(2002)와 같이 여기서 필자의 "문화적 복합성"의 개념에 대한 정의는 생업-취락체계의 조직적 복합성과 사회 복합성 두 가지 모두가 포함된다. 전자는 식량 저장과 유적지 기능의 상이성을 포함하는 생업-취락체계에 대해 다양한 저장용 식료보급전략을 혼합하는 정도에 의해 측정된다. 후자는 차별화된 부분들의 통합 정도뿐만 아니라 수직 및 수평적 사회 차별의 정도에 의해서도 측정된다(Fitzhugh 2003). 이 정의하에 필자는 사회 차별의 한 가지 형태로서 층서(層序)를 고려하고 있지만 반드시 사회 복합도의 정도를 이해하는 가장 중요한 형태는 아니라고 생각한다.

복합성의 개념으로부터 불평등의 개념을 분리함으로써 우리는 반드시 정치적 위계질서의 발전에 초점을 맞추지 않고 인류 역사에서 장기간 문화 변화의 역동성을 검토할 수 있게 된다. 이것은 우리들이 사회 진화의 진보주의 모델에 맞지 않는 수렵-채집 사회를 조사할 때 특히 중요하다. 비록 모든 수렵채집민들이 평등하(였)거나 혹은 이동하(였)거나 하지는 않았다는 견해는 1980년대 동안 그리고 그 이후에도 상당한 지지를 받았지만, 수렵채집민들의 생업, 취락, 그리고 사회의 측면에서 장기간의 변화는 여전히 단선 진화의 견지에서 해석되는 경향이 있다. 그러나 현금에 이르기까지 잘 드러나지 않았던 지역의 수렵채집민들의 고고학적 예의 증가와 더불어 성격이 다른 수렵채집민 집단들 사이에 다양성을 설명할 수 있는 모델이 연구자들의 상당한 주의를 끌고 있다.

"문화적 복합성"이라는 개념의 광범위한 정의하에 이 책은 II부에서 생업과 취락의 다양성과 조직적 복합성의 장기간 변화를, 그리고 III부에서 사회 불평등을 포함하는 사회 복합성의 다양성과 변화를 검토하고자 한다. 이러한 분석을 토대로 결론의 장 (7장)은 조몬의 생업, 취락, 그리고 사회 사이의 상호작용을 설명하는 모델을 제시하고자 한다.

조몬 고고학의 사회적 맥락

이 책의 논의하에 있는 두 번째의 관점은 고고학 작업의 수행이 그것이 수행되는 사회적 맥락으로부터 벗어날 수 없다는 것을 인지한다는 것이다. 비록 이 점이 다양한 이론적 배경을 가지고 있는 많은 학자들에 의해 주목받아 오고는 있지만(예, Hodder 1999; Patterson 1995; Schmidt and Patterson 1995; Trigger 1995; Yoffee and Sherratt 1993), 필자는 콜과 포셋(Kohl and Fawcett 1995a; 1995b)의 연구 결과를 조몬 고고학의 사회적 맥락을 논의하는 데 출발점으로 사용한다. 콜과 포셋(1995a)이 편집한 책의 서론에서 그들은 고고학적 연구와 그것의 사회적, 경제적, 그리고 정치적 맥락과의 밀접한 관계를 지적하였다. 그들이 편집한 책에서 다룬 많은 사례연구는 고고학이 여러 나라에서 권력을 가지고 있는 정치가들에 의해 선호되는 특정한 정치적 관점을 지지하는 데 어떻게 사용되어 오고 있는가를 보여 주고 있다. 또 이 책은 고고학과 각 나라의 국가적 그리고/혹은 민족적 정체성의 확립 사이에 밀접한 관련성이 있음을 보여 준다. 다양한 사례연구를 토대로 콜과 포셋(1995a: 16)은 다양한 고고학적 연구가 수행되고 있는 민족주의적 고고학과 사회·정치적/경제적 맥락의 긍정 및 부정적 모습을 분명하게 논의할 필요가 있다는 견해를 제시한다.

사회·정치적 요인들과 고고학적 해석 사이에 밀접한 관련이 있다고 느끼고 있음에도 불구하고 콜과 포셋(1995b)이 편집한 책에 글을 게재한 많은 저자들은 쉥크스와 틸리(Shanks and Tilley 1987)와 같은 학자들이 주창한 극단적인 상대주의적 입장에 대해 비판적이다. 예를 들면, 트리거(Trigger 1995)는 몇몇 후기과정주의 고고학자들이 취한 극단적인 상대주의적 견해를 거부하고, 고고학자들에 의해서 검출·집적되고 있는 경험적 기초자료에 근거해 고고학적 해석을 해야 한다고 제시한다. 트리거(1995)와 다른 사람들을 인용하면서 콜과 포셋(1995a: 8)은 오직 정확한 선을 그어서 의문이 가는 연구와 정당한 연구를 구분할 수 있다고 하더라도, 책임감 있는 고고학자들은 그들이 관리할 수 있는 증거의 *한계*와 그리고 그들이 고고학적 자료로부터 합리적인 확신을 가지고 복원할 수 있는 것과 할 수 없는 것을 결정할 수 있어야 한다고 주장한다 (Yoffee and Sherratt 1993을 보기 바람; Kohl and Fawcett 1995a와 다른 저서들의 관점에 대한 비판에 대해서는 Hodder 1999: 16을 보기 바람).

콜과 포셋(1995a)의 저서에 제시되어 있는 주장을 따르는 필자는 조몬시대의 고고학적 연구가 일본 국내·외에서 수행되고 있는 사회·정치적, 경제적, 그리고 역사적 맥락에 특별한 주의를 기울여야 한다고 제안한다. 특히, 본서 전반에 걸쳐서 조몬 고고학의 다양한 연구주제에 대한 두 가지 다른 학문적 전통(즉, 일본과 영미 고고학)에 의한 접근이 비교되고, 이들 접근에 대한 장·단점이 논의된다. 세계화가 점점 더 증가하고 있는 이즈음에 주로 영어로 논저를 출간하는 많은 고고학자들, 특히 과정주의(혹은 때때로 후기과정주의) 고고학을 주창하는 학자들은 다중의 의미와 문화적 다양성과 같은 개념의 중요성을 강조해 오고 있다. 예를 들면, 호더(Hodder 1999)는 최근 그의 논저에서 학문에 있어서 단수와 통일된 관점이 아닌 다양한 견해가 지지를 받아야 한다고 주장한다. 그러나 아이러니하게도 이들 새로운 관점은 이론과 방법론적인 배경이 서구 고고학의 전통에서 형성된 영국과 미국 고고학자들에 의해 주로 지지를 받고 있다. 결과적으로 이들 새로운 접근의 대다수가 서구 중심 관점의 타당성에 대해 의문을 제기하는 반면 영미 학문적 전통의 외곽에 있는 소수의 고고학자들은 이들 논쟁에 활발하게 참여하고 있다. 심지어 이들 새로운 접근을 주창하는 많은 학자들은 영어를 모국어로 사용하는 사람들조차도 이해하기 쉽지 않은 고도로 전문화된 기술적인 용어를 사용한다. 이들 용어의 뉘앙스는 영어를 모국어로 사용하지 않는 사람들은 이해하기 거의 불가능하여 비(非)영미 고고학자들이 이들 논쟁에 참여하는 것을 더욱 어렵게 만든다.

이러한 문제들을 지적하면서 필자는 여러 가지 의견과 문화적 다양성의 이슈가 영미 고고학 전통의 밖에 있는 고고학자들에 의해서만 제기되어야 한다고 제안하는 것은 아니다. 확실히 지난 20여 년 동안 미국과 영국 고고학에서 이론적 방향 전환이 이론적 다양성과 융통성을 넓혀 주는 긍정적인 결과를 가져왔다. 그럼에도 불구하고 1980년대 후반과 1990년대 영어권 국가에서 성/여성주의 고고학 발전에서 여성 고고학자들의 적극적인 참여가 필수적이었던 것처럼(예, Gero and Conkey 1991; Wylie 1991; 1993), 다양한 비(非)영미권의 학문적 전통을 대표하는 고고학자들이 세계 고고학의 이론적 논쟁에 그들의 관점을 제시하는 기회를 가져야 한다.

기존의 이러한 상황에서 필자는 조몬시대의 고고학이, 두 개의 학문적 전통이 서로 어떻게 교류하며 그로부터 어떤 이득을 볼 수 있을 것인가를 검토하는 데 흥미로운 시험적 사례가 될 수 있을 것으로 믿는다. 조몬 고고학을 다루는 쟁점들에는 영미 고고학 내에서 토기의 기원과 수렵채집민들의 문화적 복합성 등과 같은 여러 가지 논란거리가 되는 주제들이 포함되어 있다. 그렇기 때문에 필자는 북미 고고학에서 비롯된 이론적 관점을 이용하여 조몬 자료를 재해석함으로써 이 책 전체의 집필이 가능하였다. 그러나 일본과 영미 고고학 두 가지를 둘러싸고 있는 복잡한 사회 및 학문적 분위기에서 조몬 고고학의 결과들을 그 사회 및 학문적 맥락에서 분리하여 그것들을 단순히 영어로 발표하는 것은 현재 조몬 연구의 정확한 해석에 방해가 된다. 다양한 논란의 여지가 있는 쟁점들에 대한 논의는 조몬 자료가 수집, 발표, 그리고 해석되는 과정의 사회 및 학문적 맥락이 제척(除斥)됨이 없이 평가되어야 한다. 이러한 측면에서 필자는 독자들에게 조몬 자료의 "객관적인" 해석을 제공하는 것을 목표로 하지 않는다. 오히려 필자는 조몬 자료를 고찰함으로써 무엇을 얻을 수 있을 것인가, 우리들이 다른 방법을 사용하여 어떻게 다양한 주제에 접근할 수 있을 것인가, 그리고 조몬문화의 연구가 특히 국제적 맥락에서의 미래 고고학의 발전에 의미심장한 기여를 할 것인가에 대해 음미하여 보고자 한다.

조몬 고고학에 대한 사회정치적 요인들의 효과를 제시하기 위하여 필자는 특히 영향력 있는 세 가지 요인을 논의하고자 한다.

(1) 구제발굴과 CRM[4] 조직

첫째, 구제발굴을 통하여 얻어진 엄청나게 풍부한 고고학 자료는 조몬 고고학의 실습에 영향을 미치는 중요한 요인이다. 일본에서 구제발굴의 수는 1960년대 증가하기 시작하였다. 일본 경제의 급속한 발전과 그에 따른 대규모 토지개발이 초래되었고 구제발굴의 수와 규모가 1970년대부터 1990년대까지 기하급수적으로 증가하였다(예, Barnes 1993; Habu 1989a; Tanaka 1984). 〈그림 1.8〉과 〈표 1.1〉에서 제시된 바와 같이 구제발굴의 수는 1990년대 중반까지 1만 건이 넘은 반면 학술발굴의 수는 여전히 대략 300건에 머물고 있다. 또 〈그림 1.9〉와 〈표 1.2〉는 천문학적인 액수의 돈이 지난 30년 넘게 구제발굴에 쏟아부어졌다는 것을 보여 주고 있다. 1998년 이후 총액이 약간 줄어들면서 2000년 회계연도의 구제발굴에 연간 쓰인 돈은 대략 113억 엔(대략 10억 달러)이었다.

구제발굴의 증가가 시사하는 바는 의미심장하다. 왜냐하면 일본인 고고학자들은 "역사로서의 고고학"의 전통 속에서 훈련받았기 때문에, 대부분의 연구자들은 하나하나의 모든 고고학적 유적이 고유하기 때문에 최대한 많이 보호되어야 한다고 믿었고 여전히 믿고 있다. 그러나 일본 정부의 토지개발 정책하에서 유적 보존의 이상은 체계적 구제발굴에 의해 전형적으로 대체되었다. 유적 자체는 잃어버리더라도 최소한 그 유적이 보유한 정보는 발굴보고서에 제공된다. 1960년대와 1970년대에 대부분의 이러한 구제발굴은 교육청 혹은 박물관의 현(縣)과 시(市) 위원회의 공무원들에 의해서 수행되었다. 후에 정부 주도의 CRM 조직(보통 매장문화재 센터라고 불려짐)이 현과 시 수준에서 설립되었다. 현재 약 7,000명의 고고학자들이 이들 CRM 기관, 교육청, 그리고 박물관의 현/시 위원회에서 일을 하고 있다(奈良文化財研究所埋蔵文化財センター 2003).

이러한 발굴의 수와 규모에 있어 괄목할 만한 증가는 조몬 고고학에 긍정적, 부정

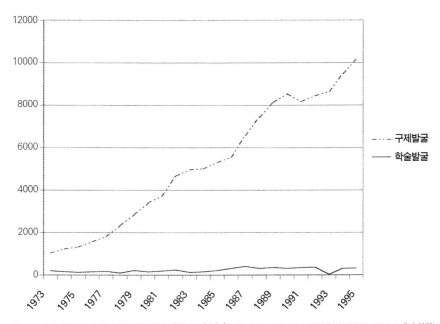

그림 1.8 시간의 추이에 따른 구제 및 학술발굴 수의 변화(기초자료는 文化庁文化財保護部記念物課 1996: 1에서 취함)

적 영향을 공히 미쳤다. 긍정적인 측면에서 보자면 그러한 상황은 이용 가능한 자료의 양을 변화시켰을 뿐만 아니라 고고학적 연구의 가능한 형태도 증가시켰다. 특히, 취락 고고학의 분야에서 유적지 간(遺蹟地間) 그리고 유적지 내(遺蹟地內) 공간분석은 조몬의 풍부하게 집적된 자료들로부터 도움을 받았다(4장을 보기 바람). 많은 양의 자료는 고고학자들로 하여금 조몬문화의 지역 및 시간적 변화성의 정도를 인식하도록 하였다.

부정적인 측면으로는 구제발굴의 유행은 고고학 자료의 "과잉"을 초래하였다. 많은 일본 고고학자들은 단순히 새로 발견된 유물을 뒤쫓아 가는 것에 열중하였다. CRM 고고학의 발전은 또 고고학적 방법의 표준화를 초래하였다. 문제 지향적 연구는 일반적으로 억제되었고 특정한 형태의 자료 수집, 특히 토기의 편년연구와 관련되어 있는 것들이 장려되었다. 다른 형태의 자료, 특히 동·식물 잔존물의 계량적 자료는 종종 간과되었다.

본서에서 필자는 풍부한 구제발굴 자료를 활용하고자 한다. 이들 자료의 단점을 비판하기보다는 이 방대한 고고학 자료를 가지고 고고학자들이 무엇을 할 수 있을 것인가, 그리고 또 이러한 자료의 존재가 얼마나 무리한 고고학적 해석을 할 수 있는가를 보여 주고자 한다. 특히, 4장의 사례연구 1은 1,000개가 넘는 조몬 전기 유적지에 대한

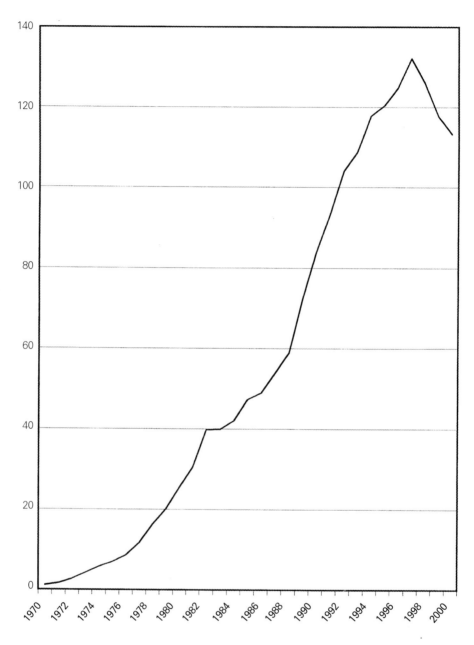

그림 1.9 일본에서 구제발굴에 드는 연간 비용(10억 엔)(기초자료는 奈良文化財研究所埋蔵文化財センター 2002: 6에서 취함)

발굴보고서를 분석을 위한 기초자료로 이용한다.

출간된 자료의 질이 범주가 다르고 또 여러 발굴조사 사이에 차이가 있기 때문에 본서의 일부분(특히 6장 부분)은 다른 것들보다 더 기술(記述)적이다. 일부 독자들은 이

표 1.1 구제 및 학술발굴 수의 시간 추이에 따른 변화

연도	구제	학술	연도	구제	학술
1973	1,040	203	1985	5,310	223
1974	1,231	164	1986	5,555	316
1975	1,318	131	1987	6,598	409
1976	1,571	155	1988	7,439	321
1977	1,821	184	1989	8,133	354
1978	2,331	105	1990	8,536	317
1979	2,858	225	1991	8,168	346
1980	3,408	158	1992	8,440	372
1981	3,739	196	1993	8,650	32
1982	4,669	250	1994	9,494	310
1983	4,968	137	1995	10,164	326
1984	5,004	158			

출처: 文化庁文化財保護部記念物課 1996: 1.

표 1.2 일본에서 구제발굴에 소요되는 연간 예산(단위: 백만 엔)

연도	발굴경비	연도	발굴경비
1970	1,094	1986	48,831
1971	1,600	1987	53,765
1972	2,686	1988	58,830
1973	4,225	1989	72,209
1974	5,731	1990	83,850
1975	6,980	1991	93,082
1976	8,599	1992	103,930
1977	11,665	1993	108,687
1978	16,257	1994	117,726
1979	20,058	1995	120,298
1980	25,551	1996	124,694
1981	30,480	1997	132,128
1982	39,764	1998	125,845
1983	39,897	1999	117,630
1984	42,023	2000	113,231
1985	47,216		

출처: 奈良文化財研究所埋蔵文化財センター 2002: 6에서 편집.

들 부분이 덜 흥미롭다고 생각할 것이다. 그러나 필자는 이 정보 제시가 이론 중심의 연역적 연구를 수행하기 위한 필요한 절차라고 믿는다.

(2) "일본인" 조상으로서의 조몬

둘째, 일본에서는 대중들이 고고학에 많은 관심을 가지고 있다. 일본 고고학은 역사로서 고고학의 오랜 전통을 가지고 있다(Habu 1989a; Ikawa-Smith 1980). 이러한 전통 속에서 다양하고 광범위한 프로그램이 일본 고고학을 "일본 사람들"의 조상에 대

한 연구로 확인해 오고 있다. 조몬 유적지 현장 설명회에서 고고학자들은 일본인 청중들에게 반복적으로 일본 고고학의 주요 목적은 그 자신들 조상의 삶을 복원하는 것이라고 말한다. 이것은 고고학이 원래 "다른 사람들"의 과거에 대한 연구로서 발전되었던 미국의 "인류학으로서의 고고학"과는 첨예하게 대조적이다.

정부의 여러 차원에서 세금으로 지원받는 대규모의 구제발굴과 그에 수반되는 보고서 간행은 일반 대중의 강력한 지원이 없이는 불가능하다. 애당초 토목공사 이전에 구제발굴로 시작된 몇몇의 조몬 유적은 보존에 대한 일반인들의 많은 지원 때문에 파괴를 면할 수 있었다(예, Okada and Habu 1995). 고고학적 발굴조사에 대한 대중적 관심은 1970년대 초 일본 신문사와 텔레비전 프로그램이 획기적인 고고학적 발견들을 보고하기 시작한 이래 언론매체에 의해서도 불이 지펴졌다(Fawcett 1990; 1995).

대중과 언론매체들의 많은 관심은 발굴 수의 급속한 증가와 더불어 1990년대 "조몬 붐"을 초래하였다(Habu and Fawcett 1999; Hudson 2003). 많은 형질인류학자들이 조몬시대 사람들은 현대 일본인들의 일부만의 조상이라는 견해를 제시하였지만(예, Hanihara 1987), 조몬인들은 "일본인" 혹은 "우리 자신들"의 조상으로서 다양한 인기 있는 전시회에서 종종 소개되었다(예, 縄文まほろば博実行委員会 1996).

이러한 사회적 환경에서 조몬문화에 대한 고고학적 연구 결과는 "일본인의 정체성" 확립에 상당한 영향을 미쳤다. 바꾸어 말하자면, 조몬시대의 고고학은 우리들에게 고고학적 연구와 현대 사회 간의 관계를 고찰하는 데 있어서 극히 흥미로운 시험 사례를 제공한다.

특정한 형태의 고고학적 해석들이 다른 보고에 비해서 언론매체에 의해 선호되고 있다는 것은 놀랍지 않다. 소위 "가장 오랜" 혹은 "가장 큰" 유물과 유적지의 발견은 신문의 1면에 규칙적으로 실린다. 조몬문화의 높은 수준의 사회 복합성을 강조하는 해석은 인기 있는 서적과 잡지책에 자주 등장하고, 그것들 중 일부는 심지어 조몬문화를 "고대 문명"으로 인식하고, 큰 조몬 유적지를 "고대 도시"라고까지 부른다. 언론매체의 보고에서 또 다른 흔한 주제는 조몬인들에게서 "일본성(日本性)"의 뿌리를 찾는 탐구이다.

그리하여 본서가 지향하는 것들 중 하나는 조몬문화에 대한 이들 언론매체의 상투적인 측면을 재평가하고 대안적 해석을 제공하는 것이다. 비록 필자는 부상하고 있는 문화 및 사회적 복합성이 조몬 고고학의 초점이 되어야 한다고 믿지만, 복합성의 성격과 정도는 추정에 의한 것보다는 사례연구에 근거를 두고 평가되어야 한다고 본다. 조몬문화의 지역 및 시간적 다양성 또한 체계적으로 고찰되고 장기간의 변화에 대한 조건, 원인, 그리고 결과가 논의된다. 이러한 논의로부터 필자는 조몬문화의 성격이 인기 있는 언론에 묘사된 것처럼 단순하지 않고 다면적이라는 것을 입증하고자 한다.

(3) 성별(性別, gender) 고고학과 여성 고고학자의 빈곤

본서를 통하여 성별에 대한 문제는 최소한만 논의된다. 이것은 대체로 여권주의(女權主義, feminism) 이론과 관점이 현금의 조몬 고고학에서 사실상 여전히 결여되어 있기 때문이다. 필자는 이러한 상황이 일본 고고학계에서 여성 전문 학자들이 드문 것과 밀접한 관련이 있다고 믿는다. 1964년 여성이 일본고고학협회(Japanese Archaeological Association) 전체 회원의 1.0%를 차지하였다. 1995년 그 비율은 2.8%로 올랐다. 비록 비율이 지난 30년간 거의 세 배가 되었으나 여전히 극히 낮다. 이 불행한 상황이 왜 성별 및 여권주의 고고학이 조몬 연구에 거의 없는지에 대한 확실한 주된 이유이다.

여성 전문 학자들의 결핍은 여학생들의 결핍을 의미하는 것은 아니라는 점이 부각되어야 한다. 대부분의 일본 고고학 학부 과정에는 상당한 수의 여학생이 있다. 그러나 여성을 위한 직업의 기회, 특히 교육기관에서는 여전히 지극히 제한되어 있다. 이것이 일본 교육의 일반적인 문제인 한편, 고고학에서 여성의 비율은 역사를 포함한 대부분의 다른 사회과학보다 더 낮다.

성별과 여권주의 두 가지 이슈가 중요한 연구 초점이 되고 있는 영미 고고학과의 상호교류가 증가하면서 일본 고고학계에서 성별 및 여성학 발전뿐만 아니라 여성의 사회 및 학문적 지위 변화가 상당히 기대된다. 조몬 토우에 관한 이가와-스미스(Ikawa-Smith 2002)의 최근 논문은 그러한 상황이 서서히 바뀌고 있다는 것을 시사한다.

일본 고고학 내에서 성별 고고학의 초보적인 성격 때문에 이 주제는 뒤의 장 몇 곳에서 간단하게만 다루고자 한다. 미래 연구 분야는 생업경제에 있어서 성에 의한 노동의 분화, 남녀 인골 사이의 식단(食單) 차이, 그리고 조몬의 사회적 경관에서 토우와 석봉(石棒)의 상징적 기능이 포함될 것이다.

요약

요약하자면 본서는 (1) 영어권 독자들에게 최신의 정보를 제공하고, (2) 조몬문화의 지역적 다양성을 고찰하고 조몬의 문화적 복합성에서 장기간의 모델을 제시하고, (3) 현대 일본 사회에서 고고학적 연구의 사회·정치적 맥락을 검토하기 위한 대화의 창을 열고자 한다. 이러한 논의를 통하여 일본과 영미 고고학 간 간극의 가교가 되기를 희망한다. 무엇보다 본서에서 제시된 조몬 자료의 묘사와 그것들에 대한 해석이 독자들로 하여금 조몬 고고학의 결과가 세계 고고학 속으로 통합될 수 있는 다양한 방법들을 생각할 수 있게 되기를 바란다. 독자들이 학생, 전문 고고학자, 혹은 아마추어건 간에 만약 본서를 읽고 나서 이 책의 내용을 자신의 연구 관심사와 연계시킬 수 있다면 이 책의 가장 중요한 목적은 달성될 수 있을 것이다.

제2장 연구 배경: 조몬시대의 개관

이 장에서는 필자가 이 책의 나머지 부분에서 고찰할 조몬의 생업, 취락, 그리고 사회 이해에 필요한 배경을 설명하고자 한다. 다음의 다섯 가지 주제가 여기서 논의된다. (1) 조몬문화의 기원, (2) 조몬시대의 편년 틀, (3) 조몬시대의 환경, (4) 조몬 인구 추산, (5) 조몬인들과 현대 일본인들 간의 관계에 대한 형질인류학적인 연구가 그것이다.

조몬문화의 기원

조몬문화의 기원은 뜨겁게 논의되고 있는 주제이다. 오랫동안, 1960년 규슈 나가사키현의 후쿠이(福井) 동굴에서 수집된 융기선문(隆起線文)토기가 신뢰할 수 있는 방사성탄소연대와 더불어 가장 오래된 조몬토기의 증거였다. 이름에서 알 수 있듯이 융기선문토기(융기문토기라고도 불림)는 토기의 표면에 얇은 점토 띠[帶]가 부착되어 있는 것이 특징이다. 이 동굴 3층에서 수집된 융기선문토기(그림 2.1)는 세석인(細石刃, 이하 세석기로 칭함-역자)과 쐐기 모양의 세석핵(細石核)과 공반되며 또 공반된 목탄의 방사성탄소연대측정에 의하면 12,700±500 bp(GaK-950)(1σ: 15,850-14,250 cal BP)로 편년되었다(鎌木義昌·芹沢長介 1965; 1967).

상자 2 보정 및 미보정된 방사성탄소연대

본서에서 소문자 bp는 보정되지 않은 방사성탄소연대(방사성탄소의 해 1950년 이전)에 사용되고 대문자 BP 혹은 cal BP는 보정된 역[曆]연대에 사용된다. 지구상에서 ^{14}C의 농도는 시간이 지나면서 변화폭이 크기 때문에 방사성탄소연대는 역연대(曆年代)와 정확히 일치하지 않는다고 알려져 있다(Bowman 1990). 대략 20,000 bp까지 방사성탄소연대와 역연대 사이의 차이는 수목연대측정과 산호(珊瑚) 연구를 토대로 구한 보정곡선을 사용하여 조정할 수 있다. 바다에서 난 시료(예, 바다 조개, 바다 포유류)의 방사성탄소연대 보정을 위해서 육지에서 난 시료에 의한 다른 보정곡선이 사용되는데, 이는 과거 바다에서 ^{14}C의 농도가 대기에서의 그것과는 다르기 때문이다(Stuiver et al. 1998a; 1998b).

조몬 고고학은 보정 연대를 수용하는 데 느리고(58-63쪽을 보기 바람), 조몬 자료를 가지고 작업을 하는 대부분의 연구자들은 절대연대를 언급할 때 여전히 미보정된 연대를 사용한다. 더욱이 여섯 개의 아(亞) 조몬시대에 대한 절대연대의 과거 추산은 대부분 1960년대 및 1970년대에 측정된 시료에 근거를 두고 있기 때문에 이들 추산들은 가까운 장래에 대폭 수정이 필요하다. 이마무라 미네오(今村峯雄)와 고바야시 겐이치(小林謙一, 私信 2003)에 의하면 간토와 도호쿠 지역에서 최근 입수한 AMS 방사성탄소연대의 일부는 관행적인 추산치와 전혀 일치하지 않는다(小林謙一 外 2003을 보기 바람). 더욱이 AMS 연대를 근거로 하루나리 외(春成秀爾 外 2003)는 조몬에서 야요이시대로의 전환을 구분하는 북 규슈에서 최초의 벼 재배에 대한 증거는 전통적인 추산(대략 기원전 500년)보다 수백 년 이르게(기원전 약 1000-900) 편년할 수 있다고 제안한다. 후자의 연구 성과에 대한 평가는 여전히 쟁점이 되고 있는 한편, 조몬 연대를 재확립하는 것은 단순히 미보정 bp를 보정 BP로 바꾸는 문제가 아니라 현존하는 자료와 새로운 시료 분석에 대한 재고찰이 필요하다.

주어진 상황에서 본서는 미보정 및 보정 방사성탄소연대 둘 다 제시한다. 모든 육지 및 해양 방사성탄소연대는 OxCAL 프로그램과 스투이버 외(Stuiver et al. 1998a, 육지 시료)와 스투이버 외(Stuiver et al. 1998b, 해양 시료)의 보정곡선을 사용하여 보정되었다. 개개의 방사성탄소연대는 보정된 1σ 표준편차 범위(즉,

68% 확률 범위)는 괄호 속에 넣었다. 왜냐하면 보정곡선이 늘 완만한 것이 아니어서 때때로 1σ 범위가 두 개 혹은 그 이상으로 나누어지기 때문이다. 논의가 미보정된 bp에서 일반적인 추산을 언급할 때 보정된 연대의 대략적인 추산은 괄호 속에 넣었다.

동반된 방사성탄소연대를 근거로 후쿠이 동굴의 토기 편은 가장 오래된 토기로서만이 아니라 세계에서 용기로서 기능할 수 있도록 제작된 가장 오래된 토기의 증거로 확인되었다(예, Ikawa-Smith 1986; Aikens 1995). 세석기도 포함되어 있었고 12,400±350 bp(GaK-949)(1σ: 15,350-14,050 cal BP)로 편년되는 후쿠이 동굴 2층(즉, 3층 위)도 조형문(爪形文)토기로 불려지는 토기의 다른 형식에 의해 특징지어진다. 다른 한편, 4층(3층 아래)은 세석기는 있었지만 토기는 없었다. 이러한 결과를 토대로 이 유적 조사자들은(鎌木義昌·芹沢長介 1965) 융기선문토기가 가장 오래된 조몬토기이고 조형문토기가 그 뒤를 잇는다고 결론을 내렸다.

후쿠이 동굴에서 이루어진 이 발견 이래 융기선문토기는 많은 유적지에서 수집되었다. 이에는 규슈 나가사키현의 센푸쿠지(泉福寺) 동굴(麻生 優 1985), 시코쿠(四國) 에히매현(愛媛縣)의 가미구로이와(上黒岩) 바위그늘(江坂輝弥 外 1967), 혼슈(本州) 니가타현(新潟) 타자와(田澤) 동굴(芹沢長介·須藤隆 1968), 그리고 혼슈 신가나가와현(新奈川縣) 하나미야마(花見山) 유적이 포함된다(港北ニュータウン埋蔵文化財調査団 1986; 横浜市ふるさと歴史財団埋蔵文化財センタ 1995). 센푸쿠지에서 두립문토기(豆粒文土器)로 불려지는 다른 형식이 층서상 융기선문토기 아래에서 발견되었다(麻生 優 1985). 몇몇 연구자들은 이것으로 인해 두립문토기가 융기선문토기보다 더 오래되었다고 믿게 되었다. 그러나 융기선문토기가 출토된 다른 유적지로부터 두립문토기의 뒤이은 발견은 많은 학자들로 하여금 두립문토기는 융기선문토기의 한 변형이라고 믿게끔 하였다(泉拓良 1996a: 65). 불행하게도 후쿠이 동굴 이외에는 융기선문토기 혹은 두립문토기가 확인된 유적으로부터 확보된 방사성탄소연대는 지극히 적다. 〈표 2.1〉은 융기선문토기와 조형문토기와 동반된 대표적인 방사성탄소연대의 일부를 보여 준다.

그림 2.1 후쿠이 동굴에서 발굴된 융기선문토기: 중앙의 둥글게 제작된 토기 편은 아마도 장신구로 재활용되었을 것임(축척=약 2/5)(사진 芹沢長介 제공)

표 2.1 융기선문과 조형문(爪形文) 토기와 관련된 대표적인 방사성탄소연대

유적	^{14}C 연대 (bp ± 1σ)	cal BP (1σ range)*	Lab. No.
후쿠이 동굴, III층 (융기선문토기)	12,700 ± 500	15,850-14,250	GaK-950
가미구로이와, 9층 (융기선문토기)	12,165 ± 600	15,350-13,450	I-944
도리하마 (84T, 66층) (융기선문토기)	11,830 ± 55	14,060-13,780(53%) 13,700-13,590(15%)	KSU-1028
도리하마 (84T, 66층) (융기선문토기)	11,800 ± 55	14,050-13,500	KSU-1029
후쿠이 동굴, II층 (조형문토기)	12,400 ± 350	15,350-14,050	GaK-949
도리하마 (84T, 62층) (조형문토기)	10,770 ± 160	13,050-12,600(65%) 12,500-12,400(3%)	KSU-1027
도리하마 (84T, 86층) (조형문토기)	10,290 ± 45		KSU-1017

* 연대는 OxCal 프로그램과 보정곡선은 Stuiver et al. 1998a를 사용하여 보정되었음.
출처: 福井県教育委員会 1985에서 편집; 渡辺直経 1966.

표 2.2 오다이야마모토 I 유적 방사성탄소연대

시료	재질	층위	¹⁴C 연대 (bp ± 1σ)	cal BP (1σ range)*	Lab. No.
F5-017	부착	IV	13,780 ± 170	16,850-16,200	NUTA-6510
F5-100	숯(침엽수)	III	13,480 ± 70	16,450-15,940	Beta-125550(RH-130)
D4-005	부착	III	13,210 ± 160	16,250-15,500	NUTA-6515
E4-036	부착	III 아래	13,030 ± 170	16,100-15,250	NUTA-6507
E4-030	부착	III 바닥	12,720 ± 160	15,650-15,050 BP(33%)	NUTA-6509
				14,850-14,350 BP(35%)	
E4-048	부착	IV 위	12,680 ± 140	15,650-15,150 BP(28%)	NUTA-6506
				14,850-14,250 BP(40%)	
E5-011	숯(단풍 종)	III	7,710 ± 40	8,540-8,420	Beta-125551(RH-131)
E2-100	숯(개비자나무)	III	7,070 ± 40	7,945-7,840	Beta-127791(RH-148)

* 연대는 OxCal 프로그램과 보정곡선은 Stuiver et al. 1998a를 사용하여 보정되었음.
출전: 中村俊夫·辻誠一郎 1999.

1999년 북 혼슈 아오모리현(靑森縣) 오다이야마모토(大平山元) I 유적 4층에서 발굴된 토기 표면에 붙어 있는 탄화물질(大平山元 I 遺跡発掘調査団 1999; 谷口康浩 1999a)은 13,780±170 bp(NUTA-6510)(中村俊夫·辻誠一郎 1999)로 편년되었다. 이 연대의 보정은 대략 16,500 cal BP(1σ: 16,850-16,200 cal BP)로 되었다. 총 46개의 토기 편이 이 유적의 3층과 4층에서 수거되었다. 〈표 2.2〉는 이들 층위에서 얻은 방사성탄소연대 일람표이다. 표에 보이는 바와 같이 토기에 붙어 있는 시료 다섯 개 모두 대략 13,800-12,700 bp(약 16,500-14,900 cal BP)가 되는 연대로 돌아왔다.

〈그림 2.2〉(위)는 오다이야마모토 I 유적의 3층과 4층에서 출토된 토기 편을 보여준다. 이 토기 편들 대부분은 장식이 없는 소문(素文)토기이다. 그중의 일부에는 미세하게 새긴 선[沈線文]이 있으나 이들은 장식이 아니고 도공이 토기 표면을 매끄럽게 손질할 때 의도하지 않게 단순히 긁혀 만들어진 것 같다(谷口康浩 1999b). 이 발굴의 책임 조사자였던 다니구치 야스히로(谷口康浩 1999c)에 의하면 이 토기 편들은 많은 수의 밀개와 새기개가 특징인 소위 조자쿠보(長者久保) 형식의 석기와 공반되어 있었다. 화살촉으로 사용되었을 가능성이 있는, 두 개의 삼각형, 첨두(尖頭)(그림 2.2 아래)는 화살촉이 구석기문화가 아닌 조몬문화의 특징으로 고려되기 때문에 연구자들의 관심을 끌었다(Ikawa-Smith 2000).

오다이야마모토 I 유적의 발견은 조몬시대의 효시를 연구하는 데 여러 가지 의미를 가진다. 첫째, 일본 고고학자들이 오랫동안 추구해 오고 있는 가장 오래된 조몬토기의 확인과 관련하여 몇 가지 의문에 답한다. 비록 1990년대 중반까지 후쿠이 동굴 3층

그림 2.2 오다이야마모토 I 유적 3층과 4층에서 발굴된 토기 편(위 축척=약 2/3)과 화살촉(아래 축척=약 1/1)(사진 오다이야마모토 I 유적 학술조사단 제공)

에서 나온 토기가 신뢰할 수 있는 방사성탄소연대로 가장 오래된 것이었지만, 많은 학자들이 여러 다른 유적에서 발굴된 토기 편들이 후쿠이 동굴의 예보다 더 오래된 것이라는 의혹을 가졌었다. 이들은 가나가와현(神奈縣) 데라오(寺尾) 유적의 "자돌문(刺突文)" 디자인 토기(白石浩之 1980)와 아오모리현 오다이야마모토 I(三宅徹也 1977; 1979), 이바라키현 우시로노(後野)(後野遺跡調査団 1976), 홋카이도 히가시-로쿠고(東麓鄉) 2(杉浦重信 1987), 그리고 가나가와현 가미노(神野)(相田 薫·小池 聡 1986)와 같은 유적지에서 출토된 "소문토기"(素文土器, 즉 장식이 없는 토기) 편들이 포함되어 있다. 비록 후자 집단의 토기들이 "소문토기"라고 불리지만 그 토기들이 실제로 장식이 없었는지 혹은 발굴된 토기 편들이 장식된 토기들의 소문 부분들일지도 모른다는 점에 주의해야 한다. 후자의 가능성은 수집된 토기 편들이 작은 파편이라는 사실에 의해 입증된다. 여러 다른 유적지에서 유사한 석기들의 관찰뿐만 아니라 이들 유적지에서 공반된 석기 조합에 대한 지층 관찰과 형식학적 분석은 많은 학자들로 하여금 이들 유적지의 토기가 융기선문토기보다 더 오래되었다는 것을 믿게끔 한다. 그러나 불행히도 이들 유적지 중에 방사성탄소연대를 가진 곳은 하나도 없다. 결과적으로 최고(最古)의 조몬토기에 대한 논쟁은 오랫동안 진전이 없었다. 오다이야마모토 I 유적으로부터의 토기와 방사성탄소연대들은 "소문토기"의 편년 위치에 대한 오랫동안 답이 없었던 이 문제를 마침내 확실히 하였다.

둘째, 오다이야마모토 I 유적의 발견은 조몬토기의 기원에 대한 논쟁을 활성화시켰다. 후쿠이 동굴에서 융기선문토기가 발견된 후 일부 학자들은 조몬토기는 일본열도 내에서 발명되었다고 제안하였다(예, 小林達雄 外 1980에서 加藤와 麻生에 의한 설; 宮下 健司 1980). 그러나 대부분의 일본 학자들은 토기 생산은 아시아 대륙에서 처음 발명되었고 그리고 나서 일본열도로 소개되었다고 믿었고 여전히 믿고 있다(예, 小林達雄 外 1980). 이 추정은 토기는 아시아 대륙에서 처음으로 발명되어 후에 일본열도로 전파되었다는 설을 제시한 유명한 고고학자 야마노우치 스가오(山內淸男)의 영향이 컸다(山內淸男·佐藤達雄 1962; 조몬토기의 기원과 절대연대에 관한 야먀노우치의 가설에 대해서는 K. Imamura 1996: 4장을 보기 바람). 조몬토기의 기원 문제를 해결할 수 있는 열쇠는 극동 러시아와 중국의 초기 토기 발전에 있다. 1980년대 및 1990년대 아무르 강 분지에서의 연속적인 발굴은 이 지역의 토기가 후쿠이 동굴보다 만약 더 오래된 것이 아니라면 후쿠이 동굴만큼은 되었을 수 있다는 것을 밝혔다(梶原 洋 1995; 1998). 〈표 2.3〉에서 볼 수 있듯이 아무르 강 지역의 적어도 다섯 유적(홈미, 가샤, 그로마투하, 우스트-카렌가, 및 곤차르카) 10,000 bp(이들 유적지의 위치는 그림 2.3을 보기 바람) 방사성탄소연대와 관련되어 있는 토기를 가지고 있다. 이들 중에서 가장 오래된 것은 최고(最古) 방사성탄소연대를 취한바, 13,260±100 bp(AA-13392)(1σ: 16,250-15,600 cal BP)로 편년되는 홈미 유적의 토기이다. 이 연대는 방사성탄소연대 12,960±120 bp(LE-1781)(1σ: 16,000-15,150 cal BP)와 동반된 가샤 유적 토기보다 앞선다(Zhushchikhovskaya 1997).

표 2.3 토기와 동반된 아무르 강 분지와 자바이칼(transbikal) 지역 여섯 개 유적 방사성탄소연대

유적	¹⁴C 연대 (bp ± 1σ)	cal BP* (1σ range)	Lab. No.	시료물질	참고문헌
훔미 (Khummi), 하층	13,260 ± 100	16,250-15,600	AA-13392	숯	Kuzmin et al. 1997
훔미 (Khummi), 하층	10,345 ± 110	12,650-12,450 (15%) 12,400-11,900 (51%) 11,800-11,750 (2%)	AA-13391	숯	Kuzmin et al. 1997
가샤 (Gasya), 하층	12,960 ± 120	16,000-15,150 (15%)	LE-1781	숯	Kuzmin et al. 1997
가샤 (Gasya), 하층	10,875 ± 90	13,110-13,090 (2%) 13,030-12,820 (61%) 12,710-12,680 (5%)	AA-13393	숯	Kuzmin et al. 1997
그로마투하 (Gromatukha), 하층	13,310 ± 110	16,300-15,700	AA-20940	유기질	Kuzmin and Keally 2001
그로마투하 (Gromatukha), 하층	13,240 ± 85	16,200-15,600	AA-20939	유기질	Kuzmin and Keally 2001
그로마투하 (Gromatukha), 하층	12,340 ± 60	15,050-14,600 (30%) 14,450-14,100 (38%)	AA-36079	숯	Kuzmin and Keally 2001
그로마투하 (Gromatukha), 하층	9,895 ± 50	11,340-11,320 (6%) 11,310-11,200 (62%)	AA-36447	숯	Kuzmin and Keally 2001
노보페트로프카 (Novopetrovka)	9,765 ± 70	11,240-11,110	AA-20937	유기질	Kuzmin and Keally 2001
우스트-카렌가 (Ust'Karenga) 7층	11,240 ± 180	13,430-13,020	GIN-8066	숯	Kuzmin and Keally 2001
우스트-카렌가 (Ust'Karenga) 7층	11,065 ± 70	13,160-12,970	AA-38101	유기질	Kuzmin and Keally 2001
곤차루카 (Goncharuka) 1	12,500 ± 60	15,350-15,150 (10%) 14,950-14,250 (58%)	LLNL-102169	숯	Kuzmin and Keally 2001
곤차루카 (Goncharuka) 1	10,590 ± 60	12,850-12,710 (29%) 12,670-12,610 (11%) 12,490-12,360 (28%)	LLNL-102168	숯	Kuzmin and Keally 2001

* 연대는 OxCal 프로그램과 보정곡선은 Stuiver et al. 1998a를 사용하여 보정되었음.

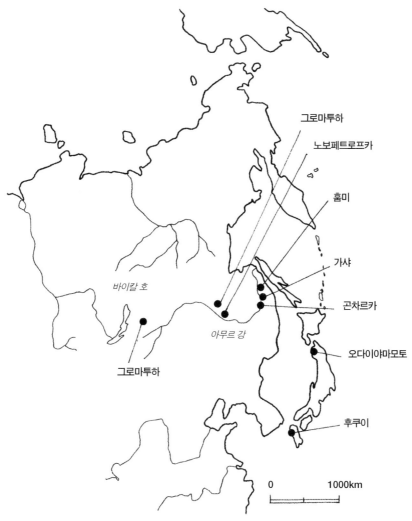

그림 2.3 10,000 bp보다 오래된 것으로 편년된 토기가 검출된 극동 러시아 유적(Medvedev 1994: 14-15를 수정해서 다시 그림)

　　아무르 강 분지와 일본열도 북부지방 사이 석기 조합에서의 상사성뿐만 아니라 이 지역에서 초기 토기의 존재는 조몬토기의 기원이 동북 유라시아 토기 전통과 밀접한 관계가 있다는 것을 시사하는 것으로 보인다. 북 혼슈의 오다이야마모토 I 유적에서의 발견은 토기의 일본열도 내 도입은 북쪽 경로를 거쳤을 것이라는 논쟁을 더욱 활성화할 것이다. 그러나 이것은 반드시 토기가 아무르 강 분지에서 처음 발명되었다는 것을 의미하는 것은 아니다. 예를 들면, 가지와라(梶原 洋 1998)는 아무르 강 분지에서 토기의 기술적 정교함 때문에 토기 생산의 기원이 13,000 bp(약 15,500 cal BP) 전으로 거슬러 올라가고 아마도 남중국이 더 가능성이 있을 것 같다는 견해를 제시한다.

중국에서 초기 토기와 관련하여 북중국 황하를 낀 허베이성(河北省) 슈수이(徐水)에 위치한 난추앙두(南莊頭)(Baoding Diqu Wenwu Guanlisuo et al. 1992)와 양쯔강(揚子江)의 중류 장시성(江西省) 완니엔(万年)에 위치한 시안렌 동굴(仙人洞)(Jiangxi Sheng Wenwu Guanli Weiyuanhui 1963; Jiangxi Bowuguan 1976)의 방사성탄소연대는 연구자들의 관심을 끈다(예, Ikawa-Smith 2000). 조사자(Ikawa-Smith 2000)들에 의해서 수용되는 난추앙두 유적 일곱 개의 방사성탄소연대 중에서 가장 오래된 것은 10,815±140 bp(1σ: 13,020-12,790 cal BP[51%], 12,750±12,640 cal BP[17%])이다. 1960년대 초에 처음으로 발굴조사된 시안렌 동굴 유적의 토기는 하층의 8,825±240 bp(Zk-92; 뼈 조각)(1σ: 10,200-9600 cal BP)와 상층의 10,870±240 bp(Zk-39; 조개 편)(1σ: 12,850-11,650 cal BP) 두 개의 방사성탄소연대와 연계되어 있었다. 덜 오래된 연대가 하층에서 얻어졌기 때문에 이 연대에 대해서 많은 의혹이 제기되었다. 그러나 후속 발굴조사에서 이 유적은 실제로 10,000 bp(약 11,600 cal BP)보다 더 오래된 토기와 관련이 있을 것이라는 것이 밝혀졌다(Ikawa-Smith 2000). 사가와(佐川正敏 1998)도 중국의 여러 유적에서 토기의 존재는 13,000-10,000 bp(약 15,500-11,600 cal BP)로 편년할 수 있다고 지적한다. 이들은 황허(黃河)를 낀 유자궈(于家溝)(河南省), 양쯔강 중류의 유찬동(玉蟾洞)(河南省), 그리고 남중국 광시성(廣西省)의 딩시샨(頂獅山) 유적지들이다. 중국 전역에서 10,000 bp 이전으로 편년되는 토기의 광범위한 분포를 근거로 사가와(1998)는 미래에 13,000-10,000 bp로 편년되는 토기가 북동 중국에서뿐만 아니라 내몽고에서도 발견될 것으로 믿고 있다.

마지막으로 오다이야마모토 I 유적에서의 발견은 구석기에서 신석기로의 전환에 대한 논쟁을 불러일으켰다. 전통적으로 일본 고고학자들은 이 전환기에 발생하였던 다양한 생업과 취락의 변화를 "빙하기" 말 온난화의 결과라고 설명하였다. 그들은 조몬시대의 시작은 홍적세의 말과 대략 일치한다고 추정하였다. 왜냐하면 후쿠이 동굴의 방사성탄소연대는 연대 보정이 실행되지 않았던 1960년대에 얻어진 것으로 방사성탄소연대 12,700 bp는 역연대(曆年代)로 BC 11,000-10,000과 대략 같았기 때문이다. 1970년대 및 1980년대에는 방사성탄소연대를 적극적으로 조몬연대에 반영하기를 꺼려 1990년대 중반까지 후쿠이 동굴에 대한 보정연대를 사용하지 않으려고 하였다. 그러나 오다이야마모토 I의 발견은 일본 고고학자들이 일본열도에서 토기 생산이 오래되었음을 재평가할 수 있는 기회를 제공하였다. 다니구치(谷口康浩 1999b)는 보정연대에 의해 알 수 있듯이 오다이야마모토 I에서 출토된 토기가 1만 6,500년 전으로 올라간다면 그것은 일본열도에서 가장 이른 토기 생산은 후기 빙하기에 온난화가 시작되기 전에 발생하였다는 것을 의미한다는 견해를 제시한다. 이가와-스미스(Ikawa-Smith 2000: 7)는 동러시아, 중국, 그리고 일본열도에서 출토된 초기 토기들과 동반된 큰 폭의 방사성탄소연대를 인용하여 전통적으로 믿어 왔던 것처럼 "동아시아에서 토기 사용의 시작"은 "'활엽수림의 북으로의 확산'을 초래하였던 점진적 온난화"의 맥락에서가 아니라 "홍적세 말기의 급격한 환경적 변동의 맥락에서 시작되었던 것으로 보인다"는 견해를 제시한다.

상자 3 **가장 오래된 조몬토기와 구석기시대의 종말**

가장 오래된 조몬토기에 대한 의문은 구석기시대 말기 석기 조합의 연구와 밀접하게 관련되어 있다. 규슈에서 세석기는 구석기시대의 마지막 시기와 조몬시대의 첫 두 시기(즉, 융기선문과 조형문 토기와 공반되어 있는 시기)를 특징으로 한다. 연구자들은 이들 세석기들은 사냥을 위해 창끝을 만들 때 주로 결합식 도구로 사용되었다고 믿는다(예, 芹沢長介 1974). 다른 한편, 혼슈와 시코쿠에서 세석기들은 구석기 만기 이전에 사라진 것으로 보인다. 이들 지역에서 융기선문토기는 세석기가 아니라 슴베가 달린 양면 첨두기[有舌尖頭器, 창끝찌르개]와 공반된다. 더욱이 연구자들은 소위 미코시바(御子柴)/조자쿠보(長子久保) 시기가 중부와 북혼슈에서 세석기 시기와 융기선문토기 기(期) 사이에 존재하였다는 견해를 제시하였다. 이 이름은 나가노현 미코시바(藤沢宗平·林茂樹 1961)와 아오모리현 조자쿠보 유적(山内清男·佐藤達雄 1967) 두 곳에서 유래한다. 이 시기의 석기 조합은 밀개와 새기개 같은 석기가 풍부한 점뿐만 아니라 끝을 마연한 석부(미코시바식 석부로 불려진다)의 실재와 창끝이 큰 것이 전형적인 특징이다.

융기선문토기가 일본열도 전역에서 대략 동시기에 사용되기 시작하였던 것으로 추정하면 규슈보다 이른 시기에 홋카이도와 북부 및 중부 혼슈에서 세석기들은 사라진 것 같다. 아주 적은 수의 방사성탄소연대가 구석기 말기와 조몬시대의 초창기로부터 얻어졌기 때문에 이 전환기 유적들의 편년적 위치는 석기들의 형식학적 편년에 크게 의존한다. 방사성탄소연대와 관련이 없는 많은 유적지들은 석기 조합의 특징에 근거하여 미코시바/조자쿠보 기로 규정되어 오고 있다. 몇몇 경우 석기 조합의 특징은 방사성탄소연대의 신뢰성을 입증하는 데 사용된다. 예를 들면, 첨두기와 세 개의 작은 토기 같은 파편이 포함되어 있는 나가노현 시모모우치(下茂内) 유적의 II문화층(近藤尚義 外 1992)은 AMS(accelerator mass spectrometry, 가속질량분석법) 방사성탄소연대 16,250±180 bp(1σ: 19,750-19,000 cal BP)를 가지고 있다. 그러나 다니구치(1999b)는 이 유적에서 수거된 첨두기의 형식이 세석기 이후로 편년되어야 하기 때문에 또 혼슈에서 가장 오래된 세석기 조합은 15,000 bp(약 18,000 cal BP) 이전으로 편년할 수 없기 때문에 시모모우치 유적의 방사성탄소연대는 신뢰할 수 없다는 견해를 제시한다. 일부 연구자들은 이 파편들이 확실히 토기 편인지 아닌지에 대해서도 의문을 가진다(예, 谷口康浩 1999b). 이 증거가 의문스럽기 때문에 많은 일본 학자들이 시모모우치의 연대를 일본열도에서 가장 오래된 토기로 인정하지 않는다.

편년 틀

오다이야마모토 I 유적에서의 발견은 또 조몬시대에 대한 방사성탄소연대의 재평가를 활성화하였다. 오랫동안 일본 고고학자들이 방사성탄소연대를 적극적으로 사용하기를 꺼려 많은 영어권의 고고학자들을 어리둥절하게 하였다. 이것은 1960년대 및 1970년대 조몬 유적지에서 얻은 방사성탄소연대가 조몬토기의 상대연대 계기(繼起)와 잘 일치하였다는 사실에서 특히 흥미로울 수 있다(渡辺直経 1966; 鈴木正男 1974a; 그림 2.4를 보기 바람). 결과적으로 1970년대까지 대부분의 일본 고고학자들은 방사성탄소연대 측정 기술의 유용성을 야마노우치(山内清男 1968; 1969), 야마노우치와 사토(山内清男·佐藤達雄 1962), 그리고 그들의 지지자들(이 논쟁에 대한 상세한 사항은 K. Imamura 1996: 46-50을 보기 바람) 외에는 수용하였다. 그럼에도 불구하고 조몬 고고학에서 방사성탄소연대의 체계적인 사용은 여전히 없다. 이것은 우선 조몬토기의 형식학적 편년이 극히 세밀하기 때문이다. 이렇게 상세한 형식학적 편년 때문에 1970년대 방

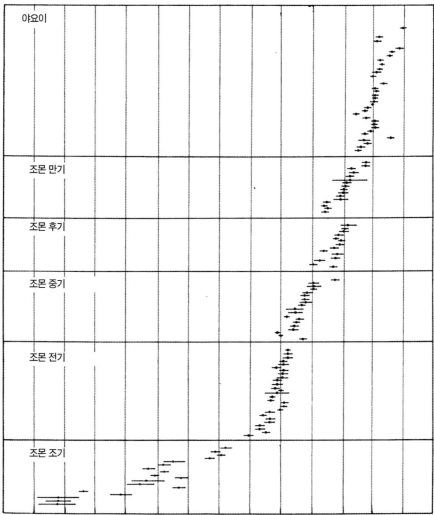

그림 2.4 1960년대 및 1970년대에 수거된 조몬과 야요이 토기들과 동반된 방사성탄소연대(鈴木正男 1974a: 155의 渡辺直經로부터 수정, 다시 그림)

사성탄소연대의 전체적인 오차가 비교적 높았을 때(특히 방사성탄소연대의 2σ의 표준편차 범위가 종종 200년 이상일 때), 일본 고고학자들은 방사성탄소연대가 고고학 자료의 편년에 대해 토기의 형식만큼 유용하지 않다는 것을 느꼈다.

　방사성탄소연대에 대한 회의는 1980년대부터 1990년대 초까지 조몬 고고학 분야에서 계속해서 지배적이었다. 그러나 이 기간 동안 방사성탄소연대의 오차는 눈에 띄

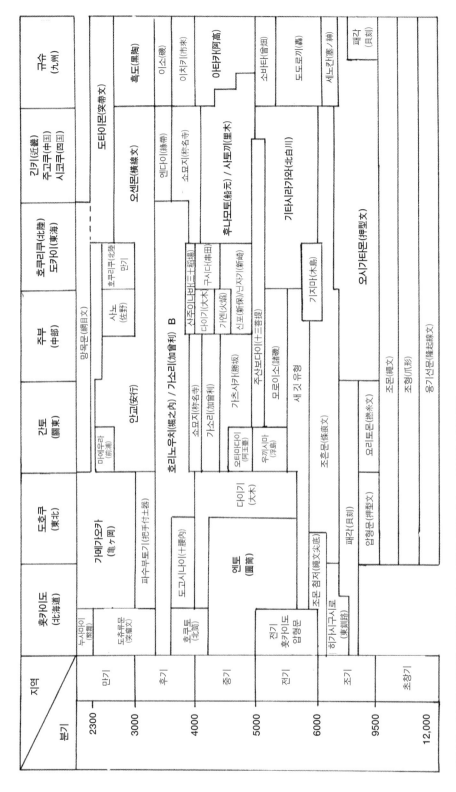

그림 2.5 조몬토기의 역연대 표(安藤子昭二 1978; 小林達雄 1977b; Kobayashi 1992a로부터 편집)

게 감소하였다. 또 이 기간 동안 방사성탄소연대의 보정이 서구 고고학에서 상당히 보편화되었다. 하지만 일본 고고학자들은 이러한 두 발전의 어떤 것도 수용하지 않았다. 결과적으로 1990년대 중반 이전에는 일본 고고학자들 대부분이 방사성탄소연대 측정 기술에 대한 진척에 주의를 기울이지 않았다. 불과 몇 년 전까지 보정연대의 사용조차도 보편화되지 않았다.

새로운 방사성탄소연대 측정 기술 수용의 이러한 지체는 결과적으로 조몬 연구에 대한 주된 편년의 틀을 여전히 토기형식에 과도하게 의존하는 결과를 초래한다. 〈그림 2.5〉는 아비코(安孫子昭二 1978)와 고바야시 타츠오(小林達雄 1977b)에 의해 제안된 조몬시대의 주요 편년 구분을 보여 준다. 이 표에서 볼 수 있듯이 조몬시대는 전통적으로 여섯 개의 시기로 구분된다. 초창기, 조기, 전기, 중기, 후기, 그리고 만기(山內淸男 1964a). 각 시기는 다시 몇 단계로 세분되고(모든 단계가 그림 2.5에 나와 있는 것은 아니다), 각 단계는 다시 여러 개의 하부 단계를 포함하고 있다(그림 2.5에는 나와 있지 않음). 대부분의 일본 고고학자들은 시간이 지남에 따른 여러 가지 문화 변화를 고찰하는 데 하부 단계를 가장 작은 시간 단위로 사용한다.

여섯 개의 시기에 대한 절대연대는 조몬 유적지들로부터의 한정된 수의 방사성탄소연대만을 사용해서 측정되었었다. 예를 들면, 킬리와 무토(Keally and Muto 1982)는 동일본, 특히 홋카이도, 도호쿠와 간토 지역에서 여섯 개의 시기 각각에 대한 방사성탄소연대는 내부적으로 일관성이 있다고 지적한다(그림 2.6). 그러나 전기에서 만기 조몬시대까지의 연대에 있어서 규슈와 동일본 사이에 약간의 차이가 보인다(그림 2.6을 보기 바람). 〈표 2.4〉는 킬리와 무토(1982)가 제안한 바와 같이 네 지역의 시기에 대한 방사성탄소연대를 보여 준다. 긴키, 주고쿠, 시코쿠, 도카이와 주부 지역으로부터의 방사성탄소연대의 수는 비교적 적기 때문에 킬리와 무토(1982)는 이들 지역의 시기에 대한 절대연대를 제안하지 않았다.

여기서 이들 측정은 방사성탄소연대의 1σ의 표준편차 범위가 보통 100년 이상이었던 1960년대부터 1980년대 초기에 이르는 동안에 얻어진 방사성탄소연대를 근거로 한 것이라는 사실에 주의해야 한다. 더욱이 방사성탄소연대의 일부는 패총에서 발굴된 바다 조개로부터 얻은 것이었다. 저장고 효과[5] 때문에 조개와 같은 바다의 산물로부터 얻어진 방사성탄소연대는 육지 산물로부터의 연대보다 대략 400-500년 더 오래된 경향이 있다(今村峯雄 1999; 吉田邦夫 外 2000). 바꾸어 말하자면 전통적인 연대측

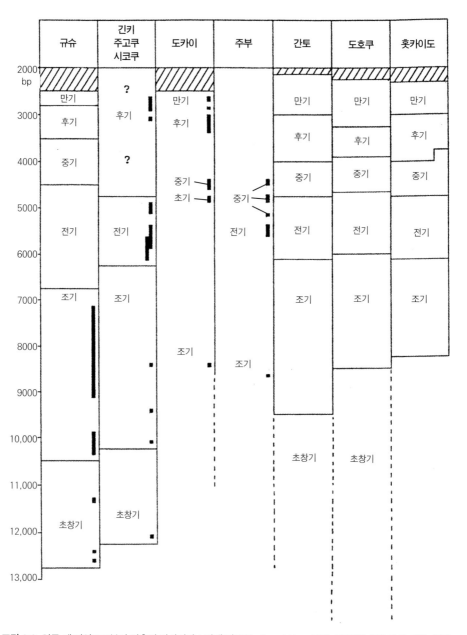

그림 2.6 일곱 개 지역으로부터 검출된 방사성탄소연대 비교(Keally and Muto 1982: 252에서 수정, 다시 그림): 두꺼운 선들은 그 시대로부터 검출된 방사성탄소연대가 간헐적으로만 이용 가능하다는 것을 가리킴

정은 백에서 수백 년에 이르는 오차가 포함되어 있는 방사성탄소연대를 근거로 한 것이다. 저장고 효과에서 지역적 다양성이 보고되고 있다는 사실을 염두에 두면(Hall, 사신 2002), 오차는 아마 훨씬 더 클 것이다.

표 2.4 킬리와 무토(Keally and Muto 1982)에 의해 제안된 홋카이도, 도호쿠, 간토, 그리고 규슈의 방사성탄소연대(bp)

	홋카이도	도호쿠	간토	규슈
초창기				12,800-10,500
조기	-6,100	-6,000	9,500-6,100	10,500-6,900
전기	6,100-4,800	6,000-4,600	6,100-4,700	6,900-4,500
중기	5,100-4,050	4,600-4,000	4,800-4,050	4,500-3,500
후기	4,050-3,000	4,000-3,250	4,050-3,050	3,500-2,700
만기	3,000-2,400	3,250-2,250	3,050-2,100	2,700-2,550

그러나 근래에 신뢰할 수 있는 방사성탄소연대의 수가 급격하게 증가하고 있다. 예를 들면, 아오모리현 산나이마루야마 유적 24개의 AMS 방사성탄소연대를 근거로 이마무라 미네오(今村峯雄 1999)와 쓰지(辻誠一郎 1999)는 이 유적지가 대략 5,050-3,900 bp(약 5,900-4,400 cal BP)(상세한 것은 본서의 4장을 보기 바람)까지 점유되었다고 하였다. 이들 AMS 연대와 동반된 토기 편년 사이의 비교는 이 두 가지 자료의 상대 계기(繼起)가 상호 일관성이 있다는 것을 보여 준다. 이러한 종류의 자료 집적은 각 조몬 시대 단계의 기간을 좀더 정확하게 측정할 수 있도록 하고 궁극적으로는 우리들이 각 형식학적 단계 그리고/혹은 하부단계의 기간을 결정할 수 있게 해 준다. 나카무라 외(中村俊夫 外 2000), 오쿠노와 나카무라(奧野 充·中村俊夫 2000), 그리고 요시다 외(吉田邦夫 外 2000)가 문화재의 과학적 연구를 위한 일본학회 17회 정기총회의 "연대와 고고학"이라는 제하의 심포지엄에서 발표한 논문들이 일본 고고학에서 방사성탄소연대의 현 상태와 기술적 제약에 대한 개요를 제시하였다. 발표자들은 또한 고도의 정밀성(반복성)과 정확한 조몬의 절대 편년의 구축을 위한 유용한 제안을 하였다.

환경과 기후

위에서 논의한 바와 같이 오다이야마모토 I 유적에서 출토된 가장 오래된 토기는 현재 대략 16,500 cal BP(약 BC 14,500)로 편년된다. 지구 기후 변화의 맥락에서 이 시기는 후기 최대 빙하기 말 정도에 둘 수 있을 것이다(그림 2.7). 그린란드 얼음 핵(核) 자료를 근거로 이 시기와 홍적세의 말 사이에 발생하였던 반복적인 기후 변동이 다음과 같이 제시되었다. 태고(太古) 드리아스(Dryas)(추움), 뵐링(Bølling)(따뜻함), 고(古) 드리아스(추움), 앨러외드(Allerød)(따뜻함), 그리고 신(新) 드리아스(추움)(Stuiver et al.

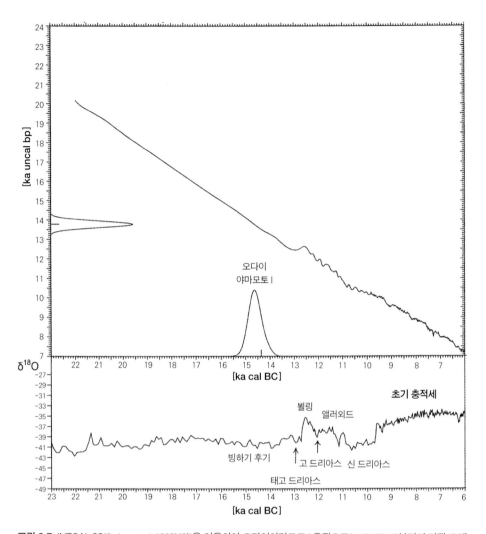

그림 2.7 INTCAL 98(Stuiver et al. 1995)(위)을 이용하여 오다이야마토 I 유적으로(NUTA6510)부터의 가장 오래된 ^{14}C 연대의 보정과 GISP 2 얼음 핵(아래)의 매년 얼음 축적에 반영되어 있는 온도 변동: 이 그림은 Grootes et al. 1993; Meese et al. 1994; Stuiver et al. 1995; Stuiver and Grootes 2000; Sowers et al. 1993으로부터의 산소 동위원소 자료로 Windows CalPal(Weninger et al. 2002)을 이용하여 제작되었음(이들 자료들은 http://www.ngdc. noaa.gov/paleo/ftp-icecore.html에서 이용 가능함)

1995; 또한 Sherratt 1997을 보기 바람). 일본열도에서 이 같은 연속적인 기후 변동에 대한 전체적인 영향에 대해서 우리는 모르지만 기후의 유사한 변동의 추정은 이해가 된다. 이러한 급격한 기후 변동에 이어 충적세의 전반은 계속적인 온난화가 특징이다.

이러한 기후 변화와 더불어 다양한 자연환경의 변화가 후기 홍적세부터 충적세까지 발생하였다. 예를 들면, 화분분석을 근거로 쓰카다(Tsukada 1986)는 후기 홍적세부

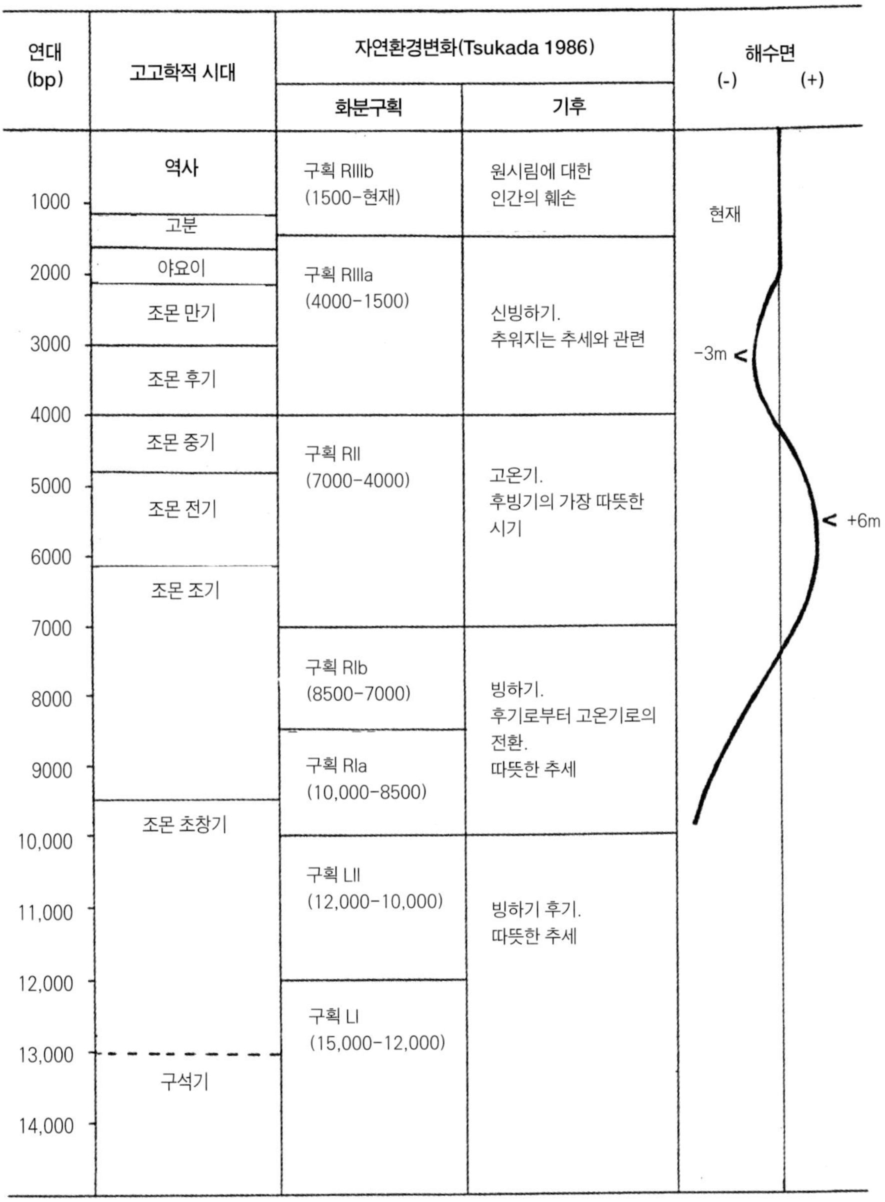

연대 (bp)	고고학적 시대	자연환경변화(Tsukada 1986)		해수면 (-) (+)
		화분구획	기후	
1000	역사	구획 RIIIb (1500-현재)	원시림에 대한 인간의 훼손	현재
	고분			
2000	야요이	구획 RIIIa (4000-1500)	신빙하기. 추워지는 추세와 관련	-3m
3000	조몬 만기			
	조몬 후기			
4000	조몬 중기	구획 RII (7000-4000)	고온기. 후빙기의 가장 따뜻한 시기	+6m
5000	조몬 전기			
6000	조몬 조기			
7000		구획 RIb (8500-7000)	빙하기. 후기로부터 고온기로의 전환. 따뜻한 추세	
8000				
9000	조몬 초창기	구획 RIa (10,000-8500)		
10,000		구획 LII (12,000-10,000)	빙하기 후기. 따뜻한 추세	
11,000				
12,000		구획 LI (15,000-12,000)		
13,000	구석기			
14,000				

그림 2.8 쓰카다(1986)에 의해 제안된 자연환경 변화의 요약과 추산된 해수변화(Habu 2001: 15에서 수정)

터 현재까지 일곱 개의 주요 화분구획을 규정한다. 구획 LI, LII, RIa, RIb, RII, RIIIa, 그리고 RIIIb(그림 2.8). 이들 중에서 RIa와 RIb 구획은 더워지는 추세 혹은 말기 홍적세로부터 중기 후빙기의 가장 따뜻한 부분으로의 전환을 보여 준다. 전기와 중기 조몬시대와 중복되는 그 뒤의 RII 구획은 소위 고온기 막간 혹은 후빙기의 가장 따뜻한 부분인 "최적 기후"라고도 묘사된다(鈴木秀夫 1974). 마지막으로 서늘한 추세 혹은 신빙하기로 설명되는 RIIIa 구획은 후기/만기 조몬, 야요이와 고분시대의 부분과 일치한다.

쓰카다(1986)에 의하면 마지막 빙하가 최고조에 달했을 때(약 20,000 bp), 세토 내해(瀬戸内海)와 해안 지역의 많은 다른 작은 섬뿐만 아니라 네 개의 주요 일본 섬들도 연결되어 있었다. 북쪽의 오늘날의 소야해협(宗谷海峡)은 사할린과 연결되어 있는 육교(陸橋)였다. 이 시기 동안 대부분의 일본열도는 침엽수림과 온대 침엽수/낙엽활엽수림으로 덮여 있었다. 다른 한편, 조몬 전기와 중기의 식생은 온난 낙엽수림과 상록활엽수림(常綠廣葉樹林, 照葉樹林이라고도 불린다)이 우점하였다. 식생에 있어서 이들 변화는 다양한 종류의 호두를 포함한 식용이 가능한 식물 음식의 형태가 증가했을 뿐만 아니라 식생들이 육지 포유동물들의 서식지를 크게 변화시켰다. 고고학자들은 홍적세 후기에 나우만(Naumann)의 코끼리(*Palaoloxodon naumanni*)와 야배(Yabe)의 거대한 사슴(*Sinomegaceros yabei*)과 같은 큰 육지 포유동물들의 멸종이 과잉 포획 혹은 자연 환경 변화의 결과인지에 대해서 여전히 논쟁을 하고 있다. 한편, 충적세 초기에는 일본 사슴(*Cervus nippon*)과 멧돼지(*Sus scrofa*)와 같은 중형(中形)의 포유류가 가장 흔히 사냥되던 육지 포유동물들이었다는 것은 명백하다(春成秀爾 1998; 2000).

홍적세 말기에서 충적세까지 지구의 기후 변화는 해수면에도 영향을 미쳤다. 그러나 일본열도에서 충적세 해수면의 변화에 대한 많은 연구는 현금의 해수면과 비교하여 조몬시대의 해수면을 추산하는 것이 쉽지 않다는 것을 보여 준다(Stewart 1982). 이것은 부분적으로 일본열도의 여러 지역에서 지각 균형의 변화가 상당히 복잡하기 때문이기도 하다. 그럼에도 불구하고 많은 일본 학자들은 해수면이 "최적 기후" 기간 동안 최고조에 도달했다는 데 동의한다. 예를 들어, 이즈키(井関弘太郎 1977)에 의하면 10,000 bp(약 11,600 cal BP) 즈음 일본열도의 해수면은 현재보다 대략 20-30m 낮았다고 한다. 충적세의 전반부 동안 약간의 변동은 있었지만 계속 상승하여 6,500-5,000 bp(약 7,400-5,900 cal BP) 즈음에는 최고조에 도달했다. 이것은 충적세 혹은 조몬해진(繩文海進)이라고 불린다(松島義章 1979). 오다 요코 외(太田陽子 外 1982)는 비록 지각 균형 변화에 의해 야기된 해수면이 지역적으로 다양한 것이 중요하지만 조몬해진의 극성기에 해수면은 현재보다 대략 2-6m 정도 높았다(和島誠一 外 1968을 보기 바람). 해진의 극성기 후에 해안선은 조금씩 후퇴하였던 것으로 보인다. 여러 가지 증거에 의하면 4,000-2,000 bp(약 4,500-2,000 BP) 사이에 일본열도의 최소한 일부 지역에서 해수면은 현재 수준보다 1-3m 후퇴하였다는 것을 보여 준다(예, 海津正倫 1976; 豊島吉則 1978).

많은 학자들이 "최적 기후" 기간 동안 해수면은 가장 높은 지점까지 도달하였다고 주장하지만 해진 극성기에 대한 정확한 시간은 향후 결정되어야 한다. 남서부 간토 지역의 연해(沿海) 연체동물의 수집에 대한 분석 결과(松島義章 1979; 松島義章·小池裕子 1979)는 이 지역에서 해수면은 6,500-5,500 bp(약 7,400-6,300 cal BP) 사이에 최고조에 달했다는 것을 보여 준다. 좀더 구체적으로 후지(藤 則雄 1984)는 해수면이 이 지역에서 전기 조몬시대의 다섯 개 편년기의 세 번째인 구로하마(黑浜) 시기(약 5,700 bp 혹은 6,600 cal BP) 동안 극성기에 도달했다고 주장한다. 그러나 지각 균형 변화에 있어서 지역적 상이성이 해수면 최고조의 시간이 각 지역마다 다르게 영향을 미쳤을 것이라는 것을 명심해야 한다.

인구 추산

많은 학자들이 일본 고고학에 대한 영어 서적에 정통해 있기 때문에 조몬 인구 추산 연구는 낯설지 않은 분야이다. 이것은 조몬의 생업과 인구에 대한 고야마(Koyama 1978)의 기념비적인 연구가 조몬 고고학에 대한 기본적인 정보의 전거로 널리 읽혀졌기 때문이다. 그러나 사실 이 분야에서 수행된 연구는 비교적 많지 않다. 고야마를 제외하고 세리자와(芹沢長介 1960)와 야마노우치(山內淸男 1964a) 두 명의 다른 고고학자만이 전체 조몬 인구에 대한 추산을 시도하였다. 두 학자는 민족지학적 수렵채집민 집단의 인구밀도를 조몬 인구를 추산하기 위한 출발점으로 이용하였다.

1889년 인구조사 이후 홋카이도 아이누인들의 인구밀도 추산에 대한 숫자를 이용하여 세리자와(1960)는 혼슈의 조몬 인구를 대략 7만 5,000명으로, 일본열도의 전체 조몬 인구를 12만 명으로 추산하였다. 다른 한편, 야마노우치(1964a)는 일본열도 크기를 캘리포니아 크기와 대략 동일하다는 것을 지적하면서 조몬 인구 크기가 캘리포니아 원주민의 크기와 대략 동일하였을 것이라고 제안하였다. 바움호프(Baumhoff 1963)의 캘리포니아 원주민의 연구를 이용하여 야마노우치는 조몬 인구 크기가 15만에서 25만 명 사이였던 것으로 추산하였다.

이들 두 학자에 의해 제시된 추산과는 달리 고야마(1978; 小山修三 1984)는 그의 연구를 다음과 같은 세 세트의 자료를 토대로 하였다. (1) 유적 데이터베이스와 일본 각 현의 유적 지도에 기록되어 있는 조몬 유적의 전체 수, (2) 유적 데이터베이스와 간토 지역 현의 유적 지도에 기록되어 있는 하지(土師)시대(대략 AD 250~1,150 사이로 보통 고훈[古墳], 나라[奈良], 헤이안[平安]시대로 불려진다) 유적의 전체 수, 그리고 (3) 간토 지역의 8세기 인구 기록.

고야마(1978; 小山修三 1984)의 분석은 여러 가지 추정에 근거를 두고 있다. 첫째, 그는 조기, 전기, 중기, 후기, 그리고 만기 조몬시대 각각이 대략 1,000년 정도 지속되었던 것으로 추정하였다. 이것은 이들 조몬시대 각 시기의 존속기간이 하지시대(AD 250년에서 1150년; 대략 1,000년 정도 오차의 여유를 다소 예상해 둔다)의 그것과 대강 동일하다는 것을 의미한다. 둘째, 그는 조몬과 하지 유적의 발견 비율을 대략 같다고 추정하였다. 셋째, 이 두 추정을 토대로 그는 만약 조몬시대 각 시기의 평균 주거 인구와 하지시대의 그것이 대략 동일하다면 하지 유적의 전체 수와 어떤 주어진 시간에 추산된 하지 인구(이 경우 8세기)의 비율이 조몬의 각 시기로부터의 유적지 수와 각 시기의 인구 사이의 비율도 같아야 한다고 제안하였다. 그러나 고고학적 자료는 유적당 수혈주거지의 평균수가 조몬보다 하지 취락지에서 훨씬 크다. 관련된 수혈주거지들의 수를 토대로 유적지 크기를 고찰한 후 고야마는 전기, 중기, 그리고 후기 조몬 주거지들의 크기가 하지 주거지들 크기의 대략 1/7이라고 추산하였다. 조몬 조기의 경우 고야마는 1/7 대신 일정하게 1/20을 사용하였는데, 이는 조몬 조기 주거지들의 평균 크기가 전기부터 후기 조몬 주거지들의 그것들보다 훨씬 더 작았기 때문이다.

이러한 추정에 따라 그는 간토 지역에서 중기 조몬 인구는 다음 공식을 사용하여 추산할 수 있다고 제안하였다.

$$POP_{j3} = 1/7 \times T_{j3}(POP_{8c}/T_h)$$

여기서 POP_{j3} = 간토 지역의 중기 조몬 인구이고,

T_{j3} = 간토 지역의 중기 조몬 유적의 전체 수이며,

POP_{8c} = 간토 지역의 8세기 인구이며,

T_h = 간토 지역의 하지 유적 전체 수이다.

유사한 공식을 사용하여 고야마(1978)는 간토 지역의 조몬 초창기에서 후기까지의 인구를 추산하였다. 다른 지역의 인구는 간토 지역의 유적지 수와 그 지역의 유적지 수의 비(比)를 사용하여 계산하였다. 그는 또 1/3을 일정하게 사용하여 야요이시대의 인구를 추산하였다. 그 후 일본어로 발표된 그의 연구에서(小山修三 1984), 고야마는 만기 조몬시대에 대한 인구를 추가하였다. 초창기 조몬의 인구 추산은 그의 논저 어디에도 들어가 있지 않았다.

〈표 2.5〉는 고야마(1984)에 의해 제시된 인구 추산 목록이다. 조몬 각 시대의 인구 추산은 조몬의 인구가 조몬시대의 전반기에 꾸준히 증가하였다는 것을 보여 준다. 중기 조몬시대에 인구는 대략 26만 명이었다. 그 후 후기와 만기 조몬시대를 통해 인구는 감소하였다. 이러한 추세는 중부 혼슈의 간토와 주부 지역에서 눈에 두드러진다. 비록 도호쿠(東北), 호쿠리쿠(北陸), 그리고 도카이(東海) 지역에서 후기와 만기 조몬시대에 인구 감소가 그곳만큼 현저하지는 않지만 이 지역에서도 유사한 추세가 주목된다. 대조적으로 서일본(긴키, 주고쿠, 시코쿠, 규슈 지역)의 인구는 초창기로부터 후기 조몬시대까지 서서히 그리고 점차로 증가하였다. 서일본에서 추산된 전체 인구수는 동일본 인구수보다 훨씬 적은데, 이는 서일본의 조몬 유적 수가 동일본의 그것보다 적기 때문이다.

고야마(1978; 小山修三 1984) 방법의 강점은 동시에 점유된 유적지 전체 수를 추정하여 그 수를 유적지 평균 인구수로 곱하기보다는 과거 인구 추산에서 발견된 유적지 전체 수의 비를 사용하였던 것이다. 동시에 점유된 유적지 전체 수를 추산하는 것은 두 가지 이유에서 아주 어렵다. 첫째, 야마노우치(1964a)는 아주 정밀한 지표조사는 각 지역에서 확인되는 전체 수를 증가시킬 것이라고 제안하였다. 둘째, 고고학적 편년의 성격 때문에 정확하게 어느 유적이 동시에 점유되었는지를 확인하는 것이 가능하지 않다. 즉, 한 특정한 조몬 기(예, 조몬 중기), 혹은 심지어 특정한 단계로부터의 모든 유적지가 반드시 동일한 시기가 아닐 수 있다. 확인된 유적 수의 인구에 대한 비율을 사용하여 고야마는 이와 같은 방법론적인 문제를 피할 수 있었다.

그러나 고야마(1978; 小山修三 1984)가 그의 인구 추산에 사용하였던 상수(常數) 1/7은 의문의 여지가 있다는 점이 지적되어야 한다. 그는 지바현의 다카네키도(高根木戶)와 같은 많은 수혈주거지를 가진 조몬 유적지를 조몬 전기에서 후기의 전형적인 것으로 간주하였다. 그러나 관련된 수혈주거지의 수에 관한 한 다카네키도 같이 큰 조몬

표 2.5 고야마(小山修三 1984)에 의한 인구 추산(괄호 안에 있는 수는 km²당 인구밀도를 가리킴)

	조몬 조기	조몬 전기	조몬 중기	조몬 후기	조몬 만기	야요이	하지
도호쿠	2,000 (0.03)	19,200 (0.29)	46,700 (0.70)	43,800 (0.65)	39,500 (0.59)	33,400 (0.50)	288,600 (4.31)
간토	9,700 (0.30)	42,800 (1.34)	95,400 (2.98)	51,600 (1.61)	7,700 (0.24)	99,000 (3.09)	943,300 (29.48)
호쿠리쿠	400 (0.02)	4,200 (0.17)	24,600 (0.98)	15,700 (0.63)	5,100 (0.20)	20,700 (0.83)	491,800 (19.67)
주부	3,000 (0.10)	25,300 (0.84)	71,900 (2.40)	22,000 (0.73)	6,000 (0.20)	84,200 (2.81)	298,700 (9.66)
도카이	2,200 (0.16)	5,000 (0.36)	13,200 (0.94)	7,600 (0.54)	6,600 (0.47)	55,300 (3.95)	298,700 (21.34)
긴키	300 (0.01)	1,700 (0.05)	2,800 (0.09)	4,400 (0.14)	2,100 (0.07)	108,300 (3.38)	1,217,300 (38.04)
주고쿠	400 (0.01)	1,300 (0.04)	1,200 (0.04)	2,400 (0.07)	2,000 (0.06)	58,800 (1.84)	839,400 (26.23)
시코쿠	200 (0.01)	400 (0.02)	200 (0.01)	2,700 (0.14)	500 (0.03)	30,100 (1.58)	320,600 (16.87)
규슈	1,900 (0.05)	5,600 (0.13)	5,300 (0.13)	10,100 (0.24)	6,300 (0.15)	105,100 (2.50)	710,400 (16.91)
합계	20,100 (0.07)	105,500 (0.36)	261,300 (0.89)	160,300 (0.55)	75,800 (0.26)	594,900 (2.02)	5,399,800 (18.37)

주거지는 아주 적다. 바꾸어 말하자면 만약 조몬과 하지 두 유적의 유적지당 수혈주거지의 평균수를 이용하여 인구수를 계산한다면 조몬시대에 대한 인구 추산은 아주 적을 것이다.

고야마(1978; 小山修三 1984)의 추산은 또 조몬인들의 정주도(定住度)가 하지시대의 사람들과 대체로 같았을 것이라는 추정을 토대로 하고 있다(즉, 두 시대가 완전히 정주적이었다). 그러나 필자가 본서 뒤에서 언급하듯이 조몬의 정주도는 지역 및 시간적으로 편차가 상당히 심한 듯하다. 만약 조몬인들의 일부가 그들의 거점취락을 적어도 계절에 따라 이동하였다면 고야마가 계산의 근거로 삼은 조몬 주거지의 전체 수에 일시적인 점유 유적지가 포함되어야 한다. 이것 또한 고야마의 조몬 인구 추산이 너무 클 가능성이 있다는 것을 의미한다. 그러한 위험부담에도 불구하고 많은 학자들이 고야마(1978; 小山修三 1984)의 추산이 시간에 따른 조몬 인구의 상대적 증감을 일반적으로 반영한다고 말한다. 예를 들면, 고이즈미(小泉淸隆 1985)는 고야마의 견해에 동의하면서 고야마의 연구 결과를 다음과 같이 요약하고 있다.

일반적으로 말해서 동일본의 조몬 인구는 초창기부터 중기까지 점차 증가하였다. 인구 증가는 조몬 후기에 침체되었고 조몬 만기에는 현저한 인구 감소가 발생하였다. 다른 한편, 서일본에서는 조몬시대 전반에 걸쳐 서서히 그리고 점차적으로 인구가 증가하였다. 도작 농경과 다른 새로운 문화적 요소들과 공반된 야요이문화의 등장과 더불어 일본열도의 인구는 엄청나게 증가하였다.(小泉淸隆 1985: 231)

영미 고고학에서는 인구 증가와 그에 따른 인구압(人口壓)의 문제에 대해 문화적 복합성의 발전과 생계전략의 변화와 관련하여 자주 논의해 오고 있다(예, Price and Brown 1985a). 인구 증가가 자연적(즉, 특별한 원인이나 조건 없이)인지 아닌지도 고고학적 논쟁(예, Cohen 1981)의 대상이 되고 있다. 극소수의 일본인 학자들이 이 문제를 조몬 인구 추산과 관련하여 논의해 오고 있는 한편, 그들은 주요 의문점을 조몬문화의 발전 과정을 고찰하는 것에만 두고 있다. 필자는 본서 뒷부분에서 이 문제에 관해서 서술하고자 한다.

형질인류학적 연구

　조몬시대 인골의 형질학적 연구는 조몬시대 사람들과 현대 일본인들과의 관계를 이해하는 데 중요한 정보의 원천이다. 현금의 많은 형질인류학자들은 (1) 조몬시대 사람들, 그리고 (2) 야요이시대와 그 이후에 아시아 대륙(주로 한반도를 거쳐서)으로부터 일본열도로 온 사람들, 두 부류를 현대 일본인들의 선조라고 생각한다. 이것은 일본인의 인구 역사에 있어서 "이중 구조 모델"이라고 불린다(Hanihara 1986; 1987; 1991). 이 모델은 허드슨(Hudson 1999)과 이가와-스미스(1995)와 같은 고고학자들뿐만 아니라 바바(馬場悠男 1990)와 오모토와 사이토(Omoto and Saito 1997)와 같은 많은 형질인류학자들에 의해서도 지지를 받고 있다.

　〈그림 2.9〉는 이 이중 구조 모델의 대강을 도식화한 것이다. 이 모델에 의하면 아시아 인구는 두 개의 아(亞) 집단인 고(古) 및 신(新) 아시아계인들로 나눌 수 있다. 고아시아계인들은 원래 동과 남아시아에 살았다. 형질인류학 연구는 조몬시대 사람들

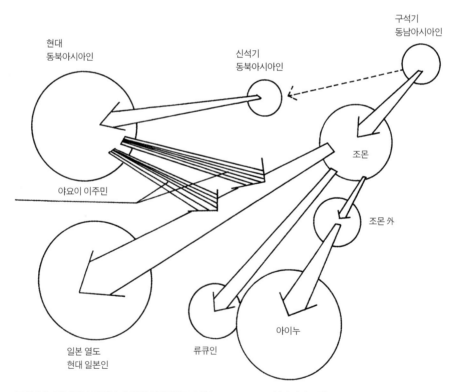

그림 2.9 일본인의 인구사에 대한 이중 구조 모델(Hanihara 1991로부터 다시 그림)

은 이 집단에 속한다고 보여 준다. 다른 계통인 신아시아계인들은 후기 홍적세 어느 시점에 북방 기후인 추위에 적응하였던 사람들이었다. 오늘날의 동북아시아인 대부분은 이 집단에 속한다. 이중 구조 모델에 의하면 현대 일본인들은 야요이시대와 그 이후 대륙으로부터 일본열도로 온 신아시아계 사람들과 고아시아계인들의 일부였던 조몬인들의 혼혈의 결과로 형성되었다는 것이다.

형질인류학자들은 또 이들 두 집단의 혼혈의 정도가 일본열도의 지역마다 다르다는 견해를 제시한다. 서일본, 특히 규슈, 시코쿠, 주고쿠, 그리고 긴키 지역은 "이주민" 혈통의 비율이 상당히 높다. 다른 한편, 류큐(琉球) 섬뿐만 아니라 동일본에서는 토착 조몬 혈통의 비율이 더 높다. 특히, 주로 홋카이도에 살고 있는 소수 민족 집단인 아이누인들은 조몬인들과 밀접한 관련이 있다.

상자 4 아이누인들과 문화

"아이누"는 주로 홋카이도에 살고 그들의 문화와 언어적 전통이 혼슈 혹은 "본토" 일본인(소위 和人·倭人)들의 그것들과는 다른 종족 집단을 의미한다. "아이누"라는 단어는 아이누말로 "인간" 혹은 "사람"을 의미한다. 아주 최근까지 아이누인들은 홋카이도뿐만 아니라 사할린과 쿠릴열도에 살았다. 그러나 대부분의 사할린 아이누들은 2차 세계대전 이후 홋카이도로 이주하였다(村崎恭子 2000). 쿠릴(クリル) 아이누들은 1884년 일본 정부에 의해 쉬코탄(色丹) 섬으로 이주하게 되었다. 그 결과 쿠릴 아이누인들은 급격하게 감소하였고, 2차 세계대전 후에 그들의 문화 전통은 사라졌다(荻原真子 1987).

역사기록에 의하면 에도(江戶)시대(1604-1868) 홋카이도 아이누인들의 경제는 수렵-채집과 인근 부족들과의 무역에 기반을 두었다고 한다. 그러나 도쿠가와막부(德川幕府, 봉건 정부)의 긴 역사에 종지부를 찍고 일본의 급격한 서구화를 시작한 메이지(明治)유신(1868)은 아이누인들에게 그들의 생업기반을 근본적으로 바꾸도록 강요하였다. 새로운 일본 정부에 의해 공포된 일련의 새로운 법은 아이누인들의 수렵과 어로의 권한을 가혹하게 제한하였다. 이러한 법의 주요 목적은 혼슈, 시코쿠, 그리고 규슈로부터 이주해 온 많은 수의 *와진(和人)*들을 보호하기 위한 것이었기 때문이다. 역사기록에 의하면 1886년과 1922년 사이 대략 55

만 명의 도래인들이 일본의 다양한 지역에서 홋카이도로 이주하였다고 한다. 결과적으로 홋카이도 인구에서 아이누인들의 상대적 비율은 현저하게 감소하였다 (榎森 進 2000).

1899년 일본 정부는 전(前) 홋카이도 원주민 보호법령을 공표하였다(北海道 舊土人保護法). 이 법령의 이름에 "보호"라는 단어가 포함되어 있지만, 이 법령의 주요 의도는 아이누인들을 동화시키는 것이었다(Fitzhugh and Dubreuil 1999: 26). 일본어 단어인 "도진(土人)"이 원주민들을 경멸하는 용어이지만 이 법령은 1997년 아이누문화 진흥법(アイヌ文化の新古 並びに アイヌの 傳統とに 關する 智識の普及 及び 啓蒙に 關する法律)이 구 법령을 대체할 때까지 계속해서 존재하였다는 것에 주의해야 한다. 이 사실은 일본 정부의 아이누인들에 대한 억압과 차별의 긴 역사를 상징하는 것이다(榎森 進 2000).

단순하게 하자면, 이중 구조 모델에 의하면, 아이누인들은 일차적으로 조몬인들의 후손이고 반면 와진(和人)은 조몬인과 대륙으로부터 온 "도래인"과의 혼혈이다. 그러나 바바(1990)는 홋카이도 아이누인들 사이에 나타나는 형질적 특징의 지역적 다양성은 남부 홋카이도 아이누인들이 북부와 동부 홋카이도 아이누인들보다 신(新)아시아계 사람들의 혈통에 더 많은 영향을 받았다고 지적하고 있다. 바꾸어 말하자면 와진과 마찬가지로 아이누의 인구사도 상당히 복잡했음에 틀림없다. 언어적으로 아이누어는 어떤 다른 언어와 밀접하게 연계되어 있지 않아 그 기원은 여전히 모른다(그러나 Hudson 1999를 보기 바람).

소위 "도래인"(야요이시대와 그 이후에 대륙에서 일본열도로 이주해 온 사람)의 수가 연구자들 사이에 논쟁의 주제이다. 하니하라(Hanihara 1987)의 모의실험에서 "도래인"의 수에 대한 추산은 상당히 높다. 하니하라의 작업은 고야마(1984)의 조몬시대 말 인구 추산으로부터 시작된다. 앞부분에서 제시하였듯이 고야마(1984)는 일본열도에서 만기 조몬의 인구가 약 7만 6,000명이었던 반면, 기원후 약 700년에는 추산된 인구가 대략 540만 명이었다는 견해를 제시하였다. 하니하라(1987)는 만약 일본에 "도래인"이 없었다고 한다면, 현격한 인구 증가는 매년 상당히 높은 인구 증가율과 관련되었을 것이라고 주장하였다. 연평균 0.427%. 비록 이것이 그렇게 높지 않은 것으로 들릴 수도 있겠지만 하니하라(1987)는 대부분의 농경사회는 0.1%보다 낮은 증가율을 보인다고 지적한다. 만약 0.1%의 비율이라면(즉, "도래인"이 없었더라면), 기원후 700년의 인구는 20만 명에 지나지 않았을 것이다. 고야마(1984)에 의해 추산된 540만이 되기 위해서는 야요이시대의 시작에서 기원후 700년까지 300만 명이 넘는 "도래인"이 필요하다. 만약 매년 인구 증가율을 0.2%로, 그리고 만기 조몬의 인구수를 16만 300명(小山 修三 1984에 의해 제시된 만기 조몬시대의 대안 인구 추산)으로 추정하면, 여전히 130만의 "도래인"이 필요하다.

하니하라(1987)의 모의실험이 여러 개의 추정에 근거를 두고 있기 때문에 이들 수는 주의해서 평가하여야 한다. 일부 학자들은 하니하라의 야요이시대 인구 증가율의 추산이 너무 낮고 현대 일본 인구의 형성과정을 고려할 때 토착인들의 발전이 더 중요하다고 믿는다. 다른 학자들은 "도래인"들이 실질적으로 조몬인들을 대체했다고 믿는다. 어쨌든 대부분의 연구자들은 조몬인들이 부분적으로 현대 일본인들의 선조였다는 것에 동의한다(참조, Hudson 1999; Habu 2002a를 보기 바람).

제II부 생업과 취락

제3장 생업 전략

조몬 고고학의 여러 작은 분야 중 생업연구는 전통적으로 일본어로 작성된 논고가 빈약하다. 이것은 일본에서 동물 고고학자와 고민족식물학자들을 포함하여 생업연구 전문가들의 수가 토기, 석기, 혹은 주거지 전문가들의 수와 비교할 때 매우 적기 때문이다. 그러나 영어로 쓰여진 출판물에 관한 한 약간의 저서와 논문이 이용 가능하다. 에이킨스(Aikens 1981; Aikens and Dumond 1986; Aikens et al. 1986), 아카자와(Takeru Akazawa 1980; 1982a; 1982b; 1986b; 1986c; 1987), 블리드(Bleed 1992; Bleed and Bleed 1981; Bleed et al. 1989), 치솜(Chisholm et al. 1992), 크로포드(Crawford 1983; 1997; Crawford et al. 1978; Crawford 1992a; 1992b를 보기 바람), 고이케(Koike 1980; 1986a; 1986b; 1992), 고타니(Kotani 1972a; 1981), 그리고 마츠이(Matsui 1992; 1995; 1996)와 같은 학자들에 의한 연구가 광범위하게 읽혀졌고 영어로 작성된 논고에 인용되어 오고 있다.

조몬생업에 대한 영어로 작성된 논고가 상대적으로 풍부한 탓에 필자는 이 장을 짧게 다루고자 한다. 필자는 먼저 조몬의 동·식물 유체 분석 역사를 개관하고, 조몬생업의 두 주요 가설("연어가설"과 "식물재배가설")을 소개하여, 고바야시 타츠오(小林達雄)(1977a)에 의해 개발된 "조몬 달력"을 사용하여 조몬생업의 일반적인 특징에 대해 요약하고자 한다. 이 장의 나머지 부분은 최근 생업연구 결과들을 검토하는 데 할당하고자 한다. 특별히 식량 저장, 주 식자재로 식물자원의 이용, 해양 적응에 주의를 기울이고자 하는바, 이는 많은 연구자들이 이것들이 수렵채집민의 문화 복합성의 발전과 밀접하게 관련되어 있다고 믿고 있기 때문이다.

조몬 동·식물 유체 분석의 역사

조몬 유적의 동물 유체 확인 작업의 역사는 20세기 초까지 거슬러 올라간다. 일찍이 1911년 어류학자인 기시노우에(Kishinoue)가 조몬 유적지들로부터 수습된 물고기 유체에 대한 상세한 내용을 출간하였다. 나오라(直良信夫 1938; 1941~42)와 사카쓰메(酒詰仲男 1959; 1961)도 조몬 유적지에서 발견된 동물 유체들의 긴 목록을 작성함으로써 이 분야에 크게 기여하였고, 또 조몬인들의 다양한 동물자원의 잠재적 중요성에 관해서 논하였다. 1950년대 후기에 시작하여 가네코 히로마사(金子浩昌)와 그의 학생들은 주로 발굴보고서 부록에 많은 수의 조몬 동물분석을 출간하였다. 이들 보고서에 기반을 둔 그의 종합은 조몬의 동물자원 이용의 간명한 개요를 제공한다(金子浩昌 1965; 1967; 1969; 1976; 1979; 1982).

1970년대 이래 서구 고고학의 많은 영향으로 동물 표본 방법과 동물 유체의 생물학적 분석에 공히 상당한 진척이 있었다. 물 체질의 체계적인 도입은, 체질을 하지 않으면 작은 물고기 뼈를 거의 완전히 잃어버린다는 것과 또 이들 작은 뼈가 종종 조몬 동물 유체의 대부분을 이루고 있다는 것을 밝혀 주었다(小宮 孟 1976; 1980; 1981; 1983; Koike 1980; 小宮 孟·鈴木公雄 1977; Habu et al. 2001). 고이케 히로코(小池裕子 1973; 1979; 1983; Koike 1980; 1986a)의 대합조개의 매일의 성장선(成長線) 분석의 선구적인 연구도 고고학자들이 조몬 동물분석의 중요성을 느끼도록 하였다. 사슴과 멧돼지 이빨 테 분석(新美倫子 1991; 西田正規 1981; 大泰司紀之 1983)과 물고기 몸의 크기 추산(예, 赤沢 威 1969; Akazawa 1980; 1981)에 근거를 둔 것을 포함한 다른 종류의 계절성 연구도 지난 수십 년간 수행되어 오고 있다. 포유동물과 물고기 유체의 다른 해부학적 부분들의 상대빈도수에 대한 고찰(林 謙作 1980; Matsui 1996; 樋泉岳二 1998)은 도살유형, 사냥물 공유와 유적지 기능과 같은 측면을 추론하는 데 이용되어 오고 있다. 여기에 더하여 뼈 동위원소의 탄소와 질소의 분석은 조몬인들 식단의 지역적 다양성을 알려 주고(Chisholm 1985; 小池裕子·Chisholm 1988; 南川雅男·赤沢 威 1988; 南川雅男·赤沢 威 1992), 한편 지방질 분석은 조몬인에 의해 사용되었던 동물자원의 종류를 확인할 수 있도록 도와 준다.

이들 조사에도 불구하고 다른 고고학적 자료들의 해석과 통합할 수 있는 조몬 동물 고고학적 연구의 수는 세계 많은 다른 지역의 그것들과 비교할 때 한계가 있다. 이 문제의 일부는 전통적 조몬 연구가 지나치게 유물, 특히 토기의 형식학적 분류에 초점을 맞추고 있다는 사실에 있다. 결과적으로 야외에서 작업을 수행하는 연구자 수는 상대적으로 적다. 이것은 동물 고고학자들이 발굴 당시 으레 현장에 참석하지 않는다는 것을 의미하고, 그들은 종종 발굴자들이 보낸 시료들을 단지 확인하는 것만으로 끝을 낸다.

조몬 고민족식물학적 연구의 역사는 조몬 동물 고고학의 연구와 일반적으로 유사한 단계를 따라가지만 이 분야에서 연구자의 수가 부족한 것은 더 심각한 문제이다. 조몬 유적지에서 수습된 식물 유체의 종합적인 목록을 제공하는 첫 번째 시도 중의 하나는 사카쓰메(1961)였다. 후에 와타나베 마코토(渡辺 誠)(1975)가 208개의 조몬 유적으로부터 식용이 가능한 39개의 식물 유명(類名)을 제시하였다. 이들의 대부분은 견과류 유체로서 밤(*Castanea crenata*), 호두(*Juglans sieboldiana*), 칠엽수 열매(*Aesculus turbinata*: 마로니에로도 알려져 있음)와 다양한 종류의 낙엽수(*Quercus*)와 상록수(*Cyclobalanopsis*와 *Castanopsis*) 도토리(예, 渡辺 誠 1973a를 보기 바람)들이며, 이들 대부분은 물 체질이나 부유법(浮游法, flotation)보다는 트라울(trowel)을 사용한 발굴에 의해 수거되었다. 그러나 몇 개의 예외를 제외하고(예, Kotani 1972a; 1972c; 1981; 小谷凱宣 1972b), 작은 씨앗에 대한 체계적인 표본추출과 확인은 1980년대까지는 이루어지지 않았다. 그럼에도 불구하고 1981년까지 조몬 유적지로부터 확인된 식물 유명의 전체 수는 64개로 증가하였다(寺沢 薫·寺沢知子 1981).

1980년대는 조몬 고민족식물학 분야에서 괄목할 만한 진척을 이룬 시기이다. 첫째, 주사현미경(SEM)의 사용이 조사자들로 하여금 작은 씨앗을 확인할 수 있는 능력을 향상시켰다. 결과적으로 들깨(*Perilla frutescens* var. *japonica*) 그리고/혹은 소엽(*P. frutescens* var. *crispa*)과 같이 1970년대까지는 확인되지 않았던 재배종들이 마침내 알려지게 되었다(松谷暁子 1981a; 1981b; 1983; 1984; 1988). 둘째, 저습지 유적에 대한 발굴 수의 증가가 고고학자들로 하여금 식물 유체에 대한 잠재적 연구를 깨닫게 해 주었다. 예를 들면, 니시다 마사키(西田正規 1977; 1981; Nishida 1983)의 도리하마(鳥浜) 패총에서의 선구적인 연구가 체계적인 토양 표본추출과 부유법이 많은 수의 조몬 식물 유체를 연구자들에게 제공할 수 있다는 것을 알려 주었다(도리하마패총에 대한 일반적인 연구는 Aikens and Higuchi 1982: 127-130을 보기 바람).

1980년대는 또 조몬 고고학자 대부분이 조몬 전기와 그 이후 시기에 적어도 몇 종의 재배된 식물이 일상적으로 사용되었다는 주장을 마침내 인정하였던 시기였다. 이 재배종들은 들깨 그리고/혹은 소엽, 호리병박(*Lagenaria*), 콩(Leguminosae) 혹은 녹두(*Vigna radiata*), 피(*Echinochloa*), 메밀(*Fagopyrum*), 보리(*Hordeum vulgare*), 우엉(*Arctium lappa*), 그리고 벼(*Oryza sativa*) 등을 포함하고 있다. SEM의 사용과 물 체질/부유법의 사용은 확인된 재배종들의 수와 종을 증가시키는 데 중요한 역할을 하였다. 그 이후 여러 곳, 예를 들면 이시가와현의 마와키(眞脇)(山田芳和 1986; 能登町教育委員会 1986; 1992), 야마가타(山形)현의 온다시(押出)(渋谷孝雄 2000), 시가(滋賀)현의 아와주(粟津)(伊庭 功·岩橋隆浩 1992; Iba et al. 1999), 아키타현의 이케나이(池内)(秋田県埋蔵文化財センター 1999)와 산나이마루야마(辻誠一郎 1999; Habu et al. 2001)의 저습지 조몬 유적의 발굴은 식물 유체 연구에 대한 연구자들의 관심을 더욱 자극하였다. 그러나 동물 고고학의 경우처럼, 전반적으로 적절한 표본추출 전략과 더불어 문제 지향적 고민족식물학적 연구는 비교적 드물다.

"연어가설"과 "식물재배가설"

위에서 설명한 조몬생업에 대한 연구는 동·식물 유체의 직접적인 증거를 토대로 하고 있다. 그러나 흥미있는 것은 조몬생업에 대한 두 영향력 있는 가설로서 야마노우치(山内清男 1964a)의 "연어가설"과 후지모리 에이이치(藤森栄一 1949; 1950; 1963; 1965a; 1965b; 1970)의 "조몬 식물재배가설"은 모두 간접적 측면의 증거에 근거를 두었다는 점이다. 전자는 야마노우치가 원래 1947년 강의(山内清男 1964a: 144, 각주 7을 보기 바람)에서 제안한 가설로서 1950년대 일본 고고학자들에게 잘 알려지게 되었다. 그는 연어잡이가 동일본의 조몬 수렵채집민들에게 주식(主食)을 제공하였다는 견해를 제시하였다. 이 발생의 근원은 캘리포니아와 홋카이도 아이누들에 대한 민족지학적 유추에 있었다. 그것은 왜 동일본의 조몬문화가 서일본의 그것보다 더 윤택하였는가를 설명하기 위해 개발된 본질적인 연역적 가설이다. 이 가설에 의하면 연어잡이와 낙엽수 도토리 채집 두 가지에 근거를 둔 동일본의 생업전략은 주로 조엽수(照葉樹) 도토리 채집에 근거를 둔 서일본의 그것보다 더 많은 인구를 먹여 살릴 수 있었다는 것이다. 비록 1960년대까지 적은 양의 연어 유체가 조몬 유적지에서 수습되었지만, 야마노우치(山內淸男 1964a)는 조몬 유적지에서 연어 유체가 드문 것은 조몬인들이 연어 뼈를 말려서 가루로 갈았다는 것을 암시한다고 주장하였다. 그의 논문이 출간된 이래 조몬 유적지에서 발굴된 연어 유체의 수가 증가하였지만(Matsui 1996), 전체 양은 여전히 아주 적다. 결과적으로 이 가설의 타당성은 논쟁거리로 남아 있다(松井 章 1985; 1996; 岡本明郎 1961; 大林太良 1971; M. Nishida 1983; 鈴木公雄 1979; 高山 純 1974; 渡辺 誠 1967; 1970; 1973b).

조몬 식물재배가설에 있어서 후지모리(藤森栄一 1950)는 주부와 간토 지역의 중기 조몬 유적에서 발견된 많은 수의 타제석부들은 식물재배에 괭이로 사용되었다고 주장하였다. 그의 논문이 출판될 당시 조몬 유적에서 재배되었던 식물 유체는 발견되지 않았기 때문에 후지모리는 그의 주장을 뒷받침하기 위하여 석기 조합의 변화, 유적 크기, 유적 위치, 그리고 제의와 같은 여러 가지 간접적인 상황 증거를 이용하였다. 그때 이래 조몬 유적에서(앞을 보기 바람) 여러 가지 재배종이 발견되고는 있지만 전반적인 조몬생업에서 식물재배의 중요성은 여전히 뜨겁게 논의되고 있다(조몬 식물재배에 관한 자세한 논쟁에 대해서는 Pearson and Pearson 1978; Habu 2001: 3장을 보기 바람).

"조몬 달력"

이들 두 개의 잘 알려진 가설과 조몬 식물 조합의 몇 가지 재배종이 존재함에도 불구하고 대부분의 조몬 고고학자들은 여전히 광범위한 야생 식량자원이 조몬생업의 주요한 부분이었다고 추정하고 있다. 〈그림 3.1〉은 자주 인용되는 "조몬 달력"을 보여 준다. 이 그림은 원래 고바야시(小林達雄 1977a)가 조몬인들에 의해 이용되었던 식량자원의 계절적 순환을 묘사하기 위해서 개발하였다. 이 달력의 수정된 형태가 다른 학자들에 의해서도 출판되었지만(예, Aikens and Higuchi 1982: 183), 기본적인 것은 동일하다. 이 달력에 의하면 조몬인들은 네 가지 다른 종류의 생업활동에 의존하였다. 어로와 해양 포유류 사냥은 주로 여름, 식물양식 채집(특히 견과류)은 가을, 육지 포유동물 사냥은 겨울, 그리고 패류 채집은 봄. 이 달력을 토대로 많은 일본 고고학자들은 일본 열도에서 풍부한 자연자원이 조몬인들로 하여금 아주 풍성한 문화와 사회를 발전시킬 수 있도록 하였다고 주장하고 있다.

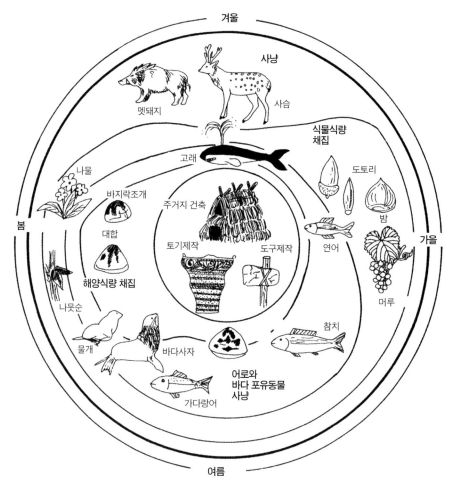

그림 3.1 계절적 수렵–채집 순환을 보여 주는 "조몬 달력"(小林達雄 1977a: 158에서 수정, 다시 그림)

    그러나 주요 식량자원과 그들의 획득에 대한 계절을 확인하는 것은 조몬생업을 이해하는 데 첫 단계일 뿐이다. 이 달력이 조몬의 생업활동의 일반적인 특징을 요약하는 데 탁월한 역할을 하지만 실제로 해답을 제공하기보다는 더 많은 의문을 제기한다. 첫째, 이 달력은 조몬생업의 지역과 시간적 다양성에 관해서 아무것도 알려 주지 않는다. 여러 지역들은 각각 다른 자연환경의 특징을 보이므로 이 달력에 보이는 모든 자원들이 일본열도 전 지역에서 이용이 가능한 것은 아니다. 특히, 해양식량의 이용 가능성은 해안과 육지 지역 사이에 큰 차이가 있었음에 틀림없다.

    둘째, 각 생업활동의 계절성을 확립하는 것이 쉽지 않다. 몇몇 활동은 특별한 계절에만 수행될 수 있었던 반면(예, 견과류 채집은 가을), 다른 활동들은 한 계절 이상 수행되었을 것이다. 예를 들면, 다수의 일본 고고학자들이 겨울이 사슴과 멧돼지를 사냥하기에 가장 좋은 계절이라고 믿고 있는바, 이것은 이 두 동물은 겨우내 큰 무리를 형성하기 때문이다(金子浩昌 1979; 1982). 그러나 이것은 조몬인들이 멧돼지와 사슴을 겨울에만 사냥했다는 것을 의미하는 것은 아니다. 이 동물들의 사냥계절을 확인하기 위해서는 이빨 테 분석과 같은 계절성 연구(예, 新美倫子 1991; 西田正規 1981; 大泰司紀之 1983)가 필요하다.

마지막으로, 주요 식량자원의 목록이 조몬 생업활동이 이동유형, 사회조직, 그리고 종교적 믿음을 포함한 조몬인들의 다른 생활양상들과 어떻게 연계되어 있는지 말해 주지 않는다. 조몬의 생업체계와 시간이 지나면서 그 내부에서의 변화를 이해하기 위해서 우리는 여러 가지 다른 종류의 음식의 양과 식량획득, 조리, 그리고 저장 방법과 같은 다양한 종류의 정보를 입수하고 그리고 이 자료를 조몬인들의 여러 가지 다른 생활 양상과 연계하여 해석할 필요가 있다(佐藤洋一郎 外 2002).

조몬 정주저장형 수렵채집민(collectors)

요약하면, 이전의 연구가 조몬생업의 일반적인 모습을 우리에게 제공하였지만 하나의 특별한 생업체계가 각 지역에서 어떻게 기능하였는지 그리고 왜 그 체계가 발전되었는지에 대해서는 아무것도 말해 주지 않았다. 전통적으로 많은 일본 고고학자들은 일본열도의 풍부한 자연자원이 조몬인들로 하여금 다양한 식량자원을 효과적으로 이용하도록 하였고 그것이 다시 그들로 하여금 풍성한 문화와 사회를 엄청나게 발전할 수 있도록 만들었다는 견해를 제시하였다. 이 해석은 북아메리카 수렵-채집 연구에서 "당김" 혹은 "에덴의 동산" 이론과 동일한 것이다. 즉, 풍부한 식량자원이 특정한 수렵채집민 집단이 집약적 생업전략, 정주성, 그리고 높은 인구밀도 등과 같은 복합 문화와 사회를 발전하도록 하였다는 것이다. 특히, 조몬인들의 해양 적응의 증거는 이 해석을 상당히 매력적인 것으로 만들었는바, 이는 많은 연구자들이 풍부한 해양자원이 수렵채집민들로 하여금 "복합" 문화 특성들을 발전시키는 데 "기회"를 종종 제공하였다는 견해를 제시하였기 때문이다(예, Yesner 1987을 보기 바람; 참조 Cannon 1998). 이러한 논쟁의 노선을 따라 몇몇 연구자가 조몬인들은 해양식량에 많이 의존하였던, 주로

"연안 지역 채집민"들이었다는 견해를 제시하였다(예, Barnes 1993).

1장에서 설명한 정주저장형 수렵채집민―이동형 수렵채집민(Binford 1980; 1982) 모델은 수렵채집민들 사이에 정주 생활양식의 발전과 집약적 식량개발에 관해서 우리에게 다소 다른 그림을 제공한다. 이 모델에 의하면 정주성의 정도와 그것의 당연한 결과로서 거주지 이동성은 자원의 절대적인 풍부함보다는 중요한 자원의 분포유형과 밀접하게 관련되어 있다. 만약 중요 자원의 분포가 균일하다면 수렵채집민들은 저장용 식료보급(貯藏用 食料補給)을 위한 이동도(logistical mobility)[6](이동형 수렵채집민)가 낮지만 거주지 측면에서는 상당히 이동적이 된다. 그러나 중요한 자원들이 공간적 그리고/혹은 시간적으로 고르지 않게 분포되어 있는 환경에서 수렵채집민들은 그들의 거점취락(정주저장형 수렵채집민)으로부터 멀리 떨어져 있는 곳에 위치하고 있는 다양한 자원을 동시에 이용하기 위하여 저장용 식료보급을 위한 이동성을 발전시킬 것이다. 왜냐하면 정주저장형 수렵채집민들은 그들의 거점취락으로부터 멀리 떨어진 곳에 위치하고 있는 자원을 이용하기 위하여 특별히 조직된 임무수행 조(組)를 보내기 때문에 그들은 이동형 수렵채집민보다 더 제한된 자원 수에 의존하는 경향이 있다. 바꾸어 말하면 정주저장형 수렵채집민들은 집약적인 생업전략(즉, 전업적 수렵채집민)과 더 밀접하게 연계되어 있는 경향이 있는 반면, 이동형 수렵채집민들은 더 일반적 수렵채집민인 경향이 있다(Binford 1980; Winterhalder 1981을 보기 바람).

일본열도 전역에서 자원 이용의 계절적 변화에 대한 증거를 고려할 때 일반적인 조몬인들은 이동형 수렵채집민―정주저장형 수렵채집민 범위에서 전형적 정주저장형 수렵채집민(collector end)[7]에 가까운 것으로 보인다. 더욱이 위에서 설명한 동물, 식물, 그리고 다른 고고학적 증거도 여러 경우에서 조몬시대인들은 "일반적 수렵채집민(generalists)"[8]이 아니라 도토리, 밤, 물고기, 그리고 해양 포유동물 등과 같은 한정된 자원항목에 크게 의존하는 "전업적 수렵채집민(specialists)"[9]이었다는 생각을 뒷받침하고 있다.

식량 저장과 견과류 채집

정주저장형 수렵채집민―이동형 수렵채집민 모델의 관점에서 조몬 생업체계와 관련하여 중요한 문제 중의 하나는 식량 저장의 관행이다. 이 모델에 의하면 식량 저장은 정주저장형 수렵채집민 체계의 전형이다. 견과류 유체와 동반된 흔한 저장혈(貯藏穴, 저장구덩이)의 실체 때문에 많은 연구자들은 견과류 저장이 조몬 생계전략에 중요한 역할을 하였다고 믿고 있다.

조몬 식량 저장의 가장 오랜 증거는 남규슈 가고시마의 히가시-구로츠치다(東黑土田) 유적에서 나왔다(河口貞德 1982). 이 유적은 초창기 조몬시대로 편년되며 방사성탄소연대 11,300±300 bp(1σ: 13,800-13,650 cal BP[7%], 13,550-12,950 cal BP[61%])와 연관되어 있다. 이 유적지에서 많은 양의 도토리 유체를 가지고 있는 저장혈이 출토되었다. 구덩이는 직경 약 40cm이고 깊이는 약 25cm였다. 수거된 도토리 유체는 참나무속 낙엽수 타입의 도토리이며 졸참나무(*Quercus serrata*)인 것 같다(고나라[小楢]는 흔한 일본 이름임)(泉 拓良 1996a). 졸참나무가 포함되어 있는 대부분의 낙엽수 도토리는 쓴 탄닌산을 포함하고 있기 때문에 물속에 담가 두어야 하고 먹기 전에 끓여야 한다(渡辺 誠 1975: 136). 초창기 조몬인들이 낙엽수 도토리를 저장하였다는 사실은 초창기 조몬에는 이미 사람들이 탄닌산을 제거하는 정교한 방법을 개발하였다는 것을 시사한다(泉 拓良 1996a).

조몬 전기와 그 이후 시기로 편년되는 저장혈의 발견은 아주 흔하다. 이 구덩이들은 습지수혈(濕地竪穴)과 건지수혈(乾地竪穴)로 분류된다(泉 拓良 1996a). 습지수혈은 유적지의 습하거나 늪지 같은 곳에서 보통 발견되고 종종 견과류 유체를 가지고 있다. 〈그림 3.2〉(위)는 나가노현 구리바야시(栗林) 조몬 중기와 후기 유적에 많은 습지 형태의 저장혈을 보여 주고 있다(岡村秀雄 1995a; 1995b). 이 유적 대부분의 저장혈에는 호두 유체가 들어 있었다. 유일한 예외로 저장혈 56호에는 칠엽수 열매가 들어 있었다. 또 이 유적에서는 아마 칠엽수 열매나 도토리를 물에 담그는 데 사용하였을 나무곽과 동반된 유구의 흔적이 검출되었다(그림 3.2 아래). 유사한 나무곽이 사이타마현 아카야마 진야(赤山陣屋) 유적의 칠엽수 열매 무지와 공반되어 있었다(金箱文夫 1996). 민족지학적으로 유사한 유구가 일본의 여러 곳에서 알려져 있다.

〈그림 3.3.1〉은 사가현 사카노시타(坂の下) 조몬 중기 유적에서 발견된 습지수혈 형태의 단면 도식이다(佐賀県立博物館 1975; 鈴木公雄 1988). 이 유적에서 나뭇잎, 목재편, 그리고 진흙이 도토리를 보관하는 데 사용되었다. 〈그림 3.3.2〉는 시가현 아노(穴太) 조몬 후기 유적에서 검출된 또 다른 저장혈의 단면도를 보여 주고 있다. 여기에서

그림 3.2 나가노현 쿠리바야시 유적에서 발굴된 습지수혈(위)과 목곽과 동반된 유구(아래) 현장 사진(출전: 岡村秀雄 1995b; 나가노현 역사박물관으로부터 게재 허락을 받음)

네 가지 다른 종류의 견과류—칠엽수 열매, 호두, 낙엽수 도토리, 그리고 조엽수 도토리—가 한 층의 낙엽으로 덮인 구덩이 하나에서 수습되었다. 구마모토현 소바타 조몬 전기 유적에서 발견된 저장혈에는 조엽수 도토리를 저장하기 위하여 바구니와 돗자리들이 사용되었다(그림 3.3.3-4; 塚本師也 1993).

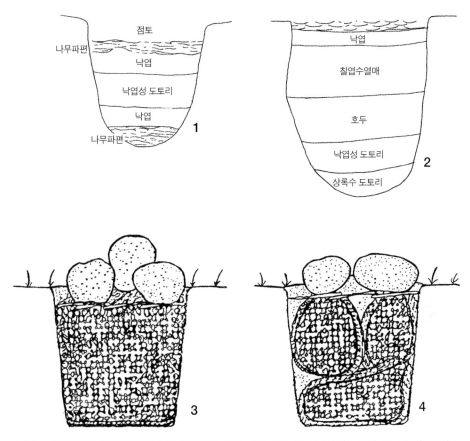

그림 3.3 발굴조사된 저장혈의 단면 도식 (1) 사가현 사카노시타 유적, (2) 시가현 아노 유적, (3-4) 구마모토현 소바타(曾畑) 유적(鈴木公雄 1988: 62; 塚本師也 1993: 63에서 수정, 다시 그림)

습지 저장구덩이의 기능은 논쟁의 쟁점이 되어 오고 있다. 몇몇 고고학자들은 이 구덩이가 도토리의 쓴 탄닌산을 씻어내기 위한 편리한 수단으로 기능하였다고 믿는다. 그러나 이마무라 케이지(1996: 12)는 이들 습지 저장구덩이 안에 그대로 먹을 수 있는 단 도토리가 있었다는 것을 지적하면서 이 견해에 동의하지 않는다. 덧붙여서 습지 저장구덩이는 독성이 있는 알칼로이드 성분을 가지고 있는 칠엽수 열매와도 종종 연관이 있다. 칠엽수 열매는 낙엽수 도토리보다 더 정교한 준비 기술이 필요하기 때문에 그것을 단순히 물에 담그는 것만으로는 독을 제거하기에 충분하지 않다. 이마무라는 이 습지 저장혈의 목적은 오랜 기간 동안, 심지어 수십 년간, 저장된 견과류가 싹이 트는 것을 방지하기 위해서이고 그래서 기근이 들었을 때 식량공급을 보장하기 위한 것이라고 믿고 있다. 다른 연구자들은 물속에 견과류를 담그는 것은 곤충을 퇴치하기 위

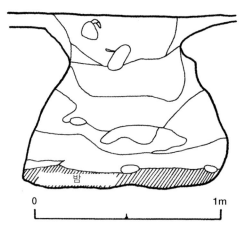

그림 3.4 아키타현의 나시노키주카 유적지에서 발굴된 저장혈의 단면(秋田県考古学協会 1979: 31에서 수정, 다시 그림)

한 가장 효과적인 방법이라고 생각한다(玉田芳英 1996).

　　습지 저장혈이 주로 서일본에서 발견되는 반면 건지 저장혈은 동일본에서 보다 흔히 발굴된다. 건지 저장혈의 형태는 크기와 모양에서 많은 다양성을 보여 준다. 건지 저장혈 중에서 가장 잘 알려진 형태는 "플라스크 모양" 구덩이다(그림 3.4). 구덩이의 입구는 바닥 부분보다 훨씬 작다. 이들 플라스크 모양 구덩이의 몇몇은 상당히 커서 바닥의 직경이 4m나 된다.

　　비록 많은 고고학자들이 대형 플라스크 모양의 구덩이가 견과류와 다른 종류의 식량을 저장하는 데 사용되었다고 믿지만(예, 玉田芳英 1996; 塚本師也 1993), 이들 구덩이에서 실제로 식량 잔존물이 발견된 예는 거의 없다. 습지 저장혈과는 달리 건지 저장혈 내에서 유기물 유체의 보존 상태는 일반적으로 좋지 않다. 많이 들어 있지도 않지만 견과류가 들어 있는 저장혈은 제외하고(나시노키주카[梨ノ木塚] 같은 유적; 그림 3.4), 우리는 건지 저장혈 안에 어떤 종류의 음식이 저장되었는지 모른다. 그럼에도 불구하고 많은 학자들은 플라스크 모양의 구덩이가 견과류 저장에 주로 사용되었다고 추정한다. 쓰카모토(塚本師也 1993)는 대형의 플라스크 모양의 구덩이는 저장고로 기능하였다고 믿고, 대부분의 경우 견과류들은 구덩이 바닥 위에 바로 저장된 것이 아니고 바구니 혹은 다른 형태의 용기 안에 넣었다고 믿고 있다.

　　이들 저장구덩이에 더하여 칠엽수 열매와 밤이 불탄 수혈주거지 여러 곳에서 수습되었다. 이것에 근거하여 몇몇 연구자들은 밤도 수혈주거지의 천장 시렁에 저장되

그림 3.5 아오모리현 산나이마루야마 유적지 고상 저장고의 복원(小山修三 · 岡田康博 1996[10]; Prism and Co.에서 게재 허락을 받음)

었을 것이라는 견해를 제시하였다(예, 塚本師也 1993). 또 몇몇 연구자들은 소위 "고상 가옥"이 저장고로 기능하였다고 생각한다(더 많은 논의는 石井 寬 1982를 보기 바람). 〈그림 3.5〉는 고상가옥이라고 불리는 유구의 복원된 예를 보여 준다. 이러한 형태의 유구는 다음 농경사회의 야요이시대 고상 곡물저장고와 상당히 유사하지만 그 기능은 논란거리로 남아 있다.

식물식량 저장의 비교적 풍부한 증거에 비하면 고기[肉]와 물고기의 저장에 대한 증거는 극히 드물다. 몇몇 연구자들은 "연도를 가진 화공(火孔)"이라고 불리는 유구 형태가 고기를 훈제하는 데 사용되었다고 믿는다(加世田市教育委員会 1998). 〈그림 3.6〉은 규슈의 가고이노하라(栫ノ原) 유적에서 발굴된 연도를 가진 화공의 도식 그림을 보여 준다. 이 그림에서 보여 주듯이 큰 주 구덩이는 작은 구덩이와 연계되어 있고, 이 둘은 굴로 연결되어 있다. 실험 고고학의 결과는 이 유구가 고기를 훈제하는 데 아주 적합하다고 보여 준다. 다른 고고학자들은 물고기는 말리거나 훈제하여 광범위하게 저장했음에 틀림없다고 믿는다(예, 泉 拓良 1996a; Matsui 1996). 마지막으로 대형의 조몬 패총이 흔히 존재하여 고고학자들은 많은 양의 패류들이 일 년 중 특별한 계절 동안

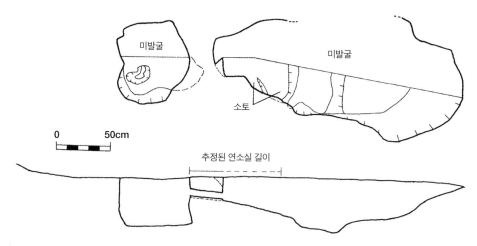

그림 3.6 가고시마현의 가고이노하라 유적에서 발굴된 연도를 가진 노지의 평면도와 도식 단면도(加世田市教育委員會 1998: 17에서 수정, 다시 그림)

채집, 건조, 그리고 저장되었거나 육지 지역과 교역을 했을 가능성도 있다고 결론지었다(예, 後藤和民 1970).

일본 흙은 산성도가 매우 높기 때문에 조몬 유적에서 유기물질의 보존은 일반적으로 좋지 않다는 것을 기억하여야 한다. 따라서 고기와 물고기 저장에 대한 확고한 증거가 드문 것이 반드시 이들 식품의 저장이 잘 행해지지 않았다는 것을 의미하는 것은 아니다. 그럼에도 불구하고 저장혈에서 견과류 유체가 풍부한 것은 조몬인들의 전반적인 생업전략에서 저장 식량으로서 견과류의 상대적 중요성을 시사하는 것으로 보인다.

정주저장형 수렵채집민―이동형 수렵채집민 모델의 견지에서 견과류의 저장은 가을에 많은 양의 견과류를 채집하여 겨울부터 이른 봄까지 사용하기 위한 것이었다는 것을 의미하고, 따라서 종종 전반적으로 거주지 이동을 줄였다는 것을 의미한다. 이 점에 관해서는 몇몇 학자들이 조몬시대에 견과류 나무에 대한 인위적인 관리의 가능성을 제시하였다는 것은 흥미롭다. 일찍이 1950년대에 이자와(伊沢幸平 1951)와 사카쓰메(1957)는 밤, 상수리나무, 너도밤나무, 그리고 칠엽수와 같이 견과가 열리는 나무들은 조몬인들이 재배하였을 것이며, 그리하여 이들은 잠재적으로 조몬의 재배종으로 고려되어야 한다는 견해를 제시하였다(K. Imamura 1996: 105-106을 보기 바람). 더욱이 산나이마루야마 유적에서 검출된 조몬 전기 및 중기의 밤 유체에 대한 최근 DNA 분석결과(Y. Sato et al. 2003; 山中慎介 外 1999)도 밤의 경작 혹은 순화(馴化)의 가능성을 시사한다(상세한 것은 4장 142-143쪽을 참조하기 바람). 그러한 것이 사실이라면 그것은 우리들이 조몬 경관을 이해하는 데 중요한 의미를 가진다.

주식으로 가능한 다른 식물식량

조몬인들의 가능성 있는 다른 주요 식량은 여러 가지 종류의 구근류(球根類)이다. 현재 조몬시대 구근 이용에 대한 직접적인 증거는 매우 적지만 예외적으로 교토현 마츠가사키(松ヶ崎)의 조몬 전기 유적에서 발굴된 탄화된 토란 줄기 싹이 있다(著者不明 2000; 松井 章, 사신 2000). 그러나 직접적인 증거가 드물어도 많은 연구자들이 구근류가 조몬 식단의 중요한 부분이었을 것으로 믿는다. 이것은 구근류를 채집하는 데 사용되었을 것으로 여겨지는 소위 "타제석부"가 간토와 주부 지역 중기 조몬 유적에 풍부하기 때문이다. 더욱이 이들 지역의 중기 조몬문화는 높은 유적 밀집도, 대형의 유적지 크기, 그리고 복잡한 토기 장식이 포함된 정교한 물질문화가 특징이다.

〈그림 3.7〉은 이마무라 케이지(1996: 107)가 많은 수의 타제석부와 간토와 주부 지역의 많은 저장혈과 관련되어 있는 조몬 중기 유적지의 분포에 대한 분석이다. 그림이 보여 주듯이 이들 두 가지 형태 유적의 분포는 서로 배타적이다. 그리하여 이마무라는, 타제석부는 참마(*Discorea japonica*)와 같은 야생 구근류를 채집하는 데 사용되었고, 반면 저장혈은 견과류에 많이 의존하는 것과 더 밀접하게 관련되어 있다는 견해를 제시한다. 만약 이러한 해석이 타당하다면 이들 두 형태의 고고학적 잔존물에 근거를 둔 전반적인 생업-취락체계는 서로 상당히 이질적이었음에 틀림없다.

민족지학적으로 참마가 일본 시골에서 많이 활용되었던 유일한 구근은 아니다. 두 개의 다른 부류인 갈근(*Pueraria lobata*, 칡)과 고사리(*Pteridium aquilinum*)도 채집되었다. 이들 식물의 뿌리는 말리고 빻아서 녹말가루를 만들기 위해 물에 담근다(小山 修三 1984). 이 뿌리의 처리 방법은 도토리와 칠엽수 열매와 상당히 같기 때문에 조몬인들은 필요한 경우 이 식물 뿌리를 적극적으로 이용하였을 가능성이 높다.

견과류와 구근류에 더하여 몇몇 학자들은 조몬 식단에서의 여러 가지 재배종의 잠재적 중요성에 대한 견해를 제시하였다. 위에서 논의한 바와 같이 들깨 그리고/혹은 소엽(蘇葉), 호리병박(*Lagenaria*), 콩(Leguminosae) 혹은 새팥(*Vigna radiata*), 피

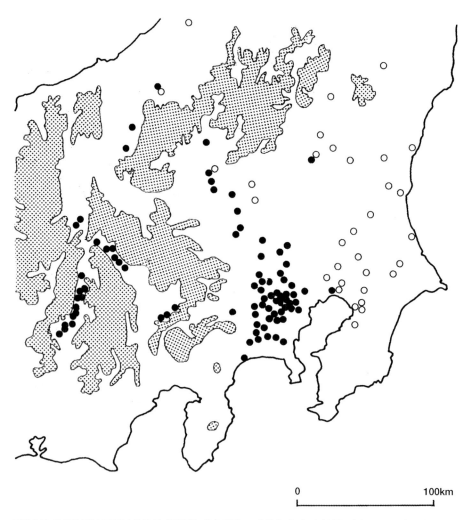

그림 3.7 간토와 주부 지역의 많은 타제석부를 가진 유적(●)과 많은 수의 저장혈을 가진 조몬 중기 유적(○)의 분포(Keiji Imamura 1996: 107에서 다시 그림)

(*Echinochloa*), 메밀(*Fagopyrum*), 보리(*Hordeum vulgare*), 우엉(*Arctium lappa*), 그리고 벼(*Oryza sativa*) 등의 재배종이 조몬 유적에서 확인되어 오고 있다. 그러나 이들 확인된 재배종 중에서 주식으로 사용된 것은 아무것도 없는 것으로 보인다. 호리병박은 식량으로가 아니고 주로 용기로 가치가 있었음에 틀림없다. 들깨와 소엽의 씨와 잎은 향초로 자주 사용되었겠지만 두 가지 중 어떤 것도 주식으로 가치가 있는 것은 아니다. 우엉은 아주 좋은 반찬거리였겠지만 섬유 질감 때문에 많은 양을 소비하기는 어려웠을 것이다. 콩, 메밀, 보리, 벼 등과 같은 다른 재배종은 주식으로 사용하기에 적당

하다. 그러나 지금까지 조몬 유적에서 확인된 이러한 유체들의 양은 극히 적다. 피는 주식으로 사용되었겠지만 탄소와 질소 동위원소 분석의 결과는 다르게 나타난다. 비록 피가 조몬인들에게 가능한 식량으로서 이용될 수 있는 몇 가지 C4 식물 중의 하나이기는 하지만, 미나가와와 아카자와(Minagawa and Akazawa 1992)에 의해 이루어진 탄소와 질소 연구는 그 연구에서 조사된 조몬 집단 중에 C4 식물에 의존하는 집단은 하나도 없었다는 것을 보여 준다(탄소와 질소 동위원소 분석에 대한 상세한 것은 아래를 보기 바람). 이러한 일련의 증거로 판단하면, 초기 경작의 주된 중요성은 주식을 공급하기보다는 향연에 위신(威信) 물품을 제공하는 것이라는, 수렵채집민의 식물재배 기원에 관한 헤이든(Hayden 1990)의 가설은 시사적이다. 대안적으로 이들 재배종은 제3의 자원으로 흔히 사용되었을 것이다.

해양 적응과 패총의 발달

대부분의 연구자가 조몬 식단에서 식물식량의 전반적인 중요성을 인정하지만 해양식량의 기여는 훨씬 더 논란의 여지가 많다. 일본열도의 여러 곳에 흔히 존재하고 있는 패총은 오랫동안 연구자들의 주의를 끌어 오고 있다. 예를 들면, 일찍이 1959년 사카쓰메는 4,000곳이 넘는 유적을 포함한 패총 목록을 작성하였다. 그러나 이 목록은 실제로 조몬시대뿐만 아니라 다른 시기의 패총도 포함하고 있다. 즉, 이들 유적 모두가 조몬시대로 편년되는 것은 아니다. 도자와(戸沢充則 1989: 38)는 일본열도 전 지역에서 적어도 1,108개의 조몬 유적으로 알려져 있는 것이 패총이라고 한다. 이것이 다소 보수적인 추산이기는 하지만 조몬패총의 실제 수와 비슷할 것이다.

조몬패총의 공간적 분포는 상당히 고르지 않다. 도자와(1989: 38)에 의하면 1,108개의 조몬패총 중에서 664개(60% 이상)가 간토평원에 위치하고 있다. 이는 도쿄만 지역을 포함하며 그 동쪽은 대형의 패총 군집으로 잘 알려져 있다. 도호쿠 지역의 산리쿠(三陸) 해안과 마츠시마/센다이(松島/仙台)만 지역과 같은 태평양쪽도 많은 수의 조몬패총이 발달된 곳이다. 조몬패총의 수는 시간이 지남에 따라 오르락내리락한다. 가나가와현 나츠시마(夏島)패총(9,450±400 bp; M-769)(1σ: 10,850-9,550 cal BP)(Aikens and Higuchi 1982: 114-124)과 지바현 니시노조(西之城)패총(8,240±190 bp; N-170)(1σ: 9,470-

9,010 cal BP)(渡辺直経 1966)과 같은 유명한 조몬패총의 일부는 조기 조몬시대인 반면 대부분의 조몬패총은 조몬 전기부터 후기로 편년된다. 간토 지역에서 도쿄만 서쪽에 위치하고 있는 많은 조몬 전기 패총들은 상당히 작은 경향이 있고, 도쿄만의 동쪽에 위치하고 있는 조몬 중기 및 후기 패총들은 크기가 큰 것이 특징이다. 이들 중기 및 후기 패총의 일부는 종종 환상이나 말발굽 모양[馬蹄形]이며 지름이 100m가 넘기도 한다. 이것들은 북 가소리(加曾利)(조몬 중기; 130m), 남 가소리(조몬 후기; 170m)(이들 두 패총에 관한 상세한 것은 Aikens and Higuchi 1982: 156-164를 보기 바람), 그리고 호리노우치(堀之內)(조몬 후기; 대략 200m)패총인데 이들 모두가 지바현에 위치한다. 이 패총들 전부가 많은 수의 수혈주거지와 연계되어 있으며 이들 대부분이 조개층 아래 위치하고 있다.

조몬패총의 존재가 흔함에도 불구하고 연구자들은 전반적인 조몬의 식단에서 패류의 칼로리 기여는 상대적으로 낮았음에 틀림없다고 믿는다. 도쿄에서 조몬 후기 이사라고(伊皿子)패총의 체적 추산을 근거로 스즈키 키미오(Kimio Suzuki 1986)는 이사라고 주민 한 사람이 매일 섭취하는 최대 칼로리는 133.5kcal 혹은 매일 칼로리 섭취의 약 7-9%로 추산한다. 그러나 그는 두 가지 요인이 전반적인 조몬의 식단에 패류의 가치를 현격히 높여 주었을 것이라고 지적한다. 첫째, 하루 성장선 분석에 입각한 계절성 연구(小池裕子 1981)는 이사라고에서 소비된 패류 중의 주요 두 종인 참꼬막(Tegillarca granosa)과 백합(白蛤, Meretrix lusoria)이 봄과 초여름에 주로 채집되었다는 것을 보여 준다. 물고기 비늘 분석(牛沢百合子 1981)을 근거로 새눈치(Acanthopagrui schlegeli)의 어로 계절성과 같은 다른 종류의 증거도 이 유적은 계절성 어로와 패류 채집 야영지였다는 가설을 뒷받침한다. 그렇다면 전반적인 조몬 식단에서 패류의 중요성은 계절적으로 풍성한 것과 관련되었을 것인바, 이는 일본열도에서 패류가 늦겨울에서 초봄까지 이용 가능한 몇 가지 식료품 중의 하나이기 때문이다(羽生淳子 2000; Habu 2002b). 둘째, 패류의 주된 중요성은 칼로리 섭취보다는 단백질의 관점에서 평가되어야 할 필요가 있다. 수렵-채집 생업에 있어서 패류의 역할에 관한 최근 논의(Erlandson 1988)뿐만 아니라 세계 여러 곳의 민족지학적 연구는 패류가 식단의 단백질 구성에서 더 중요할 것이라는 점을 보여 준다. 미나가와와 아카자와(1992)에 의해 수행된 탄소와 질소 동위원소 분석의 결과는 적어도 혼슈 조몬인들에게 조몬 식단에 대한 패류의 기여도는 단백질 섭취의 관점에서조차 상당히 제한적이라는 것을 알려 준다. 그들의 모의실험 연구(그림 3.8)는 홋카이도와 혼슈 조몬인들의 단백질원이 서로

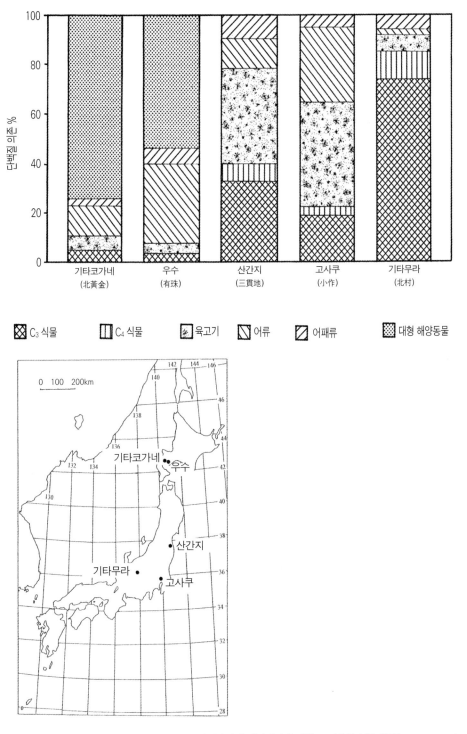

그림 3.8 탄소와 질소 동위원소 분석에 의한 미나가와와 아카자와에 의한 모의실험 연구 결과(Minagawa and Akazawa 1992: 60, 64에서 다시 그림)

상당히 달랐다는 것을 보여 준다. 홋카이도의 두 유적에서 나온 시료가 바다 포유동물에 크게 의존하는 것을 보여 주는 반면 혼슈의 세 유적의 시료는 식물식량과 육지 동물에 상당히 의존하는 것을 보여 준다. 심지어 혼슈의 두 개의 패총인 후쿠시마현 산간지(三貫地) 유적과 지바현의 고사쿠(古作) 유적에서 검출된 자료조차도 해양식량에 비교적 낮은 의존도를 보여 주고 있다는 점에 주목하는 것이 특히 흥미 있다. 이들 자료로 판단하면 패류를 포함한 해양식량의 중요성은 단백질 섭취의 관점에서조차도 상당히 낮았던 것으로 보인다.

스즈키 키미오(1986)도 패총의 크기가 큰 것이 패류가 반드시 주식으로 소비되었다는 것을 의미하는 것은 아니라는 견해를 제시하였다. 남 가소리패총과 이사라고패총 사이의 비교가 그 사례의 주안점을 명백히 보여 준다. 조몬 후기로 편년되는 남 가소리패총은 규모가 큰 것으로 알려져 있다. 이 패총은 마제형(馬蹄形)인데 마제형의 직경은 대략 170m에 이른다. 스즈키(1986)에 의하면 남 가소리패총 그 자체의 실제 면적은 9,453m²이고 체적은 5,463m³로 추정될 수 있다. 이 숫자들이 상당히 커 보이기는 하지만 토기 편년을 토대로 한 이 패총의 존속기간은 7개의 토기 분기였던 것으로 추정되는바(쇼묘지[称名寺], 호리노우치 I, 호리노우치 II, 가소리-B₁, 가소리-B₂, 가소리-B₃, 그리고 소야[宗谷]), 이는 조몬 후기의 대부분에 해당된다. 다른 한편, 원래 면적이 대략 700m²로 추정되고 체적은 대략 580m³로 추정되는 이사라고패총은 하나의 토기 분기(호리노우치 I) 동안만 점유되었다. 스즈키(1986)는 이 증거로 판단하여 남 가소리패총의 누적 비율은 이사라고처럼 작은 패총의 비율보다 그다지 높지 않다는 견해를 제시하고 있다.

도쿄 나카자토(中里)패총의 최근 발굴조사 결과(北区教育委員会 2000; 中島広顕 2000; 中島広顕·保阪太一 1998)는 조몬 식단에 있어서 패류의 역할에 대한 새로운 식견을 제공한다. 구릉 정상에 위치하고 있는 많은 다른 조몬패총과는 달리 나카자토패총은 선사시대 해안가 바로 끝자락 저지대에 위치하고 있다. 19세기부터 1990년대까지 학자들은 이 패총이 원래 인위적 혹은 자연적으로 퇴적된 것인지에 대해 논쟁을 하였었다. 나카자토패총의 위치와 그 내부에 유물이 드물었던 것이 이 논쟁에 기름을 끼얹는 격이 되었다. 1996년에 시작된 구제발굴에서 마침내 이 패총이 적은 수의 중기와 후기 조몬토기 편들을 포함하고 있었다는 것을 확인하였다. 조개의 누적은 극히 두꺼워서(그림 3.9) 4.5m에 이른다. 이 발굴조사에서 나무곽으로 된 유구와 그 내부에서 불

그림 3.9 도쿄 나카자토패총 사진(北区教育委員会 1997: 사진 2; 기타구 교육위원회로부터 게재 허락을 받음)

에 탄 자갈돌, 탄화된 조개파편, 그리고 숯도 확인되었다. 이 유적의 책임조사원인 나카지마(中島広顕 2000)는 많은 양의 숯과 더불어 수많은 탄화 조개층뿐만 아니라 이들 유구도 굴(*Crassostrea gigas*)과 백합(*Meretrix lusoria*)을 쪘다는 것을 시사한다는 견해를 제시한다.

도쿄의 이사라고패총과 시가현 아와주패총(伊庭 功·岩橋隆浩 1992; Iba et al. 1999)

처럼 적은 수만의 유물과 동반되어 있는 최근 발굴된 패총(伊皿子貝塚遺跡調査団 1981)과 더불어 나카자토는 패류를 채집하여 처리하기 위한 특수 목적의 야영지로 기능하였던 조몬패총의 한 형태를 대표하는 것처럼 보인다. 이 유적지는 아라가와(荒川) 강어구에 위치하고 있기 때문에 아베 요시로(阿部芳郎 2000)는 이 강을 따라 여러 거주집단이 이 장소를 패류채집 야영지로 사용하였다는 견해를 제시한다. 아베의 가설을 시험하기 위해서는 향후 지역 취락 자료 분석이 수행될 필요가 있다.

지역적 다양성과 시간이 지나면서의 변화

요약하면, 조몬의 생업체계는 시간이 지나면서 그리고 지역마다 달랐다. 또 조몬 생업의 일반적인 모습은 각 지역에서 개별적인 체계들이 주식(主食)의 구체적인 형태(들)와 관련하여 어떻게 작용하였는지를 우리가 이해하는 데 도움을 주지 않을 수 있다. 상당한 수의 타제석부 혹은 대형의 패총과 동반되어 있는 그러한 외견상 전형적인 유적지들은 실제 분포에 있어서 공간 및 시간적으로 한정되어 있다. 바꾸어 말하자면, 조몬 생업전략의 특징은 시간이 지나면서 현격히 변했던 것 같다.

조몬의 생업전략에 나타나는 지역적 다양성에 관한 아카자와(Akazawa 1981; 1982a; 1982b; 1986a; 1986b; 1986c; 1987)와 아카자와와 마에야마(Akazawa and Maeyama 1986)에 의한 도구 조합 분석은 상당히 시사하는 바가 크다. 그들은 공반된 골제 및 석제 도구를 변수로 삼아 상대빈도수를 이용하여 조몬취락의 기능 구분분석을 수행하였다. 연구 결과(Akazawa 1986a)는 세 가지 지역적으로 다른 조몬 "생태계"가 존재할 가능성을 보여 준다. (1) 타제석부, 돌절구, 갈돌과 같은 식물식량 채취 도구들과 그리고/혹은 민물 어로를 위한 석제 어망추가 풍부한 것이 특징인 서부 일본과 동부 일본 내륙의 산림-민물 생태계, (2) 강어귀용 토제 어망추와 육지 포유동물 사냥용 화살촉과 주로 공반되어 있는 동부와 중부 일본의 산림-강어귀 생태계, (3) 이두섬(離頭銛, 분리형작살), 낚싯바늘과 같은 다른 종류의 어로 장비 그리고 유경식 밀개, 송곳과 같은 식량자원과 도구제작을 위한 2차 도구 등이 특징인 동부 일본의 산림-태평양 여울목 연안 지역 생태계가 그것이다. 이러한 연구 결과를 토대로 아카자와는 물고기와 어패류와 같은 해양자원이 동부 일본에서는 아주 큰 역할을 했던 반면 서부 일본에서는 식물자원이 훨씬 더 중요했다는 견해를 제시하고 있다. 그는 또 산림-강어귀 생태계와 산림-태평양 여울목 연안 지역 생태계가 산림-민물 생태계보다 더 안정적인 계절적 순환채집을 제공하였다는 견해를 제시한다. 그의 주요 분석의 초점이 지역적으로 다른 환경에 적응하는 것에 맞추어져 있지만 아카자와(Akazawa 1986a)는 조몬생업에 있어서 그러한 지역적 다양성은 야요이시대 초기 도작농경 수용에 있어서 지역적 편차를 초래하였다고 결론짓는다.

아카자와(Akazawa 1981; 1982a; 1982b; 1986a; 1986b; 1986c; 1987)의 연구와 관련하여 조몬생업의 다양성에 대한 소퍼(Soffer 1989)의 해석도 주목할 만하다. 소퍼는 그의 선사시대 유라시아 수렵채집민의 비교 분석에서 "선반 삶" 혹은 저장된 산물의 사회적 사용 가치가 수렵채집민의 정주생활 발전을 논의하는 데 중요한 매개변수라는 견해를 제시한다. 그의 의견에서 육고기와 물고기 같은 짧은 "사용 수명"을 가진 저장 식량이 반드시 정주생활을 의미하는 것은 아니라고 하는 한편 사용 수명이 긴 저장 식량이 정주생활의 발전과 궁극적으로 식량생산 기원의 원인이 되었다고 한다. 소퍼는 사용 수명이 긴 생산물의 저장 예로서 조몬을 들었고 도토리를 포함한 견과류의 저장이 정주생활의 발전과 밀접한 관련이 있다는 견해를 제시하였다. 아카자와(Akazawa 1981; 1986b)의 견해처럼 그는 주민들이 전통적으로 저장한 식물 생산품에 더 의존하는 바로 그러한 곳인 서부 일본에서 발생하였던 야요이시대 초기 벼농사 형태와 같은 식량생산의 도입은 놀랍지 않다는 견해를 제시하고 있다.

필자는 긴 사용 수명을 가진 저장 음식이 전반적으로 조몬문화 복합성 발전에 지극히 중요한 역할을 하였다고 믿지만, 조몬 수렵채집민들에게서 저장, 정주생활, 그리고 식량생산의 발전 사이의 관계는 아카자와(Akazawa 1986a; 1986b; 1987)와 소퍼(1989)가 제시한 것처럼 그렇게 간단하지 않을 수 있다고 본다. 견과류 유체를 가진 저장구덩이들은 서부 일본에만 분포되어 있는 것은 아니다. 그런 구덩이는 동북 및 중부 혼슈에도 상당히 흔하다. 더욱이 위에서 언급한 바와 같이 미나가와와 아카자와(1992)에 의한 탄소와 질소 동위원소 분석은 그들이 동북 및 중부 혼슈에서 조사한 세 유적 모두에서 식물식량이 조몬 식단의 중요한 부분을 차지한다는 점을 보여 준다. 바꾸어 말하자면, 홋카이도 사람들을 제외한 대부분의 조몬인들은 모두 식물식량에 크게 의존하였으나 주식의 형태는 지역과 시간의 경과에 따라 달랐던 것 같다.

조몬생업의 특징을 완전히 이해하기 위해서는 한 특정한 지역에서 한 특정한 시간에 해당하는 자료를 조사하는 추가 연구가 필요하다. 그러나 조몬 유적에서 유기물질의 보존은 일반적으로 좋지 않으므로 동물과 식물 자료만을 토대로 조몬생업의 특징을 조사하기는 어렵다. 따라서 생업전략과 관련하여 취락유형의 연구가 매우 중요하다. 다음 장에서 필자는 조몬취락 고고학의 최근 연구 결과를 개관하고 1장에서 설명한 정주저장형 수렵채집민—이동형 수렵채집민 모델의 맥락에서 그 결과를 해석하고자 한다.

제4장 취락 고고학

토기 편년과 더불어 취락 고고학이 2차 세계대전 후 전 시기를 통해 조몬 고고학의 주요 연구 초점이 되어 오고 있다. 취락 연구는 "취락론"이라고 불리고 있으며 조몬 고고학 내에서 독특한 분야가 되었다. 특히, 1960년대에 시작된 구제발굴의 급격한 증가가 조몬취락 자료의 현격한 증가를 초래하였다. 한편, 구제발굴의 이러한 증가는 많은 수의 작은 조몬취락의 발견을 야기하였으며 그들의 상당수는 만약 대규모의 토지 개발이 이루어지지 않았더라면 놓쳐 버렸을 것이다. 다른 한편, 전면 발굴되었던 큰 조몬취락지들의 수도 지난 수십 년간 증가하였으며 이것은 유적지 내 공간 유형을 조사할 귀중한 자료를 제공해 오고 있다. 결과적으로 조몬취락지 분석을 위해 이용 가능한 자료의 양은 믿기 어려울 만큼 풍부하다.

이 장은 우선 조몬취락 연구사를 검토하고 이들 연구에 대한 문제점의 개요를 설명하고자 한다. 이 검토에 이어서 필자는 첫 번째 장에서 설명하였던 정주저장형 수렵채집민—이동형 수렵채집민 모델의 맥락에서 조몬취락지 유형 분석에 대한 두 개의 사례연구를 제시하고자 한다.

조몬취락 연구사

와지마의 취락 고고학

일본 고고학자들에 의해서 수행된 조몬취락 고고학 연구의 대부분은 직접 혹은 간접적으로 고전적 마르크스의 이론적 관점을 가진 와지마(和島誠一 1948; 1958; 1962)의 업적에 의해 영향을 받고 있다. 「선사시대 취락구조」라는 제목을 가진 그의 1948년 논문에서 와지마는 마르크스의 접근을 추종하며 두 가지 주안점을 내놓았다. 첫째, 그는 조몬사회가 "씨족사회"(원시사회라고도 불린다)였다는 견해를 제시하였다. 여러 조몬 유적지에서 지표 및 시굴조사 결과를 활용하여 와지마는 각 취락지 내에서 주거지들의 반원형 혹은 마제형(馬蹄形) 배치는 각 주거지의 위치를 결정하는 엄격한 사회적 규칙이 존재함을 나타낸다는 견해를 제시하였다. 조몬시대에는 사회계급에 대한 증거가 없기 때문에 와지마는 그러한 엄격한 사회 규칙은 고전 마르크스 이론에 의하면 사회 발전의 첫 단계로 정의되는 "원시 공동사회"하에 형성되었다는 견해를 제시하였다. 둘째, 와지마(1948)는 조몬 초창기에서 후기에 이르기까지 취락유형은 이동에서 정주로 점점 발전하였고 그 변화는 현저한 인구 증가와 관련되어 있었다고 지적하였다. 사회 발전에 대한 이론이 전후(戰後) 일본에서 마르크스주의 역사의 중요한 요소였지만 (永原慶二 1974), 와지마는 조몬부터 그 이후의 야요이와 고분시대에 이르기까지 변화를 설명하는 데뿐만 아니라 조몬시대 내에서 시간이 지남에 따른 변화를 이해하기 위해서도 그 이론을 적용하였다. 특히 나가노현 도가리이시(尖石) 유적(宮坂英弌 1946)과 지바현 우바야마(姥山) 유적과 같은 조몬 중기 대형 취락지의 돌출은 조몬 중기인들의 높은 정주 정도에 대한 증가로 해석되었고, 그리하여 조몬 초창기에서 중기에 이르기까지 정주생활이 증가하였다는 자신의 주장을 뒷받침한다. 와지마(1948)에 의하면 그러한 변화는 전반적인 생산력(생업 생산력) 증가의 결과로 발생된 인구 증가에 의해 촉발되었다고 한다.

상자 5 **일본 고고학에서의 와지마와 마르크스주의**

역사적 해석 수단의 하나로 마르크스주의에 대한 와지마의 관심은 선도적이었고 2차 세계대전 기간을 통해 계속되었다. 일찍이 1930년대에 그는 마르크스주의 관점에서 일본열도의 고고학적 자료를 해석하고자 시도하였다. 2차 세계대전 이전과 전쟁 중 일본에서 마르크스주의는 엄격히 금지되었기 때문에 그는 정체를 감추기 위하여 미사와(三澤)라는 필명을 사용해야만 했다. 그의 1936년 논문은 와타나베 외(渡部義通 外 1936)에 의해 편집된 『일본역사 교과서』라는 책에 실렸다.

와타나베 요시미치는 1925년 3. 15 사건(일본 정부에 의해 좌익으로 확인된 문인 및 학자들의 대량 구속) 당시 구속되었던 일본 공산당 회원의 한 사람이었다. 더욱이 이 편집된 책의 주된 목적은 선사 및 원사시대 사회에 대한 체계적이고 과학적인 분석을 통하여 일본에서 고대 국가의 발전을 연구하고 황실의 역사를 재검토하고자 하는 것이었다. 바꾸어 말하자면 이 책의 주된 목적은 국수주의적인 정부에 대항하여 투쟁하는 프롤레타리아와 민중들을 지지하기 위하여 치안유지법에 의해 정의된 소위 국체(國體)의 성격을 분명히 하고자 하는 것이었다. 이 점에 있어서 역사적 유물론의 관점으로부터 고고학적 자료를 연구하고자 하는 와지마의 시도는 학문적이었을 뿐만 아니라 정치적 함축성을 가지고 있었다(原秀三郎 1972; 市原壽文 1984; 2차 세계대전 전과 전쟁 중 일본 고고학의 실행에 부과된 정치적 제약에 대해서는 Habu 1989a; Habu and Fawcett 1990을 보기 바람).

1945년 2차 세계대전이 끝나면서 일본에서 고고학을 포함한 학문적 연구는 새로운 무대로 들어갔다. 1940년대 후반과 1950년대를 통하여 마르크스주의적 해석이 수용되었을 뿐만 아니라 역사학자 및 고고학자들 사이에 인기가 많았다. 그리하여 전쟁이 끝난 직후 몇 년 간 와지마와 그의 추종자들은 선사시대 취락의 기능을 복원하고 이들 취락이 시간이 지나면서 어떻게 변해 갔는가를 연구하는 데 마르크스주의(일본 고고학에서는 보통 사적 유물론을 의미한다)에 집중할 수 있었다. 그들의 주요 연구 관심사는 노동의 분화, 사회계층, 그리고 고대 국가 형성 뿐만 아니라 식량생산 효율성의 증가와 인구 증가에도 있었다.

1970년대까지 마르크스주의적 관점은 일본에서 많은 다른 사회과학에서 지지자들을 잃어버린 것과 똑같이 고고학에서 인기가 없어졌다. 그러나 시간이 지남에 따라 증가된 생산성의 모델(즉, 수렵채집민의 여러 단계를 거쳐 농경인으로의 전환은 식량획득의 효율성 증가의 하나라는 생각)과 개별 취락의 크기가 시간이 지남에 따라 점점 커져 갔다는 아이디어는 오늘날까지 계속 취락 연구의 기저가 되고 있다.

역사적 유물론에 대한 확고한 헌신과 유적지 내 취락유형의 고고학적 연구에 대한 강한 강조로 와지마(1948)의 논문은 1950년대 동안 그리고 그 이후 조몬취락 고고학의 기반을 형성하였다. 1955년 와지마는 가나가와(神奈川)현의 조몬 전기 대형 취락지인 난보리(南堀, 때로는 "미나미보리"라고 부른다)패총을 발굴하였다(和島誠一 1958). 이 발굴 결과에서도 이 유적의 중앙에 빈 공간과 더불어 마제형의 수혈주거지 배치의 존재를 확인하였다(그림 4.1). 이 발굴 이후 난보리 취락은 "조몬 마을"의 모델로 광범위하게 인용되었고 와지마가 택한 발굴전략(즉, 시굴 구덩이와 시굴 트렌치를 넣은 부분적인 발굴을 수행하기보다는 취락지 구역 전체를 발굴함)도 그 이후 조몬취락의 발굴 방법에 상당한 영향을 미쳤다.

"집단 영역"과 유적지 내 공간분석에 관심

난보리 취락의 발굴 예를 따라 1950년대 말부터 1970년대까지 조몬취락 고고학의 주요 연구 초점은 유적지 내 취락유형 해석의 강조와 조몬인들의 "사회 구조"에 맞추어졌다. 이 시기에 출판된 조몬취락 연구의 대부분이 "씨족/원시 공동체"의 연구에 대한 강조와 더불어 와지마(1948)의 연구 결과에 영향을 받았다(예, 疏生 優 1960; 岡本 勇 1975; 菅原正明 1972; 勅使河原彰 1988을 보기 바람). 역사 분야의 도마(藤間生大 1951), 사회경제학의 오쓰카(大塚久雄 1955), 그리고 문화인류학의 이즈미 세이이치(泉 靖一 1962)와 같은 다른 사회과학 분야에서 마르크스주의 학자들의 연구 결과도 이 연구 분야에 영향을 미쳤다.

또 1950년대 후반부터 1970년대까지는 "집단 영역"의 연구가 지역적 취락유형의 분석과 관련하여 괄목할 만한 진척을 이룬 시기였다. 예를 들면, 이치하라(市原寿文 1959)는 시즈오카현 오이(大井) 강을 따라 조몬 중기 취락지들의 분포를 연구하고 이들 취락이 서로로부터 약 10km 거리에 위치하고 있다는 견해를 제시하였다. 이것으로부터 그는 각 유적의 주민들이 직경 10km에 걸친 수렵-채집 영역을 유지하고 있다고 결론지었다. 비타-핀지와 힉스(Vita-Finzi and Higgs 1970)의 자원획득영역분석(site catchment analysis)보다 실제로 10년 이상 앞선 이치하라의 연구는 생태접근을 사용하지 않고 대신 재분배, 노동분화, 그리고 지역적 사회망을 강조하는 마르크스의 관점에서 수행되었다. 이치하라의 연구를 따라 많은 고고학자들이 지역적 취락유형 자료를 조사하였고 각 유적 주민들의 "활동 범위"와 "집단 영역"을 논의하였다(林 謙作 1974; 1975; 堀越正行 1972; 向坂鋼二 1970; 清水芳裕 1973; 高橋 護 1965). 이들 연구 모두

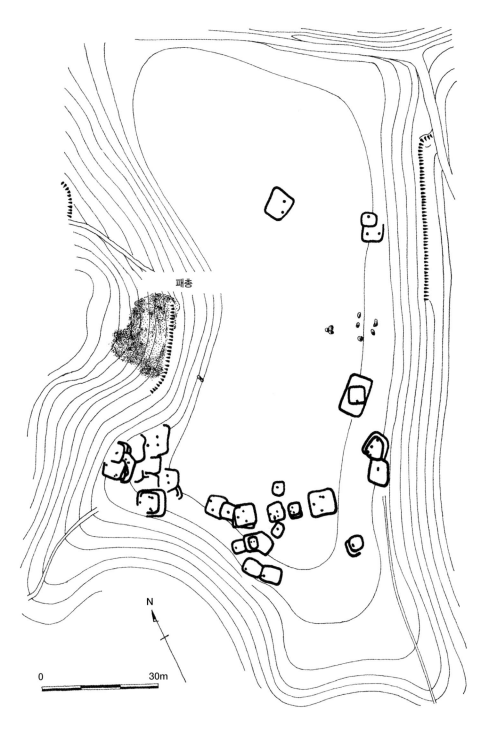

그림 4.1 가나가와현 난보리패총 유적·유구 분포(和島誠— 1958: 37에서 수정 및 다시 그림)

가 자연환경을 고려하였지만 궁극적인 목적은 "원시 공동체"를 복원하는 것이었다. 바꾸어 말하면 그들은 주된 연구 초점을 유적지 내 취락유형에 맞추는 와지마와 그의 추종자들과 이론적 토대를 공유하였다.

1960년대 미즈노(水野正好 1963)의 나가노현 요스케오네(与助尾根) 조몬 중기 유적의 유적지 내 공간분석도 조몬인들의 "사회 구조"에 대한 연구자들의 관심을 제고하는 데 중요한 역할을 하였다. 그의 분석에 의하면 조몬취락의 기본 단위는 3쌍의 수혈주거지(즉, 여섯 개의 수혈주거지)를 이룬다. 세 쌍은 각각 대형 석추(石錐) 한 개, 토우들, 남근석[石棒]들의 존재가 특징이다(水野正好 1968; 1969a; 1969b; 1970을 보기 바람). 후에 고토 가즈히토(後藤和民 1970: 116-117)와 박편동인회(剝片同人會, Flake Association 1971)는 미즈노가 많은 경우 각각의 수혈주거지의 편년 확인과 같은 고고학 자료를 조작하여 "작은 단위" 두 주거지와 "큰 단위" 여섯 주거지가 확인될 수 있었다는 것을 근거로 그 모델을 비판하였다. 결과적으로 오늘날 미즈노의 가설을 지지하고 있는 학자는 많지 않다. 그럼에도 불구하고 그의 분석은 1970년대와 그 이후 유적지 내 취락유형 분석의 발전에 자극을 주었다(예, 向坂鋼二 1970; 村田文夫 1974; 長崎元広 1977; 大林太良 1971). 특히 레비-스트로스를 인용한 니와(丹羽佑一 1978; 1982)는 조몬 유적지 내 취락유형의 구조주의적 해석을 시도하였다. 미즈노의 연구도 대형의 남근석과 토우와 같은 "제의" 유물의 공간적 분포와 관련하여 유적지 내 취락유형 분석을 고무하였다.

생태적 접근과 북아메리카 취락 고고학의 영향

위에서 설명한 바와 같이 1950년대부터 1970년대까지 조몬취락 연구의 대부분은 조몬인들의 사회 구조와 관련하여 유적지 간 그리고 유적지 내 취락유형을 분석하는 것이었다. 이렇게 연구가 치중한 탓에 생업자료를 그들의 분석에 포함시키는 취락연구는 많지 않았다. 몇 가지 예외 중의 하나가 조몬 자료를 홋카이도 아이누의 민족지학적 예와 비교하고 취락유형과 생업전략 사이의 관계를 생태인류학적 맥락에서 조사할 필요가 있다고 제안한 와타나베(渡辺 仁 1964; Watanabe 1986)의 연구이다. 더하여 아카자와(Akazawa 1980; 1981; 1982a; 1982b; 1986a; 1986b; 1986c; 1987; Akazawa and Maeyama 1986)도 조몬취락 자료를 조사하기 위하여 명백히 생태적 접근을 이용하였다. 특히 아카자와(Akazawa 1981)는 조몬 유적 영역을 조사하는 데 자원획득영역분석 모델(Vita-Finzi and Higgs 1970)을 적용하였고 각 유적에서 발굴된 동물 유체와 각 조 몬 유적의 10km 반경 내에서 자연환경의 특징을 비교하였다. 그러나 이들 연구를 제 외하면 조몬취락 연구는 기본적으로 조몬생업의 연구와 기본적으로 분리되어 있다.

위에서 설명한 조몬취락 연구가 기본적으로 일본 고고학의 맥락 내에서 발전되었지만 고바야시 타츠오(小林達雄 1973; 1980; 1986)는 킬리(1971)에 의해 처음으로 일본에 소 개된 북미 취락 고고학의 방법을 서부 도쿄 다마(多摩) 신도시의 지역적 취락유형에 대 해 적용을 시도하였다. 다마 신도시 지구는 1960년대부터 1980년대까지 대규모 토지 개발이 이루어졌던 도쿄의 근교이다. 도쿄 교육위원회는 1960년대 말 이 지역에서 지 표조사를 시작했다. 그 후 20년간 900개가 넘는 유적지가 발굴되었다. 이 유적지들의 대부분이 면적이 상당히 커서 수천에서 종종 수만m²에 이른다. 다마 신도시 지구에서 검출된 지표 및 발굴조사 결과를 사용하여 고바야시 타츠오(小林達雄 1973)는 이 지구 안에서 조몬취락을 다음과 같이 여섯 개 형식으로 분류하였다. (A) 반원 혹은 마제형 유형의 대형 취락으로, 이 유적들은 보통 많은 유물과 저장혈과 분묘를 포함하는 유구 와 동반되어 있음, (B) 확실한 반원/마제형의 배치 없는 중간 크기의 취락, (C) 한 동 혹 은 두 동의 주거지를 가진 소형 취락, (D) 주거지는 없고 몇 개의 다른 유구를 가진 소 형 유적, (E) 묘지, 유물 저장, 채토장, 채석장과 석기 생산 유적과 같은 구체적인 기능 을 가진 소형 유적, (F) 유물이 드물게 산재하는 유적. 그 후 1980년 논문에서 고바야시 는 그의 분류 (A)에서 (F)는 캠벨의 중부 알래스카 툴루아쿠미웃(Tuluaqumiut)의 민족 지학적 유적 유형(Campbell 1968)과 기본적으로 일치한다는 견해를 제시하였다.

고바야시의 취락유형 분석은 유적 위치, 전체 주거지 수, 저장혈과 분묘의 유무, 유구 분포, 유물의 형식과 수량, 그리고 유적지 점유 기간 등을 포함하는 조몬취락의 여러 가지 특징들을 조사하였다는 점에서 새로웠다. 그러나 고바야시 자신이 서술한 바와 같이 그것은 기본적으로 유적의 한 유형(小林達雄 1973: 20)이고 생업전략과 관련 하여 유적 기능에 대한 해석은 여전히 제시되지 않았다.

조몬취락 크기와 정주성 정도에 관한 의문점

대부분의 조몬취락 연구가 원시 공동체의 복원에 있어서 와지마(1948; 1958)의 관심을 공유한다는 것은 위에서처럼 명백하다. 이 연구들의 상당수도 조몬시대 동안 정주생활 정도가 상당히 높았다는 와지마의 추정을 계승하였다. 많은 수의 수혈주거지와 동반된 원형 혹은 마제형 취락의 존재는 조몬 정주생활의 높은 정도에 대한 증거로 해석되어 오고 있다. 마르크스주의적 관점을 공유하지 않는 학자들(예, Koyama 1978; 小山修三 1984; 渡辺 仁 1966; H. Watanabe 1986)도 조몬 정주에 대한 이 추정을 수용하였다.

1970년대 말부터 많은 학자들이 이 추정에 대해 의문을 가지기 시작했고, 조몬시대 동안 정주의 정도에 대해 재검토할 필요가 있다고 주장하였다. 그러한 학자들 중의 한 사람이 가나가와현 고호쿠(都筑区) 신도시 구역에서 조몬 수혈주거지의 주혈(柱穴) 단면에 대한 자세한 분석을 출판한 이시이(石井 寬 1977)였다. 이 분석을 토대로 그는 이전 견해들과는 달리 많은 조몬 수혈주거지는 지속적이기보다는 간헐적으로 점유되었다는 견해를 제시하였다.

다른 학자들은 외견상 대형의 조몬취락들이 재조사되어야 할 필요가 있고, 그러므로 대형의 유적 크기는 완전 정주에 대한 증거로 해석되어서는 안 된다는 제안을 하였다. 예를 들면, 도이(土井義夫 1985)는 대부분의 조몬취락은 사실 작으며, 큰 취락은 동일한 장소에서 장기간 거주하였던 결과로서만 발생하였다고 지적하였다. 조몬 중기의 대형 취락지 유적 내 공간분석을 조사하였던 구로오(黒尾和久 1988)는 각 아(亞) 분기에서 동시에 거주하였던 수혈주거지의 수는 실제로 상당히 적다는 견해를 제시하였다. 고바야시 타츠오(小林達雄 1986: 55)도 대부분의 조몬취락은 작았다는 생각을 지지하면서 조몬취락지에서 동시에 거주하였던 수혈주거지의 평균수는 3에서 6 사이였음에 틀림없다고 주장하였다. 그러한 논문들은 조몬 정주와 대형의 취락지에 대한 전통적인 추정이 재검토되어야 할 필요성을 제기하는 데 중요한 역할을 하였다. 그러나 와지마(和島誠一 1948; 1958)의 견해에 대한 조몬취락들의 대안적 학설은 여전히 제시되지 않았다.

이러한 질문의 배경은 1960년대에 시작된 일본의 구제발굴 수의 급격한 증가이다. 다마 신도시 지구의 경우에서 시사된 바와 같이 대규모 구제발굴은 조몬취락 유형

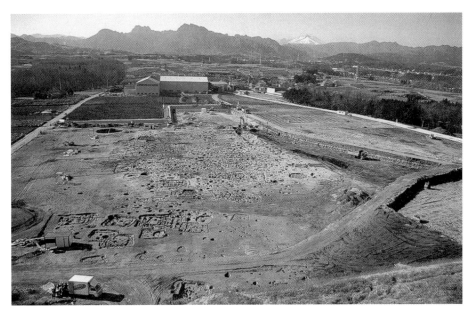

그림 4.2 군마현 나카노야 마츠바라 유적 조몬 전기 발굴(武藤康弘 1999에서 인용; 아나카시 교육위원회로부터 게재 허락을 받음)

의 양과 질 모두를 향상시키는 결과를 초래하였다. 1960년대 이전에 조몬취락 연구는 오로지 수백 개 유적에 대한 발굴의 결과를 토대로 하였다. 이들 유적의 대부분은 패총이거나 대형 취락이어서 둘 다 지표조사에서 확인하기가 쉬웠다. 그러나 그 이후 추가로 수만의 조몬 유적지가 발견·발굴되고 있다. 이들 새롭게 발굴된 유적의 상당수가 단 하나 혹은 고작해야 몇 개의 수혈주거지를 가진 작은 취락이었다. 이 작은 유적지들은 만약 대규모의 토지개발이 이루어지지 않았다면 결코 확인될 수 없었을 것이다.

다른 한편, 구제발굴의 급격한 증가는 소수의 초대형 조몬취락들의 존재를 노출시켰다. 이들에는 군마현의 미하라다(三原田) 유적(341동의 조몬 중기 수혈주거지; 赤山容造 1982), 가나가와현 산노마루(三の丸) 유적(286동의 조몬 중기 수혈주거지; 港北ニュータウン埋蔵文化財調査団 1985), 군마현 나카노야 마츠바라(中野谷松原) 유적(239동의 조몬 전기 수혈주거지; 安中市教育委員会 1996; 그림 4.2), 그리고 홋카이도 나카노(中野) B 유적(500동 이상의 조몬 조기 수혈주거지; 和泉田毅 1996)이 포함된다. 특히 700동 이상의 조몬 전기 및 중기 수혈주거지들과 수많은 다른 유구와 동반된 아오모리현(青森縣) 산나이마루야마(三內丸山)의 발견은 연구자들과 미디어(산나이마루야마 연구에 대한 자세한 것은 133-157쪽의 사례연구 2를 보기 바람) 두 곳의 관심을 끌었다. 몇몇 연구자들은 대

형 취락들의 존재를 완전한 정주에 대한 증거로 설명하지만, 전반적인 조몬취락 체계에 있어서 이들 대형 취락지의 역할과 기능은 여전히 검토되지 않았다.

이러한 새로운 발굴을 통하여 명백하게 된 것은 조몬취락 유형에 있어서 지역 간 그리고 시간적 다양성뿐만 아니라 각 지역의 유적지 간 다양성이다. 이러한 다양성 때문에 조몬취락의 일반화된 특징의 개관은 다른 지역 다른 시기에 조몬인들의 생활양식에 대해 우리들에게 알려 주는 것이 별로 없다. 전체적으로 조몬취락 체계의 특징을 이해하기 위해서는 다른 지역과 다른 시기의 자료를 이용한 일련의 취락유형 분석을 수행하고 그리고 그 결과를 비교해야 할 필요가 있다. 이 분석 결과들 간의 체계적인 비교는 조몬취락 체계의 지역적 및 시간적 다양성의 정도를 확인할 수 있도록 해 준다.

사례연구 1: 중부 일본의 조몬시대 전기 취락 자료의 분석

조몬취락 체계 접근의 첫 단계로 필자는 중부 일본의 간토와 주부 산악 지역의 조몬 전기 모로이소(諸磯) 분기의 석기 조합, 유적 크기, 유적 위치에 있어서의 유적지 간 다양성을 조사하였다(이 사례연구에 대한 전체는 Habu 2001을 보기 바람).

가설

필자가 택한 첫 단계로 여러 개의 가설을 생성하였는데 여기에서 각 생업-취락 체계에 대한 고고학 자료의 예측되는 유형들을 제시하였다. 〈표 4.1〉은 석기 조합, 유적 크기, 이동형 수렵채집민들의 유적 분포 유형, 정주저장형 채집민들의 계절적 이동, 그리고 완전 정주 채집민들 각각에 대한 예측된 특징들을 요약한 것이다(Habu 1996; 2000; 2001). 〈그림 1.6〉(32쪽)에서 보이는 바와 같이 계절에 따라 이동하는 정주저장형 수렵채집민들(혹은 비교적 정주저장형 수렵채집민들)은 계절에 따라 다른 거점취락에서 계절마다 다른 활동을 행하였을 것이다. 따라서 이들 다른 주거 유적지에서 나온 석기 조합의 비교는 유적지 간 큰 다양성을 나타내는 것으로 예측된다. 〈그림 1.6〉도 비교적 정주적인 정주저장형 수렵채집민들의 취락유형은 종종 계절적 혼합과 거주 집단의 분산이 특징이라는 것을 보여 준다. 〈그림 1.6〉에서 보여 준 사례에서 이 집단은 거

표 4.1 거주 목적으로 사용된 유적들의 예측된 유형

유형	석기 조합의 유적지 간 다양성	유적 크기의 유적지 간 다양성	유적 분포 유형
완전 정주저장형 수렵채집민	소	소	군집
계절적 이동 정주저장형 수렵채집민	대	대	군집
이동형 수렵채집민	소	소	분산

울과 초여름에 큰 거점취락을 형성하지만 늦여름에는 작은 거점취락으로 분산되었다. 따라서 거점취락들 사이에 유적 크기의 다양성은 상당히 큰 것으로 예측된다.

대조적으로 완전히 정착한 정주저장형 수렵채집민들의 거점취락들은 일 년 내내 점유된다(그림 1.7: 33쪽). 이것은 이들 각 거점취락에서 행해진 활동은 비교적 서로 비슷하다는 것을 의미한다. 따라서 거점취락들 사이에 석기 조합과 유적 크기의 다양성은 비교적 작은 것으로 예측된다. 이 모델은 또 정주저장형 수렵채집민들의 거점취락이 주 자원이 몰려 있는 곳 가까이 위치하는 것으로 추정한다. 그러므로 완전 및 비교적 정착적인 정주저장형 수렵채집민들의 경우 거점취락은 자원이 몰려 있는 곳 근처 특수한 지점에 밀집되어 있을 것으로 예측된다.

필수 자원의 분포가 계절/시간적으로 고르지 않은 환경에 적응한 정주저장형 수렵채집민들과는 달리 이동형 수렵채집민들은 필수 자원의 분포가 동질적인 환경에 적응한다. 그래서 이동형 수렵채집민들의 거점취락 각각에서 행해지는 행동들은 모두 비슷한 환경 형태를 개발하는 것과 관련되어 있는 것으로 여겨진다. 따라서 석기 조합과 유적 크기에 있어서 유적지 간 다양성은 비교적 작은 것으로 예측된다. 이러한 점에서 완전히 정착한 정주저장형 수렵채집민들과 이동형 수렵채집민들에 대한 〈표 4.1〉의 둘째 열의 내용이 동일하다. 그러나 이동형 수렵채집민들의 거점취락은 정주저장형 수렵채집민들의 그것들보다 훨씬 더 작은 경향이 있다. 이것은 왜냐하면 (1) 이동형 수렵채집민들의 거점취락이 그들의 잦은 계절적 이동 때문에 비교적 짧은 기간 동안 점유되는 경향이 있고, 그리고 (2) 정주저장형 수렵채집민들은 전에 사용하였던 거점취락을 다시 점유하는 경향이 있는 데 반해, 이동형 수렵채집민들이 그들의 거점취락을 다시 점유하는 것은 덜 흔하기 때문이다. 마지막으로 유적 분포의 측면에서 이동형 수렵채집민들의 거점취락은 연구 지역 전반에서 분산되어 있는 것으로 예측되었는데, 이는 거점취락의 위치를 결정하는 필수 자원의 분포가 공간적으로 동질적이기 때문이다.

자료와 방법

이들 가설을 사용하여 필자는 간토 지역과 주부 지역(주부 산악 지역이라고도 불린다) 조몬 전기 모로이소 분기에서 검출된 자료를 검토하였다. 조몬 전기 세 번째 기인 모로이소 분기는 약 5,000 bp(대략 5,900 cal BP)로 편년된다. 이 기는 토기 표면에 얇은 점토 대가 부착되었을 뿐만 아니라 평행선들과 반으로 쪼개진 대나무로 만들어진 손톱 모양 자국으로 장식된 토기가 많은 것이 특징이다. 모로이소 양식 토기의 형식학적 편년은 모로이소 분기가 다음과 같이 세 개의 단계로 나누어질 수 있다는 것을 시사한다. 가장 이른 시기부터 가장 늦은 시기까지 모로이소-a, 모로이소-b, 그리고 모로이소-c(예, 鈴木敏昭 1989를 보기 바람). 〈그림 4.3〉은 전형적인 모로이소 양식의 토기 예들을 보여 준다.

기초 자료들은 간토와 주부 지역 여섯 개의 현에서 모로이소 분기 유적으로부터 택했다(그림 4.4). 연구 지구는 I에서 IV까지 네 개 구역으로 나누어졌다(그림 4.5). I과 II구역은 각각 간토 지역의 북서 및 남서 부분이다. II구역은 도쿄와 인근의 해안 지역을 포함하고 많은 구제발굴이 특징이라는 점을 알아 두어야 한다. III구역은 주부 지역의 산악구역이다. 이 구역은 유적 분포지도를 준비하는 데 편리하도록 다시 IIIa와 IIIb로 더 세분하였다. 마지막으로 IV구역은 이즈제도(伊豆諸島)에 해당된다. 이 여섯 개 현은 모로이소 양식 토기의 주요 분포 지역에 해당된다.

이 분석에서 1,058개의 모로이소 분기 유적들이 조사되었다. 이들 유적은 우선 두 그룹, (1) 비주거 유적과 (2) 주거 유적으로 분류되었다. 비주거 유적은 수혈주거지가 발굴 혹은 확인되지 않은 유적을 가리킨다. 주거 유적은 한 동 혹은 그 이상의 수혈주거지가 동반된 유적을 가리킨다. 조몬 수혈주거지는 적어도 30-40cm 땅을 파고 건축되어 상당히 노동집약적이기 때문에 필자는 이들 주거 유적의 대부분이 거점취락으로 사용되었다고 추정하였다. 검토된 1,058곳의 모로이소 분기 유적 중에서 242곳의 유적이 주거 지역으로 확인되었다. 유적 크기의 다양성에 대한 분석을 위해 242곳의 주거 유적 모두가 사용되었다. 석기 조합의 다양성을 분석하기 위해서는 95곳의 주거 유적만 사용되었는데 이는 나머지 147곳의 유적에서 검출된 전체 석기들의 수가 계량분석을 행하기에는 너무 적거나 혹은 보고가 되지 않았기 때문이다(그림 4.6).

95개 유적에서 출토된 석기들은 다음과 같이 11개의 범주로 분류하였다(표와 그

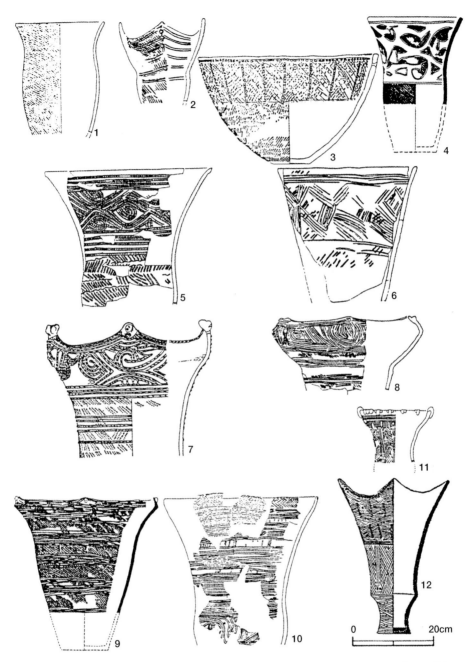

그림 4.3 모로이소 양식 토기 예: 1-4. 모로이소-a 양식, 5-10. 모로이소-b 양식, 11-12. 모로이소-c 양식(羽生 淳子 1988: 149)

그림 4.4 연구지역을 표시한 일본지도: 음영부분이 연구된 여섯 곳의 현을 나타냄(Habu 2001: 30에서 다시 그림)

림에 사용된 명칭은 괄호 안에 표시되어 있다). (1) 화살촉(ARH), (2) 슴베 밀개(SSC), (3) 송곳(AWL), (4) 타제석부(CAX), (5) 마제석부(PAX), (6) 역석기(礫石器)(PBL), (7) 갈판(MTR), (8) 갈돌(GRD), (9) 어망추(NSK), (10) 장신구(ORN), (11) 기타(OTH)(그림 4.7). 이들 11개 도구 범주의 상대빈도수는 95개 유적의 각각에 대해 계산되었고, 유적 형식을 세우는 데 사용되었다.

이 분석에서 95개 유적은 우선 각 조합에서 가장 많은 석기들의 범주에 의해 분류되었다. 〈그림 4.8〉은 이 분석의 결과로 5개 유적의 형식이 확인되었다는 것을 보여 준다. 이들 그래프에서 각 선은 한 유적을 나타낸다. 예를 들면, 한 유적에서 화살촉의 상대빈도수가 11개의 석기 범주에서 가장 높을 때 그 유적은 화살촉 봉(峰) 형식으로 분

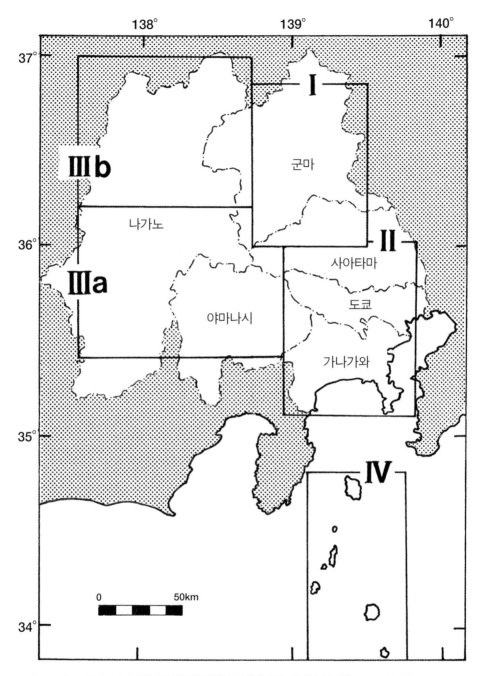

그림 4.5 I에서 IV구역까지의 위치: 음영 구역은 연구된 여섯 개 현의 바깥에 놓여 있음(Habu 2001: 31)

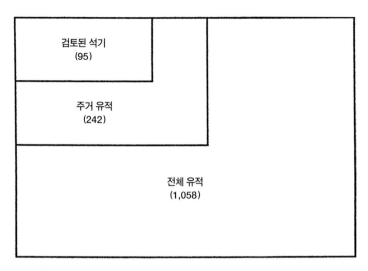

그림 4.6 자료 구조

류된다(그림 4.8 왼쪽 위). 95개 유적 대부분은 화살촉 봉, 타제석부 봉(그림 4.8 왼쪽 중간), 혹은 갈돌 봉(그림 4.8 왼쪽 아래) 유적으로 확인되었다. 나머지 두 유적은 역석기 봉 유적(그림 4.8 오른쪽 위)과 어망추 봉 유적으로 분류되었다(그림 4.8 오른쪽 중간).

다음으로 이 다섯 개 형식의 처음 셋(즉, 화살촉 봉, 타제석부 봉, 그리고 갈돌 봉)은 조합 다양성을 토대로 두 개의 하위 형식으로 더 나누어졌다. 예를 들면, 만약 필자가 모든 화살촉 봉 유적에 대해 석기들의 11개 범주의 상대빈도수를 보면(그림 4.8 왼쪽 위), 몇몇 조합은 화살촉이 지극히 높은 비율을 차지하여 높은 것은 85%에 이르는 것이 특징이다. 화살촉의 상대빈도수가 상당히 높을 때, 다른 범주 석기들의 상대빈도수는 정의상 낮다. 결과적으로 이 형식의 조합을 보여 주는 그래프는 화살촉의 범주에서 단봉(單峰)이 특징이다. 다른 한편, 화살촉의 상대빈도수가 낮을 때 그래프는 이봉(二峰) 혹은 더 많은 수의 봉이 특징으로 나타난다.

필자의 분석에서 가장 많은 범주의 상대빈도수가 조합의 50%를 넘을 때 그 유적은 "단봉(單峰) 유적"으로 불린다. 가장 높은 봉이 50% 미만을 차지할 때 그 유적은 다봉(多峰) 유적으로 분류된다. 단봉 유적은 다음의 세 가지 석기 범주로 확인된다. (1) 화살촉(그림 4.9 위), (2) 타제석부(그림 4.9 중간), (3) 갈돌(그림 4.9 아래).

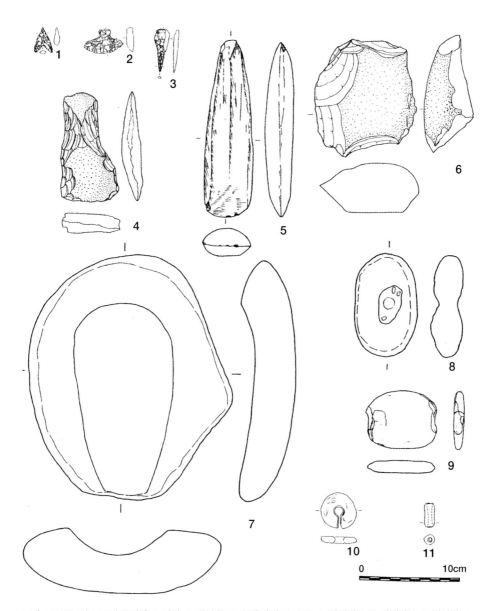

그림 4.7 모로이소 분기 유적 출토 석기: 1. 화살촉, 2. 슴베 밀개, 3. 송곳, 4. 타제석부, 5. 마제석부, 6. 역석기, 7. 갈판, 8. 갈돌, 9. 어망추, 10-11. 장신구(Habu 2001: 33)

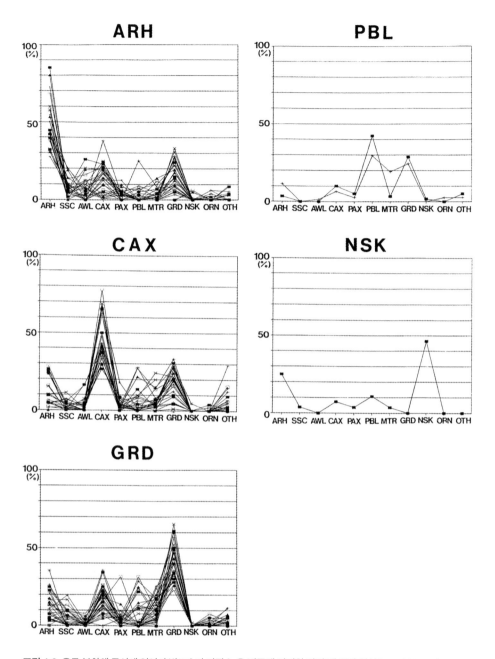

그림 4.8 유물 복합체 구성에 있어서 빈도수가 가장 높은 범주에 의거한 다섯 개 유적 형식(Habu 2001 : 52)

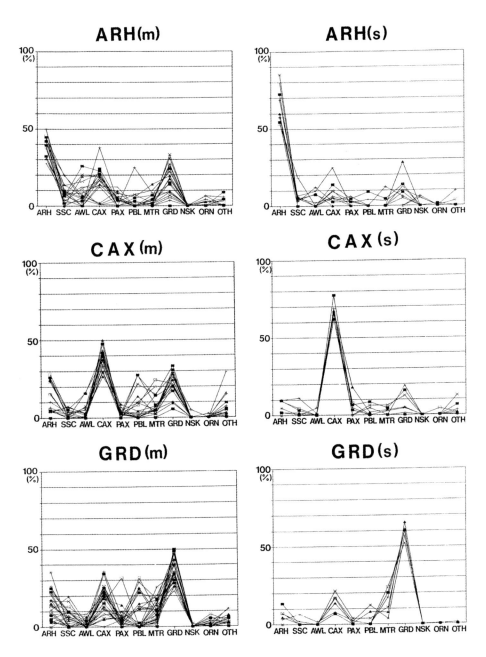

그림 4.9 세 가지 범주의 석기들에 대한 단봉(單峰) 유적들(s)과 다봉(多峰) 유적들(m)(Habu 2001: 53)

모로이소 분기의 취락체계

〈그림 4.10〉은 동반된 주거지들의 형식과 수에 의한 95개 유적의 분포를 보여 준다. 짙은 기호는 다봉 유적을 나타내고, 속이 빈 기호는 단봉 유적을 나타낸다. 기호의 크기는 각 유적에서 동시에 점유되었을 가능성이 있는 최대한의 수를 사용한 유적 크기를 반영한다(소: 1-4 주거지, 중: 5-10 주거지, 대: 10동 이상 주거지).

이 분석에서 두 가지는 명백하다. 첫째, 주거 유적들은 밀집되는 경향이 있다. 그러한 유형은 정주저장형 수렵채집민의 모델과 잘 일치한다(표 4.1을 보기 바람). 유적 밀집의 존재는 확대된 지도에서 더 분명하게 볼 수 있다. 〈그림 4.11, 12, 13〉은 각각 구역 I, II, IIIa의 확대된 지도들이다. 이들 지도에 각 구역의 모든 모로이소 분기 유적들이 기입되었다. 위에서 설명하였던 기호에 더하여 "S" 표시는 석기 조합 크기가 계량 분석을 행하기에는 너무 작은 주거 유적임을 나타낸다. "U" 표시는 이미 발굴조사된 주거 유적을 나타내지만 그곳의 자세한 석기 조합 자료는 보고되지 않은 것을 뜻한다. 마지막으로 "X" 표시는 비주거 유적지를 가리킨다(범례는 그림 4.13을 보기 바람). I구역에서 여섯 개의 유적 밀집(A-F)이 확인된다(그림 4.11). 이 그림에서 큰 원은 각 유적 밀집 주위의 10km 반경, 혹은 이동형 수렵채집민들의 대략적인 반경을 보여 준다(채집 반경의 정의에 관해서는 Binford 1980을 보기 바람). 도쿄 지역인 II구역(그림 4.12)에서는 네 개의 유적 밀집(G-J)이 확인되었다. IIIa구역(그림 4.13)에서는 유적 밀집의 유형이 처음 두 구역처럼 분명하지 않지만 여러 개의 유적 밀집이 있는 것으로 보인다(그림 4.13에서 K-P로 표시됨). IIIa구역은 산이 많은 곳으로 처음 두 구역보다 덜 발달되었으므로 필자는 미보고된 많은 수의 유적이 여전히 이 구역에 묻혀 있을 것으로 추정한다. IIIb구역과 IV구역의 표본 수는 유적 위치의 유형을 확인하기에는 너무 적다.

둘째, 95개 유적의 분포 지도에 보이는 것처럼(그림 4.10) 석기 조합의 특징을 토대로 한 유적의 형식과 크기에서 유적지 간에 상당한 다양성이 있다. 가설에 의하면 이 고고학적 현상은 계절에 따라 그들의 거점취락을 옮기는 정주저장형 수렵채집민들의 특징이다. 화살촉 봉 유적(삼각형으로 나타냄), 타제석부 봉 유적(다이아몬드), 그리고 갈돌(원)은 I, II, III구역 각각에서 절대로 독자적으로 발견되지 않는다. 그러한 양상은 각 구역 내 거점취락 안에서 이루어졌던 다양한 생업활동을 나타내는 것으로 보인다.

세 가지 형식의 도구 중에서 화살촉은 사냥과 관련되어 있음에 틀림없다. 타제석

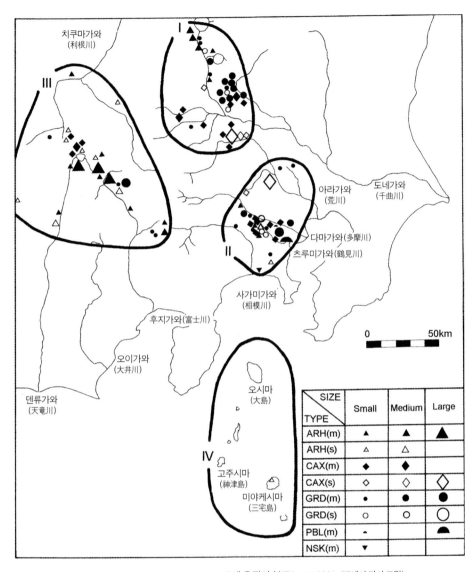

SIZE TYPE	Small	Medium	Large
ARH(m)	▲	▲	▲
ARH(s)	△	△	
CAX(m)	◆	◆	
CAX(s)	◇	◇	◇
GRD(m)	•	●	●
GRD(s)	○	○	○
PBL(m)	-		◗
NSK(m)	▼		

그림 4.10 석기가 검토된(LTE, lithic tools examined) 95개 유적의 분포(Habu 2001 : 55에서 다시 그림)

부는 식물뿌리를 채집하는 데 괭이로 혹은 초기 식물재배에 사용되었을 것으로 여겨진다. 갈돌은 아마도 도토리와 같은 견과류를 가는 데 사용되었을 것이다. 연구 지역 내 계절 및 지역적으로 다양하게 주어진 가용자원 여건하에서 유물 조합의 상이성은 거점취락의 계절적 점유를 높이 반영하는 것 같다. 더욱이 유적 크기의 다양성은 계절적 분산과 거주 집단의 결합을 나타내는 것으로 보인다.

본서의 몇몇 독자들은 다른 석기 조합 특징을 가진 유적들이 다른 생업전략을 가

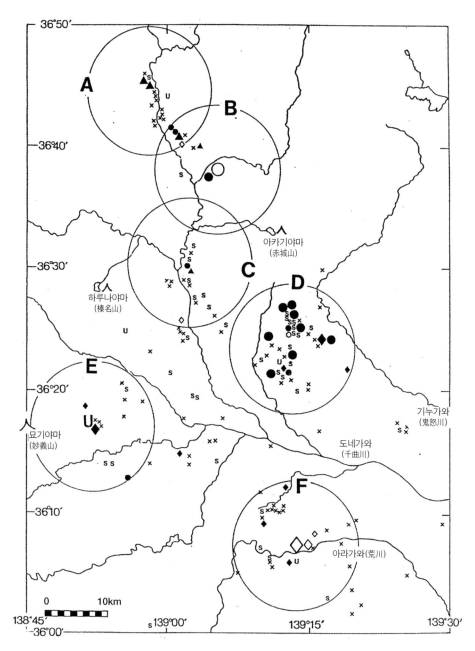

그림 4.11 | 구역 유적 밀집(범례는 그림 4.13을 보기 바람[Habu 2001: 61에서 수정되었음])

진 집단에 의해 연중 점유되었을 것으로 생각할 수도 있다. 이것이 이론적으로는 가능하겠지만 다른 석기 조합의 특징인 유적 군집들 사이의 거리가 종종 정주저장형 수렵채집민들의 거주 이동의 범위 내에 있다는 사실(즉, 대략 10-30km; Kelly 1983의 표 1을

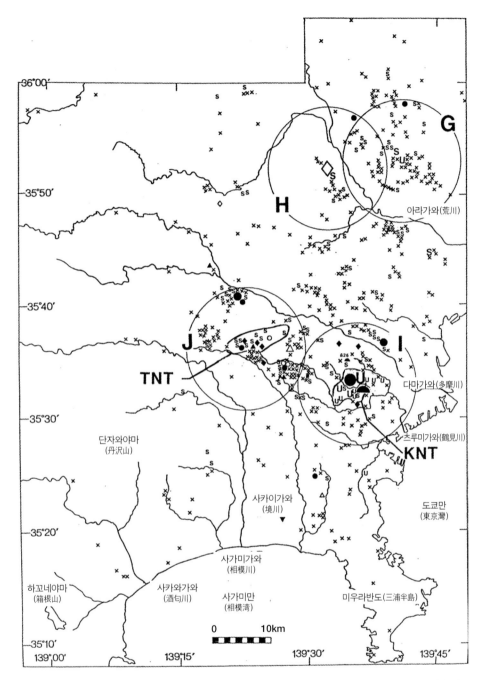

그림 4.12 Ⅱ구역 유적 밀집: 그림에서 보여진 유적지에 더하여 다마 신도시 지구(TNT로 나타냄)에 168개의 비주거 유적과 고호쿠 신도시 지구(KNT로 나타냄)에 31개의 비주거 유적이 각각 있음(범례는 그림 4.13을 보기 바람[Habu 2001: 62에서 수정됨])

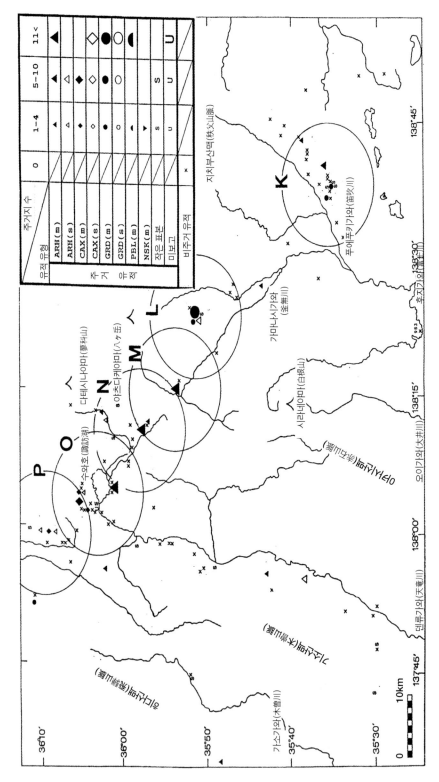

그림 4.13 IIIa구역 유적 밀집(Habu 2001: 63에서 수정됨)

보기 바람)은 이 설명의 설득력을 약하게 만든다. 민족지학적 예는, 만약 다른 자원들이 거주지 이동이 가능한 범위 내에서 계절적으로 이용 가능하다면, 수렵채집민들은 그 지역이 다른 집단에 의해 영역적으로 방어되는 곳이 아니라면 그들의 거점취락을 이동하는 경향이 있다는 것을 보여 준다. 현재 연구의 경우 유적 점유 패턴에 있어서 편년 변화가 명백하기 때문에 모로이소 분기 동안 장기간 고정된 영역이 있었던 것 같지는 않다.

모로이소 분기 내에서 시간이 지남에 따른 변화

지금까지 필자의 분석 결과는 모로이소 분기 주민들은 거점취락을 계절에 따라 이동하는 정주저장형 수렵채집민들이었다는 가설을 뒷받침한다. 그러나 위에서 지적한 바와 같이, 일본 고고학자들은 모로이소 분기를 다시 세 개의 단계로 나누어 오고 있다. 모로이소-a, -b, -c처럼, 가장 오래된 것에서 가장 나중의 것으로 분류하는데, 더구나 그들 중의 몇몇은 모로이소 분기 내에서 취락유형이 현저하게 변했다고 믿고 있다(예, 今村啓爾 1992). 그렇다면 위에서 관찰된 유적지 간 다양성과 취락유형들의 특징은 전 모로이소 분기 내내 시간적 변화에 의해 왜곡될 수 있다.

그러므로 필자가 분석한 다음 단계로서, 필자는 이 세 개의 단계에 대한 각각의 분포지도를 만들고 위에서 제시한 결론에 대한 타당성을 검증하였다. 결과는 II구역에서 모로이소-c 단계 하나의 예외를 제외하고 위에서 논의한 결론과 일반적으로 일관성이 있었다. 위에서 설명한 바와 같이 II구역은 지금의 도쿄를 포함하는 해안 지역이다. 〈그림 4.14〉에서 보는 바와 같이 이 구역에서 모로이소-c 단계의 취락유형은 주거 유적이 드문 것이 특징이다. 이 지도에 나타난 바와 같이 유적의 대부분은 "X"표시에 의해 나타나는 비주거 유적이다.

필자는 이들 비주거 유적들이 이동형 수렵채집민 시스템에서 거점취락으로 기능하였을 것이라는 견해를 제시한다. 이동형 수렵채집민들 거점취락은 정주저장형 수렵채집민들의 그것보다 덜 복합적이므로 이들 비주거 유적들의 상당수가 그러한 거점취락일 가능성이 상당히 높다. 이것이 사실이라면 다른 단계와는 달리 II구역에서 모로이소-c 단계의 주민들은 정주저장형 수렵채집민이라기보다는 이동형 수렵채집민에 더 가깝다는 견해를 제시할 수 있다. 이것은 조몬인들의 일부는 완전히 정주하였을 뿐

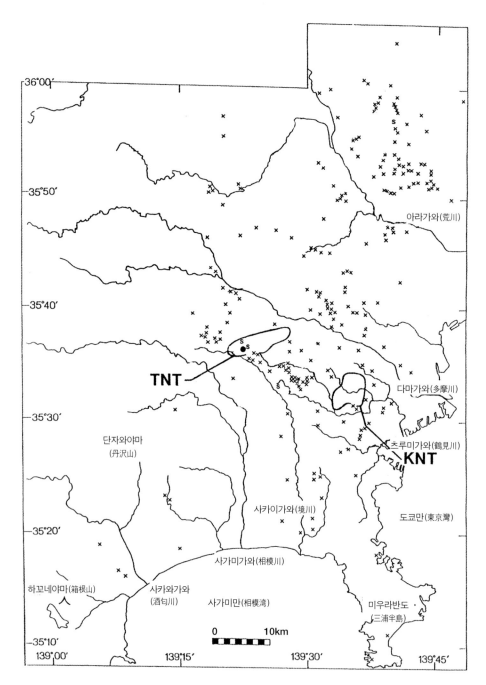

그림 4.14 Ⅱ구역 모로이소-c 단계 유적 분포: 도면에 표시된 유적에 더하여 다마 신도시 지구(TNT로 표시됨)에서 37개의 비주거 유적과 고호쿠 신도시 지구(KNT로 표시됨)에서 5개의 비주거 유적이 각각 있음(범례는 그림 4.13을 보기 바람[Habu 2001: 85에서 수정되었음])

만 아니라 사실 상당히 이동적이었다는 것을 보여 준다.

이들 비주거 유적들이 II구역 전체에 산재되어 있다는 사실은 II구역에서 모로이소-c 단계의 주민들은 이동형 수렵채집민이었다는 가설을 뒷받침한다. 빈포드의 원래 모델(표 1.1)에 의하면 정주저장형 수렵채집민 체계는 필수 자원의 분포가 공간 및 시간적으로 고르지 않을 때 발생하는 반면, 이동형 수렵채집민 체계는 자원의 분포가 더 균질한 환경에 대한 대응이다. 그러므로 II구역에서 정주저장형 수렵채집에서 이동형 수렵채집민으로의 전이가 있었다면 우리는 일치하는 환경적 변화를 찾을 수 있을 것이다.

환경자료는 모로이소 분기가 해진(海進) 최대기인 "최적 기후"와 일치하는 것을 보여 준다. 마츠시마(Matsushima 1979)와 마츠시마와 고이케(Matsushima & Koike 1979)에 의하면 이 지역에서 해수면은 6,500-5,500 bp(ca. 7,400-6,300 cal BP) 사이에 최고에 이르렀다. 몇몇 연구자들(藤 則雄 1984; 坂本 彰·中村若枝 1991)은 해수면이 구로하마기(모로이소-a 단계 전) 동안 최고에 이르렀다는 견해를 제시하는 반면, 다른 연구자들(堀口 方吉 1983)은 그것이 모로이소-a 단계에서 발생했다고 믿고 있다. 어떤 경우라도 해수면이 모로이소-b와 모로이소-c 단계를 통해 점점 후퇴하기 시작하였던 것 같다.

이 해수면의 변화가 어떻게 이용 가능한 자원의 분포에 영향을 미치는가? 마츠시마와 고이케(1979)는 서간토, 특히 츠루미 강을 따라 해수면의 후퇴는 굴(*Crassostrea gigas*)과 참꼬막(*Tegillarca granosa*)과 같은 연안 연체동물 종의 서식지 파괴를 초래하였다는 견해를 제시하였다. 서남부 간토패총 유적의 빈도수는 〈표 4.2〉에 보이는 것처럼 거기에 상응하는 감소를 보인다. 서남부 간토 모로이소-a 유적 중에서 8.4%가 패총과 관련이 있는 반면 모로이소-b 유적의 2.2%만이 패총과 관련이 있다. 모로이소-c 단계 유적에서 보고된 패총은 없다(Habu 2001). 여기서 각 단계들 사이에 전체 유적 수의 차이는 각 아 분기의 지속기간을 반영할 수 있다는 것에 주목하여야 한다. 특히, 모로이소-b 단계 전체 유적 수가 다른 두 단계의 그것보다 두 배가 된다는 사실은 모로이소-b 단계가 다른 두 단계보다 더 오래 지속되었다는 것을 시사한다. 그럼에도 불구하고 시간이 지나면서 패총 유적의 상대적인 비율 감소는 명백하다.

패총의 빈도수 감소는 시간이 지남에 따른 패류 이용의 변화를 반영하는 것 같다. 많은 조몬 학자들이 패류는 조몬인들에게 가장 중요한 식량 범주가 아니었다고 주장하지만(예, 鈴木公雄 1979), 그럼에도 불구하고 이 감소는 II구역에서 전반적인 자원 분

표 4.2 서남부 간토의 패총 유적 빈도수

	모로이소-a	모로이소-b	모로이소-c
전체 유적 수	273	631	278
패총유적 수	23	14	0
패총유적 비율	8.4	2.2	0.0

포 양상에 큰 변화를 가져왔음에 틀림없다. 패류의 분포가 공간적으로 연안 지역에 제한되어 있고, 그리고 그것들이 이용 가능한 다른 자원의 수가 상대적으로 적은 봄에 수렵채집민들에게 주요한 자원이었기 때문에 패류 양의 감소는 전반적인 자원의 좀더 균질적인 분포를 초래하였을 것이다. 빈포드의 원래 모델은 자원의 분포가 시간과 공간적으로 균질한 환경에서는 이동형 수렵채집민 체계가 선호된다고 예측하기 때문에, 환경 자료 역시 II구역에서는 정주저장형 수렵채집에서 이동형 수렵채집 체계로 변화가 있었다는 해석을 뒷받침한다.

"조몬 중기식" 체계 발전에 이동형에서 정주형으로의 체계 변화가 미친 영향

우리가 지역 간 수준의 측면에서 전기부터 중기 조몬시대까지 장기간의 취락유형 변화를 볼 때 II구역에서 정주저장형 수렵채집에서 이동형 수렵채집 체계로의 변화는 특별한 식견을 제시한다(Habu 2002b). 왜냐하면 II구역 내에서의 변화는 전체 유적 수와 평균 유적 크기의 급격한 감소와 관련되어 있기 때문에 이 지역에서 현저한 인구 감소가 뒤따랐음에 틀림없다. 이것은 사망률의 파국적 증가나 인근 지역(혹은 지역들)으로의 인구 이동을 의미한다.

각 지역에서 나타난 유적 수의 변화는 II구역에서 III구역(주부 산악 지역)으로의 인구 이동 가능성을 시사하는 것으로 보인다. 첫째, II구역에서 취락유형 변화에 대한 상세한 분석은 모로이소-b에서 아(亜) 모로이소-c로의 전환이 모로이소-a부터 아(亜) 모로이소-b까지 밀집된 유적 분포가 해안가에서 육지로 점차 옮겨가는 것에서 도래하였다는 것을 보여 준다. II구역의 내륙 부분은 III구역에 이르는 관문이었으므로 유적 분포에 있어서 그러한 전이는 III구역 쪽으로의 장기간 인구 이동 추정과 일치한다. 둘째, III구역에서 모로이소-b에서 모로이소-c 단계까지 전체 유적 수의 증가는 인구 이동의 시나리오와도 일치한다. 셋째, III구역에서 모로이소-c 단계에서 검출된 석기 조합은 새로운 추세를 보인다. 여러 유적에서 처음으로 타제석부가 많아지는 것이 특징이다. 이 추세는 나머지 조몬 전기부터 조몬 중기까지 계속된다. 현재 우리는 왜 이러한 큰 시스템의 변화가 발생하였는지 설득력 있는 설명을 하지 못한다. 그러나 만약 II구역에서 III구역으로 인구 이동이 있었다면, III구역에서 심각한 인구압이 초래되었을 것이고, 시스템의 변화에 대한 이유를 제시하였을 것이다.

왜냐하면 II와 III구역은 동일한 토기 양식(모로이소 양식)을 공유하였기 때문에, 이주자들은 한 지역에서 다른 지역으로 영구 이주를 그들의 재배치로 파악하지 않았을 수도 있다. 오히려 그 변화는 어디에서 식량을 구할 것인가 그리고 어디에 새로운 캠프/거점취락을 세울 것인가에 관한 일련의 정기적 의사결정의 결과로 발생하였을 수도 있다.

이렇게 주어진 상황에서, 필자는 다른 곳(Habu 2002b)에서 모로이소-c 단계에 II구역에서 III구역으로의 인구 이동 가능성은 III구역 내에서 현저한 인구압의 증가를 초래하였고, 이것이 많은 수의 타제석부와 관련되어 있는 채집체계의 새로운 형식의 발전을 촉발시켰다는 가설을 세웠다. 이 새로운 체계는 궁극적으로 조몬 중기 간토와 주부 지역(즉, I, II, III구역) 두 곳에서 지배적이었다.

간토와 주부 지역에서 많은 타제석부와 함께 조몬 중기 취락체계의 발전은 많은 고고학자들을 매료시켰는데, 이는 이 체계가 취락 크기가 큰 것과 여러 가지 기종의 조몬토기들과 토우들의 장식에 표현된 정교한 물질문화를 포함한 다양하고 독특한 문화 특징과 관련되어 있었기 때문이다(예를 들면, Kamikanawa 1970을 보기 바람). 바로 이러한 체계가 후지모리(藤森栄一 1950; 1970)와 다른 학자들로 하여금 조몬 중기 주민들은 수렵과 채집보다는 식물재배에 더 의존했을 수 있다는 가설을 수립하게 만들었다(3장을 보기 바람). 이마무라 케이지(1996)와 같은 다른 학자들은 많은 타제석부는 식물재배보다는 야생초 뿌리를 채집하는 데 크게 의존하였다는 것을 보여 준다고 믿고 있다. 이 같은 "조몬 중기식" 생업-취락체계의 성격에 대한 활발한 논쟁에도 불구하고 이 발전의 기제에 관해 논의한 사람은 많지 않다. 위에서 제시한 취락유형 분석의 결과는 지역 간 인구 이동이 그 원인이었을 수 있다는 것을 시사한다. 이 가능성 있는 시나리오에서 II구역에서의 체계 변화는 정주저장형 수렵채집민과 이동형 수렵채집민 도식의 맥락에서 설명될 수 있다. 그러나 II구역에서 III구역으로의 인구 이동과 III구역 내 생업-취락체계 변화에서 초래된 변화는 역사적으로 특이한 사건처럼 고려되어야 한다 (즉, 이러한 사건은 오직 그 이전 일련의 사건과 지역적으로 특수한 조건의 결과로서만 발생하였다). 이러한 점에서 이 사례연구는 정주저장형—이동형 수렵채집민 모델이 유용함을 확인할 뿐만 아니라, 원래의 모델을 확장하는 데 조몬 자료의 사용이 가능하다는 것을 아울러 보여 준다(이 사례연구의 이론적 의미에 대해서 Habu 2002b를 보기 바람).

논의

요약하면, 모로이소 분기부터 유적 분포 양상뿐만 아니라 석기 조합과 유적 크기에 있어서 유적지 간 다양성을 보인다는 이 사례연구 결과는 이동형 수렵채집민의 체계를 대표하는 남서부 간토의 아(亞) 모로이소-c 단계의 취락유형을 제외하고 계절에 따라 이동하는 정주저장형 수렵채집민의 그것들과 전반적으로 일치한다. 이 분석에 이용된 가설은 여러 가지 추정에 근거하였기 때문에 환경변화와 서남부 간토에서 전략적으로 조직된 생업-취락체계의 붕괴 가능성과의 상관관계뿐만 아니라 모로이소 분기 주민들의 생업-취락체계의 일반적인 특징을 조사하기 위해서는 향후 분석이 필요하다. 그럼에도 불구하고 현재 이용 가능한 자료는 모로이소 분기 주민들은 완전히 정주민인 것은 아니라는 것을 시사한다. 바꾸어 말하자면, 이 분석은 와지마(1948; 1958)와 다른 학자들에 의해 제시되었던 조몬시대 사람들이 완전히 정주민이었다는 해석을 뒷받침하지 않았다. 이 사례연구는 또 많은 고고학 자료와 더불어 조몬취락 연구가 수렵-채집 행태의 고고학적 도식의 정교화에 기여할 수 있다는 것을 보여 주었다.

모로이소 분기의 예가 전형적인 조몬취락 유형을 보여 주는지 그렇지 않은지를 결정하기 위해서는 향후 다른 기(期)와 지역들로부터 검출된 자료에 대한 분석이 필요하다. 비록 다른 기들에서 검출된 자료에 대한 자세한 분석이 수행되어야 하지만 필자는 세 개의 다른 기로부터 검출된 자료를 사용하여 유적 크기 분석의 시론적인 결과를 제시하고자 한다. 〈그림 4.15〉는 간토 지역에서 모로이소 분기와 조몬 중기 및 후기의 가츠사카(勝坂), 가소리-E와 호리노우치 등 세 개의 다른 기에서 검출된 주거 유적지들이 크기가 다양하다는 사실을 보여 준다. 이 그림에서 유적 크기는 각 유적에서 검출된 수혈주거지의 전체 수에 의해 측정된다. 불행하게도 세 기에서 검출된 석기 조합 자료는 현재 이용이 여의치 않다. 그러나 이 그림에서 보는 바와 같이 이 기들의 유적 크

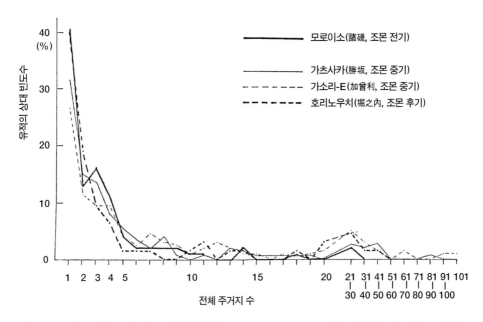

그림 4.15 분기들 간의 유적 크기 다양성에 대한 비교(출전: 羽生淳子 1989b: 86에서 수정, 다시 그림; 원자료는 日本考古学協会 1984)

기 자료는 유사한 양상을 보여 준다. 이 결과를 토대로 필자는 유적 크기의 다양성이라는 측면에서 모로이소 분기는 여러 조몬 기로부터 검출된 취락유형 자료 중에 비정상적인 것은 아니라는 견해를 제시한다.

동시에 필자는 모로이소 분기 주민들이 완전한 정주민이 아니었다는 필자의 견해가 조몬시대의 모든 다른 기에 자동적으로 일반화되어서는 안 된다고 믿는다. 모로이소 분기를 통한 변화에 대한 분석은 취락체계는 심지어 단 하나의 기인 상당히 짧은 시간 내에서도 현저하게 변할 수 있다는 것을 보여 준다. 더욱이 최근 발굴조사 결과는 조몬문화의 지역적 및 시간적 다양성은 고고학자들이 한때 추정하였던 것보다 훨씬 더 가지각색이었다는 것을 밝혀 주었다.

사례연구 2: 산나이마루야마 유적과 지역적 취락체계에서의 위치

필자가 앞부분에서 서술한 것처럼 위에서 묘사한 사례연구가 반드시 "전형적인" 조몬취락 유형의 모습을 그려 주는 것은 아니다. 이는 모로이소 분기 자료가 풍부한 조몬 데이터베이스의 일부에 지나지 않기 때문이다. 더욱이 많은 일본 연구자들이 조몬 정주성에 대한 추정은 조몬 전기 자료가 아니라 조몬 중기 자료에 의해 검증되어야 한다고 생각한다. 왜냐하면 초대형 취락지들의 상대적 풍부함은 특히 도호쿠, 간토, 그리고 주부 지역에 있어서 조몬 중기의 특징이기 때문이다. 바꾸어 말하자면, 조몬 정주성의 전통적인 추정에 대한 검토는 조몬 중기 대형 취락지들에 대한 체계적 분석이 포함되는 것이 이상적이다.

아오모리현 산나이마루야마 유적에서의 최근 발굴조사(그림 1.1; 유적 위치에 대해서는 그림 4.16을 보기 바람)는 유적 크기와 관련하여 조몬 중기인들의 정착도를 조사하는 데 우리들에게 훌륭한 기회를 제공한다. 첫 장에서 언급한 것처럼 산나이마루야마는 조몬 전기와 중기로 편년되는 초대형 유적이다. 유적 지구는 원래 야구장으로 계획되었다. 그러나 운동장을 건축하기 전 구제발굴을 통해 그 유적에서 발견된 수많은 유구와 유물이 존재하는 것으로 드러나 현의 지사가 운동장 건축은 유적의 보존을 위해 중지되어야 한다는 결정을 내리게 되었다. 이어진 시굴조사에서 이 유적 지구는 운동장 구역의 외부까지 연장된다는 것이 밝혀졌다. 지금까지 긴 주거지, 무덤, 옹관, 그리고 "원형의 석분(石墳)"을 포함한 다양한 유구뿐만 아니라 700동 이상의 수혈주거지가 확인되었다. 현재 이곳은 아오모리현의 주요 관광지 중의 하나이다.

산나이마루야마 유적의 개관

〈그림 4.17〉은 산나이마루야마 유적의 여러 발굴 지역을 보여 준다. 이들 발굴은 1977년부터 1999년까지 아오모리현의 교육위원회와 아오모리시 교육위원회에 의해 실시되었다. 이 발굴 이전에 운동장 구역의 일부가 1953년부터 1958년까지 게이오대학에 의해 발굴되었다. 사선(斜線)을 그은 두 곳의 음영구역(서쪽 주차장과 치카노[近野] 구역)은 1970년대에 발굴된 곳을 가리킨다. 서쪽 주차장 구역(青森県教育委員会 1977)의 발굴은 동-서 방향 두 개로 줄을 맞춘 56개 무덤이 있었던 곳을 나타낸다. 그림의 아래 오른쪽 모서리 치카노 구역은 원래 다른 유적지로 확인되었지만(青森県教育委員会 1977), 현재는 산나이마루야마 유적 단지의 일부분으로 여겨지고 있다. 성긴 점이 찍힌 구역들은 1992년부터 1994년까지 CRM 프로젝트로 발굴되었다(青森県埋蔵文化財調査センター 1994a; 1994b; 1995; 青森県教育庁文化課 1996b; 1997b; 1998a; 1998b;

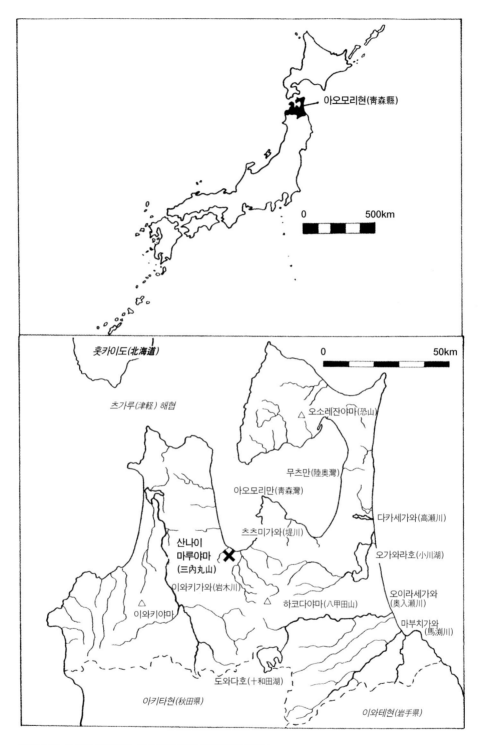

그림 4.16 아오모리현(위)과 산나이마루야마 유적(아래)의 위치

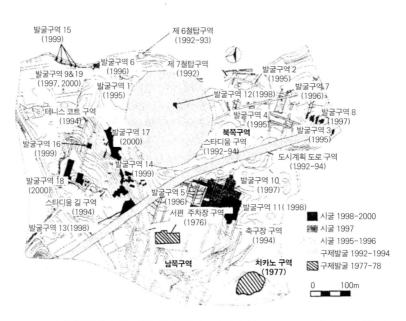

그림 4.17 산나이마루야마 유적의 발굴 구역(출전: 青森県教育庁文化課 1998d: 12에서 수정되었음, 아오모리현 교육청 문화과로부터 게재 허락을 받음)

2000b; 2000c; 2000d; 青森県教育委員会 1994; 1996). 이들 중에서 그림 중앙의 둥근 곳은 원래 야구장 건설이 계획되었던 운동장 구역이다. 마지막으로 가는 점을 찍은 음영과 검은 색으로 표시된 구역들(그림 4.17에서 발굴 구역 번호 1-19)은 이 유적의 보존 결정 이후(즉, 1995년 및 그 이후)에 수행된 일련의 시굴조사를 표시한 것이다(青森県教育庁文化課 1996a; 1997a; 1997b; 1998c; 1998d; 1999; 2000a; 2001; 2002a; 2002b). 이 시굴의 주된 목적은 이 유적 면적의 범위와 유적지 내 공간 유형 분석을 위한 자료를 얻기 위한 것이었다.

이들 발굴 중 운동장 구역의 발굴에서 유구와 유물이 특히 많이 집중되어 있는 것으로 나타났다. 〈그림 4.18〉은 운동장 구역에서 수습된 유구의 분포를 보여 준다. 이 구역 내에서만 500여 동 이상의 수혈주거지가 확인되었다. 이 그림에 그려져 있는 유구들의 여러 군집은 조몬 전기 수혈주거지들로서 북쪽 계곡 폐기장의 서편에 주로 몰려 있었고, 반면 조몬 중기 수혈주거지들은 운동장 구역 전체에 분포되어 있다. 조몬 중기의 무덤과 옹관들은 이곳의 동북쪽 부분에 위치하고 있고 세 곳의 "고상가옥" 군집은 중앙, 북서쪽, 그리고 남서쪽 사분의(四分儀)에서 확인될 수 있다(岡田康博 1995a). "고상가옥"은 여섯 개의 기둥 자리가 직사각형 평면에 위치하고 있는 것을 의미한다.

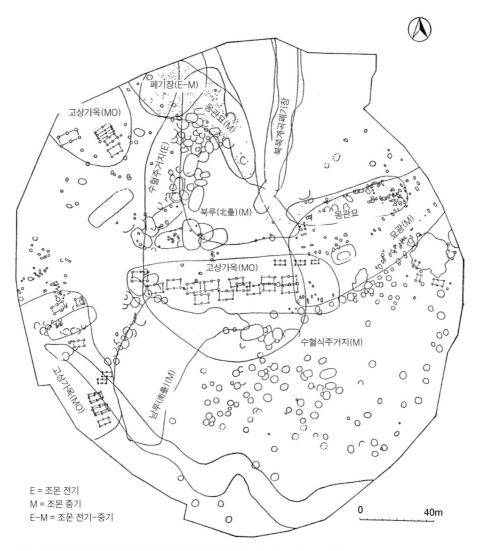

고상가옥(MO)

폐기장(E-M)

옹관묘(M)

수혈주거지(E)

북루(北壘)(M)

고상가옥(MO)

북쪽계곡폐기장

옹관묘

묘광(M)

수혈식주거지(M)

고상가옥(MO)

남루(南壘)(M)

E = 조몬 전기
M = 조몬 중기
E-M = 조몬 전기–중기

0   40m

그림 4.18 산나이마루야마 유적 운동장 구역 유구 분포(전거: Okada and Habu 1995)

이들 유구들이 바닥과 연계되어 있는 확실한 증거가 없기 때문에 대부분의 고고학자들은 이들 유구의 바닥은 지상에 건축되었고 지하로 굴착된 기둥에 의해 지탱되었다고 추정한다(宮本長二郎 1995를 보기 바람).

운동장 구역의 북서쪽 부분에서 수습된 이들 여섯 개 기둥 자리 중의 하나는 특히 큰 기둥 자리와 공반되어 있다. 여섯 개의 기둥 자리 각각은 지름이 1.8m이고 깊이가 2m 이상이다(그림 4.19). 기둥 자리가 아주 깊기 때문에 나무 기둥들의 바닥이 보존되어 있었다. 이 기둥들은 지름이 대략 75에서 95cm 사이고 밤나무로 확인되었다(岡田

그림 4.19 여섯 개의 굴립주혈과 동반된 유구들(사진은 아오모리현 교육청 문화과의 호의하에 제공되었음)

康博 1995a). 몇몇 학자들은 이 기둥들이 토템 폴(totem poles)과 같은 제의적 나무 기둥이었다는 견해를 제시하였다(예, 小林達雄 2000: 156-163). 그러나 많은 다른 학자들 (예, 岡田康博 1995a)은 이 기둥들이 육중한 상부구조를 가진 탑일 가능성이 있는 고상가옥의 잔존물을 보여 주는 것이라고 믿고 있다(宮本長二郎 1995를 보기 바람). 이 견해에 따라 그 유구는 원래 위치 가까운 곳에 17m 탑으로 복원되었다.

〈그림 4.18〉의 윗부분에 표시되어 있는 북쪽 계곡 폐기장은 습지인데 이곳에서 많은 동·식물 유체뿐만 아니라 수많은 토기 편들이 수습되었다. 비록 이 폐기장 자체는 조몬 중기 초엽까지 계속 사용되었으나 이들 유물의 대부분은 조몬 전기로 편년된다. 유사한 종류의 폐기장 퇴적층이 제6철탑 구역과 발굴 6구역과 같은 북서쪽 가장자리를 따라서도 확인되었다(그림 4.17을 보기 바람). 남쪽과 북쪽의 토루는 조몬 중기로 편년된다. 비록 이들이 "토루"로 불리기는 하지만 이들 유구의 주된 성격도 아마 폐기장이었을 것인바 이는 많은 수의 토기 편들이 이들 토루에서 수거되었기 때문이다. 그러나 북쪽 계곡 폐기장과는 달리 이들 토루에서 유기물 잔해는 보존이 좋지 않았다. 서쪽

토루로 불리는 조몬 중기의 유사한 유구가 발굴 구역 17에서 확인되었다.

산나이마루야마 유적에서 발굴된 유물 조합은 조몬 유적들 중에서도 아마 가장 클 것이다. 운동장 구역에서만 4만이 넘는 골판지 유물상자(대략 $40 \times 30 \times 25cm$) 분량의 고고학적 유물이 발굴되었다(岡田康博 1995b; 1997). 매년 아오모리현 내 CRM 프로젝트로 발굴되는 유물의 평균량은 800에서 1,000상자 정도 되기 때문에 산나이마루야마에서 수습된 양은 예외적이라는 것이 명백하다. 이들 유물은 이 유적지 내에 포함되어 있는 모든 유물의 일부일 뿐으로 추정된다. 발굴된 유물의 대부분은 토기 편이다. 특히, 북쪽 계곡 폐기장과 남과 북의 토루에서 나온 토기 편들의 집적은 극히 조밀하였다. 더하여 약 1,500개의 토우 혹은 토우 편이 수거되었다(小笠原雅行·葛城和穂 1999). 이 유적에서 수거된 석기들은 화살촉, 슴베 밀개, 갈돌, 그리고 갈판[碾石] 등과 같은 다양한 종류의 사냥과 식량 처리 도구 등을 포함하고 있다. 뼈, 나무 등과 같은 유기물질로 만든 유물이 풍부한 것도 산나이마루야마 유물 조합의 특징이다(青森県埋蔵文化財調査センター 1995). 이들 유기물질의 대부분은 조몬 전기의 저습지 폐기장에서 수거되었다. 나무 상자, 칠기, 바구니, 밧줄, 그리고 직물뿐만 아니라 여러 가지 형식의 뼈와 엄니로 만든 도구와 장신구도 수거되었다(岡田康博 1995a; 尾関清子 1996). 마지막으로 옥, 호박(琥珀), 아스팔트[土瀝靑], 그리고 흑요석과 같이 다른 유적지에서는 대조적으로 드문 색다른 물건이 풍부한 것도 산나이마루야마 유적의 특징이다(岡田康博 1995a).

이 유적에서 발굴된 토기의 편년연구는 이 유적이 12개의 연속적인 분기 동안 점유되었다는 것을 시사한다. 이것들은 오래된 것에서 덜 오래된 것으로 엔토(円筒) 하층-a, -b, -c, -d(조몬 전기), 엔토 상층-a, -b, -c, -d, -e, 에노키바야시(榎林), 사이바나(最花), 그리고 다이기(大木) 10(조몬 중기)이다. 전통적인 조몬 편년을 토대로 이 유적의 점유 기간은 처음에 5,500~4,000 bp(약 6,300~4,500 cal BP)였던 것으로 추정되었다(岡田康博 1995a; 1995b; 1997). 이 유적으로부터의 최근 AMS 방사성탄소연대 결과(今村峯雄 1999; 辻誠一郎 1999; 樋泉岳二·津村宏臣 2000)는 이 유적의 점유가 약 5,050~3,900 bp(ca. 5,900~4,400 cal BP) 사이였다는 것을 보여 준다(그림 4.20). 컴퓨터 모의실험을 사용한 이마무라 미네오(今村峯雄 1999)는 각 분기에 대해 매 10년의 보정연대 확률분포를 계산하였다(그림 4.21).

오랜 점유기간 때문에 700개의 모든 수혈주거지가 동시에 점유되었다고 믿는 학자는 아무도 없다. 오카다((岡田康博 1995b)는 동시에 점유되었던 수혈주거지는 40에

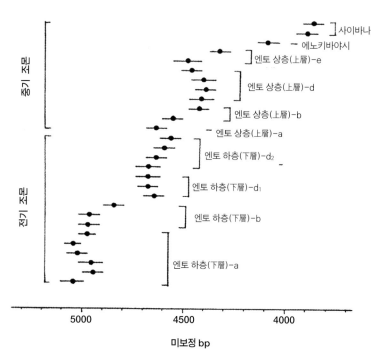

그림 4.20 산나이마루야마 유적 미보정 방사성탄소연대: 각각의 점은 표본 하나를 나타내고 선은 각 표본의 1시그마 범위를 가리키며, 엔토 하층-d 기는 d₁과 d₂로 세분되고 현재 엔토 하층-c 기, 엔토 상층-c 기와 다이기(大木) 10기로부터는 이용 가능한 ¹⁴C 연대가 없음(전거: 辻誠一郎 1999: 36에서 수정, 다시 그림)

서 50동 사이였던 것으로, 그리고 조몬 중기의 한 시점에는 많게는 100동이었던 것으로 추정한다. 그는 또 각각의 수혈주거지 내 사람들의 평균수는 아마도 4 혹은 5명이었던 것으로 추정하고 약 200에서 500명의 사람들이 1,500년 동안 계속해서 이 유적지를 점유했다는 견해를 제시한다. 다른 학자들은 산나이마루야마의 인구는 크게는 500명 혹은 그 이상이었을 수 있다는 데 동의한다(예, 小山修三 1995; 大林太良 外 1994; 그러나 반대로 山田昌久 1997을 보기 바람).

이 유적에서 검출된 동·식물 유체의 분석은 이곳 거주자들의 생업활동에 관한 유용한 정보를 제공한다. 산나이마루야마에서 검출된 동물 유체를 분석한 니시모토(西本豊弘 1995)는 이 유적의 동물 조합은 풍부한 물고기, 조류, 그리고 작은 육지 포유동물이 특징이라고 보고한다. 예를 들면, 최소개체 수(minimum number of individuals, MNI)에 의하면 제6철탑 구역(그림 4.17의 북쪽 가장자리를 보기 바람)에서 검출된 육지 포유동물 조합의 절반 이상이 토끼(*Lepus*), 날다람쥐(*Petaurista leucogenys*)로 이루어

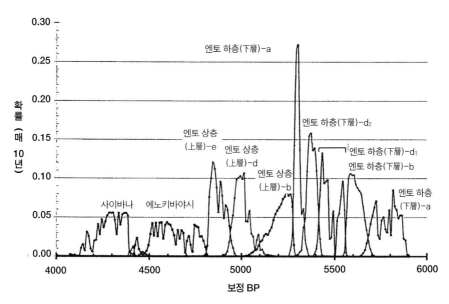

그림 4.21 각 분기 보정 연대의 확률 분포(今村峯雄 1999: 30에서 수정; 이마무라 미네오로부터 사용 허락을 받음)

졌다(西本豊弘 1998). 이것은 대부분의 다른 조몬 유적과 뚜렷하게 대비되는데 다른 곳에서는 일본 사슴(*Cervus nippon*)과 미니 돼지(*Sus scrofa*) 두 가지 육지 포유동물이 가장 흔하게 보고된다. 니시모토(1995)는 산나이마루야마 사냥꾼들이 이 지역에서 사슴과 멧돼지가 남획되었기 때문에 고기 양이 적음에도 불구하고 주로 토끼와 날다람쥐를 사냥해야만 했다는 가설을 제시한다.

제6철탑 구역에서 검출된 어류 유체에 대한 분석은 최소개체 수(MNI)에 관한 한 어류 유체는 4mm의 체로 수거되었고, 야외작업 중 발굴조사자에 의해 수집된 것들은 부시리(*Seriola*), 넙치, 복어, 고등어(*Scomber*), 쏨뱅이(scorpion fish), 청어(*Clupea*), 망상어(surf perch), 그리고 쥐치(file fish)가 많은 것이 특징이다. 척추동물의 전체 수에 관한 한 대부분이 아마도 여러 종의 상어인 연골 어류가 흔한 점도 주목된다. 이들 계량적인 자료를 이용하여 도이즈미(樋泉岳二 1998)는 어로구역, 기술, 도살, 무역/교역, 그리고 계절성을 포함한 이 유적 주민들에 의한 다양한 어로 모습을 논한다. 계절성과 관련하여 그는 봄부터 가을까지 특히 풍부한 척추동물들의 유명(類名)을 제시하였지만 사계절 내내 존재하는 유명 전부를 기록하였다. 이 증거를 토대로 그는 이 유적이 일 년 내내 점유되었다는 견해를 제시하였다(樋泉岳二 1998: 86). 니시모토(1995)는 다양한 종류의 동물 유체가 확인되었지만 이 유적에서 발견된 전체 동물 유체의 양은 일

년 내내 이 유적지 주민들을 먹여 살리기에는 충분하지 않은 것으로 보인다는 견해를 제시한다. 따라서 식물식량의 중요성이 심각하게 고려되어야 한다.

산나이마루야마 유적에서 확인된 식물 씨앗 유체는 밤과 호두와 같은 견과, 그리고 라즈베리, 딱총나무 열매, 오디, 그리고 머루와 같은 다양한 종류의 장과(漿果)가 풍부한 것이 특징이다(南木睦彦 1995; 辻誠一郎 1997a; 南木睦彦·斎藤由美子·辻誠一郎 1998; 南木睦彦·辻誠一郎·住田雅和 1998). 이들 대부분의 식물 유체는 수몰된 조몬 전기 폐기장에서 수습되었고 탄화되지는 않았다. 미나키(南木睦彦 1995)는 호두 유체의 대부분은 껍데기이며, 대부분이 파편들이며 종종 망치질한 흔적의 형태로 공정 흔적을 지니고 있다고 말한다. 특히 딱총나무 열매와 오디와 같은 풍부한 장과는 이 유적 주민들에 의한 과실주 양조의 징후로 해석되고 있다(南木睦彦 1995; 辻誠一郎 1997a; 1998). 과일들이 버려졌을 때 그것들이 발효 과정 중이었다는 것을 시사하며 이들 식물 씨앗이 모여 있는 곳에 초파리 번데기가 흔히 있는 것(森 勇一 1998a; 1998b; 1999)도 과일주 가설을 뒷받침하는 것으로 보인다.

화분분석의 결과(辻誠一郎 1997a; 安田喜憲 1995; 吉川昌伸·辻誠一郎 1998)도 이 유적 주위의 식생뿐만 아니라 이 유적 주민들의 식물 이용의 변화를 이해하는 데 식견을 제공한다. 제6철탑 구역에서 수집한 화분자료를 분석한 요시카와와 쓰지(吉川昌伸·辻誠一郎 1998)에 의하면 밤 꽃가루가 이 유적지가 점유되기 시작할 즈음(즉, 엔토 하층-a 분기 동안)에 현저히 증가하였고 엔토 하층-b에서 -d 분기 때에는 우세하였다. 이 변화는 활엽수림의 쇠퇴와 이 유적 근처에 2차 식생의 발전과 동반되었던 것처럼 보인다. 쓰지(辻誠一郎 1996)는 원래 인간들의 서식처를 위한 산림벌채의 결과로 조성된 밤나무 숲은 식량/목재/땔감으로서의 유용성 때문에 이 유적 점유자들에 의해 나중에 유지·관리되었을 것이라는 견해를 제시한다. 그는 밤나무 숲이 유적 점유 시작부터 적어도 조몬 중기 중엽인 엔토 상층-e 분기까지 계속해서 이 지역에서 우세하였다고 믿는다. 그러나 야스다(安田喜憲 1995)에 의해 제공된 화분자료는 밤나무 꽃가루의 양이 1,500년간의 유적 점유기간에 걸쳐 현저하게 등락하였다는 것을 시사하고 있다는 점이 언급되어야 한다.

밤나무 경작/순화의 가능성도 사토와 야마나카(佐藤洋一郎 1997; 1998; Y. Sato et al. 2003; 山中慎介 1999)가 이 유적에서 수거한 밤 유체에 대한 DNA 분석을 통해 제시되었다. 그들의 분석에 의하면 발굴된 밤 씨앗 중에서 동질효소와 DNA 지문과 같은 중립 돌연변이의 유전적 변화(Kimura 1968의 의미에서)는 야생 밤 개체군에 발견되는 그것과 비교하면 상당히 낮다. 벼와 보리에 대한 그들의 이전 DNA 분석을 인용하여 이들 연구자들은 중립 돌연변이의 유전적 변화의 감소는 순화과정에서 전형적으로 발생한다는 견해를 제시한다. 산나이마루야마 유적에서 수거한 호두 유체에 대해 수행된 유사한 DNA 분석(清川繁人 2000)은 이 유적에서 수거된 호두 유체들 사이에 유전적 변화의 감소는 두드러지지 않는다는 것을 시사한다.

견과와 과일 씨앗에 더하여 비록 유체의 양이 극히 적지만 표주박, 콩, 그리고 우엉 같은 재배종의 가능성이 있는 것들이 확인되었다(南木睦彦 1995; 辻誠一郎 1996). 표주박 씨앗은 조몬 전기 도리하마패총(후쿠이현)과 조몬 전기 아와주패총(시가현)을 포함한 많은 조몬 유적에서 발견되었다. 표주박은 일본열도 내 토종이 아니기 때문에 아시아 대륙으로부터 들어온 재배종으로 믿어지고 있다(吉崎昌一 1995). 그러나 표주박은 아마 식량보다는 용기로 사용하는 것이 가치가 있었을 것이다. 콩 유체도 많은 조몬 유적지로부터 보고되고 있지만 그에 대한 확인은 논란의 여지가 있다. 콩 유체의 상당 부분이 애당초 재배종인 녹두(*Vigna radiata*)로 확인되었지만 후속 연구는 녹두를 팥(*Azukia angularis*)과 대두(*Glycine max*)와 같은 다른 순화된 콩들, 그리고 팥(薮蔓小豆가 흔한 일본 이름), 돌콩(*Glycine soja*), 그리고 새콩(*Amphicarpaea edgeworthii*, 薮豆)과 같은 야생 콩들과 구분이 어렵다는 것을 보여 준다(吉崎昌一 1995).

마지막으로 비록 산나이마루야마 사람들의 식단에 돌피의 상대적 중요성에 대해서는 의문이 제기되어 오고 있지만(安田喜憲 1995), 이 유적에서 발굴된 중기 조몬토기 편 태토(胎土)의 현미경 분석에서 돌피(*Echinochloa crusgalli*)(藤原宏志 1998)의 식물화석(opal)의 존재가 드러났다. 피씨도 아오모리현 조몬 중기 도미노사와(富の澤) 유적(吉崎昌一·椿坂恭代 1992)뿐만 아니라 조몬 초창기 나카노 B 유적, 조몬 전기 하마나수노(ハマナス野) 유적, 그리고 홋카이도의 조몬 중기 우수지리(臼尻) B 유적(高橋 護 1998)을 포함한 많은 유적에서 보고되었다. 요시자키(吉崎昌一 1995)는 이들 유적에서 나온 많은 피씨는 보통의 돌피보다 크다고 지적하고 반(半)경작의 가능성을 제시한다. 몇몇 민족지 식물학자들은 야생 돌피에서 경작된 피로의 전환이 동북 유라시아 어딘가에서, 그리고 어쩌면 일본열도에서 발생하였다는 견해를 제시한다(예, 佐々木高明·松山利夫 1988: 366에서 사다오 사카모토의 진술).

유적의 관행적 해석

위의 설명으로부터 떠오르는 산나이마루야마의 일반적인 모습은 1,500년에 걸쳐서 약간의 식물재배를 하는 지극히 "풍요한" 수렵채집민 집단에 의해 점유된 대규모 취락이다. 규모가 컸기 때문에 많은 연구자들이 산나이마루야마 유적 주민들은 일 년 내내 이 유적을 점유하였던 완전 정주민이었다는 견해를 제시하였다. 예를 들면, 운동장 구역 발굴조사의 책임을 맡았고 현재 산나이마루야마 유적(산나이마루야마 유적 대책실; 아오모리현 교육국 문화업무부 지부) 보존 사무실의 고고학 수장인 오카다(1995a; 1995b)는 이 유적의 세 가지 특징을 "크다", "길다", "많다"는 주요 단어로 요약할 수 있다는 견해를 제시한다. 그는 이들 특징 모두가 이 유적 주민들의 풍부한 생활방식을 반영하고 그 풍요는 장기간의 완전 정주를 토대로 수립되었다는 견해를 제시한다. 그의 유적지 내 공간분석을 토대로 오카다는 비슷한 형식의 유구가 군집을 형성하는 경향이 있기 때문에 형식이 다른 유구의 위치는 장기간의 계획으로 엄격한 사회 통제하에서 결정되었음에 틀림없다는 견해를 제시한다. 열두 개의 연속적인 분기(조몬 전기 엔토 하층-a, -b, -c, -d, 그리고 조몬 중기 엔토 상층-a, -b, -c, -d, -e, 에노키바야시, 사이바나, 그리고 다이기 10분기들)가 이 유적에 존재하고 있기 때문에 오카다(1995a)는 이 유적이 약 1,500년 동안 수천 명의 사람들에 의해 계속해서 점유되었다는 견해를 제시한다.

고야마(1995)는 이 유적의 인구가 500명이 넘었다는 다른 학자들의 견해를 지지하고, 이 수는 오스트레일리아의 원주민과 대분지(Great Basin, 미국 네바다주) 쇼쇼니(Shoshone) 인디언들 같은 전형적인 "무리사회(band society)"의 인구수보다 훨씬 더 컸다는 견해를 제시한다. 민족지학 자료를 인용하면서 고야마는 산나이마루야마와 유사한 대규모 취락은 귀족, 평민, 그리고 노예 사이에 사회적 차별이 있었던 북아메리카 서북 해안의 수렵채집민들 사이에는 흔하다고 지적한다. 그는 또 북쪽과 남쪽의 토루는 제의적 혹은 종교적 기능을 가졌고 이들 토루에서 수거된 엄청나게 많은 양의 토기와 유물은 단순한 폐기물이 아니고 이 토루에서 수행되었던 모종의 제의 행위를 반영할 수 있을 것이라는 견해를 제시하였다.

현재 이용 가능한 자료를 토대로 고야마(1995)는 여러 그림에서 산나이마루야마 취락의 영상을 보여 준다. 이 그림 중의 하나는 남·북 토루가 카호키아(Cahokia, 미국 미주리주 세인트루이스)에 있는 미시시피의 토루를 닮은 계단과 더불어 사다리꼴 토루만큼 크게 복원되었다. 그의 해석에 의하면 그림에서 고상 저장고의 열(列)은 저장식량 그리고/혹은 원거리 교역에서 교역을 위한 칠기 같은 귀중품이 많다는 것을 나타낸다. 그가 신전, 공동주택, 혹은 수장의 저택이었을 것으로 제안하는 긴 집은 조몬인들이 칠기와 토기를 장식하는 데 사용하였을 적(赤)과 흑(黑) 두 가지 색으로 칠해졌다. 이 유적 거주민들의 생활에 대한 전반적인 인상은 조몬의 기술과 문화가 아주 정교하고 진보되었다는 측면이 강조되었다.

유적 구조의 복합성

이 유적지를 1,500년 이상 점유한 완전히 정주한 수렵채집민들의 지극히 "풍요한" 이미지는 많은 고고학자뿐만 아니라 미디어와 일반 대중을 강하게 매료시켰다(Habu and Fawcett 1999). 그러나 이 유적에서 발굴된 현재 이용 가능한 자료에 대한 자세한 검토는 이 유적에 대한 해석이 일반적으로 생각하는 것처럼 그렇게 간단하지 않을 수 있다는 것을 시사한다(Habu et al. 2001).

시간이 지나면서 유적 내 유구 분포 양상뿐만 아니라 수혈주거지와 다른 종류의 유구들 수에 있어서 명백한 변화가 있다는 점이 강조되어야 한다. 이들 변화는 상당히 중요하기 때문에 하나의 특정한 점유 분기를 명시함이 없이 이 유적의 일반적인 모습을 복원하면 우리들에게 이 유적 거주민들의 생활양식에 관해 알려 주는 것이 거의 없다. 유구 분포에 있어서 오카다(1998a)에 의하면 조몬 전기(엔토 하층-a, -b, -c, -d 분기) 수혈주거지와 다른 유구들은 운동장 구역의 중앙과 북쪽 부분에 주로 위치하고 있다(그림 4.18을 보기 바람). 조몬 중기(엔토 상층-a, -b, -c 분기)에 주거지와 유구들은 운동장 전 구역에 위치하였다. 동반된 수혈주거지의 수와 유구 면적의 범위 두 가지에 의해 측정된 이 취락 크기는 조몬 중기(엔토 상층-d, 엔토 상층-e, 에노키바야시, 그리고 사이바나 분기) 중에 운동장 구역 외곽으로 현저히 커졌다(그림 4.17을 보기 바람). 예를 들면, 운동장 구역의 바로 동남쪽에 위치하고 있는 발굴구역 10과 11에서 수습된 대부분의 수혈주거지들은 엔토 상층-d, -e 분기로 편년된다(秦光次郞 1998). 마지막으로 이 취락지의 크기가 조몬 중기 말에는 엄청나게 작아졌다(조몬 중기의 마지막 기인 다이기 10 분기)(岡田康博 1998a). 그리하여 산나이마루야마가 1,500년이 넘는 기간 동안 초대형 취락지라는 그의 해석에도 불구하고 오카다는 시간이 지나면서 유적 내 공간 양상에 현저한 변화가 있었다는 것을 인정한다.

시간이 지나면서 변화한 증거를 고려할 때 필자는 극도로 많은 수의 수혈주거지와 동반되어 있는 대형 취락지의 이미지는 조몬 중기 중반에는 적용할 수 있어도 반드시 다른 기에는 적용할 수 없다는 견해를 제시한다. 더욱이 일을 복잡하게 만드는 것은 현재 이용 가능한 이 유적에서 검출된 동·식물 자료들은 대부분 조몬 전기의 저습지층으로부터 나온 것에 국한된다. 위에서 설명한 동물과 대형 식물 분석의 초기 결과는 주로 조몬 전기로 편년되는 북쪽 계곡 폐기장과 제6철탑 구역의 폐기장 두 곳에서 나온 결과를 토대로 한 것이다. 바꾸어 말하자면, 동·식물 분석의 결과를 우리가 조몬 중기 동안의 이 유적 주민들의 생업전략을 논의할 때 완전히 대표하는 것이라고 생각해서는 안 된다(즉, 공반된 수혈주거지 수를 근거로 한 산나이마루야마 번영의 절정). 우리가 동·식물들이 공반되어 있는 시기를 염두에 두는 한, 동·식물 자료는 귀중한 가치가 있는 정보의 자원이다.

대안적 접근

대안적 접근을 찾기 위해 필자는 우리가 1장에서 설명한 정주저장형 수렵채집민—이동형 수렵채집민의 모델로 돌아가야 하고 어떻게 이 맥락 안에서 산나이마루야마에서 생업과 취락의 실행을 조사할 수 있을 것인가를 생각해야 한다고 제안한다. 오카다(1995a; 1995b; Okada 2003)와 고야마(1995) 두 사람의 해석에서는 큰 유적 크기, 긴 점유 기간, 그리고 유물의 풍부함이 장기간의 완전한 정주생활을 제시하는 고고학적 증거의 주요 지표이다. 그러나 수렵채집민 연구와 정주저장형 수렵채집민—이동형 수렵채집민 모델의 관점에서는 이 해석이 반드시 설득력이 있는 것은 아니다. 캘리포니아, 북아메리카의 서북 해안, 그리고 북극으로부터의 수렵채집민의 민족지학적 예는 유적 크기가 큰 것 그 자체가 반드시 일 년 내내 점유를 의미하지 않는다. 첫 장에서 언급한 바와 같이 큰 취락을 가진 수렵채집민들은 일 년 중 특정한 계절(종종 겨울)에 큰 거점취락을 점유하는 비교적 정주저장형 수렵채집민인바, 일 년 중 나머지는 여전히 다른 곳으로 그들의 거점취락을 옮긴다(그림 1.6을 보기 바람). 대부분의 경우 큰, 계절적인 거점취락들은 여러 해에 걸쳐서 다시 점유된다. 즉, 사람들이 매년 특정한 계절(혹은 계절들)에 동일한 곳으로 돌아오고 주거지와 다른 유구들을 다시 점유하거나 재건축한다(Binford

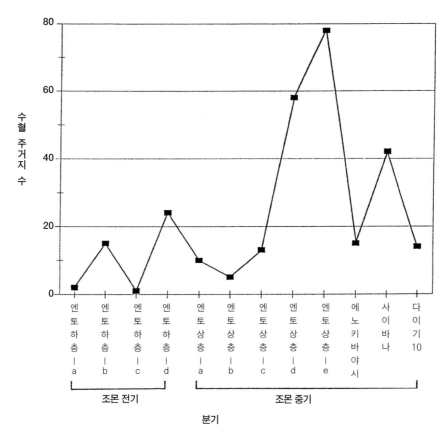

그림 4.22 산나이마루야마 유적 수혈주거지 수의 변화(출전: Habu et al. 2001: 14)

1982). 결과적으로 공반된 유물들의 형식학적 편년의 측면에서는 마치 이들이 계속해서 점유되었던 것처럼 보일 수 있다. 바꾸어 말하자면 한 특정한 유적지가 완전히 정주한 비교적 정주저장형 수렵채집민인지 혹은 계절적으로 비교적 정주적인 정주저장형 수렵채집민인지를 결정하기 위해서는 여러 측면의 증거에 대한 조사가 필요하다.

수혈주거지 수의 변화

산나이마루야마 거주민들의 취락체계를 이해하는 첫 단계는 시간이 지나면서 유적 특징을 이해하고 다른 기로부터 검출된 자료들을 해석할 때 그것들이 섞이지 않아야 한다는 것이다. 이러한 점에서 각 기로부터 검출된 수혈주거지 수의 변화는 흥미 있는 추세를 보여 준다. 〈그림 4.22〉는 각 분기 내에서 확인된 수혈주거지 수의 변화를 가리킨다(Habu et al. 2001; 이 그림에서 그래프의 원래 자료는 山內丸山遺跡対策室 1999에 의해 발표되었음). 가능하다면 구체적인 분기는 공반된 토기의 형식학적 분류를 토대로 각각의 주거지에 설정되었다. 다른 수혈주거지로부터 검출된 공반유물은 불행히도 확실히 특정적이지 않거나 아직 목록화되지 않았기 때문에 700동 수혈주거지의 절반 이하만이 이 분석에 그것을 이용할 수 있었다. 따라서 각 기에 대한 수혈주거지 수는 그 기로부터의 최대 수혈주거지 수를 나타내는 것은 아니고 중복되는 동일 기로부터의 수혈주거지만큼 동시에 점유되었던 최소 수혈주거지 수를 나타내는 것도 아니다. 바꾸어 말하자면, 그림에서 수혈주거지의 수는 절대적인 주거지 수 수준을 나타내지 않는다. 오히려 그 수를 동반된 주거지들 수에서 증감의 일반적인 경향 중의 하나를 반영할 가능성이 있는 것으로 보아야 한다(Habu et al. 2001).

이 그래프로부터 여러 가지 흥미 있는 특징이 관찰될 수 있다. 첫째, 수혈주거지 수의 측면에서 엔토 상층-d와 엔토 상층-e 두 기만이 50동 이상의 수혈주거지와 공반된다. 바꾸어 말하자면 다른 10기에 대해서 우리는 50동 이상의 수혈주거지와 동반되어 있는 대형 취락지의 이미지를 뒷받침할 수 있는 고고학적 증거를 가지고 있지 않다. 둘째, 엔토 상층-c와 엔토 상층-d 기로부터 검출된 수혈주거지 수의 급격한 증가는 명백하다. 이것은 유적 점유 초기부터 후기까지의 유적 기능에 있어서 주요 변화를 반영할 수 있다. 셋째, 선 그래프는 완만하여 조금씩 증가하는 곡선을 이루지 않고 급격한 증가가 뒤따르는 여러 개의 감소가 있는 것이 특징이다. 이것은 공반된 수혈주거지의 수에 의해 측정된 산나이마루야마 취락의 크기는 시간이 지나면서 변하였을 뿐만 아니라 변동이 상당히 심하였다는 것을 시사한다.

주거 면적의 변화

둘째, 시간이 지나면서 나타나는 변화는 수혈주거지 크기의 다양성에서도 명백하다. 〈그림 4.23〉은 장축 길이에 의해 측정된 수혈주거지 크기의 다양성에서 시간에 따른 변화를 설명한다. 엔토 하층-a와 엔토 하층-c 기로부터 검출된 자료는 현재 이용이 불가능하다. 그럼에도 불구하고 몇 가지 경향은 명백하다. 첫째, 이 그림에 표현되어 있는 조몬 전기 두 기(엔토 하층-b와 엔토 하층-d)는 주거지 면적이 비교적 다양한 것이 특징이다. 만약 우리가 보통 긴 집으로 분류하고 공동주택으로 고려하고 있는 길이 10m가 넘는 수혈주거지를 제외하면, 그림은 확실한 집중 없이 2.5와 7m 사이에서 주로 산재한다. 바꾸어 말하자면 만약 우리들이 잠정적으로 그림을 소(길이 4m 미만), 중

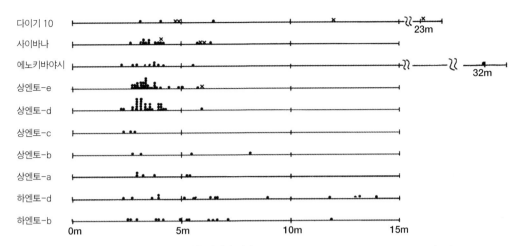

그림 4.23 산나이마루야마 유적 수혈주거지 장축 길이의 변화(자료들은 青森県埋蔵文化財調査センタ 1994a, 그리고 青森県教育庁文化課 1998b; 2000b; 2000c에서 편집되었음, 羽生淳子 2002c: 171에서 수정됨)

표 4.3 각 분기별 수혈주거지 장축의 평균 길이 변화

분기*	평균 장축 길이 (표준편차)**
사이바나 (n = 13)	3.94 (± 1.04)
에노키바야시 (n = 10)	3.31 (± 0.89)
엔토 상층-e (n = 32)	3.62 (± 0.82)
엔토 상층-d (n = 30)	3.42 (± 0.54)
엔토 하층-d (n = 12)	5.23 (± 1.79)
엔토 하층-b (n = 13)	4.80 (± 1.58)

* n ⟨ 10인 기는 제외됨.
** 장축 길이가 10m 이상으로 측정되는 수혈주거지들은 제외됨.
출처: 자료들은 青森県埋蔵文化財調査センター 1994a, 그리고 青森県教育庁文化課1998b; 2000b; 2000c에서 편집되었음 (Habu 2002c: 171에서 수정됨).

(4-6m), 그리고 대(6m 이상)로 분류하면 우리는 각 범주에서 대략 동일한 수혈주거지 수를 찾게 될 것이다. 대조적으로 조몬 중기로부터 검출된 많은 수혈주거지들은 비교적 소형이며 장축 길이가 2.5에서 4m 사이에 있다. 이 유형은 수혈주거지들의 80% 이상이 장축의 길이가 4m 미만인 엔토 상층-d, -e, 그리고 에노키바야시 기의 두드러진 특징이다. 조몬 전기와 중기 사이의 특징은 〈표 4.3〉에서도 명백하다.

산나이마루야마 엔토 상층-d와 -e 기에서 검출된 수혈주거지들의 크기가 작다는 것이 이 지역 수혈주거지가 이 시기에 일반적으로 작았다는 것을 의미하는 것은 아니다. 오카다(1998b)에 의하면 산나이마루야마 엔토 상층-e 수혈주거지들의 대부분은 바닥 면적이 10m² 이하로 측정된다. 이들 수혈주거지들은 〈그림 4.23〉에 보이는 것처

럼 장축의 길이가 4m 미만인 수혈주거지들과 대강 일치한다. 다른 한편, 아오모리현의 또 다른 조몬 중기 취락인 도미노사와 유적에서 엔토 상층-e 수혈주거지의 바닥 면적 측정은(青森県埋蔵文化財調査センター 1992a; 1992b) 도미노사와 수혈주거지들은 바닥 면적 10-30m²의 대형을 포함하고 있다는 것을 보여 준다(岡田康博 1998b의 그림 1을 보기 바람). 이것은 이들 두 유적지 간의 수혈주거지 크기 차이는 다른 유적 기능을 반영한다는 것을 의미할 수 있다.

석기 조합의 변화

셋째, 시간의 흐름에 따른 변화는 석기 조합 자료의 검토를 통해서도 명백하다. 〈그림 4.24〉의 1-5는 각 분기와 관련되어 있는 11개의 석기 조합 범주의 비율을 보여 준다. 이들 자료들은 엔토 하층-a(그림 4.24-1; 그래프의 제목을 보기 바람)에 대한 자료를 제외하고 각 분기로 편년되는 수혈주거지에서 취한 것이다. 석기들의 11개 범주는 (1) 화살촉(ARH), (2) 슴베 밀개(SSC), (3) 송곳(AWL), (4) 반원형 타제석기(SSC), (5) 마제석부(PAX), (6) 자갈돌 도구(PBL), (7) 갈판(MTR), (8) 갈돌(GRD), (9) 어망추(NSK), (10) 장신구(ORN), (11) 기타(OTH)이다.

이들 그래프로부터 석기 조합 특징에 있어서 시간이 지나면서 현저한 변화가 관찰된다. 엔토 하층-a 분기의 석기 조합은 화살촉과 송곳뿐만 아니라 많은 슴베 밀개가 특징이다(그림 4.24.1). 그 다음의 엔토 하층-b, 엔토 하층-d, 그리고 엔토 상층-a 분기로부터의 조합들은 화살촉, 슴베 밀개, 그리고 갈돌의 범주에서 다봉이 특징이다(그림 4.24.2). 다른 한편, 엔토 상층-b, -c, -d 분기들은 갈돌이 풍부한 것이 특징이다(그림 4.24.3). 마지막으로 엔토 상층-e에서 다이기 10분기까지 유적 점유의 후기 부분은 화살촉의 단봉이 특징이고(그림 4.24.4), 사이바나 분기(화살촉, 갈판, 그리고 갈돌에서 다봉: 그림 4.24.5)는 예외이다.

산나이마루야마 유적의 이력: 모델

여기서 제시된 자료는 이전의 유적 발굴에서 출판된 결과물만을 토대로 하였기 때문에 시론적이다. 그럼에도 불구하고 이들 세 가지 다른 종류의 증거로부터 이 유적의 "이력"이 상당히 복잡하였다는 것은 명백하다. 바꾸어 말하자면 우리는 그 유적의

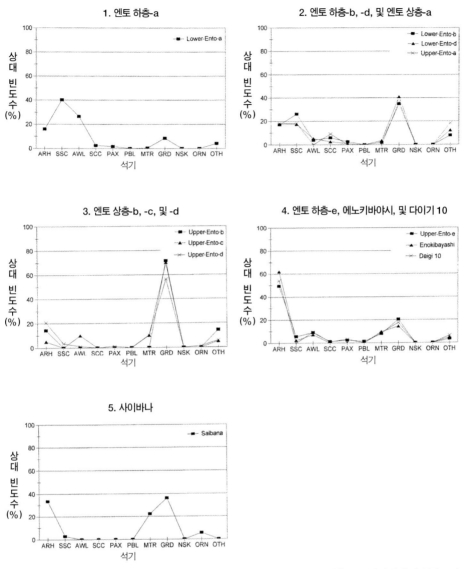

그림 4.24 산나이마루야마 유적 각 분기별 석기 범주 각각의 상대빈도수: 엔토 하층-a 분기에 대해 이 분기로 편년되는 Vla와 Vlb 층에서 검출된 석기 수가 기초자료로 사용되었고, 다른 분기에 대해서는 각 분기에서 검출된 수혈주거지와 공반된 석기 수가 사용되었음(자료는 靑森県埋蔵文化財調査センター 1994a와 靑森県教育庁文化課 1998a; 1998b; 2000b; 2000c에서 편집되었고 羽生淳子 2002c: 172에서 수정되었음)

기능이 1,500년 넘게 사용하면서 똑같았다고 추정할 수 없다.

하나의 큰 단일 기능의 취락이 1,500년에 걸쳐 점차 발전하고 쇠락하였다고 추정하기보다 필자는 산나이마루야마 유적의 각 기는 다른 생업과 취락체계를 특징으로 하며 긴 시간에 걸쳐 여러 번 점유의 중복을 나타낸다는 견해를 제시한다. 현재 이용 가능한 자료의 양이 이 유적의 이력에 관한 확실한 견해를 제시하기에 충분하지 않지만 필자는 이 유적의 점유 기간을 잠정적으로 다음과 같이 다섯 시기로 나눌 수 있다고 생각한다. 이들 시기에 해당하는 편년들은 이마무라 미네오(1999)에 토대를 둔 대략적인 추산이다(그림 4.21을 보기 바람).

I기: 엔토 하층-a 분기(약 5,900-5,650 cal BP)

이 시기는 수혈주거지가 드문 것이 특징이다. 그러나 많은 수의 동·식물 유체와 동반되어 있는 제6철탑과 북쪽 계곡 지역에서 확인된 이 기에서 검출된 저습지에 퇴적된 폐기물의 존재는 이 유적이 이 기에 조몬인들에 의해 활발하게 이용되었다는 것을 시사한다. 이 시기 동안 이 유적 거주민들의 전반적인 생업-취락체계를 이해하기 위해서 우리는 여러 측면의 고고학적 증거를 사용하여 이 유적 점유의 계절성을 더 조사해야 할 필요가 있다. 위에서 언급한 바와 같이 이 기의 어류 유체를 분석한 도이즈미(1998)는 사계절 모두에 해당하는 어류들의 존재를 보고하고 이 유적이 일 년 내내 점유되었다는 견해를 제시한다. 그러나 사실 그의 표본의 5%만이 겨울 물고기가 확실하다는 사실은 겨우내 활동이 비교적 낮은 수준이었다는 것을 시사한다. 니시모토(1995; 1998)에 의해서 지적된 바와 같이 이 기와 동반된 폐기장에서 사슴과 멧돼지 유체가 드문 것도 이 유적지가 겨우내 활발하게 사용되지 않았다는 것을 반영한다. 가네코 히로마사(1979)에 의하면 사슴과 멧돼지 사냥은 주로 이 두 종이 큰 무리를 이루는 겨울 동안 수행되었음에 틀림없다. 바꾸어 말하자면, 사슴과 멧돼지 유체가 드문 것이 반드시 이들 자원의 고갈을 시사하는 것은 아니다. 단지 계절성 유적 점유의 결과일 수 있다. 이러한 측면의 동물 증거를 고려하고 또 이 기와 동반된 수혈주거지 수가 극히 작은 사실을 염두에 두고 필자는 이 유적이 주로 봄부터 가을까지 특별한 목적의 유적(아마도 야외 주거지) 혹은 비교적 정주저장형 수렵채집민들의 겨우내 일시적인 추가 사용과 더불어 계절성 거점취락으로 사용되었을 것이라고 생각한다.

II기: 엔토 하층-b에서 -d 분기(약 5,650-5,350 cal BP)

엔토 하층-c 분기와 동반된 유구들의 수가 토기 편년 문제 때문에 과소평가되었다는 추정하에 우리는 이 시기가 이전 시기에 비해 동반된 수혈주거지가 비교적 많다는 것이 특징이라고 말할 수 있다. 동반된 유구들 형식과 비교적 다양한 주거지 크기를 포함한 이 시기로부터의 여러 가지 특징이 거점취락으로 기능(Binford 1980의 의미에서)하였을 것으로 여겨지는 다른 많은 대형 조몬 유적들과 유사하다. 수혈주거지, 긴 저택(장축의 길이가 10m를 상회함), 그리고 다른 유구들을 축조하기 위해 투입된 상당한 양의 노동력을 감안하면, 이 유적지 거주민들은 "이동형 수렵채집민"의 반대로서 "정주저장형 수렵채집민" 식의 수렵채집민이었던 것 같다. 그러나 이 유적지가 완전한 정주저장형 수렵채집민이었는지 혹은 계절성 정주저장형 수렵채집민들의 거점취락으로 기능하였는지에 대해서는 향후 더 검토되어야 할 필요가 있다. 북쪽 계곡 저습지에 퇴적된 폐기물의 상층 절반은 엔토 하층-b 기로 편년되고, 발굴구역 6에서 확인된 폐기장은 엔토 하층-d 기로 편년된다. 이들 두 폐기장은 많은 동·식물 유체를 포함하고 있지만 이들 유체들에 대한 분석의 결과는 아직 출간되지 않았다.

III기: 엔토 상층-a에서 -c 분기(약 5,350-5,050 cal BP)

이 세 분기와 관련된 수혈주거지의 수는 아주 적다. 또 이 시기 동안 그리고 이후에 해당하는 저습지 폐기장이 발견되지 않았기 때문에 이 시기의 생업전략을 추론할 수 있는 현재 이용 가능한 동·식물 유체는 지극히 한정되어 있다.

이 분기들로부터 검출된 수혈주거지가 희소함에도 불구하고 오카다(1998a)는 엔토 상층-a와 -b 기는 조몬 전기와 비교하여 취락의 크기가 급격히 확장하는 것을 보여 준다고 생각한다. 이것은 왜냐하면 우리가 이 분기에 해당하는 유구들의 분포를 볼 때 그것들이 이전 시기에 그랬던 것보다 더 큰 면적을 차지하는 것처럼 보이기 때문이다. 또 오카다는 이 분기들은 조몬 전기와 관련되어 있지 않은 새로운 유구 형식의 출현이 특징이라고 말한다. 이들 유구들은 남, 북, 그리고 서 토루, 고상 건물, 저장혈, 무덤, 그리고 옹관 등을 포함한다. 그러나 고상 건물들, 저장혈, 무덤 등과 같은 유구들은 보통 편년이 가능한 유물들과 공반되어 있는 것이 별로 없기 때문에 이 유구들을 편년하는 것이 쉬운 작업이 아니라는 것을 명심해야 한다. 바꾸어 말하자면, 많은 경우 이들 유구에 해당하는 연대들은 대강 추산될 뿐이고 확실한 고고학적 증거에 토대를 둔 것은 아니다.

오카다의 해석과는 반대로 필자는 이 시기에 해당하는 수혈주거지가 드문 것은 이 시기에 이 유적의 기능이 이전과 이후 두 시기와는 상당히 다르다는 것을 의미할 수 있다고 생각한다. 적지 않은 토기들과 몇몇 유구들이 이 시기와 명백하게 동반되어 있기는 하지만 필자는 전반적으로 이 유적이 실질적인 거점취락으로 기능하였다는 확실한 증거를 찾지 못했다. 또 이 시기의 수혈주거지가 드문 것은 이 시기의 기간이 다른 것들보다 짧았기 때문인 것 같지는 않다. 탄소연대가 보여 주듯이 시기 III(대략 5,350-5,050 cal BP)의 추산된 기간은 다른 시기들의 추산된 기간보다 짧지 않다.

엔토 상층-a, -b, -c 분기의 수혈주거지와 동반된 조몬 유적지의 수가 아오모리현(村越 潔 1998) 내에서 비교적 적다는 것을 지적하는 것은 흥미롭다. 특히, 엔토 상층-b 기 수혈주거지를 가진 세 곳의 유적만이 보고되었고 이들 중 어떠한 것도 대형취락은 아니다. 이용 가능한 고고학 자료의 양이 제한되어 있지만 이 시기 아오모리 지역에서 생업-취락체계는 실질적인 거점취락이 드문 것이 특징이다. 이것은 이 시기 동안 정주저장형 수렵채집민 체계보다는 이동형 수렵채집민 체계의 존재를 의미한다.

석기 조합 자료의 측면에서 엔토 상층-a 기의 특징은 엔토 상층-b와 -d기의 특징과 유사하다(그림 4.24-2). 다른 한편, 엔토 상층-b와 -c기의 석기 조합 특징은 엔토 상층-d 기의 특징과 닮았다(그림 4.24-3). 이러한 사실은 II, III, IV기 사이에 경계를 재정의할 필요가 있다는 것을 시사한다. 수혈주거지 수의 변화와 석기 자료 사이의 불일치를 설명하기 위해서는 향후 분석이 필요할 것이다.

IV기: 엔토 상층-d에서 -e 분기(약 5,050-4,800 cal BP)

이 두 기는 50동 이상의 수혈주거지와 동반되어 있기 때문에, 이 시기는 동반된 수혈주거지 수의 측면에서 최대의 유적 크기를 보여 준다. 그러나 이들 수혈주거지의 대부분은 작아서 장축의 길이가 전형적으로 2.5에서 4m 사이로만 실측되고 있는 점을 유념해야 한다(그림 4.23). 더욱이 이 시기의 수혈주거지 상당수가 얕고 기둥구멍의 수가 적은 것들하고만 동반되어 있다. 이것은 이들 수혈주거지가 덜 노동집약적이고 아마도 짧은 기간 동안(즉, 일 년 내내 점유가 아닌) 사용하기 위하여 축조되었다는 것을 의미한다. 바꾸어 말하자면, 이 유적지는 완전한 정주저장형 수렵채집민의 일 년 내내 거점취락으로서 기능하였던 것 같지 않다.

비록 현재 이용 가능한 고고학 자료가 여전히 한정적이지만 필자는 이 유적이 계절적으로 점유한 거점취락 그리고/혹은 교역 센터로 기능하였을 가능성을 제시한다. 얕고 작은 수혈주거지가 많은 것은 북극 수렵채집민들 사이에서 관찰된 여름 혹은 초가을 거점취락지를 연상시킨다(Mathiassen 1927: 133-136). 대안으로 교역 센터에서 많은 사람들이 모이는 것도 민족지학 기록에 흔히 묘사되어 있다. 예를 들면, 스펜서(Spencer 1959)는 북알래스카에서 누나미웃(Nunamiut)과 타레우미웃(Tareumiut)에 의해 사용되었던 교역 센터를 다음과 같이 묘사하고 있다.

교역 센터의 모습은 어디나 다 똑같다. 사람들은 사전 약속에 의해 왔고 정반대의 생태환경으로부터 오는 그들의 상대자들을 기다리기 위해 모인다. 그들은 그들의 우미악(umiak) 배에서 짐을 부리고 텐트를 치는데 누나미웃족들은 아이스릴크(iccellik, 순록 가죽 텐트)를 선호하고 타레우미웃족들은 가죽으로 덮은 원추형 텐트인 칼루르빅크(kalurvik)를 좋아한다. 텐트는 줄을 맞춰서 치는데 각 공동체와 집단들의 텐트는 한 곳에 모이는 경향이 있다. 우미악 배들은 강둑 위로 끌어올려 말리기 위해 뒤집어 놓고 교역을 위한 물건들은 그 밑이나 혹은 특별히 제작된 선반에 올려놓는다. 몇몇 경우 가족들이 교역 센터에 여름 주거지로 파머라크(paameraq)를 짓는다. 그러나 이것은 그들이 여기에 오랫동안 남아 (센터) 가까이에서 낚시를 하지 않는 한 일반적으로 행해지는 것은 아니다.(Spencer 1959: 199-200)

스펜서의 묘사에 의하면 교역 센터에 오는 사람들의 수는 매년 다르다. 예를 들면, 북알래스카의 주요 교역 센터들 중의 하나인 너릴크(Nerliq)에는 그 수가 보통 400명과 500명 사이가 되지만 어떤 때는 600명이나 된다. 이 교역 박람회는 이들 집단의 여름 활동의 절정을 보여 준다. 이들 집단 사이에 교역되는 주요 물품은 내륙지방 집단(누나미웃)에서 온 순록 가죽, 그리고 해안지방 집단(타레우미웃)에서 온 물개와 고래기름이다. 교역이 끝난 후 보통 며칠 동안 게임과 춤판이 벌어진다.

산나이마루야마는 아오모리만의 머리 쪽에 위치하고 있기 때문에 그 위치는 내륙과 해안 지역 두 곳으로부터의 큰 모임에 이상적이었을 것이다. 이 유적에서 수거된 옥, 호박, 아스팔트, 그리고 흑요석을 포함한 색다른 물건들이 상대적으로 풍부하였기 때문에 일부 일본 고고학자들은 이 유적 주민들 사이에 교역활동 중요성의 인식 가능성을 제시하였다. 원자재와 유물 두 가지를 이루는 이들 색다른 물건들의 상당수가 현재 대략 조몬 중기로 편년되고 이들 물건이 속한 정확한 기의 결정은 산나이마루야마가 그 이력의 한 시점에 교역 센터였을 가능성에 대해 향후 조사하는 데 도움이 될 것이다.

V기: 에노키바야시, 사이바나, 그리고 다이기 10기(약 4,800-4,400 cal BP)

유적 점유의 이들 마지막 세 분기에서 검출된 이용 가능한 고고학 정보의 양은 아주 제한적이다. 오카다(1998a)는 이 분기들을 유적이 점점 작아지던 때로 해석한다. 그러나 수혈주거지의 수에 관한 자료는 공반된 수혈주거지의 전체 수에 의해 측정된 에노키바야시 분기의 유적 크기는 그 이전의 엔토 상층-e 기에 비해 엄청나게 감소하였다는 것을 보여 준다. 유적 크기는 사이바나 분기에 다시 상당히 증가하였고 다이기 10기에는 다시 쇠퇴하였다. 에노키바야시에서 사이바나 분기까지 수혈주거지의 평균 길이가 조금 증가한 것은 에노키바야시와 사이바나 분기 사이에 유적 기능이 달랐을 가능성도 반영할 수 있다. 사이바나 분기 석기 조합의 특징(그림 4.24.5)도 이 시기의 다른 세 분기(그림 4.24.4)의 특징과도 다른바, 이는 유적 기능의 변화를 시사한다. 어쨌든 다이기 10기가 되면 동반된 수혈주거지의 수에 의해 측정된 취락 크기는 아주 작아졌다.

향후 연구 방향

지금으로서는 위에서 제시한 해석은 모델일 뿐이다. 여러 측면에서의 증거가 어떤 유형이 존재했다는 것을 시사하지만 그 고고학적 유형을 해석하는 데는 여전히 여러 가지 방식이 있다. 그럼에도 불구하고 위에서 제시한 논의를 통해 산나이마루야마 유적의 이력은 이전에 추정했던 것보다 훨씬 더 복잡하다는 것이 명백해졌다. 이용 가능한 주어진 고고학적 정보로서 필자는 이 유적의 기능이 시간이 지나면서 변하여 아마도 정주저장형 수렵채집민―이동형 수렵채집민 모델에서 정의된 것처럼(Binford 1980; 1982), 거점취락과 특수 목적 유적 사이라고 생각한다. 비록 이 유적지 이력의 대부분이 거점취락으로 기능하였다고 하더라도 이 유적지에서 행해졌던 주요 생업활동은 석기 조합의 변화에 반영된 것처럼 시간이 지나면서 현저히 변하였을 것 같다. 이것도 우리가 산나이마루야마를 망라하는 유적 점유의 계절성과 전반적인 생업-취락체계가 이 유적을 점유한 1,500년 넘는 기간 동안 똑같았다고 추정할 수 없다는 것을 의미한다.

산나이마루야마 연구의 미래 방향은 다양한 측면의 고고학적 증거를 더 조사해야 하는 것을 포함시켜야 한다. 특히, 필자는 동·식물 유체뿐만 아니라 유적 크기에 대한 유적지 간 다양성, 석기 조합과 동반하여 지역적 취락유형의 조사가 산나이마루야마의 기능(들)을 이해하는 데 필수적이라고 생각한다. 조몬 전기와 중기의 여러 대형 취락지들이 산나이마루야마 유적 바로 가까이에서 알려지고 있다. 더하여 많은 수의 조몬 소형 취락들이 산나이마루야마 유적의 채집구역(대략 10km 반경)과 저장용 식료획득영역(대략 20km 반경)에 위치하고 있다. 이들 유적지의 상당수가 아오모리현 교육위원회와 다른 고고학 단체에 의해서 발굴되었고 발굴결과는 자세한 단행본의 형태로 출간되어 있다. 산나이마루야마 유적의 특징을 각 기와 시기에 대한 이 인근의 다른 유적지들의 특징과 비교·검토함으로써 그리고 지역적 취락유형을 정주저장형 수렵채집민—이동형 수렵채집민 모델과 같은 수렵채집민들 생업-취락체계의 일반적인 모델과 비교함으로써 우리는 생업전략과 거주민 이동성과 관련하여 각 기에서 산나이마루야마 유적의 가능한 기능을 추론할 수 있을 것이다. 이러한 조사를 통하여 "문화적 경관" 변화의 맥락 속에서 이 유적의 기능변화를 논의할 수 있을 것이다.

산나이마루야마가 하나의 기능을 가진 유적이 아니라거나 혹은 이 유적 이력 전체를 통해 완전히 정주한 거점취락이었다고 생각하는 것이 필자가 이 유적에서 고고학적 발견에 대한 중요성의 경시를 의미하는 것은 아니다. 오히려 필자는 이 유적이 수렵채집민들 생활양식에 있어서 변화가 반드시 단선적인 문화 진화의 전통적인 추정에 적합하지 않을 수 있는 독특한 예를 우리들에게 제공한다고 생각한다. 과거에 조몬문화를 연구하는 일본 고고학자들을 포함한 많은 수렵채집민 고고학자들은 완전히 정착한 수렵채집민들이 이동성 수렵채집민 보다 문화적으로 더 진화하였거나 진보하였다고 추정하였다. 이러한 견해에 따라 대규모 취락의 존재는 종종 완전한 정주생활로 설명되고 있다. 그러나 필자가 다른 곳에서 제시한 바와 같이(羽生淳子 2000), 수렵채집민들 사이에 정주와 문화적 복합의 정도는 학자들이 이전에 추정하였던 것보다 훨씬 더 복잡하다. 시간이 지나면서 정주, 생업의 집약, 인구밀도, 그리고 사회계층의 안정적인 발전을 볼 수 있는 미국 캘리포니아와 서북 해안의 수렵채집민과는 달리 선사시대 조몬문화의 궤도는 이러한 양상 모두가 반드시 밀접하게 발전하는 것을 시사하지 않는다. 고고학적 그리고 민족지학적 두 예에서 이들 문화적 요소들 사이의 관계를 조사함으로써 우리는 수렵채집민들 생활양식의 다양한 양상을 보다 더 잘 이해할 수 있을 것이다. 이러한 점에서 산나이마루야마의 사례는 우리들에게 수렵채집민들의 문화적 복합성의 성격을 이해할 수 있는 훌륭한 기회를 제공하고 있다.

논의

사례연구 1과 2는 정주저장형 수렵채집민—이동형 수렵채집민 모델의 관점으로부터 조몬취락 자료의 조사가 우리로 하여금 정주의 정도를 포함한 조몬문화 경관을 이해할 수 있도록 도와 준다. 관행적인 해석과는 반대로 두 사례 중 어떤 것도 완전한 정주체계의 존재를 제시하지 않는다. 거점취락의 계절적인 이동이 조몬인들이 그들의 주변환경을 인지하는 방식에 현저한 영향을 미쳤을 것이다. 이러한 점에서 조몬사회의 정주 정도는 기본적으로 소규모 농경사회의 그것과 같았다고 하는 전통적인 추정은 재검토가 필요하다. 이들 사례연구는 또 광범위한 지역적, 시간적 다양성을 드러내게 하였다.

이 결과가 반드시 조몬인들 중에 완전히 정주한 수렵채집민들이 없었다는 것을 의미하는 것은 아니다. 반대로 이들 연구를 통하여 관찰된 큰 지역 및 시간적 다양성을 고려할 때 만약 전형적인 정주저장형 채집자인 조몬집단들의 일부는 실제로 완전 정주를 실시하였다고 하더라도 놀랄 만한 일은 아니다. 두 개의 사례연구만이 여기에 제시되었지만 조몬취락 자료의 큰 실체는 우리로 하여금 일본열도의 여러 곳에서 각 조몬 시기에 대한 유사한 분석을 수행할 수 있게끔 한다.

궁극적으로 여기에서 중요한 것은 정주 그 자체의 정도를 결정하는 것이 아니라 *어떻게* 정주의 정도가 생업의 실행, 인구밀도/압, 그리고 사회 복합도를 포함한 조몬문화 경관들의 여러 가지 다른 양상들과 관련이 있는가를 이해하는 것이다. 생업과 취락의 조직적 복합성에 관한 한 중부 혼슈에서 모로이소 분기(간토 지역에서 모로이소-c 단계체계는 제외하고)와 북부 도호쿠 지역에서 전기/중기의 두 조몬체계(Ⅲ기의 제외 가능성과 더불어)는 일반적으로 비교적 복잡한 체계(즉, 전형적인 저장용 식료보급형으로 조직됨)를 나타낸다. 바꾸어 말하자면, 이 유적들은 빈포드(1980; 1982)의 이동형 수렵채집민과 정주저장형 수렵채집민과의 연속선상에서 정주저장형 수렵채집민의 종말과 가까웠던 것 같다. 그러나 여기서 가장 흥미 있게 보이는 것은 생업과 취락에서 조직적 복합도의 평균 정도가 아니라 이들 체계가 끊임없이 변하는 속성이다.

사례연구 1에서 이 체계들의 흐름은 조몬 전기에서 중기로 큰 변화에 이르게 한 것으로 보인다. 산나이마루야마의 사례연구 2의 경우 북부 도호쿠 지역에서 아직 취락 유형의 분석이 수행되지 않았기 때문에 우리는 Ⅰ시기부터 Ⅴ시기까지 체계 변화에 대한 장기적인 의미를 평가할 충분한 자료를 가지고 있지 않다. 그러나 흥미 있는 것은 많은 일본 고고학자들(예, Kodama 2003; Okada 2003)이 조몬 중기 말엽(즉, 산나이마루야마 점유의 마지막 기와 일치하는 시기)에 북부 도호쿠에서 대규모 취락이 급속히 소멸한 것을 지적하고 있다. 그리하여 산나이마루야마 취락의 포기가 조몬 중기에서 후기까지 북부 도호쿠에서 큰 체계 변화의 일부인 것 같다.

조몬의 생업-취락체계가 끊임없이 변하는 속성이 각 지역에서 하나의 주어진 시점에 생업-취락의 특징을 그려낼 수 있는 우리들의 능력을 제한할 수 있다. 그럼에도 불구하고 그것이 우리로 하여금 조몬 생업-취락체계의 장기간의 궤도를 조사할 수 없게 하는 것은 아니다. 많은 학자들이 조몬 유적 밀집도와 취락 크기가 시간이 지나면서 점점 커져 가고 조몬 중기 동안 그 최고점에 도달했다는 것을 지적해 오고 있다. 이러한 경향은 간토와 주부 지역에서 특히 두드러진다.

이마무라 케이지(1996: 93)는 간토와 주부 지역에서 발굴된 조몬 수혈주거지 전체의 70%는 조몬 중기로 편년되고, 발굴된 수혈주거지 전체의 50%는 이 기의 후반에 속한다고 보고한다. 이들 두 지역에서 유적 밀집도(유적지 전체 수를 토대로)와 대규모 취락지의 상대빈도수(많은 수의 수혈주거지와 동반된 유적)는 조몬 중기에서 후기로 가면서 현저하게 감소한다. 조몬 후기 취락의 집중이 대형 패총과 동반되는 것으로 보고되는 도쿄만 지역의 동반부(東半部)는 예외다. 마지막으로 이들 두 지역에서 유적 밀집도와 대규모 취락지의 상대빈도수는 조몬 만기 동안에 아주 낮았다. 이들 변화는 고야마(70쪽의 표 2.5를 보기 바람)에 의해 제시된 인구 추산에 반영되어 있다. 비록 이것이 부분적으로 조몬 만기의 비교적 짧은 기간 탓이라고 하더라도 그것이 유일한 이유로 보이지는 않는다.

어느 정도까지는 장기간의 변화에서 유사한 경향이 도호쿠 지역에서 관찰된다. 대규모 취락의 상대빈도수가 조몬 중기부터 후기/만기에 이르기까지 현저하게 감소한다(Kodama 2003; Okada 2003). 그러나 유적 밀집도의 감소는 간토와 주부 지역의 경우처럼 그렇게 명백하지는 않다(Kodama 2003). 뒤의 요소 때문에 고야마(1984)(표 2.5)에 의한 도호쿠의 인구추산은 조몬 중기부터 만기에 이르기까지 간토와 주부의 경우처럼 그렇게 현저하게 감소하는 것을 보이지 않는다.

저장용 식료보급형으로 조직된 전략들은 전형적으로 많은 특수 목적의 유적지와 사람들의 군집과 동반되어 있기 때문에, 높은 유적 밀집도와 대규모 취락지의 높은 빈도수는 채집체계의 특징이다. 그리하여 적어도 간토와 주부 지역에서 그리고 도호쿠 지역의 어느 영역까지 생업과 취락의 조직적 복합도의 정도는 조몬 초창기부터 중기까지 증가하였고 그리고 나서 조몬 후기와 만기까지 감소하였다.

생업과 취락에서 이러한 장기간의 변화는 문화적 복합성의 단선적인 모델과 맞아떨어지지 않는다. 더욱이 장례/제의 실행, 공예, 그리고 교역체계를 포함하는 사회적 양상에 있어서의 시간에 따른 변화는 오히려 다른 유형을 보여 준다. 다음 두 장에서 이들 주제가 논의된다.

동일본과 서일본(긴키, 주고쿠, 시코쿠, 그리고 규슈)에서 관찰된 유형과는 달리 유적 밀집도와 대규모 취락지의 빈도수는 조몬 중기 동안 최고점에 달하지 않았다. 오히려 그것은 조몬 중기에서 후기까지 계속해서 증가하였다. 동일본과 서일본의 차이는 7장에서 더 논의될 것이다.

제III부 제의, 공예 및 교역

제5장 매장과 제의 관습

조몬의 생업과 취락 연구와는 달리 조몬의 매장과 제의 관습에 대해서는 영어로 출판된 논문이 비교적 적다. 매장과 제의에 관한 과거의 자료 분석들을 간명하게 요약하는 것은 쉬운 작업이 아니다. 이는 주로 소수의 학자들이 확실한 이론적 틀을 사용해서 이들 자료에 대한 해석을 제시했기 때문이다(예를 들면, Pearson et al. 1986b를 보기 바람). 더하여 조몬의 매장과 제의 관습에 있어서 지역 및 시간적으로 다양성이 큰 것이 이들 자료에 대한 일관성 있는 해석을 하기 어렵게 만든다. 그러나 이용 가능한 자료의 급증과 더불어 과거에는 인지하지 못했던 특정한 양상이 인식되기 시작하였다. 이 양상은 사회 불평등과 젠더/성차별의 심화를 포함한 조몬인들의 사회체계에 대한 이해를 훨씬 더 잘 할 수 있도록 하는 새로운 측면의 증거를 제공한다.

영미 고고학에서 과정주의 고고학자들은 매장과 제의 자료를 그것으로부터 사회적 지위와 죽은 자의 역할을 추론하고 궁극적으로 인간 역사에서 사회 계층의 진화적 발전을 이해할 수 있는 중요한 정보 자원으로 간주해 오고 있다(예, O'Shea 1984; Peebles and Kus 1977). 다른 한편, 후기과정주의 고고학자들은 이러한 접근을 비판하고 장례 혹은 제의 관습과 과거 사회조직과의 직접적인 관계는 언제나 추정될 수 있는 것이 아니라는 견해를 제시한다(예, McGuire 1992; Parker Pearson 1982). 이러한 경고의 이야기를 염두에 두고 지난 10년간 수렵채집민 고고학자들은 사회 불평등, 특히 세습적 혹은 제도화된 불평등의 이슈에 접근하기 위하여 매장과 제의 자료를 이용하고자 시도하였다(예, Ames and Maschner 1999).

매장과 제의 분석에 있어서 최근의 진척과 유사한 것은 사회 불평등의 기원에 대한 모델의 발전이다. 전통적으로 고고학자들은 "당김"(자원의 풍요와 같은) 혹은 "밂"(인구압과 같은)의 요인이 불평등 발생의 직접적인 원인이었다고 추정하는 경향이 있었다. 헤이든(1995)의 제도화된 불평등의 발전에서 그것을 갈망하는 엘리트들의 역할을 강조하는 사회 불평등의 발생에 대한 중요한 연구는 전통적인 해석에 대안적인 견해를 제공한다. 파인만(Feinman 1995)의 부상(浮上)하는 지도자들의 협동-기반(지도자와 그의 지역적 파벌과의 관계를 강조)과 인맥-기반(파벌 외적 무대와 관련되어 있는 한 개인의 유대관계를 강조) 전략 사이의 구분은 불평등을 향한 두 가지 경로의 가능성을 제시한다. 세습적 사회 불평등의 존재를 수렵채집민 문화 복합성의 핵심으로 간주하는 아놀드(1992; 1995; 1996a; 1996b)는 노동의 조직이 세습적 불평등의 발생을 이해하는 중요한 열쇠라고 제안한다.

영미 고고학의 이 같은 최근 발전의 맥락에서 조몬문화는 어느 정도 사회계층을 가진 복합 수렵채집민 문화의 예로서 자주 인용되어 오고 있다. 예를 들면, 헤이든(1995: 51, 62)은 조몬 전기와 중기 문화를 "호수형(互酬型, Reciprocator)" 사회(사회 불평등의 미약한 세습이 특징), 그리고 조몬 후기와 만기 문화를 "경쟁형(競爭型, Entrepreneur)" 사회(강한 세습과 계층의 맹아가 특징)로 각각 확인한다.[11] 다른 한편, 많은 일본 고고학자들은 전통적으로 조몬사회는 기본적으로 평등사회였고 그 안에서 무당과 숙련된 사냥꾼과 같은 특정한 사람들이 구별되는 사회적 역할을 담당하였을 수는 있지만 제도적으로 불평등이 수립된 것은 아니라고 추정하였다(예, 岡本 勇 1956; 1975; 그러나 渡辺 仁 1990과 中村 大 1999; 2000을 보기 바람).

이 선학들의 연구를 염두에 두고 이 장에서는 조몬의 장례 및 제의 관습 연구의 현상태를 개괄하고 향후 연구에 대한 가능한 방향을 제시하고자 한다. 현재 이용 가능한 자료를 검토하기 전에 필자는 먼저 조몬의 매장 및 제의 관습의 연구사를 개관하고자 한다. 이 개관에 이어서 필자는 조몬 자료의 세 범주—(1) 제의 유물, (2) 분묘, (3) 기념비적 유구—의 주요 특징을 요약하고 그들의 시간과 공간적 다양성을 검토한다. 이 결과는 수렵채집민의 사회 불평등 연구의 맥락에서 논의된다.

조몬의 매장 및 제의 관습의 연구사

일본 고고학자들에 의한 조몬 매장 관습의 연구는 전통적으로 고전적 마르크스 이론의 맥락에서 사회 구조 조사에 초점을 맞추었다. 일찍이 1950년대에 오카모토 이사무(岡本 勇 1956)는 조몬취락 내에서 묘갱(墓坑)의 공간적 양상은 과거 사회조직의 반영으로 간주해야 한다는 견해를 제시하였다. 와지마(1948; 1958)의 이론적 틀(4장을 보기 바람)을 따른 오카모토 이사무는 조몬 "원시 공동체사회"의 친족구조를 이해하고자 하였다. 영·유아를 위한 옹관이 흔한 것(191-193쪽을 보기 바람)은 그로 하여금 모-자녀 간의 관계가 지극히 강하였다는 생각을 하게끔 하였다. 그는 이것을 모계사회 존재에 대한 간접적인 증거로 설명하였다. 그는 고전 마르크시즘, 특히 모르간(Morgan)과 엥겔스(Engles)의 연구에서 명백히 영향을 받았고 조몬 자료를 이 틀 속에 맞추어 넣고자 하였다. 그의 이후 연구(岡本 勇 1975)는 조몬사회에 있어서 제의의 중요성을 강조하였다. 그의 견해에서 그것은 "원시 공동체사회" 수준의 평등사회 내에서 엄격한 사회적 규칙의 존재를 반영한다.

오카모토 이사무(1975)는 또 양쪽 손목에 많은 조개 팔찌를 끼고 있는 여자 유해의 존재에 대해서도 논의하였다. 이러한 예들은 츠쿠모(津雲)패총(조몬 후기와 만기; 오카야마현)과 요시고(吉胡)패총(조몬 후기와 만기; 아이치현)과 같은 유적에서 발견된다. 비록 많은 수의 유해가 이들 두 유적에서 발견되었지만(츠쿠모에서 170구, 그리고 요시고에서 300구 이상), 오직 적은 수의 사람만이 많은 조개 팔찌를 끼고 있었다. 더욱이 이들 팔찌는 너무 작아서 끼기 힘들고 이 사람들이 어른이 된 이후에는 벗을 수가 없기 때문에 그 팔찌는 이 사람들이 어린이였을 때 팔에 착용하였음에 틀림없다. 바꾸어 말하자면, 일단 이 사람들이 성장하면 이 팔찌를 제거하기가 불가능하였을 것이다. 오카모토(1975)는 조개 팔찌가 극히 부서지기 쉽기 때문에 이 사람들이 어패류를 채집하고 식물식량을 모으는 것과 같은 일상 허드렛일에 참여하는 것이 불가능하였을 것이라는 견해를 제시한다. 이러한 측면의 증거를 토대로 그는 이 사람들은 조몬사회의 제의 영역을 담당하였던 무당이었음에 틀림없다는 견해를 제시하였다.

마지막으로 오카모토(1975)는 조몬시대 동안 성에 의한 노동분화의 가능성을 논의하였다. 조몬 여성들이 식량채집과 가사 허드렛일을 포함한 "가벼운 일"을 하는 반면 남성들은 사냥과 어로 등과 같은 "힘든 일"에 주로 종사하였다는 관행적인 추정을 시작으로 그는 성에 따른 "자연적" 노동분화의 실재를 추정하였다(岡本 勇 1975: 107-108). 그는 또 여성 유해들이 조개 팔찌, 귀걸이, 그리고 다른 장신구와, 남성 유해들은 허리 장식품과 흔히 공반되는 것을 지적하였다. 뼈 골절(주로 오른쪽 尺骨)이 조몬 여성보다 남성이 다섯 배나 더 많다는 기요노 켄지(淸野謙次 1949)의 형질인류학적 연구를 인용하여 오카모토는 뼈 골절을 야기할 수 있는 힘든 일은 남성에 의해 수행되었다는 견해를 제시하였다.

　　1960년대 및 1970년대 오카모토 이사무(1956)에 의해 제기된 다양한 이슈들은 다른 일본 학자들에 의해 검토되었다. 일반적으로 비슷한 토광 크기와 시신들의 비슷한 처리를 토대로 니시무라 마사에(西村正衛 1965)는 조몬시대 동안 사회계층의 존재를 부정하였다. 하야시 켄사쿠(林 謙作 1965)는 도호쿠 지역에서 조몬 만기 무덤은 장신구를 가진 여러 소아 묘가 포함되어 있는 것과 이들 무덤이 종종 붉은 산화철로 덮여 있다는 것을 인식하였다. 이러한 관습은 도호쿠에서 조몬 만기 무덤 사이에서만 관찰되기 때문에 하야시는 도호쿠의 조몬 만기 사회에 대한 이데올로기적 관점과 사회 규칙이 다른 지역의 그것과는 달랐다는 견해를 제시하였다. 조몬 후기의 우바야마패총에서 굴장(屈葬)과 신전장(伸展葬) 두 가지의 존재에 초점을 맞추어 오츠카 가즈요시(大塚和義 1967)는 하나의 취락 내에서 두 사회 집단의 존재를 제시하였다. 미즈노(1968; 1969a; 1969b)는 조몬의 묘지가 공간적으로 여러 사회집단으로 나누어졌을 수 있고 이들 무덤 집단은 유적지 내 취락분포 정형성에 대한 그의 이해와 일치할 것이라는 견해를 제시하였다(4장을 보기 바람). 이들 연구의 대부분은 고전적 마르크스의 관점에 의해 직·간접적인 영향을 받았다. 조몬시대를 통해 단선적인 문화 진화는 암묵적으로 추정되었거나 노골적으로 강조되었고 "노동조직" 및 "원시 공동체사회"와 같은 용어와 개념이 이들 논문에서 자주 사용되었다. 더하여 여러 문화인류학자들(예, 大林太良 1971)에 의한 연구들은 무덤과 취락 자료의 분석을 통하여 유적지 내 사회 집단들을 복원하기 위하여 일반적인 민족지 유추의 사용을 장려하였다.

　　1970년대 및 1980년대에 하루나리(春成秀爾 1973; 1974; 1979; 1982; Harunari 1986)는 조몬 발치(拔齒)의 유형을 조사하여 혼인 후 거주규정(居住規定)에 관한 가설을 제시하였다. 서일본의 조몬 만기의 세 유적에서 나온 자료에 대한 그의 분석에 의하면 영구 치아 발치는 "단 한 번의 경우가 아니라 한 사람의 일생 동안 여러 가지 이유로 여러 시점"에 발생하였다(Harunari 1986: 294). 특히 아래턱의 발치 정형성에 초점을 맞추어 하루나리(1973)는 두 가지 독특한 발치 형식이 확인된다고 하였다. 4I 형식(아래 앞니 네 개를 제거)과 2C 형식(아래 송곳니 두 개를 제거)이 그것인데, 4I 형식과 2C 형식의 상대빈도수의 검토를 통해 그는 아래 앞니와 송곳니를 뽑는 것은 결혼 당시에 발생하였다는 견해를 제시하였다. 그의 분석은 또 두 형식이 세 유적 각각에서 그리고 남녀 모두에게 발생하였다는 것을 보여 주었다.

하루나리(1982; 1986)는 (1) 유적지 내 다양한 발치 형식과 동반된 무덤의 공간적 분포 정형, (2) 발치 형식과 인위적 치아 변형(톱니 혹은 포크 모양으로 앞니 절개로 불려짐; 하루나리 1986: 299)과의 관계, (3) 여러 가지 발치 형식과 장신구와의 관계를 분석한 후, 다른 발치 정형은 "한 공동체 사회의 원래 구성원들이 외부에서 결혼해 들어오는 사람들과 구별하는 족외혼의 원칙"을 반영한다는 견해를 제시하였다(Harunari 1986: 303). 그는 4I 발치 형식은 그 사회의 원래 구성원들의 특성인 반면 그 사회 내로 결혼해 들어오는 사람들은 2C 발치 형식을 겪었다는 가설을 세웠다. 일본열도의 여러 곳에서 검출된 조몬 자료에 대해 이들 원칙을 적용하여 하루나리(1979; 1982; 1986)는 조몬시대를 통해 혼인 후 거주규정의 변화를 복원하고자 하였다. 그것이 가설적인 성격임에도 불구하고 여러 측면의 증거(발치 정형, 인위적 이빨 변형, 유적지 내 공간분포, 그리고 장신구와의 관계)를 토대로 한 하루나리(1973; 1974; 1979; 1982; 1986)의 명쾌한 주장은 많은 조몬 연구자들의 주의를 끌었다.

요약하자면 1980년대까지 조몬 매장 관습에 대한 연구의 초점은 노동조직, 친족 구조, 그리고 혼인 후 거주규정과 같은 측면에 맞추어졌다. 이들 연구의 배경은 "원시 공동체사회" 사이에 친족 결속을 강조하는 고전적 마르크스 이론이다. 그러나 많은 경우 마르크스의 관점이 분명하게 적용되기보다는 비공식적으로 사용되었다. 결과적으로 대부분의 영미 고고학자들의 눈에는 이들 대부분의 연구가 확고한 이론적 틀이 결여되어 있는 것으로 보인다.

마르크스의 관점이 영향력을 행사한 조몬 매장 고고학과 비교하여 조몬 제의 유물과 기념물적 유구에 대한 연구들은 좀더 기술(記述)적인 경향이 있었다. 조몬 조합에 있어서 토우, 석봉, 그리고 다른 외형상 비실용적 유물이 풍부하여 오랫동안 많은 학자들의 주의를 끌었다(예를 들면, 小野美代子 1999; 後藤信祐 1999를 보기 바람). 유사하게 1950년대 아키타현 조몬 후기 오유(大湯) 유적 두 개의 환상열석(環狀列石)과 같은 큰 유구 규모의 초기 발견은 일본 고고학자들이 조몬인들의 대규모 공동작업을 수행하는 능력을 인식하게끔 만들었다(秋元信夫 1999). 결과적으로 이들 연구 분야에서 모든 주요 발견물을 목록화한 엄청나게 많은 수의 개관 논문들이 이용 가능하다(아래를 보기 바람). 이들 논문은 이용 가능한 범위를 이해하는 데 지극히 유용한 정보의 자원이기는 하지만 조몬문화의 다른 측면에 있어서의 다양성과 변화와 관련하여 자료를 해석한 것은 많지 않다.

제의 유물의 형식

조몬 매장과 제의 관습 연구에 대한 간단한 연구사를 개관하고, 이어서 우리는 무덤과 제의 자료의 각 범주 내 시간 및 지역적 다양성에 대해 이해하도록 시도해야 한다고 필자는 생각한다. 여기서 논의된 첫 번째 범주는 제의 유물이다. 조몬 유적에서 나온 소위 제의 유물의 형식은 상당히 다양하다. 그것들은 토우(土偶) 및 암우(岩偶), 석봉과 "석검," 토제 가면[土面] 그리고 다른 물건들을 포함하고 있다. 더하여 고고학자들은 종종 토제 및 석제 귀걸이와 옥과 같은 여러 가지 종류들의 장신구를 조몬 제의 관습의 맥락에서 분석한다. 제의 유물이 풍부한 것은 조몬 중기와 그 이후의 동일본에서 특히 눈에 띈다. 그러나 특정한 형식의 제의 유물의 분포 지역과 시기는 종종 한정되어 있다. 결과적으로 이들 형식의 각각에 대한 부침(浮沈)은 상당히 복잡한 정형성을 보인다.

이곳에서 다루고자 하는 물건은 나무(옻칠한 나무를 포함)와 직물로 만들어진 유물은 포함되지 않는다. 왜냐하면 이 발견물들은 극히 적은 수의 저습지 유적에 주로 한정되어 있어 우리들이 이들 유기물질 유물의 공간 및 시간적 다양성을 이해하는 데 제약을 주기 때문이다. 이들 유기물질 유물의 생산과 사용은 6장에서 논의될 것이다.

토우 및 암우

조몬 제의 유물 중에서 가장 잘 알려진 형식은 토우다. 〈그림 5.1〉은 오사카부립야요이문화박물관(大阪府立弥生文化博物館 1998)에 의해 편집된 조몬 토우의 다양한 형식에 대한 도상 그림을 보여 준다. 비록 몇몇 학자들은 모든 토우가 여성을 표현한다는 것에 대해 회의적이기는 하지만 대부분의 일본 학자들은 조몬 토우의 대부분이 여성, 특히 임신한 여성을 묘사한다고 믿는다. 나가미네(Nagamine 1986: 255)에 의하면 "많은 토우들의 형식학적 변화는 무성(無性)의 인간 형태로 표현하지만," 그러나 "남성 특

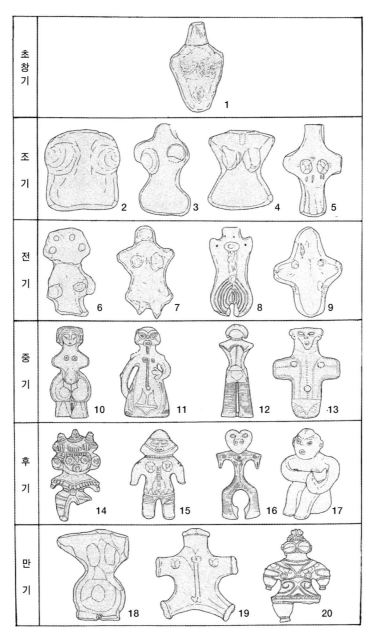

그림 5.1 조몬 초창기부터 만기까지 토우들의 다양한 형식들에 대한 도식 그림: 1. 가유미 이지리(粥見井尻)(미에현), 2. 고나미(小波)(오사카), 3. 하나와다이(花輪臺)(이바라키현), 4. 고무로 우에다이(小室上台)(지바현) 5. 후타마타(二股)(아이치현), 6. 샤카도(釋迦堂)(야마나시현), 7. 수기노리(杉則)(이와테현), 8. 시오가모리(塩ヶ森)(이와테현), 9. 하쿠자(白座)(아오모리현), 10. 다나바타케(棚畑)(나가노현), 11. 이모지야(鑄物師屋)(야마나시현), 12. 니시노매(西ノ前)(야마가타현), 13. 산나이마루야마(아오모리현), 14. 다키바므로(瀧馬室)(사이타마현), 15. 시이주카(椎塚)(이바라키현), 16. 고하라(鄕原)(군마현), 17. 노모다이(野場平)(아오모리현), 18. 바바가와(馬場川)(오사카), 19. 수리하기(摺萩)(미야기현), 20. 가메가오카(亀ヶ岡)(아오모리현)(大阪府立弥生文化博物館 1998: 25에서 수정, 다시 그림)

성을 확실히 분명케 하는 토우는 없다"고 한다. 그러나 우에키(植木 弘 1999)와 다른 사람들은 수염과 같은 선들 혹은 절개(切開)를 가진 것 같은 토우의 일부는 남자를 나타낸다는 견해를 제시한다.

학자들은 또 아주 적은 수의 완전한 토우들이 조몬 유적에서 출토되었다는 것을 지적한다. 따라서 많은 일본 고고학자들은 조몬 토우들이 제의 행위 과정에서 의도적으로 파괴되었을 것이라고 한다(藤森栄一 1966; 小林達雄 1977c; 甲野 勇 1929; 永峯光一 1977; Nagamine 1986; 水野正好 1979). 이 논쟁 뒤에는 일본 시골의 특정한 지역에는 여러 가지 물질로 제작된 토우 혹은 인형이 전염병과 다른 재앙을 피하기 위한 "허수아비"로 사용되었다고 하는 흔한 민족지학적 인식이 있다. 후지무라(藤村東男 1983; 1991)의 저작은 이와테현 조몬 만기 구넨바시(九年橋) 유적에서 석"검"(175-180쪽을 보기 바람)은 물론이고 토우의 파괴 비율도 다른 유물의 파괴 비율보다 높다는 것을 보여 준다. 그러나 후지누마(藤沼邦彦 1997), 가네코 아키히코(金子昭彦 1999)와 오노(小野美代子 1999)는 외견상 높은 파괴 비율이 토우가 의도적으로 파괴되었다는 것을 의미하지는 않는다고 주장한다(能登 健 1983을 보기 바람).

현재까지 가장 오래된 조몬 토우는 초창기에 미에현 가유미 이지리(粥見井尻) 유적에서 출토된 것이다(그림 5.2.1). 풍만한 가슴은 이 토우가 여성을 묘사한 것을 가리키는 것으로 보인다(杉谷正樹 外 1998). 조몬 조기와 전기 토우의 예가 드문 것은 아니지만 그 전체 수는 여전히 비교적 적다. 이들 토우 중에서 인체의 표현은 보통 아주 추상적이다(그림 5.1.2-5).

조몬 중기와 그 이후의 토우 수는 전 시기보다 훨씬 더 많다. 특히, 주부 지역 조몬 중기 문화는 정교하게 제작된 토우가 많은 것으로 유명하다(예, 그림 5.2.2). 후지모리(藤森栄一 1963)와 같은 학자들은 이들 조몬 중기 토우가 땅의 여신의 표현이라고 믿고 있다. 후지모리의 견해는 땅의 여신 숭배는 농경사회와 종종 관련되어 있으므로 조몬 중기 토우의 흔한 존재는 초기 식물재배의 실재를 시사한다는 것이다. 다른 학자들은 이들 토우가 일반적으로 풍요의 상징이라고 믿고 있다. 북도호쿠 지역에서 조몬 중기 토우는 대부분 판상(板狀)이다(예, 그림 5.1.13). 예를 들면, 산나이마루야마에서 많은 수의 판상 토우(그림 5.3)가 조몬 중기 층위에서 수거되었다(小笠原雅行·葛城和穂 1999).

조몬 후기 및 만기 토우는 광범위한 양식적 다양성이 특징이다. 이들 시기에 출토된 토우들은 심장 모양 토우(간토 조몬 후기; 그림 5.1.16을 보기 바람), 산 모양 머리 토

그림 5.2 각 유적에서 출토된 토우들: 1. 가유미 이지리(조몬 초창기; 미에현), 2. 다나바타케(棚畑)(조몬 중기; 나가노현), 3. 가자하리(風張)(조몬 후기; 아오모리현), 4. 에비수다(惠比須田)(조몬 만기; 아오모리현)(출처: 1. 日本考古学協会 1998: 도판 17; 미에현 매장문화재 센터에서 게재 허가 받음, 2. 日本考古学協会 1989: 도판 17; 도가리이시 고고관에서 게재 허가 받음, 3. 하치노해시 조몬 학술관[하치노해시 조몬 고고학 박물관]의 호의에 의한 사진, 4. 사진[도쿄 국립박물관 제공])

그림 5.3 산나이마루야마 유적에서 출토된 조몬 중기 판상 토우들(사진 아오모리현 교육청 문화과 제공)

우(머리가 삼각형 모양인 것에서 명명; 간토 조몬 후기; 그림 5.1.15를 보기 바람), "뿔달린 올빼미"토우(간토 조몬 후기; 그림 5.1.14를 보기 바람), "앉은"토우(도호쿠 조몬 후기; 그림 5.1.17, 그림 5.2.3을 보기 바람), 그리고 "옆으로 길게 자른 눈"(遮光器, 스키용 안경) 토우(도호쿠 조몬 만기; 그림 5.1.20, 5.2.4를 보기 바람) 등을 포함하고 있다(米田耕之助 1984). 이들 토우의 일부는 정교하게 만들어진 반면에 다른 것들은 확실히 노동력을 많이 들이지 않았다.

그 이전 조몬 시기와 비교하여 조몬 중기에서 만기 유적으로부터 비교적 많은 토우가 출토되는 것은 기본 통계를 검토함으로써 쉽게 파악된다. 〈표 5.1〉은 각 지역에서 토우와 동반된 조몬 유적지 수를 나열한 것이다. 〈표 5.2〉는 각 지역에서 보고된 토우 및 토우 파편의 수를 나열한 것이다. 이들 표를 위한 기초 자료는 1992년 일본 국립역사민족박물관에 의해 편찬된 것이다. 이들 표는 조몬 토우의 대부분이 홋카이도, 도호쿠, 간토, 그리고 주부의 중기, 후기, 그리고 조몬 만기 유적에서 수거되었다는 것을 명백히 보여 준다. 이들 표는 또 여러 지역에서 다른 조몬 아기(亞期) 동안 발생하였던 가장 풍부한 토우들을 보여 준다. 주부 지역에서 토우가 많은 것은 조몬 중기 동안이라는 것이 특히 주목된다. 다른 한편, 간토 지역에서의 최고점은 조몬 후기 동안에 발생하였다. 홋카이도에서는 최고점이 확실히 조몬 만기였다. 〈표 5.1〉과 〈표 5.2〉에 의하면 도호쿠 지역에서도 정점은 조몬 만기에 발생했던 것으로 보인다. 그러나 〈표 5.2〉는 산나이마루야마(대략 1,500; 그림 5.3을 보기 바람)에서 출토된 토우의 수를 포함하고 있지 않은 점에 주의해야 한다. 왜냐하면 이것은 산나이마루야마 토우의 정확한 수와 시기가 최종 유적 보고서에 아직 보고되지 않았기 때문이다. 산나이마루야마 토우 거의 모두가 조몬 중기에서 출토된 것이기 때문에 표(현재 533점)에 보이는 도호쿠 지역 조몬 중기 토우의 전체 수는 훨씬 더 커야 한다(대략 2,000점). 이것은 이 지역 조몬 만기 토우의 전체 수(1,934점)와 대략 같다. 그리하여 이 지역에서는 토우의 전체 수에 관한 한 조몬 중기와 만기 두 시기에 두 개의 정점이 있었던 것으로 보인다. 이것은 또 〈표 5.2〉에 보이는 많은 수의 토우와 동반된 단 하나의 조몬 유적 발견에 의해 얼마나 큰 영향을 받을 수 있는가를 보여 준다. 이러한 점에서 〈표 5.1〉에 보이는 자료가 전체적인 지역 및 시간적 다양성을 좀더 잘 보여 줄 수 있다.

산나이마루야마의 경우가 보여 주는 것처럼 상당히 많은 토우가 중기, 후기, 그리고 조몬 만기의 제한된 유적 수와 동반되어 있다. 일본 국립역사민족박물관에 의해 출

표 5.1 토우와 동반된 조문 유적 수(괄호 안은 %)

	조기	전기	중기	후기	만기	모름	합계*
홋카이도	0 (0.0)	1 (1.4)	12 (16.2)	18 (24.3)	44 (59.5)	8 (10.8)	74 (100.0)
도호쿠	1 (0.4)	15 (5.5)	87 (31.8)	136 (49.6)	137 (50.0)	33 (12.0)	274 (100.0)
간토	16 (3.9)	10 (2.4)	119 (29.1)	229 (56.0)	132 (32.3)	25 (6.1)	409 (100.0)
주부	1 (0.3)	3 (0.8)	288 (77.4)	85 (22.8)	51 (13.7)	19 (5.1)	372 (100.0)
호쿠리쿠	1 (0.9)	2 (1.8)	65 (59.6)	52 (47.7)	31 (28.4)	3 (2.8)	109 (100.0)
도카이	3 (4.6)	1 (1.5)	12 (18.5)	20 (30.8)	32 (49.2)	10 (15.4)	65 (100.0)
긴키	2 (6.9)	1 (3.4)	1 (3.4)	14 (48.3)	19 (65.5)	0 (0.0)	29 (100.0)
주고쿠	0 (0.0)	0 (0.0)	0 (0.0)	7 (100.0)	2 (28.6)	0 (0.0)	7 (100.0)
시코쿠	0 (0.0)	0 (0.0)	0 (0.0)	2 (28.6)	1 (14.3)	4 (57.1)	7 (100.0)
규슈	0 (0.0)	0 (0.0)	0 (0.0)	15 (62.5)	12 (50.0)	5 (20.8)	24 (100.0)
합계	24 (1.8)	33 (2.4)	584 (42.6)	578 (42.2)	461 (33.6)	107 (7.8)	1,370 (100.0)

* 각 지역 전체 표본은 전체 시기 표본의 합계보다 작을 수 있는바 이는 한 표본의 범위가 두 개 혹은 그 이상의 시기로 추정이 가능할 때 그 표본은 모두 기능한 시기에 넣었기 때문이다.
출처: 藤村東男 2001에서 편집. 후카무라 표의 기초 자료는 원래 국립역사민족박물관 1992: 453-483에 의해 출판되었다.

표 5.2 조문 유적에서 수거된 토우(파편들 포함) 수(괄호 안은 %)

	조기	전기	중기	후기	만기	모름	합계*
홋카이도	0 (0.0)	2 (0.7)	39 (13.7)	48 (16.8)	193 (67.7)	11 (3.9)	285 (100.0)
도호쿠	1 (0.0)	97 (2.5)	533 (13.8)	1,388 (35.9)	1,934 (50.0)	46 (1.2)	3,865 (100.0)
간토	37 (1.5)	13 (0.5)	348 (13.7)	1,407 (55.2)	791 (31.1)	48 (1.9)	2,547 (100.0)
주부	1 (0.0)	13 (0.5)	2,190 (79.9)	354 (12.9)	153 (5.6)	44 (1.6)	2,741 (100.0)
호쿠리쿠	4 (0.7)	6 (1.1)	274 (51.0)	224 (41.7)	154 (28.7)	4 (0.7)	537 (100.0)
도카이	3 (1.2)	3 (1.1)	20 (7.4)	79 (29.2)	157 (57.9)	11 (4.1)	271 (100.0)
긴키	0 (0.0)	1 (0.4)	1 (0.4)	19 (7.3)	247 (95.4)	1 (0.4)	259 (100.0)
주고쿠	0 (0.0)	0 (0.0)	0 (0.0)	12 (100.0)	5 (41.7)	0 (0.0)	12 (100.0)
시코쿠	0 (0.0)	0 (0.0)	0 (0.0)	2 (18.2)	3 (27.3)	6 (54.5)	11 (100.0)
규슈	0 (0.0)	0 (0.0)	0 (0.0)	142 (91.6)	137 (88.4)	7 (4.5)	155 (100.0)
합계	50 (0.5)	135 (1.3)	3,405 (31.9)	3,675 (34.4)	3,774 (35.3)	178 (1.7)	10,683 (100.0)

* 각 지역 전체 표본은 전체 시기 표본의 합계보다 작을 수 있는바, 이는 한 표본의 범위가 두 개 혹은 그 이상의 시기로 추정이 가능할 때 그 표본은 모두 기능한 시기에 넣었기 때문이다.
출처: 国立歴史民俗博物館 1992: 484.

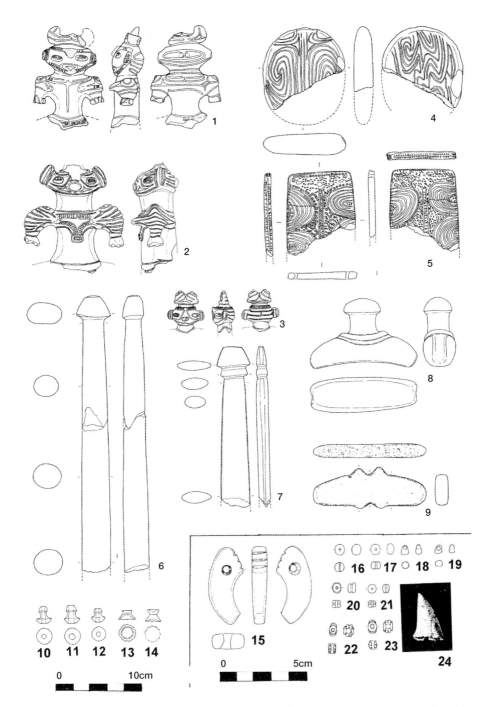

그림 5.4 구넨바시 유적(조몬 만기; 이와테현)에서 출토된 제의 유물: 1-3. 토우, 4. 암판, 5. 토판, 6. 석봉, 7. "석검", 8. 왕관 모양 석제 유물, 9. 독고(獨鈷) 모양 석제 유물, 10-14: 토제 귀걸이, 15. 곡옥, 16-23. 토제 구슬, 24. 상어 이빨(그림은 기타카미시 교육위원회 제공)

판된 자료를 검토한 후지무라(2001)에 의하면 31개 조몬 유적이 50개 이상의 토우와 동반되어 있다. 이 유적의 일부는 다른 제의 유물 혹은 유구가 많은 것이 특징이다. 예를 들면, 이와테현 다테이시(立石) 유적에서 302개의 토우가 코와 귀 모양 토우 유물(아래 "토면" 세부항목을 보기 바람)과 외형상 제의 석제 유구와 아울러 수거되었다(大迫町教育委員会 1979). 이와테현 구넨바시 유적(조몬 만기)(北上市教育委員会 1977; 1978; 1979; 1980; 1984; 1985; 1986, 1987; 1988; 1991)에서 조몬 만기 토우 총 641점이 토기 편, 석기, 그리고 뼈조각뿐만 아니라 "석검," 석제 및 토제 판[岩板 및 土板] 그리고 토제 귀걸이 등과 같은 많은 수의 제의 유물(그림 5.4를 보기 바람)과 함께 수거되었다. 이 유적이 저지대 늪지에 위치하고 그리고 취락유구가 이 유적에서 확인되지 않았기 때문에 이 유적의 기능은 주로 제의적이었다고 보여진다.

토우에 더하여 여성의 표현물로 여겨져 오고 있는 암우도 조몬시대에 생산되었다(稲野裕介 1983; 1999). 조몬 암우의 예는 도호쿠 조몬 전기 엔토 하층(그림 5.5.1-6) 문화와 도호쿠 조몬 만기 가메가오카(亀ヶ岡)(그림 5.5.7-12)의 것과 동반되어 있는 것을 포함한다. 무라코시(村越 潔 1974)에 의하면 조몬 전기 토우와 암우는 형태적 특성을 공유하고 엔토 하층 문화(북도호쿠 조몬 전기 문화의 중-후반)의 영역 내에서 그 분포 지역은 상호 배타적이다. 이것은 조몬 전기 토우와 암우가 비슷한 기능과 상징적 의미를 가졌다는 것을 시사하는 것으로 보인다. 다른 한편, 토우의 가메가오카 양식에 관해서 이나노 유스케(稲野裕介 1983)는 암우와 토우가 특정한 특징을 공유하지만 얼굴 모양, 옷의 그림, 그리고 다른 특징은 다르다고 언급한다. 이 결과를 토대로 이나노는 가메가오카 양식 암우의 기능은 토우의 기능과는 달랐다고 주장한다. 이 관찰은 토우와 암우를 제의 유물과 같은 범주 안에 묶는 것은 그들의 상징적 의미의 차이를 모호하게 한다고 주장한다. 비록 이나노(1983)가 이 차이점을 개관하는 확고한 분석을 제공했지만 현금까지 이들 차이점의 의미에 대한 설득력 있는 해석을 제공한 학자는 아무도 없다.

석봉과 "석검"(남근석)

토우와 암우가 일반적으로 여성의 표현으로 고려되고 있는 반면, 학자들은 석봉(石棒)은 남성을 표현한다는 견해를 제시한다. 그 모양이 남성의 생식기를 연상시키기 때문에 많은 학자들은 토우와 똑같이 석봉은 기본적으로 풍요의 상징이라고 믿고 있

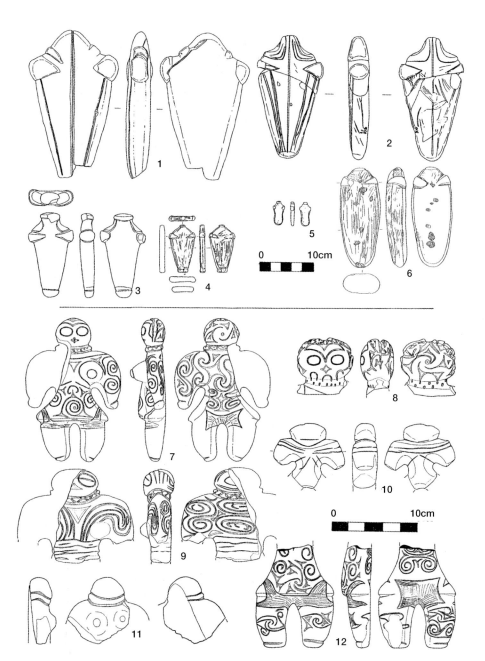

그림 5.5 조몬 전기(1-6)와 만기(7-12) 유적에서 출토된 암우들: 1. 오다이(大平), 2. 구마노사와(熊の沢), 3. 우치노다이(内の岱), 4. 하기노다이(萩の台) II, 5. 간자다테(蟹沢館), 6. 나가노다이(長野平) I, 7. 도고시나이(十腰内), 8. 마쿠마에(蒔前), 9. 신조오카정(新庄岡町), 10. 노모다이(野面平), 11. 미치마에(道前), 12. 가나자와 야시키(金沢屋敷)(1, 2, 7, 9, 10, 11: 아오모리현; 3, 4, 6, 아키타현; 5, 8, 12: 이와테현)(稲野裕介 1983: 88-89; 1997: 408-409; 이나노 유스케로부터 사용 허락을 받음)

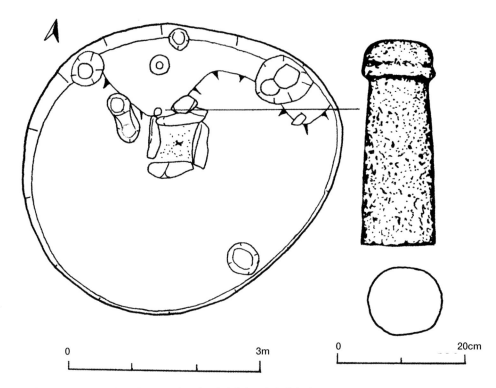

그림 5.6 나가노현 소리 유적 조몬 중기 수혈주거지에서 수거된 대형 석봉(武藤雄六·小林公明 1978, 山本暉久 1979: 669에 출판된 것에서 다시 그림)

다. 다른 학자들(예, 水野正好 1963; 1999)은 석봉이 남성들만에 의해서 이루어졌던 사냥제의와 구체적으로 관련되어 있다고 주장한다. 큰 것과 작은 것 두 가지 형식이 조몬 유적지로부터 보고되어 오고 있다. 지름이 대략 5에서 20cm에 이르고 길이가 때때로 1m가 넘는 큰 형식(예, 그림 5.6)은 주로 조몬 중기와 후기 유적과 동반되어 있다. 그것들은 종종 석제 유구의 중앙에 수직으로 세우는 돌로 사용되거나 수혈주거지에 위치하고 있다(山本暉久 1983).

소형 석봉은 주로 조몬 후기 및 만기 유적(그림 5.7.1-5)과 동반되어 있다. 그것들의 상당수가 정교하게 만들어졌고(종종 섬세하게 마연되었음), 일부는 둥근 장식 끝에 여러 선을 새겼다(後藤信祐 1999)(그림 5.7.4-5를 보기 바람). 조몬 후기 및 만기 유적들은 또 소위 "석검(石劍)"(양날을 가진 칼; 그림 5.7.6-15)과 석도(石刀)(한쪽 날을 가진 칼; 그림 5.7.16-27)와 동반되어 있다(野村 崇 1983). 석봉과 "석검"의 가장 큰 차이는 단면의 모양이다. 석봉의 단면이 원형인데 비해 "석검"은 납작하다. 그러나 이들 두 범주 유물

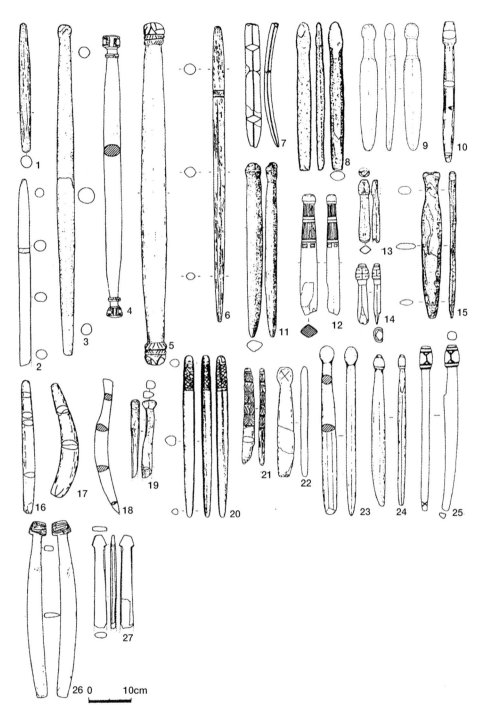

그림 5.7 석봉과 "석검": 1-5. 석봉, 6-15. 석검(양날을 가진 "칼"), 16-27. 석도(외날을 가진 "칼")(後藤信祐 1999: 75 에서 수정: 신수케 고토로부터 사용 허락을 받음)

사이의 경계는 언제나 명확한 것은 아니다. 많은 학자들은 조몬 후기와 만기의 소형 석봉과 "석검"은 조몬 중기의 대형 석봉으로부터 직접 발전했다고 믿는다(예, 小林行雄 1951; 1959; 山本暉久 1979; 1983). 다른 학자들은 "석검"의 편평한 모양이 다른 기원을 시사한다고 믿고 있다. 심지어 일부 학자들은 그 모양이 아시아 대륙의 전기 청동 도구의 영향을 받았다고 주장하기도 한다(江坂輝弥 1965; 山本暉久 1983; 中山清隆 1992). 노무라(野村 崇 1983)에 의하면 소형 식봉과 "석검"이 풍부한 것은 도호쿠 지역 조몬 만기 가메가오카 문화 유적지에서 특히 두드러진다.

왜냐하면 많은 대형 석봉과 소형 석봉/"석검"이 파괴되었기 때문에 여러 학자들은 토우의 경우와 마찬가지로 의도적인 파괴는 석봉과 그리고/혹은 "석검" 제의의 일부분이라고 주장한다(예, 水野正好 1999). 위에서 지적한 바와 같이 후지무라(1991)는 조몬 만기 구넨바시 유적에서 출토된 "석검"의 파괴된 비율이 다른 유물보다 더 높다고 보고하고 있다. 도치기현 테라노-히가시(寺野東)의 조몬 후기 및 만기 유적에서 모든 "석검"들(총 58점)이 깨졌고, 그것들 상당수가 불에 탄 흔적을 보인다(栃木県教育委員会 外 1994).

토면

약 30여 점의 토면(土面) 혹은 토면 편들이 주로 도호쿠 지역 20곳 이상의 조몬 후기 및 만기 유적지에서 수거되었다. 더하여 코, 입, 혹은 귀 모양 유물(아마 유기물질로 제작된 조합식 가면의 부분)이 이와테현 하텐(八天), 시다나이(粨内), 그리고 다테이시(立石)를 포함한 네 곳의 조몬 후기 유적에서 수거되었다(中山 潔 1998). 오츠카(1988)는 조몬 토면을 다음 일곱 개의 형식으로 분류한다. (1) 사실적 가면(조몬 만기; 그림 5.8.a), (2) 코가 휜 가면(조몬 후기의 말엽에서 조몬 만기; 그림 5.8.b), (3) 가면 모양 토제 유물(조몬 만기; 그림 5.8.c; 그 명칭은 눈과 입의 구멍이 없다는 사실에서 옴), (4) 조합식 가면(조몬 후기; 그림 5.8.d), (5) "광대" 가면(조몬 후기 및 만기; 그림 5.8.e), (6) "문신" 가면(조몬 후기 및 만기; 그림 5.8.f), 그리고 (7) 채색 가면(조몬 후기 및 만기; 그림 5.8.g-h).

〈그림 5.8〉은 토면과 동반된 유적들과 오츠카(1988)에 의해 제안된 일곱 가지 형식 토면들의 도상 그림을 보여 준다. 이들 중에서 홋카이도 마마치 조몬 만기 유적에서 검출된 "사실적 가면"은 단 하나의 예가 있을 뿐이다(그림에서 유적 번호 1). 오사카현

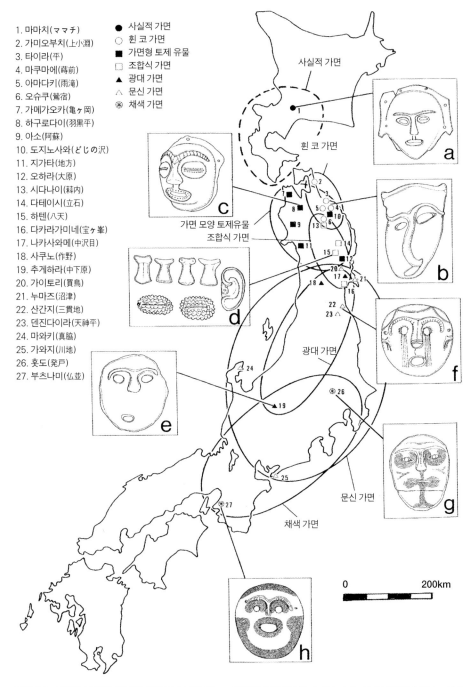

1. 마마치(ママチ)
2. 가미오부치(上小淵)
3. 타이라(平)
4. 마쿠마에(蔣前)
5. 아마다키(雨滝)
6. 오슈쿠(鶯宿)
7. 가메가오카(亀ヶ岡)
8. 하구로다이(羽黒平)
9. 아소(阿蘇)
10. 도지노사와(どじの沢)
11. 지가타(地方)
12. 오하라(大原)
13. 시다나이(莉内)
14. 다테이시(立石)
15. 하텐(八天)
16. 다카라가미네(宝ヶ峯)
17. 나카사와메(中沢目)
18. 사쿠노(作野)
19. 추게하라(中下原)
20. 가이토리(買鳥)
21. 누마즈(沼津)
22. 산간지(三貫地)
23. 덴진다이라(天神平)
24. 마와키(真脇)
25. 가와지(川地)
26. 홋도(発戸)
27. 부츠나미(仏並)

- ● 사실적 가면
- ○ 휜 코 가면
- ■ 가면형 토제 유물
- □ 조합식 가면
- ▲ 광대 가면
- ∧ 문신 가면
- ✳ 채색 가면

사실적 가면

휜 코 가면

가면 모양 토제유물

조합식 가면

광대 가면

문신 가면

채색 가면

0   200km

그림 5.8 토면의 다양한 형식과 그것들의 분포 예: a. 사실적 가면(마마치; 홋카이도), b. 휜 코 가면(부분적으로 복원됨; 마쿠마에; 이와테현), c. 가면 모양 토제 유물(하구로다이, 아오모리현), d. 조합식 가면(하텐; 이와테현), e. "광대" 가면(추게하라[中下原], 나가노현), f. "문신" 가면(부분적으로 복원되었음; 산간지; 후쿠시마현), g-h. 채색 가면(g: 호토; 사이타마현; h: 부츠나미; 오사카현, 파편들을 복원하였음)(大塚和義 1988: 147에서 수정; 오츠카 카즈요시로부터 게재 허락을 받음)

부츠나미(仏並) 조몬 후기 유적과 사이타마현 호토 조몬 만기 유적에서 출토된 채색한 가면과 같은 다른 형식들의 일부도 수에 있어서 제한적이다. "문신" 가면과 가면 모양의 토제 유물의 수거가 보다 흔하고 그 예도 오츠카(1988)가 그의 형식(中山 潔 1998)을 발표한 이래 증가하고 있다.

이들 토면이 조몬 후기에 아주 갑자기 나타났고 이들의 분포가 북도호쿠에서 특히 조밀하다는 것에 주의해야 한다. 북환태평양 지역으로부터의 민족지학적 예를 인용하여 오츠카(1988)는 적어도 색칠한 가면, "문신" 가면, 그리고 조합식 가면은 제의를 시작할 때 사용되었음이 틀림없다고 주장한다. 눈과 입을 위한 구멍을 가지고 있지 않고 크기가 너무 작아서 실제로 쓸 수 없는 가면 모양 토제 유물은 예외이고 이들 대부분은 사람들에 의해서 아마 착용되었을 것이다. 가면과 함께 상당수의 토우 존재도 이 견해를 뒷받침한다(大塚和義 1988).

다른 제의 유물과 장신구들

비록 토우/암우, 석봉/석"검", 그리고 토면이 조몬시대부터 가장 잘 알려진 세 가지 범주의 제의 유물이기는 하지만 여러 가지 다른 종류의 제의 유물도 아울러 보고되고 있다. 이들은 토제 및 석제 판(稲野彰子 1983; 磯前順一・斎藤和子 1999; 그림 5.4.4-5를 보기 바람), 삼각형 토제[土板] 및 석제 판[岩板](金子拓男 1983; 그림 5.9.1-2), 삼각기둥 모양 토제 및 석제 유물(小島俊明 1983b; 그림 5.9.3-4를 보기 바람), 공 모양 토제 유물(小島俊明 1983b; 그림 5.9.5-6), 청룡도 모양 석기(冨樫泰時 1983; 그림 5.9.8), 왕관 모양 석제 및 토제 유물(中島栄一 1983; 岡本孝之 1999a; 그림 5.9.7; 그림 5.4.8을 보기 바람), 독고(獨鈷) 모양 석기(岡本孝之 1999b; 그림 5.4.9를 보기 바람), 그리고 어물(御物) 석제 방망이(吉朝則富 1999; 그림 5.9.9)를 포함하고 있다. 청룡도는 손잡이 위에 청룡을 장식한 긴 손잡이를 가진 중국 칼에 대한 일본 명칭이다. 일부 학자들은 청룡도 모양의 석기는 고대 중국 청동제품의 모방이라고 믿기 때문에 조몬 중기와 후기 동안 대륙과 활발한 상호접촉이 있었다고 추정한다. 다른 한편, 독고는 불교 수도승들이 사용하던 도구를 의미하고 그 명칭은 단순히 형태적인 유사성에 근거를 두고 있다. 마지막으로 어물은 "황제의 보물"을 의미한다. 그 명칭은 이시가와현에서 발견된 이들 두 개의 조몬 석제품이 1877년 황제의 보물로 지정된 것으로부터 온 것이다(鷹野光行 1979). 각 유물들

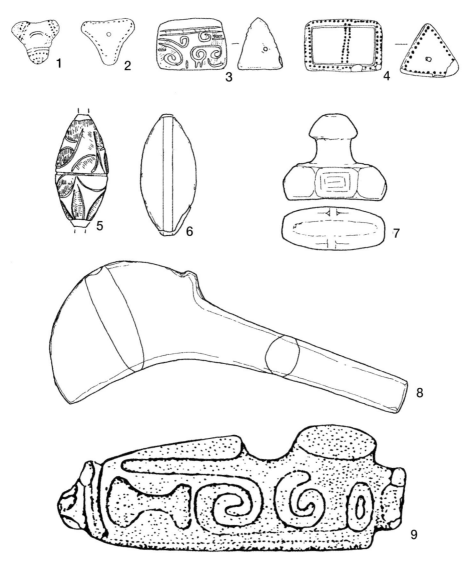

그림 5.9 여러 가지 제의 유물: 1-2. 삼각형 토판, 3-4. 삼각기둥 모양 토제 유물, 5-6. 공 모양 토제 유물, 7. 왕관 모양 석제 유물, 8. 청룡도 모양 석기, 9. 어물 석제 방망이(축척: 약 1/3)(金子拓男 1983: 117; 小島俊明 1983a: 132; 1983b: 143; 中島榮一 1983: 151; 富樫泰時 1983: 202; 吉朝則富 1999에서 다시 그림)

이 다른 지역적인 분포를 보이고 있는 반면 그들의 전체적인 분포는 북도호쿠 그리고/혹은 호쿠리쿠의 일부에서 특히 조밀하다(표 5.3에서 "주요 분포 지역" 난을 보기 바람).

이들 제의 유물에 더하여 다양한 종류의 장신구들이 조몬 유적지에서 출토되었다. 이들은 소형의 옥 및 토제 구슬(그림 5.4.16-23; 그림 5.10.1), 관옥(管玉)(그림 5.10.2), 굽은 옥[曲玉](그림 5.4.15), 패옥 모양 귀걸이[玦狀耳飾](그림 5.10.3-4), 대형 옥(그림 5.10.5-

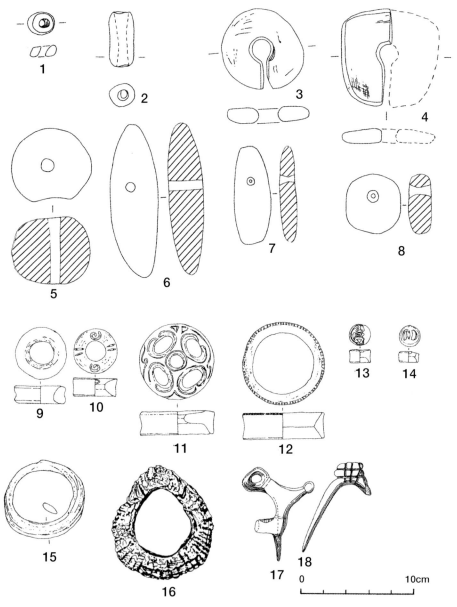

그림 5.10 장신구: 1-2. 토제 구슬, 3-4. 결상이식, 5-8. 대형 옥, 9-14. 도르래 모양 귀걸이, 15-16. 조개 팔찌, 17-18. 사슴 뿔 허리 드리개(長野県中央道遺跡調査団 1982: 그림 240-241; 安藤文一 1982: 223; 設楽博己 1983: 207; 片岡由美 1983: 232; Harunari 1986: 302에서 편집 및 다시 그림)

8), 도르래 모양 토제 귀걸이(그림 5.10.9-14), 조개 팔찌(그림 5.10.15-16), 그리고 사슴뿔 허리장식(그림 5.10.17-18)을 포함하고 있다. 이들 중의 일부는 부장품으로 흔히 수거되는 반면 다른 것들은 장례의 맥락과 상관없이 더 자주 발견된다(아래를 보기 바람).

표 5.3 제의 유물과 장신구들의 시기와 분포

	초창기	조기	전기	중기	후기	만기	주요 분포지역	참고문헌
토우	아주 드묾	유	유	풍부	풍부	풍부	동일본 (홋카이도, 도호쿠, 간토, 후쿠리쿠 및 주부)(표 5.1 & 5.2)	藤村東男 2001; 国立歴史民俗博物館 1992
암우			유			풍부	도호쿠	稲野裕介 1983; 1997; 1999
큰 돌 방망이				풍부	유	유	간토 및 주부	山本暉久 1983
작은 돌 방망이 및 "석검"					조금 많음	풍부	동일본, 특히 도호쿠	後藤信祐 1999; 野村果 1983
토면					유	유	동일본, 특히 도호쿠 (그림 5.8)	中山 潔 1998; 大冢和義 1988
토판 및 암판					풍부	풍부	도호쿠	稲野彰子 1983; 磯前順一·斎藤和子 1999; 米田耕之助 1984
총통도 모양 석기				유	유		남 홋카이도와 도호쿠	富樫泰時 1983
삼각기둥 모양 토제 및 석제 유물				유	유		도호쿠, 간토, 주부 및 후쿠리쿠	小島俊明 1983a
삼구형 토제 및 암판						유	도호쿠 및 후쿠리쿠 (특히 니가타현)	金子拓男 1983
공 모양 토제 유물					유	유	간토 및 후쿠리쿠	小島俊明 1983b
얇판 모양 석제 및 토제 유물						유	주부, 후쿠리쿠 및 도호쿠 일부	中島栄一 1983; 岡本孝之 1999a
독고 모양 석제 유물					유	유	도호쿠, 간토 및 주부 (특히 기부현)	岡本孝之 1999b
어굴 석제 방망이						유	주부	吉朝則重 1999
조개 팔찌		유		유	풍부	풍부	동일본 및 서일본	片岡由美 1983
대형 옥			유	풍부	조금 많음	유	홋카이도, 도호쿠, 간토, 후쿠리쿠 및 주부 (특히 6장을 보기 바람)	安藤文一 1982
도르래 모양 토제 귀고리				유	풍부	풍부	간토	設楽博己 1983

제의 유물과 장신구들의 지역 및 시간적 다양성

〈표 5.3〉은 제의 유물의 여러 형식들에 대한 시간 및 지역적 다양성을 요약한 것이다. 이 표는 시간이 지나면서 형식의 수에 있어서 전반적인 증가를 보여 준다. 조몬 후기 및 만기에 제의 유물이 풍부한 것이 뚜렷하다. 또 동일본에서 이들 유물이 상대적으로 풍부한 것을 보여 준다. 동일본과 서일본 두 지역에서 모두 흔한 조개 팔찌를 제외하고 이 표에 제시되어 있는 모든 범주들은 서일본보다는 동일본에서 더 많이 발견된다.

비록 이들 유물의 분포 지역이 완전히 겹쳐지지는 않지만 북도호쿠, 주부, 그리고 호쿠리쿠를 포함한 여러 지역은 적어도 여러 범주들 분포의 핵심 지역이었던 것으로 보인다. 여러 지역에서 이들 유물의 "등락(登落)"에 대한 검토는 시간이 지나면서 조몬의 제의 관습의 변화에 대한 복잡한 모습을 보여 준다. 이 정형성들은 무덤과 기념물 유구와 같은 조몬 제의 관습의 다른 측면에 있어서 변화와 공동으로 검토할 때 특히 흥미 있다. 아래에서 필자는 분묘 자료를 개관하고자 한다.

무덤의 형식

아주 많은 분묘 형식이 조몬 유적으로부터 확인되어 오고 있다. 1차장(一次葬)이 2차장(二次葬)보다는 훨씬 더 많지만 1·2차장 분묘 모두 존재하고 있다.

1차장

조몬시대의 1차장 분묘 사이에서 가장 흔한 형식은 토광묘이다. 토광묘는 화장을 하지 않고 한 사람 혹은 그 이상의 육신 매납에 사용된 구덩이(주로 원형, 타원형, 혹은 직사각형)로 이루어진다. 토광묘의 한 변형은 플라스크 모양이다. 〈그림 5.11〉은 아오모리현 후루야시키(古屋敷) 유적에서 발견된 조몬 전기 플라스크 모양 토광묘의 예를 보여 준다. 많은 학자들이 대부분의 이들 플라스크 모양 토광은 원래 저장구덩이(3장을 보기 바람)로 축조되었다가 나중에 분묘로 재사용되었다고 믿고 있다.

그림 5.11 아오모리현 후루야시키 유적에서 출토된 조몬 전기 플라스크 모양 토광묘(사진은 가미키타정[上北町] 역사박물관에서 제공)

유해가 있는 토광묘가 많은 정보의 자원이기는 하지만 고고학자들이 언제나 토광 묘에서 실제 사람의 유해를 발견할 수 있을 만큼 운이 좋은 것은 아니다. 왜냐하면 일본 열도의 토양이 상당히 산성이어서 유해의 상태가 일반적으로 좋지 않기 때문이다. 조개 로부터 칼슘이 나와 뼈 보존에 유익한 패총과 동반되어 있는 토광묘를 제외하면 유해 의 발견은 흔치 않다. 그리하여 지난 수십 년 동안 일본 고고학자들이 정황적 증거에 입 각하여 많은 수의 원형, 타원형, 그리고 장방형의 토광을 조몬의 무덤으로 확인해 오고 있다. 몇몇 경우 장신구(옥과 토제 구슬 및 귀걸이와 같은 것)와 부장품(특별한 형식의 토기 와 석기와 같은 것)이 토광묘를 다른 용도의 구덩이와 구별할 수 있는 징표로 사용될 수 있다. 다른 경우 인산염과 지방 분석이 무덤 확인을 뒷받침하는 증거로 사용된다.

유적지 내 취락정형 분석이 한 취락 내에서 이들 토광묘들이 종종 원형과 줄 모양 과 같이 군집이나 특별한 모양을 형성하는 것을 밝혀내고 있다. 아주 잘 알려진 한 예가 이와테현 니시다(西田)의 조몬 중기 유적이다. 〈그림 5.12〉에서 볼 수 있는 것처럼 토광 묘들은 방사상으로 취락의 중앙에 위치하고 있다. 이 유적에서 다양한 유구들의 공간분

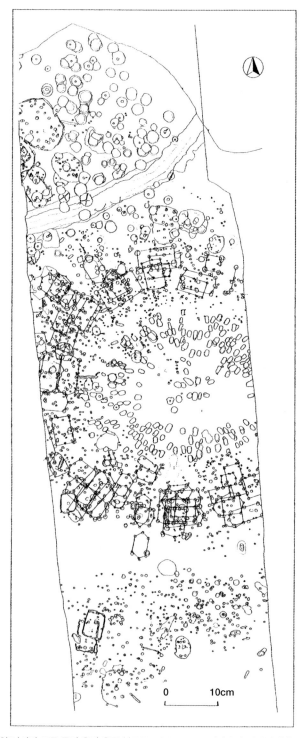

그림 5.12 이와테현 니시다 조몬 중기 유적 유구 분포(佐々木勝 1994: 30에서 수정; 사사키 마사루로부터 사용 허락을 받음)

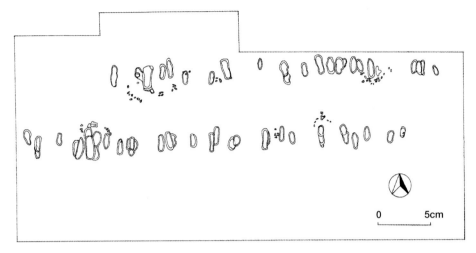

그림 5.13 아오모리현 산나이마루야마 유적에서 발굴된 두 줄의 조몬 중기 토광묘(靑森県教育委員会 1977: 359에서 다시 그림)

포는 동심원으로 정리되어 있는 것으로 보인다. 취락의 중앙에 위치하고 있는 분묘 구역은 소위 "고상"가옥(高床家屋, 기둥구멍과 동반되어 있는 구조)들과의 원형 배열에 의해 둘러싸여 있다. 동심원 모양의 가장 바깥 원을 이루고 있는 것으로 보이는 토광묘와 저장구덩이들은 이 구역의 외부에 위치하고 있다(Imamura 1996; Kobayashi 1992b).

취락 중심지에 있는 묘지의 또 다른 좋은 예는 가나가와현 난보리 조몬 전기 유적이다. 4장에서 논의한 바와 같이 이 유적은 원래 1950년대 와지마(1958)에 의해 발굴되었다. 그의 원래 발굴에서는 토광묘의 존재가 드러나지 않았지만, 1984년부터 1989년까지 시행된 이 유적의 재발굴(武井則道 1990)에서 말발굽 모양의 수혈주거지 윤곽 내의 중앙 "광장"에 토광묘일 가능성이 있는 많은 유구가 위치하고 있는 것으로 밝혀졌다.

니시다와 난보리의 토광묘와는 달리 산나이마루야마(4장을 보기 바람)의 토광묘는 맨땅 다짐 도로를 따라 열을 이룬다. 이 유적의 1992-1994년 발굴조사 결과, 운동장 구역 중앙 부분에서부터 유적의 동쪽 끝까지 뻗어 있는 420m의 맨땅 다짐 도로의 양쪽에서 두 줄의 토광묘가 노출되었다(靑森県教育庁文化課 1996a; 1997a; 1998d). 최근의 발굴에서도 운동장 구역의 서단(靑森県教育庁文化課 2000a; 2001)으로부터 동남쪽(이 유적 내 운동장 구역의 위치에 대해서는 그림 4.17을 보기 바람)으로 연장되는 또 다른 세트의 묘열이 노출되었다. 나중에 발견된 묘열 세트는 1976년에 발굴된 서쪽 주차장에서 확인된 두 개의 묘열과 연결될 것이다(그림 5.13; 靑森県教育委員会 1977; 阿部義平 1983

A구덩이

0   2m

그림 5.14 아오모리현 산나이마루야마 환상열석묘 11호(靑森縣敎育庁文化課 2000a: 11; 아오모리현 교육청 문화과로부터 게재 허락을 받음)

을 보기 바람). 층위 관찰을 토대로 하면 산나이마루야마 토광묘의 대부분은 잠정적으로 조몬 중기 중엽으로 편년된다. 그러나 유해의 부재와 공반된 유물이 불충분하여 이들 유구를 정확하게 편년하는 것은 어렵다.

　　토광묘는 종종 석제 표식(表式) 혹은 열석(列石)과 동반되어 있다. 산나이마루야마에는 여러 토광묘들이 환상열석으로 표시되어 있었다. 이 유적의 발굴조사자들은 이 유구들을 환상열석묘로 명명하였다. 총 일곱 기의 그와 같은 묘가 발굴구역 13, 14, 17에서 확인되었다(靑森縣敎育庁文化課 1999; 2000a; 2001). 〈그림 5.14〉는 이들 환상열석묘의 예를 보여 준다. 그림에서 보는 바와 같이 이 유구는 세 기의 토광묘와 중복관계에 있지만 가장 최근 한 기(A구덩이)만 발굴되었다. 이 구덩이는 탄화된 목재판 조각 한 점이 확인된 벽을 따라 난 얕은 홈들과 동반되어 있다. 이 발견물을 토대로 발굴 조사자는 목곽 존재의 가능성을 제시하고 있다(葛城和穂 2000). 층위를 관찰한 결과 이 유구는 조몬 중기 중엽에서 말엽까지였던 것으로 드러났다.

토광묘의 일부는 내부에 판석을 돌린 직사각형 구덩이와 동반되어 있다. 그것들은 석관묘(조합 석관묘라고도 불린다)라고 불리며 북도호쿠 지역의 조몬 후기 문화의 특징이다. 석관묘의 예는 아오모리현 야마노토게(山野峠)와 호리아이(堀合) 유적에서 검출된 것들을 포함하고 있다(그림 5.15). 몇몇 학자들은 이들 석관묘의 일부는 1차장이라기보다는 2차장이라고 믿고 있다(예, 新津 健 1999를 보기 바람).

일본 학자들은 또 폐옥묘(廢屋墓, はいおくぼ)라고 불리는 독특한 무덤 형식이 서간토 지역 조몬 중기 및 후기 유적에서 발전하였다는 것을 인지하였다(土肥 孝 1990; 設楽 博己 1999). 이들은 보통 패총과 동반되어 있는 수혈주거지 내 다장묘(多葬墓)이다. 어떤 경우 유해가 수혈주거지 바닥 위에 직접 놓여 있고 이어서 패각층으로 덮여졌다. 다른 경우는 토광묘가 폐기된 수혈주거지 안에 쌓인 패각층 안으로 파 들어갔다. 초기에 발견된 이러한 형식의 유구는 식중독과 같은 사고의 결과로 해석되었지만 유사한 사례가 증가함으로써 죽은 시신들이 대부분 의도적으로 안치 혹은 매장된 것으로 드러났다(西田泰民 1996). 폐옥묘의 수많은 예 중에 지바현 무코다이(向臺) 유적(設楽博己 1999)과 가나가와현의 기타가와(北川)패총이 있다(武井則道 1990).

마지막으로 소아 유해와 공반되어 있는 옹관묘는 다수의 조몬 유적에서 보고되고 있다. 기쿠치 미노루(菊池 実 1983)에 의하면 1983년까지 보고된 양호한 상태의 옹관묘 36기 중에서 12기(33.3%)가 태아, 17기(47.2%)가 한 살 미만의 어린이와 공반되어 있었다. 남은 7기 중에서 6기(16.7%)는 한 살에서 여섯 살 먹은 어린이 혹은 유아 유해와 공반되어 있고 한 기의 예만이 여섯 살 이상의 어린이 유해를 가지고 있었다. 바꾸어 말하자면, 이 옹관들의 80% 이상이 태아 혹은 한 살 미만의 어린이였다. 기쿠치의 연구도 이 옹관들 대부분이 수직으로 묻혀졌고 옹관들이 종종 바닥이 없거나 바닥에 뚫린 구멍을 가지고 있다는 것을 보여 준다. 이 예들을 토대로 고고학자들은 종종 한 유적 내에서 수직으로 묻혀 있는 항아리의 군집을 어린이 혹은 유아를 위한 묘로 간주한다. 산나이마루야마에 묻혀 있는 약 800기의 항아리들은 유아를 위한 옹관묘로 해석되어 오고 있다(岡田康博 1995a)(그림 5.16).

그림 5.15 아오모리현 호리아이(堀合) 유적 조몬 만기 석관묘(葛西 勵·高橋 潤 1981: 사진 11; 히라카정[平賀町] 역사박물
관으로부터 게재 허락을 받음)

그림 5.16 아오모리현 산나이마루야마 조몬 중기 소아용 옹관묘(아오모리현 교육청 문화과 사진 제공)

2차장

1차장과 비교할 때 조몬시대 2차장의 발굴 수는 적지만 사례는 최근 증가하고 있다. 간토와 도호쿠 지역에서 조몬 후기 및 만기 유적은 종종 소위 "2차 합장묘" 혹은 다이다이 사이소보[代代 再葬墓]와 동반되어 있다. 이 분묘 형식은 보통 대략 지름 1-2m와 깊이 1-1.5m 정도 되는 원형 혹은 방형의 구덩이로 이루어져 있다. 수십 혹은 수백 구의 유해가 이들 각 묘광과 동반되어 있다. 예를 들면, 이바라키현 나카주마패총(Shinoda and Kanai 1999)에서 원형의 한 구덩이에서 적어도 105인의 유해가 확인되었다(그림 5.17). 상당수의 두개골이 구덩이 벽 가까이에 놓여 있었는데 이는 육신이 재매장 당시에는 아마도 유골로 축소되었다는 것을 시사한다. 그러나 척추 부분과 같은 뼈의 일부는 해부학적으로 여전히 자연적인 자세를 유지하고 있는바, 이는 연조직(살)의 일부가 재매장 당시에도 여전히 남아 있었다는 것을 시사한다. 왜냐하면 일부 두개골의

그림 5.17 이바라키현 조몬 만기 나카주마(中妻)패총 출토 합장 2차장(Shinoda and Kanai 1999: 131; 도리데시 매장 문화재 센터로부터 게재 허락을 받음)

내부는 흙으로 차 있지 않고 빈 채로 남아 있기 때문에 니시모토(小林達雄 外 1998: 93-94 참조)는 재매장 이전에 육신을 유골로 줄이는 방법은 땅속에 묻는 것이 아니라 노천(露天)에 노출시켰을 것이라는 견해를 제시한다.

2차 합장묘의 다른 예들은 지바현 곤겐바라(權現原), 기온바라(祇園原), 미야모토다이(宮本台), 그리고 고사쿠 유적, 그리고 후쿠시마현(모두 조몬 후기로 편년) 산간지 유적을 포함하고 있다(高橋龍三郎 1999). 미야모토다이의 경우 기둥구멍일 가능성이 있는 작은 구덩이가 묘광의 가운데서 발견되었다. 만약 이것이 실제로 기둥구멍이라면 이 묘광이 어떤 종류의 상부구조에 의해 덮여 있었다는 것을 시사한다. 이 증거 때문에 다카하시 류자부로(高橋龍三郎 1999)는 묘광이 일정 기간 동안 열린 채로 남아 있다가 새로 죽은 유해들이 간헐적으로 추가되었다고 주장한다.

또 다른 형식으로 잘 알려진 2차장은 성인을 위한 옹관묘이다. 유해가 원래 해부학적으로 자연적인 자세를 유지하고 있는 소아를 위한 옹관묘와는 달리 옹관묘 내 성

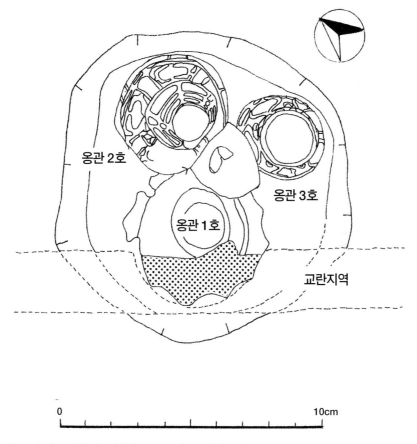

그림 5.18 아오모리현 야쿠시마에(藥師前) 유적 조몬 만기 옹관묘(倉石村敎育委員会 1997: 40에서 수정, 다시 그림)

인 유해의 자세는 종종 인위적인 안치를 보여 준다(즉, 2차장). 또 대부분의 경우 이들 옹의 각각은 너무 작아서 성인의 육신을 안에 넣을 수 없다.

2차장으로서 옹관묘의 예는 도호쿠 지역 조몬 후기 유적으로부터 흔히 보고된다. 예를 들면, 아오모리현 야쿠시마에(藥師前) 유적(倉石村敎育委員会 1997)에서 세 개의 옹관묘가 원형의 구덩이에 놓여 있었다(그림 5.18). 세 개 중에 옹관 1호는 성인 남성 한 명의 유해가 들어 있었던 반면, 옹관 3호는 성인 여성 한 명의 유해를 가지고 있었다. 비록 두 유해 중에 어느 것도 해부학적으로 자연적인 자세를 유지하고 있지 않았지만 이들 유해를 분석·묘사하였던 모리모토와 가토오(森本岩太郎·加藤克知 1997)는 옹관 3호 안에 있는 뼈들의 일부(첫째에서 여섯째 척추와 같은)는 재매장 당시에 해부학적으로 자연적인 자세를 유지하고 있었던 것으로 보인다는 견해를 제시한다. 그리하여

그림 5.19 아이치현 조몬 만기 모토카리야(元제谷)패총 반상 집골묘(盤狀 集骨墓)(가리야시 교육위원회 사진 제공)

그는 그 두 사람은 아마 다른 시기(옹관묘 3호 안에 있는 사람의 죽음이 나중)에 죽었고 재매장 당시 두 시신의 상태가 서로 달랐음에 틀림없다고 주장한다. 옹관 2호에서 검출된 유해의 보존 상태가 좋지 않아 인체 고고학자들이 매장된 사람의 나이와 성별을 결정할 수는 없었다.

유사한 형식의 옹관묘가 아오모리현 조몬 후기의 약 30개 유적에서 발굴되었다(葛西 勸 1983). 그 유적 중의 하나가 호리아이 유적인데 이곳에서는 석관묘도 확인되었다(그림 5.15를 보기 바람). 옹관묘와 석관묘가 나란히 발견되었기 때문에 이 유적 발굴조사자는 시신들이 처음에는 석관에 묻혔다가 나중에 다시 옹관에 묻혔다는 견해를 제시한다. 하나의 유적에서 이들 두 가지 형식의 무덤이 동시에 발생한 것도 도호쿠 지역의 다른 여러 조몬 후기 유적에서 관찰되고 있다(葛西 励 1983).

도카이 지역에서 조몬 후기와 만기 유적은 가끔씩 반상 집적묘(盤狀 集積墓)로 불리는, 뼈를 쌓아 만든 독특한 형식의 2차장과 동반되어 있다. 〈그림 5.19〉는 아이치현 조몬 만기 모토카리야(元제谷)패총에서 발굴된 이 형식 무덤의 예를 보여 준다. 이 예에서 대퇴골, 정강이뼈, 척골, 위팔뼈(상완골) 등과 같은 긴뼈들은 사각형 안에 놓여 있고 두개골이 깨진 파편들은 모서리와 사각형의 중앙에 놓여 있었다(設楽博己 1999). 유사한 예들이 동일한 지역 여러 다른 만기 조몬 유적지에서 발견되었다. 뼈가 안치된 정형이 상당히 독특하기 때문에 고고학자들은 이 관습의 이면에 엄격한 장례 규칙 혹은 이데올로기가 존재하였을 것이라는 견해를 제시하였다(西田泰民 1996; 設楽博己 1999).

서일본에서 2차장의 예는 동일본보다 더 흔하다(中村健二 1999). 규슈, 시코쿠, 그리고 주부 지역에서 조몬 조기와 전기 동굴 유적에서 발견된 토광묘의 일부는 2차장이다. 이런 유적의 예는 규슈 오이타현의 후츠카-이치(二日市) 동굴(조몬 조기), 가와라다(川原田) 동굴(조몬 조기), 그리고 혜기(枌) 동굴(조몬 전기) 등이다. 많은 고고학자들은 또 서일본 전역에서 흔히 발견되는 성인을 위한 조몬 후기 및 만기 옹관묘의 대부분은 2차장이라고 생각한다(그러나 中村健二 1991; 1999를 보기 바람).

마지막으로 불에 탄 인골 유해의 존재는 화장이 조몬인들에 의해 가끔씩 행해지고 있었다는 것을 시사한다. 화장된 유해의 가장 이른 예는 오카야마현 조몬 전기 히코자키(彦崎)패총에서 발굴된 세 개의 불에 탄 두개골이다. 또 오카야마현 조몬 전기 후나쿠라(舟倉)패총에서도 불에 탄 유해가 굴신(屈身)으로 1차장을 한 위에서 수습되었다(中村健二 1999). 조몬 후기 및 만기의 불에 탄 유해의 예에는 오사카현 이케다데라(池田寺)(조몬 후기), 나라현 미야다키(宮瀧)(조몬 후기), 그리고 오사카현 오니주카(鬼塚)(조몬 만기) 등이 포함된다. 불에 탄 유해는 규슈에서 조몬 후기 및 만기 옹관묘에서도 가끔씩 발견된다(中村健二 1999).

불에 탄 유해 중의 일부는 명백하게 제의적인 석조 유구들과 동반되어 있다. 니가타현 데라지(寺地) 조몬 만기 유적에서 불에 탄 소량의 동물 뼈 파편뿐만 아니라 11인(어른 10명과 1명의 청소년)이 넘는 불에 타서 조각난 유해가 석조 유구의 중앙에 원형의 돌로 된 노지에서 수습되었다(阿部義平 1983; 中島栄一·渡辺智一 1994; 西田泰民 1996). 나가노현 나카무라 나카다이라 유적에서 판석을 포장한 유구 1기, 불에 탄 인골 구덩이 1기, 그리고 불에 탄 인골을 담고 있는 토기와 동반된 석조 유구 1기 등이 수습되었다. 이 유구들로부터 수습된 불에 탄 인골의 총량은 30kg이 넘는다. 불에 탄 한 사람의 인골 무게가 대략 2kg 정도로 추산되기 때문에 약 15명의 유해가 있었음이 틀림없다(西田泰民 1996). 다소 예외적인 이 예들은 조몬인들의 회장 개념은 현대 사회의 개념과는 상당히 달랐다는 것을 시사한다.

매장의 지역 및 시간적 다양성

이와 같이 조몬 매장의 형식이 상당히 다양했다는 것은 명백하다. 〈표 5.4〉는 위에서 설명한 다양한 매장 형식의 지역 및 시간적 다양성을 요약하고 있다. 매장의 두 가지 가장 흔한 형식인 토광묘와 소아를 위한 옹관묘는 동일본과 서일본에서 공히 많이 발견된다. 폐옥묘, 2차 합장묘, 그리고 반상 집골묘와 같은 일부 다른 형식은 그것의 시간 및 공간적 분포에 있어서 상당히 제한적이다. 성인을 위한 옹관묘는 도호쿠 조몬 후기 매장의 특징이지만 조몬 후기 및 만기 전 시기를 통해 긴키, 주고쿠, 시코쿠, 그리고 규슈에서도 흔히 발견된다. 두 지역 사이의 공간적 단절을 고려하면 두 전통은 각기 기원하였던 것 같다. 마지막으로 화장의 예는 동일본과 서일본에서 공히 보고되고 있지만 이 관습은 조몬시대 전체를 통해 비교적 드물다.

〈표 5.4〉에 제시된 자료는 또 조몬 매장에서의 다양성은 조몬 중기 동안 증가되기 시작하였고 조몬 후기 동안 다양한 장제(葬制)가 있었다는 것을 보여 준다. 이 표는 환상열석과 환상토리(環狀土籬)(홋카이도의 조몬 후기 공동묘지; 206-217쪽 "제의와 기념비적 유구의 축조" 부분을 보기 바람)와 같은 기념비적인 유구와 동반되어 있는 조몬 후기와 만기 매장을 포함하고 있지 않고 있기 때문에 실질적인 다양성은 훨씬 더 다채롭다. 그리하여 많은 일본 고고학자들은 조몬 중기 말엽에서 조몬 후기 초엽을 조몬 장제에서 큰 변화가 일어난 시기로 생각한다(예, 新津 健 1999).

매장과 사회 불평등

조몬 중기에서 후기에 이르는 동안 장제의 변화는 수렵채집민 사회의 불평등 발전에 대한 최근 논의를 고려하면 특히 의미가 있다. 앞에서 언급한 바와 같이 전통적으로 일본 고고학자들은 조몬사회를 평등사회로 간주해 왔다. 몇 개의 예외 중의 하나가 정주 수렵채집민들 사이의 사회 불평등 기원에 대한 모델을 제시한 와타나베 히토시(Watanabe 1983; 渡辺 仁 1990)이다. 와타나베는 북아메리카 서북 해안과 홋카이도 아이누를 포함한 북환태평양으로부터의 민족지학적 예를 인용하여, 대형의 포유동물(예, 고래와 곰) 혹은 어류(예, 황새치) 수렵-어민들(hunter-fishers)과 중형과 소형의 포유동

표 5.4 시기 및 분포별로 다른 분묘 형식

	초창기	조기	전기	중기	후기	만기	주요 분포지역	참고문헌
토광묘		유	중부	중부	중부	중부	동일본 및 서일본	西村正衞 1965; 中村 大 1999
환상열석묘				유	상당히 흔함	유	도호쿠	Kodama 2003
"석관묘"					유	중부	도호쿠, 간토, 주부 그리고 호쿠리쿠	Kodama 2003; 新津 健 1999
"폐옥묘"				유	유		간토	土井基司 1990
소아용 옹관묘			유	중부	중부	중부	동일본과 서일본	菊池 實 1983
2차 합장묘					유		간토	高橋龍三郞 1999
성인용 옹관묘 (주로 2차장?)				유	유	유	조몬 후기 아오모리현 특징; 조몬 후기 및 만기 긴키에 상당히 흔함	葛西 勵 1983; 菊池 實 1983; 中村 大 1999
반성 집골묘					유	유	도카이	西田泰民 1996; 設樂博己 1999
화장묘			유	유	유	유	동일본과 서일본	菊池 實 1983; 西田泰民 1996

주의: 이 표는 환상열석과 같은 환상토리와 같은 비기념비적 유구들과 관련된 무덤은 포함하지 않음. 이들 유구에 대한 요약은 203-215쪽을 보기 바람.

물 혹은 어류 수렵-어민들 사이의 가족 간 직업적 차이가 세습적 사회계층을 초래하였다는 견해를 제시하였다. 그는 또 이들 계층화된 수렵채집민 사회는 높은 사회적 지위의 상징물로 많은 위세품과 제의 관습이 특징이라고 제시하였다.

와타나베 히토시(渡辺 仁 1990)는 이 모델을 조몬문화 연구에 적용하였다. 곰과 황새치 같은 대형의 포유동물과 어류 유체가 많은 조몬 유적지에서 발견되는 사실을 토대로 와타나베는 조몬사회는 계층화되었다고 하였다. 더욱이 그는 조몬 각 시기 복잡한 제의 행위가 존재하는 것뿐만 아니라 조몬 중기에서 만기까지의 유적으로부터 수습된 정교하게 장식된 토기와 다양한 종류의 장신구 발견은 이 사회가 "위세 경제"가 특징인 계층사회였다는 논거를 뒷받침한다고 주장하였다.

와타나베 히토시(1990)가 인용한 고고학적 예들은 1960년 이전에 발굴된(酒詰仲男 1961) 극히 적은 수의 유적에서만 온 것이기 때문에 그의 연구는 대부분의 일본 고고학자들에 의해 설득력 있는 해석이라기보다는 하나의 가능한 모델 제시로 간주되고 있다(그의 연구에 대한 평가는 羽生淳子 1993을 보기 바람). 그러나 나카무라 오키(中村 大 1999; 2000)에 의한 조몬 무덤의 최근 분석은 도호쿠 지역에서 적어도 조몬 후기와 만기에는 어느 정도의 세습적 불평등이 존재하였을 수 있다는 것을 보여 준다.

나카무라 오키(2000)는 373개 유적의 조몬 무덤에서 수습된 부장품(아마도 죽은 사람에 의해 착용되었을 장신구를 포함하여)의 종류와 수를 조사하였다. 시간적, 지역적으로 큰 다양성이 있음에도 불구하고 그는 조몬시대 전체를 통해 부장품의 변화는 세 분기로 나눌 수 있다고 주장한다. 다음은 그의 분석 결과에 대한 요약이다.

I 분기(조몬 초창기에서 조기까지)

이 분기는 심호(深壺)와 석기(화살촉, 밀개, 그리고 송곳 포함)와 같이 일반적인 일상생활 물품이 많은 것이 특징이다. 이들은 이 분기뿐만이 아니라 나머지 조몬시대를 통해서도 가장 기본적인 부장품이다. 비록 돌, 조개, 그리고 상어 이빨로 만든 적은 수의 드리개가 보고되었지만 이 분기에는 정교한 장신구가 드물다. 어린이 무덤은 이 분기에 확인되지 않았다. 부장품과 동반된 무덤의 전체 수가 아주 적기 때문에 성별에 따른 부장품의 차이에 관해 이용할 수 있는 자료는 없다. 대략 20에서 30%의 무덤이 한 개혹은 그 이상의 부장품과 동반되어 있었다(세 곳의 유적에서 나온 자료를 토대로 한 통계: 홋카이도 호쿠토[北斗], 그리고 아오모리현 신나야[新納屋] 및 아이노마에[家ノ前] 유적)(中村

大 2000).

II 분기(조몬 전기에서 중기까지)

이 분기 동안은 "정교한" 장신구와 토기의 존재가 흔하다. 이들은 결상이식(玦狀耳飾), 관옥, 조개 팔찌, 대형 옥, 사슴뿔 "요식"(아마 남성의 칼 손잡이), 토제 귀걸이, 곰 이빨 드리개와 팔찌, 그리고 호박 장신구를 포함하고 있다. 이 분기 동안에 칠기 천발(淺鉢)(다음 장을 보기 바람)과 석봉도 처음으로 부장품으로 등장하였다. 심호와 석기는 이 분기부터 계속해서 부장품 조합의 일부분이 된다. 한 점 혹은 그 이상의 부장품을 가진 무덤들의 상대빈도수는 10에서 30%까지 각기 다르다. 정교한 부장품을 가진 무덤의 상대빈도수가 1에서 14%에 이르지만 대부분 유적의 무덤이 10% 미만이다. 성별에 따른 부장품의 차이도 관찰된다. 결상이식과 토제 귀걸이는 오직 여성 유해와 함께 보고되고, 반면 "허리 드리개"는 오직 남성 유해와 함께 발견된다. 시가현 이시야마(石山)패총(조몬 초창기의 마지막 분기)과 도야마현 우라야마 테라조(浦山寺藏) 유적에서 검출된 것과 같은 정교한 부장품과 동반되어 있는 아주 적은 수의 어린이 무덤은 이 분기부터 보고된다(中村 大 2000).

III 분기(조몬 후기에서 만기까지)

이 분기는 정교한 부장품에 있어서 급속한 시간적 변화뿐만 아니라 부장품의 수와 종류도 증가하는 것이 특징이다. 칠기 유물뿐만 아니라 다양한 석제, 토제, 패류, 그리고 골제 장신구가 많은 조몬 후기와 만기 유적으로부터 보고된다. 석봉, "석검," 토우, 그리고 석제 및 토판과 같은 제의 유물도 보고된다. 부장품으로서 토기는 깊고 얕은 바리뿐만 아니라 좁은 목을 가진 항아리와 액체를 담기 위한 주구(注口) 토기를 포함하고 있다. 부장품을 가진 무덤의 빈도수가 10에서 30% 사이이고 정교한 부장품을 가진 무덤의 빈도수는 대략 10%이다. 비비(美々) 4호와 가시와기(柏木) B 환상토리(環狀土籬) 유적(아래를 보기 바람)과 같은 여러 조몬 후기 유적은 예외인데 이 유적에서는 각각 24%와 20%의 무덤이 정교한 부장품과 동반되어 있었다. 비록 일반적인 규칙에 예외도 관찰되기는 하였지만 이전 분기에서 관찰된 성별에 따른 차이는 일반적으로 유지되었다. 정교한 부장품을 가진 어린이 묘의 빈도수는 이전 분기에 비해 상대적으로 현저하게 증가하였다. 정교한 부장품과 동반되어 있는 조몬 어린이 무덤 26기의 예

표 5.5 부장품과 동반된 소아 묘의 백분율(괄호 안은 절대 수)

	조몬 초창기-중기	조몬 후기	조몬 만기
홋카이도/북 도호쿠	0.0 (0/8)	0.0 (0/8)	17.1 (6/35)
남 도호쿠	0.0 (0/6)	8.3 (1/12)	25.0 (4/16)
간토/주부	2.6 (1/39)	4.5 (6/132)	0.0 (0/2)
호쿠리쿠	0.0 (0/2)	- (0/0)	- (0/0)
도카이	- (0/0)	20.0 (1/5)	1.6 (2/124)
긴키/주고쿠/시코쿠	11.1 (1/9)	10.7 (3/28)	8.3 (1/12)
규슈	0.0 (0/22)	0.0 (0/15)	50.0 (1/2)
평균	2.3 (2/86)	5.1 (10/195)	7.3 (14/191)

출처: 나카무라 1999.

중에서 24기(10기는 조몬 후기이고 14기는 조몬 만기)가 III분기에서 나왔다(표 5.5를 보기 바람). 특히 홋카이도와 도호쿠 지역 조몬 만기에 상대빈도수가 증가한 것은 주목된다(홋카이도와 도호쿠는 17.1%이고 남 도호쿠는 25.0%). 무덤들 간에 보이는 정교한 부장품 수의 차이는 특히 도호쿠 지역과 홋카이도에서 이전 분기보다 더 크다. 이것은 특별한 장례 예우에 의해 구별되는 적은 수의 사람이 등장하였음을 시사하는 것으로 보인다.

이 분석을 토대로 나카무라 오키(2000)는 이들 변화가 전 조몬시대를 통해 사회 불평등의 발전 과정을 반영하는 것이라고 주장한다. 특히 그는 정교한 부장품을 가진 어린이 무덤 수의 증가는 조몬 후기와 만기 세습적 사회 불평등의 발생을 반영하는 것으로 해석한다. 모리스(Morris 1987)와 헤이든(1995)을 인용하여 나카무라도 이 분기 내 정교한 부장품 형식에 있어서의 빠른 시간적 변화는 이들 유물이 적은 수의 엘리트에 의해 신분 상징으로 관리·조종되었다는 것을 시사한다고 본다. 일단 신분 상징에 많은 수의 사람들이 접근하게 되면 새로운 신분 상징이 그 엘리트에 의해 제작되고 규정된다. 이러한 새로운 모델을 제시하면서 나카무라(2000)는 조몬사회는 평등사회였다고 추정하였던 이전의 조몬 무덤 연구들을 비판한다.

매장 관습과 문화 경관

과거 문화 경관의 맥락에서 이루어진 무덤 자료의 체계적인 조사도 조몬의 매장 관습을 이해하는 데 중요하다. 전통적으로 많은 일본 고고학자들은 대형 취락과 동반되는 합장묘와 묘지의 존재는 장기간의 정주를 시사하는 중요한 점이라고 제시하였다

(예, 淸藤一順 1977). 그러나 여러 조몬 유적지 무덤과 수혈주거지의 역연대(曆年代) 연구들은 묘지의 존재가 자동적으로 그 유적지가 완전히 정주한 사람들의 장기간의 거주를 의미하는 것은 아니라는 것을 시사한다.

지바현의 하자마-히가시(飯山滿東) 유적이 이 점에서 첫 번째 사례이다. 이 유적의 구제발굴에서 조몬 전기로 편년되는 30동의 수혈주거가 노출되었다(船橋市教育委員会 1975). 이들 중에서 26동이 이 지역의 조몬 전기의 다섯 개 분기(가장 오래된 것에서 덜 오래된 것으로, 하나즈미[花積] 하층, 세키야마[關山], 구로하마[黑浜], 모로이소[諸磯], 그리고 주산보다이[十三菩提]; 모로이소 분기는 보통 다시 모로이소-a, -b, -c 세 기로 세분된다) 중에서 세 번째에 해당하는 구로하마 분기로 편년된다. 구로하마 분기에서 검출된 26동의 수혈주거에 더하여 2동의 수혈주거지는 구로하마의 바로 뒤에 오는 모로이소-a 단계로 편년된다. 나머지 다른 2동의 수혈주거지는 모로이소-b 단계 다음으로 편년된다. 바꾸어 말하자면, 취락의 크기에 관한 한 하자마-히가시 유적은 구로하마 분기 동안에 최고조에 있었다. 이 취락의 규모는 그 뒤의 모로이소-a와 모로이소-b 단계에 현격하게 축소되었다.

그러나 이 유적에서 검출된 무덤 자료는 구로하마 분기에서 모로이소 분기까지 유적 사용의 강도에 있어서 분명한 차이를 보여 준다. 이 유적은 이 유적 서북쪽 부분에 위치하고 있는 타원형의 수혈 군집과 동반되어 있다. 이들 수혈의 모양과 그 내부에 있는 많은 "제의" 토기(그림 5.20에 있는 작고 얕은 바리를 보기 바람) 때문에 대부분이 묘광으로 보인다(船橋市教育委員会 1975). 옥도 이들 구덩이의 일부와 동반되어 있다. 하자마-히가시 유적의 발굴에서 총 200기의 이러한 형식의 구덩이가 노출되었다. 이것들 대부분은 앞선 시기의 구로하마 분기보다 모로이소-a와 모로이소-b 단계에서 검출된다.

바꾸어 말하면, 고고학적 자료는 이들 묘광이 구로하마 분기 동안에 건축되었던 대부분의 수혈주거지와 동시기가 아니라는 것을 보여 준다. 그러나 이 유적에서 그 시기와 관련된 무덤의 증거가 없다. 대부분의 수혈주거지가 폐기된 후 무덤이 나타나기 시작했다. 이때에 이르면 이 유적은 더 이상 큰 취락이 아니고 대신 아마도 오직 1동 혹은 2동의 수혈주거지에 의해 점유되었을 것이다. 그러므로 시간이 지나면서 이 유적의 기능은 주 거주지에서 주 묘지로 바뀌어 갔다.

하자마-히가시 유적은 예외가 아니다. 유사한 예가 주부 지역 나가노현 아규(阿

그림 5.20 지바현 하자마-히가시(飯山滿東) 유적 묘광에서 수거된 천발(사진은 일본 국립역사박물관에서 제공)

久) 유적에서 발견된다(長野県中央道遺跡調查団 1982; 長野県教育委員会 1979). 이 유적은 많은 집석군(集石群)이 있는 것으로 알려져 있는데 그 기능은 성격상 실질적인 것으로 보이지 않는다. 이들 집석군의 총수는 약 270여 개이고 그리고 추가로 분산되어 있는 많은 수의 돌과 함께 이들 집석군은 큰 환상의 형태를 이루고 있다. 이 지구 내에서 발견되는 돌의 전체 수는 약 5만 개에 달한다(森 勇一 1999). 묘광으로 보이는 타원형의 수혈은 환상 석군 유구의 중앙에서 발견되었다. 이들 수혈의 일부는 크게 곧추선 표석(標石)과 동반되어 있다. 공반된 토기의 양식을 토대로 발굴조사자들은 집석과 묘광의 대부분을 모로이소-a와 모로이소-b 단계로 편년하였다.

그러나 수혈주거지의 건축에 관해서 유적 점유의 정점은 모로이소 분기에 발생하였던 것이 아니고 그보다 앞선 분기에 발생하였다. 약 50동의 수혈주거지가 나카고시(中越) 분기(간토 지역에서 조몬 전기의 가장 이른 분기인 하나즈미 하층과 동시대)로 확인되었는데 이는 조몬 전기 초엽으로 편년된다. 이 분기 이후에 이 유적은 뒤이은 두 분기(가미노키[神之木] 및 아리오[有尾]; 간토에서 조몬 전기의 두 번째 분기인 세키야마 분기와 동시대) 동안 폐기되었고 그리고 나서 구로하마 분기와 모로이소-a와 모로이소-b 단계 중에 다시 점유되었다. 수혈주거지 19동이 구로하마 분기 동안에 건축되었다. 모로이소-a 단계부터 수혈주거지의 전체 수가 11동으로 그리고 마지막으로 모로이소-b 단계에는 2동으로 줄어들었다. 다시 한 번, 최초의 점유는 많은 수의 거주 관련 유구(예, 수혈주거지)가 특징인 정형성이 있다. 이러한 상황에서 유적지의 기능 변화가 뒤따르는데, 이제 이곳에는 적은 수의 수혈주거지만 있고 상당수의 제의 및 무덤 유구가 있다.

유사한 정형성을 가나가와현 기타가와 유적의 세 번째 유적에서 찾을 수 있다. 이 유적의 구제발굴에서 5동의 모로이소-a 수혈주거지와 19동의 모로이소-b 수혈주거지가 있는 것으로 드러났다. 뒤이은 모로이소-c 단계에 해당하는 수혈주거지는 확인되지 않았다. 타원형의 묘광도 이 유적에서 발견되었다. 그들 중의 일부는 모로이소-b 단계이고 반면 다른 것들은 모로이소-c 단계에 해당하였다. 인골과 동반되어 있는 유일한 묘광은 모로이소-c 단계에 해당되었다. 옥 귀걸이 한 점이 이 무덤과 동반되어 발견되었다. 이 사례에서 무덤의 축조는 거점취락지로 이 유적 사용 대부분의 시기에 이어 계속되었다는 것이 분명하다.

요약하면, 여기서 제시된 세 가지 모두의 사례에서 각 유적은 원래는 대형의 거주 유적으로 기능하였다. 유적이 점유된 이른 분기 동안에는 무덤이나 제의 유구가 없었다. 나중에 각 유적이 대형 거점취락으로서의 기능이 중단되었을 때 그 기능은 주로 거주지에서 좀더 제의적으로 바뀌어 갔다. 위에서 설명하였던 고고학적 자료를 고려하면 이 유적에 살았던 사람들 혹은 그 후손들이 이들 유적지에서 주검을 매장하거나 제의 행위를 행하기 위하여 주기적으로 돌아왔다는 것이 가장 그럴듯하다.

이 사례연구들은 대형 거주 유적지와 동반된 무덤의 관계가 일반적으로 믿고 있는 것만큼 그렇게 단순하지 않다는 것을 보여 준다. 무덤의 존재가 한 사람의 생애가

단 하나의 취락에 국한된다는 것을 의미하지는 않는다. 오히려 한 유적에서 무덤과 제의 유구의 존재는 전체적인 취락정형의 맥락에서 해석되어야 한다.

제의와 기념비적 유구의 축조

아규 유적의 사례에서 분명해진 것처럼 조몬 유적의 일부는 제의 유구와 동반되어 있다. 조몬시대의 이른바 제의 유구 형식은 상당히 다양하다. 그들 대부분이 석조물 혹은 토루로 이루어져 있고 상당히 크다. 대부분의 경우 이 유구의 축조에는 상당한 양의 노동력과 협동이 필요하였음에 틀림없다.

환상열석(環狀列石)과 다른 석조 유구

조몬 제의 유구의 가장 흔한 형태는 돌로 제작된 것이다. 비록 석조 제의 유구의 최초 출현이 조몬 초창기로 올라가지만(秋元信夫 1999: 173), 조몬 초창기에서 전기 전반에 이르기까지 그 수는 적다. 그러나 조몬 전기의 후반에 정교한 석조 유구가 최소한 주부지방 여러 유적지에서 축조되었다. 예를 들면, 나가노현 조몬 전기 와파라(上原) 유적에서(大場磐雄 1957a) 길쭉한 돌들이 환상 형태로 발견되었다. 이 유적 발굴 조사자들은 이 돌들이 원래는 수직으로 놓여 있었다고 주장하였다(그림 5.21). 북일본 알프스 산맥의 수려한 경관과 더불어 높은 고도에 있기 때문에(해발 약 800m; 平林照雄 1957), 이 유적의 책임조사자인 오바 이와오(大場磐雄 1957b: 159)는 이 유구가 산악신앙과 관련이 있었음에 틀림없다는 견해를 제시하였다. 다른 학자들은(예, 大塚和義 1988) 이 유적지는 사냥제의가 행해졌던 곳이라는 견해를 제시하였다. 이것은 왜냐하면 많은 수의 화살촉과 슴베 밀개(동물 도살에 사용되었을 가능성이 있음)가 여기서 발견되었기 때문이다. 이 유적은 또 많은 수의 결상이식(玦狀耳飾)과도 동반되어 있다. 귀걸이의 대부분이 미완성이기 때문에 학자들은 이들 귀걸이의 생산이 이 유적에서 이루어졌다고 믿는다(森 浩一 1988: 18). 아규(203-205쪽)와 와파라 두 유적 석조 유구들이 조몬 전기 모로이소 분기(4장을 보기 바람)로 편년되고, 유사한 유구들의 발견이 이 분기 이전의 다른 지방에서는 흔치 않기 때문에 학자들은 조몬문화 경관에 있어서의 큰

그림 5.21 나가노현 와파라(上原) 조몬 전기 유적 환상열석 유구의 복원(鈴木公雄 1988: 114-115; 講談社 사진 제공)

변화가 조몬 전기 말엽에 발생하였다고 주장하였다.

조몬 중기에 해당하는 석조 유구의 수는 조몬 전기의 그것보다 더 많다(Kodama 2003). 군마현의 구모리(久森) 유적에서 지름 약 40m가 되는 환상열석 배치가 확인되었다. 비슷하게 야마나시현 우시이시(牛石) 유적에서도 안팎의 원들로 이루어진 환상열석 한 기가 보고되었다. 이 환상열석의 지름은 약 50m에 이른다. 다른 한편, 나가노현 센고(千居) 유적(新津 健 1999)과 이와테현 고쇼노(御所野)(一戸町教育委員会 1993) 유적과 같은 여러 다른 유적에서 발견되는 석조 유구들은 덜 체계적으로 구성되어 있다. 예를 들면, 고쇼노의 경우, 작은 집석들이 분산되어 있는 많은 돌들과 함께 발견되었다. 이들 집석들의 분포구역은 동서 약 80m 그리고 남북 50m에 이르는 구역을 차지한다. 이들 집석 유구들의 일부가 묘표지(墓標識) 역할을 하였던 것으로 보이고 집석과 분산된 돌들로 덮여 있는 전 구역은 제의 행위를 위한 장소였던 것 같다.

조몬 후기 및 만기 집석 유구의 발견은 매우 많다. 특히 대형의 환상열석이 많은 것은 홋카이도와 북도호쿠의 특징이다. 이들 조몬 후기 환상열석은 두 가지 형식으로 나누어진다. 첫 번째 형식은 많은 작은 집석들로 이루어진다. 예를 들면, 아키타현 오유 유적에서 많은 작은 집석들로 이루어진 두 개의 대형 환상열석이 발견되었다. 이 두 환상열석은 각각 만자(万座) 및 노나카도(野中堂) 환상열석으로 명명되었다. 이 유적에서 발견된 작은 집석들의 일부는 길쭉한 돌들이 방사상의 모양이고 가운데 수직으로 큰 돌이 세워져 있어 "해시계"식으로 알려져 있다(그림 5.22). 최근 가즈노시(鹿角市)

그림 5.22 아키타현 노나카도(野中堂) 오유(大湯) 유적의 "해시계" 모양 집석[大湯環狀列石](森 浩一 1988: 29; 講談社 사진 제공)

교육위원회에서 수행된 연속적인 시굴조사에서 "해시계"를 포함한 대부분의 작은 집석들 아래에 토광묘가 위치하고 있다는 것이 밝혀졌다. "해시계"와 다른 형식의 작은 집석들과 묘광들과의 동반은 홋카이도 오토에(音江) 및 니시자키야마(西崎山)와 같은 조몬 후기 집석에서도 확인되었다(Kodama 2003).

다른 형식의 조몬 후기 집석은 주로 환상 혹은 방형의 집석 배치로 이루어져 있다. 예를 들면, 아오모리현 조몬 후기 고마키노(小牧野) 유적에서 세 개의 동심원(가운데, 내부, 그리고 외부 원)으로 이루어진 대형 환상열석 한 기가 발굴되었다(그림 5.23). 외부 원의 지름은 약 35m에 달한다. 세 개의 동심원들의 집석이 묘표지는 아니지만 이 환상열석은 11개의 더 작은 집석들(석조유구 1-11번), 세 기의 옹관묘, 그리고 8기의 환상열석 무덤(1-8호)들과 동반되어 있다. 또 약 50기의 "플라스크 모양"의 토광묘가 그 유적의 동쪽 환상열석 외부에서 발견되었다.

고다마(Kodama 2003)에 의하면 고마키노 환상열석의 축조에는 가까이 있는 아라

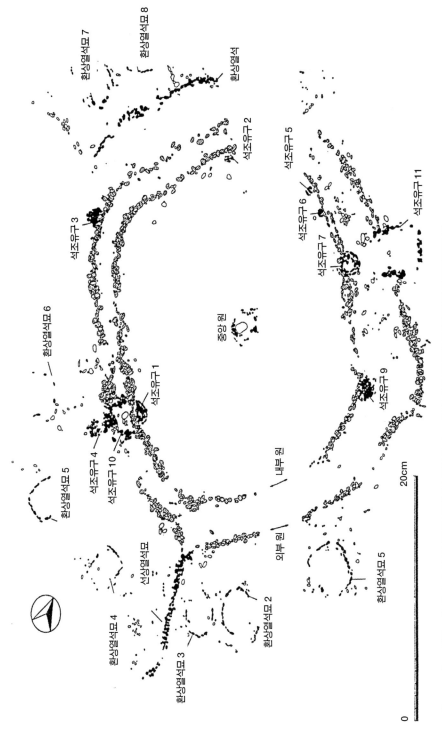

환상열석묘 7

환상열석묘 8

환상열석

석조유구 2

석조유구 5

석조유구 6

석조유구 11

석조유구 3

석조유구 7

중앙 원

석조유구 9

환상열석묘 6

석조유구 1

석조유구 4

석조유구 10

내부 원

환상열석묘 5

환상열석묘 2

외부 원

선상열석묘

환상열석묘 5

환상열석묘 4

환상열석묘 3

0   20cm

그림 5.23 아오모리현 고마키노(小牧野) 유적 조몬 후기 환상열석(Kodama 2003: 245; 다이세이 고다마로부터 게재 허가를 받음)

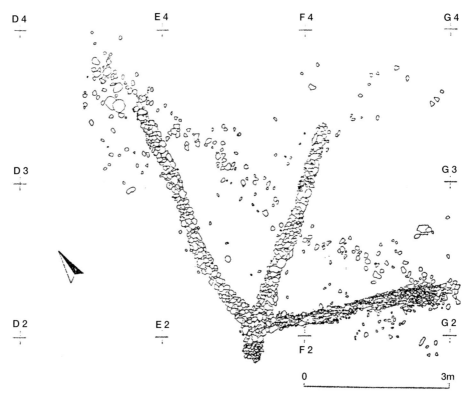

그림 5.24 이와테현 몬젠(門前) 유적 조몬 후기 화살 모양 석조 유구(佐藤正彦·熊谷 賢 1995: 78; 리쿠젠 다카다시 교육 위원회로부터 게재 허락을 받음)

카와 강(해발 70m)의 하상(河床)에서 이 유적(해발 고도 140-150m)까지 약 2,400개의 냇돌을 옮기는 것뿐만 아니라 구릉 면 약 500m²의 땅을 편평하게 만드는 작업이 필요 하였음에 틀림없다. 또 고다마의 추정에 의하면 약 300m³의 흙이 이 유적의 위쪽에서 아래쪽으로 옮겨졌다.

　　도호쿠 지방에서 이들 대형 환상열석의 축조는 제한된 지역 내에서 상당히 한정 된 시간 안에 이루어졌던 것으로 보인다. 도호쿠 지역에서 환상열석의 축조는 산나이 마루야마와 같은 대형 취락이 흔히 건축되었던 조몬 중기의 특징이 *아니라* 아주 작은 수의 대형 취락이 건축되던 조몬 후기의 특징이라는 점은 특히 주의할 만하다.

　　환상열석은 조몬 후기의 제의적 석조 유구의 작은 한 부분을 보여 줄 뿐이다. 예를 들면, 이와테현 몬젠(門前) 유적(佐藤正彦·熊谷 賢 1995)에서 약 1,350개의 돌로 만들어 진 조몬 후기의 화살 모양 석조 유구가 발견되었다(그림 5.24). 더하여 약 1만 5,000여

개의 돌이 화살 모양 유구의 동편에서 약 10×30m 구역에서 조밀하게 분산되어 있었다. 이들 상당수는 해변의 화강암 자갈이어서 최소한 1km 정도 떨어진 가까이에 있는 해변에서 이 유적지로 가져왔음에 틀림없다. 이 유적은 또 조몬 중기와 후기 패총과도 동반되어 있다.

조몬 만기의 제의적 석조 유구의 발견은 특히 간토, 주부, 그리고 호쿠리쿠 지역에서도 흔하다. 예를 들면, 많은 양의 불에 탄 유해와 동반되어 있는 한 기의 대형 노지가 발견된(앞을 보기 바람, 197쪽) 데라지 유적에서 두 개의 석벽 유구와 네 개의 굴립주를 가진 방형의 석벽 한 기, 그리고 호(弧) 모양의 석벽을 포함한 조합식 석조 유구 단지 하나가 발굴되었다. 조몬 만기 석조 유구와 동반되어 있는 유적으로는 야마나시현 긴세이(金生) 유적(山梨県埋蔵文化財調査センター 1989)과 군마현 야제(矢瀬) 유적(三宅敦気 1994)이 있다.

환상토리

홋카이도에서 조몬 후기 문화는 환상열석뿐만 아니라 *환상토리*(環狀土籬, 원형의 흙 울타리) 토관, 즉 환상의 둑을 가진 무덤의 존재가 특징이다. *환상토리*는 조몬 후기의 말엽에 홋카이도의 일부에서 나타난 복합묘제의 한 형식이다(Ikawa-Smith 1992; 大谷敏三 1983). 〈그림 5.25〉는 *환상토리*의 평면 도식을 보여 준다(大谷敏三 1983). 이 그림에서 보이듯이 환상토리는 큰 원형의 구덩이와 그 원형의 구덩이를 두르는 둑과 그 원형 구역 내에 묘광이 축조되어 있는 것으로 이루어진다. 언제나 그런 것은 아니지만 이 그림에서 중앙의 묘광은 다른 것들과 구별된다(大谷敏三 1983). 각 *환상토리* 내 묘광의 수는 1기에서 20기까지 다양하다(Ikawa-Smith 1992). 바꾸어 말하자면, *환상토리*가 합장으로 알려져 있지만 어떤 경우에는 단 하나만의 묘광이 있다. 둑은 확실히 대형의 원형 구덩이 안에서 나온 흙으로 만들어졌다. 비록 중부 및 동부 홋카이도 네 곳의 다른 유적지(오토에미나미[音江南], 아시베츠노가난[芦別市野花南], 이차니[伊茶仁], 슈엔구리사와[朱円栗澤])가 확인되었지만 *환상토리*의 분포는 서부 홋카이도 이시카리 평원(가시와기[柏木] B, 기우수[キウス], 수에히로[末広], 비비[美々] 4, 그리고 미사와[三沢] 1 유적)에 주로 밀집되어 있다(그림 5.26).

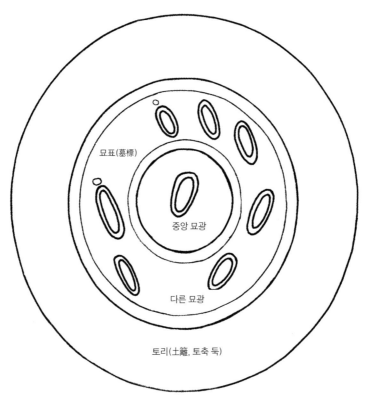

묘표(墓標)

중앙 묘광

다른 묘광

토리(土籬, 토축 둑)

그림 5.25 환상토리(環狀土籬) 평면 도식(大谷敏三 1983: 47에서 수정, 다시 그림)

가장 잘 알려진 *환상토리*는 기우수 유적이다. 치토세 시내 가까이 있는 이 유적은 14기의 *환상토리*가 동반되어 있다. 〈그림 5.27〉은 이 유적에서 발견된 주요 *환상토리*를 보여 준다. 그림에서 보는 바와 같이 이들 환상토리의 지름은 30에서 75m 사이, 둑의 높이는 0.5와 5.4m 사이로 크기가 일정하지 않다. *환상토리*의 몇몇은 둑의 일부를 공유한다. 가장 큰 것(*환상토리* 2호)을 축조하기 위하여 옮겨야 하는 흙의 양은 3,080±300m³로 추정된다(大谷敏三 1983: 48).[12] 한 사람이 하루 옮기는 흙의 양을 약 1m³로 추정하면[13] 25명이 이 유구를 축조하는 데 123일이 걸릴 것이다(大谷敏三 1983).

오타니(大谷敏三 1983)에 의하면 *환상토리* 묘광에서 발견된 부장품 중에 특별한 것은 없다. 이들은 토기, 화살촉과 석부와 같은 석기, 구슬과 조개 팔찌와 같은 장신구, 그리고 소형의 석봉 등이다. 석봉이 상당히 흔하게 부장되어 있기 때문에 오타니는 이들 무덤에 묻힌 사람들은 제의 행위를 담당하였던 무당이었지만 높은 사회적 지위로 두드러지지는 않았다고 주장한다. 그러나 나카무라 오키(2000)는 비비 4와 가시가와 B

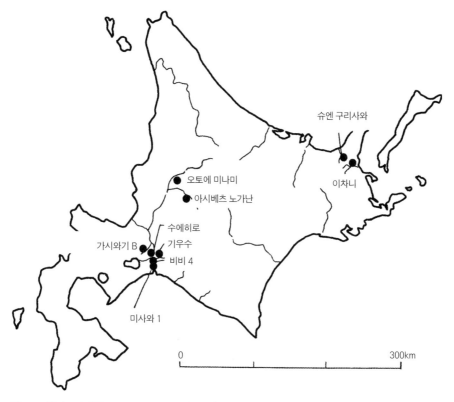

그림 5.26 환상토리의 분포(大谷敏三 1983: 47에서 수정, 다시 그림)

두 *환상토리* 유적에서 정교한 부장품이 동반된 무덤의 빈도수가 각각 24%와 20%라고 지적한다. 이 시기에 평균 빈도수가 약 10%인 것을 고려하면 이들 수는 상당히 높다. 이것은 *환상토리*와 관련되어 있는 사회는 어떤 종류이건 간에 계층사회를 나타낸다는 것을 시사한다.

　*환상토리*는 한정된 시기 동안 축조되었고 조몬인들은 수백 년 후에는 이 무덤 축조를 중지하였다. 홋카이도와 도호쿠에서 조몬 후기 환상열석의 사례와 똑같이 대부분의 *환상토리*는 오직 적은 수의 수혈주거지 혹은 겨울을 지내기 위한 실질적인 거주 유구의 다른 형식들과 동반되어 있다. 이가와-스미스(1992)는 *환상토리*의 축조는 이 지역에서 조몬 후기 사람들이 많은 수혈주거지(아마도 겨울 취락)를 가진 대형 취락 형성을 중지하고 난 이후에 발생하였다는 사실을 강조한다. 즉, *환상토리*의 출현은 겨우내 집합 유적들로 보이는 것들이 사라지는 것과 일치하였다. 그는 *환상토리* 유적이 사람들이 따뜻한 시기에 공동 수렵과 어로 행위, 혼인 협상, 그리고 다른 제의 행위들을

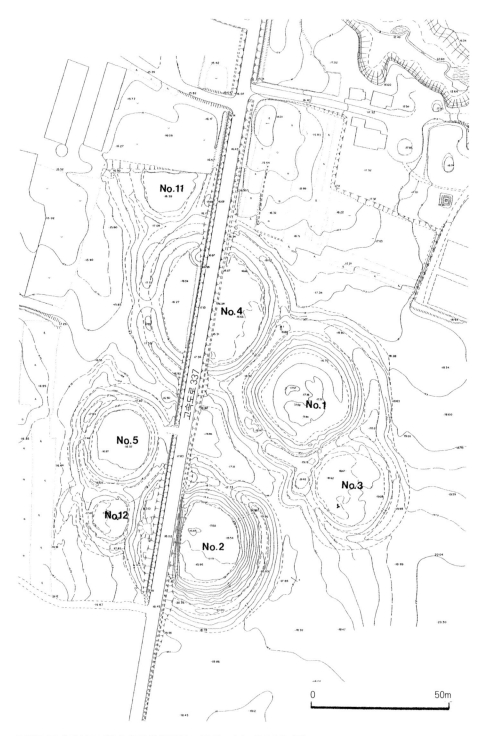

그림 5.27 홋카이도 기우수 유적 환상토리(도면은 치토세시 교육위원회 제공)

위해서 함께 오는 장소에 해당할 수도 있고 그리고 이 변화는 기온이 서늘해지는 결과로서 자연환경적 위기에 의해 발생하였을 수도 있다는 견해를 제시한다.

토루

*환상토리*에 더하여 여러 조몬 유적에서 발견된 토루는 조몬인들이 대규모의 흙둑을 축조하였다는 다른 측면의 증거를 제공한다. 도치기현 테라노-히가시 유적에서 조몬 후기와 만기로 편년되는 환상성토 유구(環狀盛土遺構)가 확인되었다. 〈그림 5.28〉은 이 유적의 개략도를 보여 준다. 이 토루의 동쪽 절반은 에도(江戶)시대에 강 개수(改修) 작업에 의해 파괴되었고 다른 절반은 잘 보존되어 있다. 고리 모양의 외부 지름은 약 165m이고 둑의 너비는 15에서 30m 사이로 다양하다. 고리 모양 내부(광장)의 고도는 외부 지표면보다 낮고 토루의 꼭대기와 내부 최저 부분의 차이는 4.4m에 이른다. 조몬인들이 내부의 지표를 파거나 혹은 긁어서 파낸 부분 주위에 흙을 쌓은 것이 분명하다(栃木県教育委員会·小山市教育委員会 1994).

공반된 유물의 검토뿐만 아니라 토루의 층위 관찰도 이것이 조몬 후기 중엽부터 조몬 만기 중엽까지 지속적으로 형성되었다는 것을 보여 준다. 이 토루의 많은 층이 소토(燒土)와 수많은 숯 조각을 포함하고 있기 때문에 발굴조사자들은 불과 관련된 의식이 고리 내부에서 반복적으로 행해졌음이 틀림없고 내부 흙은 궁극적으로 둑을 형성하였던 "광장"의 외부에 간헐적으로 축적되었다는 견해를 제시한다. 이 토루의 축조가 의도적이었는지 아닌지는 논쟁거리이다. 많은 학자들은 이것이 하나의 기념비적 유구로서 둑을 축조하기 위하여 의도적으로 만들어졌다고 주장한다. 다른 학자들은 조몬 패총의 사례와 마찬가지로 장기간의 쓰레기가 축적되어 이 토루가 형성되었다고 믿는다. 어떤 경우라도 토우, 석봉과 "석검," 토제 이식(耳飾), 석제 구슬과 같은 많은 수의 제의 유물들이 토루와 "광장" 구역에서 공히 발견된 것은 이 토루의 형성이 의례 행위와 관련되어 있다는 것을 시사한다(栃木県教育委員会·小山市教育委員会 1994).

테라노-히가시 유적에서 발견된 수혈주거지의 대부분은 이 토루가 축조되기 이전으로 편년된다는 지적은 흥미 있다. 〈그림 5.29〉에서 보는 바와 같이 이 유적에서 대부분의 수혈주거지는 조몬 중기(오타마다이[阿玉臺] 및 가소리-E 분기) 혹은 조몬 후기 초엽(쇼묘지 분기), 즉 호리노우치 분기에 이 토루가 축조되기 전에 해당된다(栃木県教

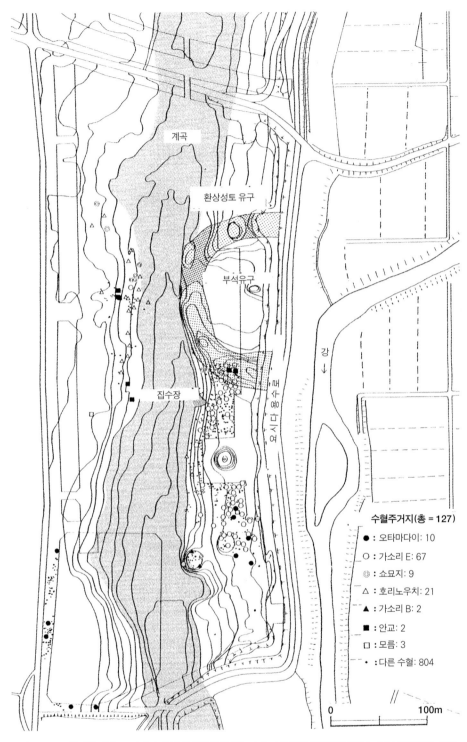

계곡

환상성토 유구

부석유구

강 →

집수장

수혈주거지(총 = 127)

● : 오타마다이: 10
○ : 가소리 E: 67
◎ : 쇼묘지: 9
△ : 호리노우치: 21
▲ : 가소리 B: 2
■ : 안교: 2
□ : 모름: 3
· : 다른 수혈: 804

0   100m

그림 5.28 도치기현 테라노-히가시 유적 환상성토 유구(조몬 후기 및 만기)(栃木県教育委員会·小山市教育委員会 1994: 12에서 수정, 다시 그림)

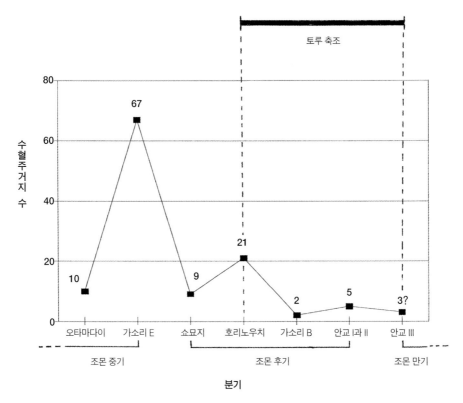

그림 5.29 테라노-히가시 각 분기 수혈주거지의 수와 토루의 축조 시기(자료들은 栃木県教育委員会·小山市教育委員会 1994에서 취함)

育委員会·小山市教育委員会 1994). 그리하여 위에서 설명한 매장/의례 유적의 여러 사례와 마찬가지로 이 유적의 기능은 시간이 지나면서 주로 거주에서 의례적인 것으로 변했던 것 같다. 환상의 토루와 유사한 것들이 지바현 미노우(三直) 유적을 포함한 간토 지역 조몬 후기 및 만기의 여러 다른 유적에서 확인되었다(千葉県文化財センター 2000).

대형 굴립주와 동반된 유구

마지막으로, 대형 굴립주(掘立柱)와 동반된 유구가 여러 조몬 유적으로부터 보고되고 있다(橋本澄夫 1994). 이시가와(石川)현 치카모리(チカモリ) 유적(南 久和 1994)에서 약 350개의 굴립주가 수몰된 상태로 수습되었다. 이들 중의 상당수가 반달 모양(즉, 대략 반으로 수직 절개)이고 바닥은 홈이 파졌다. 굴립주의 일부는 홈 주위에 줄기가 있

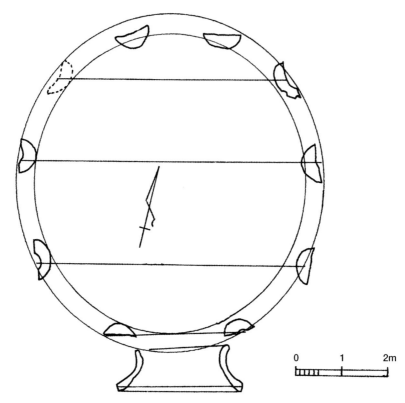

그림 5.30 이시가와현 치카모리 유적에서 수습된 대형 굴립주들과 동반된 환상 유구(南 久和 1994: 28에 인용된 가나자와시 교육위원회 도면, 수정 및 다시 그림)

어서 발굴조사자들은 그 홈의 기능은 운송을 용이하게 하려는 것이었다고 주장한다. 굴립주는 모두 밤나무로 확인되었다.

치카모리에서 발견된 것들 사이에 8개의 환상(環狀) 유구가 10개(혹은 가끔씩은 8개)의 반으로 자른 대형 굴립주와 동반되어 있다. 〈그림 5.30〉은 이들 유구의 하나를 보여 준다. 그림에 보이는 바와 같이 각 굴립주의 지름은 약 60에서 80cm에 이른다. 유구는 입구로 해석되었던 반월형 굴립주 한 쌍과 동반되어 있다. 열 개 굴립주의 위치는 거의 완전한 원형이고 굴립주 5쌍은 "출입구"를 통과하는 중앙 축의 양쪽에 대칭으로 놓여 있었다. 이것은 이들 유구 축조자들이 기본적인 기하(幾何)에 대해 약간의 지식을 가졌다는 것을 시사한다. 비록 이 유적의 책임조사자였던 미나미(南 久和 1994)를 포함한 일부 학자들은 굴립주가 건물의 실제적인 잔해라고 믿지만 기둥의 크기가 엄청나게 크기 때문에 이 유구들은 의례적인 "환상목(環狀木)"으로 복원되었다. 어느 경

그림 5.31 마와키 유적에서 수습된 대형 굴립주들과 동반된 환상 유구(能登町教育委員会 1992: 사진 6; 노토정(町) 교육위원회로부터 사용 허락을 받음)

우라고 하더라도 이 대형 기둥을 자르고 구조를 건축하는 것은 상당한 양의 노동력이 필요하였을 것이다. 이 유적의 발굴은 또 네 개 혹은 여섯 개의 대형 굴립주와 동반되어 있는 여러 개의 방형 혹은 장방형 유구의 존재를 노출시켰다. 환상 유구와는 달리 방형 혹은 장방형 유구의 굴립주는 반으로 나눈 것이 아닌 완전한 나무 몸통이었다.

반으로 절개한 굴립주와 동반된 환상 유구는 이시가와현 마와키 유적(能登町教育委員会 1986; 1992; 加藤道雄 1994)(그림 5.31), 이시가와현 요나이즈미(米泉) 유적(西野秀和 1994), 그리고 니가타현 데라지 유적(中島栄一·渡辺智一 1994) 조몬 만기 층에서도 보고되었다. 또 군마현 만기 조몬 야제(矢瀬) 유적에서도 각 기둥의 지름이 약 45cm에 달하는 반으로 자른 여섯 개의 기둥이 정방형 평면에서 수습되었다(三宅敦気 1994). 산나이마루야마 유적 여섯 개의 대형 밤나무 기둥(4장을 보기 바람)과 더불어 이 예들은 조몬인들에 의해 이루어진 협동 작업의 범위를 보여 준다.

논의

매장과 의례 관습에 대한 위의 설명으로 드러나는 것은 사회문화 요소들에 대한 극히 복잡한 모자이크이다. 각 요소(즉, 제의 유물 각 형식, 무덤, 그리고 의례 유구)는 제 각각의 시간적 지속성과 공간적 분포를 가지며 그것의 양적 풍부함은 다양하다. 현재 이용 가능한 자료들의 양은 여전히 제한되어 있지만 그럼에도 불구하고 그들은 다소 흥미로운 정형성을 보여 준다.

첫째, 이 자료들은 조몬 매장과 의례 관습의 다양성이 시간이 지나면서 현저하게 증가하였다는 것을 시사한다. 이 증가는 여기서 분석된 세 가지 범주 모두(즉, 제의 유물, 무덤, 그리고 의례 유구)에서 관찰된다. 특히 조몬 전기에서 중기, 그리고 중기에서 후기를 지나 조몬 만기까지의 이행은 이 기간 동안 많은 새로운 요소들이 등장한 중요한 두 시기였던 것으로 보인다. 만약 우리가 매장과 의례 관습의 다양성이 사회 복합도를 반영한다고 추정하면(본서에 사용된 사회 복합의 정의에 대해서는 1장을 보기 바람), 이 결과들은 조몬사회 복합도가 시간이 지나면서 현저하게 증가하였다는 것을 시사한다. 더욱이, 만약 나카무라 오키(2000)가 제시한 대로 세습적 사회계층이 동일본에서 조몬 후기와 만기를 통해 발전하였다면 조몬 후기나 그 이후에 나타난 의례 유물의 정교함과 같은 일부 요소들은 조몬인들 사이에 어떤 수준의 사회계층 발생과 직접 관련되어 있었던 것 같다. 다른 한편, 조몬 전기와 중기에 흔히 발견될 수 있는 그런 다른 요소들은 신분 차별을 덜 반영하는 것 같다.

비록 나카무라 오키(2000)가 제시한 자료들이 조몬 후기 및 중기에 출생(규정된 지위[금 수저]의 시작 가능성을 시사하는)에 의한 사회 불평등 증가의 어떤 경향을 보이기는 하지만 이들 시기에 전반적인 수직적 차별의 정도는 비교적 작았던 것으로 보인다는 것도 강조되어야 한다. 북아메리카 서북 해안과 캘리포니아의 수렵채집민 간에 사회계층을 특징짓는 문화적 요소들인(예, Ames and Maschner 1999), 전쟁과 집의 크기에 의한 차별과 같은 일부 요소들은 조몬 자료에는 없다. 더욱이 성인 무덤 간에 나타나는 부장품의 양 그리고/혹은 질의 차이는 잘 알려진 계층사회(예, Peebles and Kus 1977)의 사례보다 훨씬 덜 분명하다. 복잡한 정치구조의 발전에 대한 증거도 없다.

또 흥미있는 것은 매장과 의례 관습의 다양성이 시간이 지남에 따라 증가하는 것이 반드시 생업의 집약, 정주의 증가, 그리고 높은 인구밀도와 관련되어 있는 것으로 보이지 않는다는 사실이다. 2장에서 논의한 바와 같이, 고야마(Koyama 1978; 小山修三 1984)의 조몬 인구 추산은 조몬 초창기와 전기에 인구가 안정적으로 증가하다가 조몬 중기에 최대에 도달하였으며 그리고 나서 조몬 후기와 만기에 줄었다는 것을 보여 준다. 더욱이 앞 장에서 논의한 바와 같이 잘 알려진 대형 조몬취락의 상당수가 조몬 후기와 만기가 아니라 조몬 중기에 나타났다. 조몬 후기 대형 취락이 동부 간토의 패총 집중 지역(특히 지바현; 3장을 보기 바람)과 같은 동일본의 특정한 지역에 흔하지만, 조몬 중기에서 후기 및 만기까지 유적의 평균 크기와 밀집도의 전반적인 감소는 확실하다.

첫째 장에서 논의한 바와 같이 대형 취락의 존재는 정주저장형 수렵채집민 체계(완전히 정주하였거나 혹은 오직 계절에 따른 정주)의 특징이고, 이 체계하에서는 시간적 혹은 공간적으로 무더기 자원에 대한 집약적인 개발이 발생한다. 대형 취락은 아주 드물게 이동형 수렵채집민 체계와 관련되어 있다. 그리하여 조몬 생업-취락체계의 조직적 복합성은 조몬 중기에서부터 후기와 만기까지 증가하였다. 다른 한편, 이 장에서 논의된 다양한 측면의 증거는 조몬 중기에서 후기와 만기까지 매장과 의례 관습의 복합성에 있어서 전반적인 증가를 보여 주고 그들의 일부는 사회 불평등의 어떤 수준을 반영하는 것 같다.

이 결과는 조몬의 문화적 복합성의 발전은 생업, 취락 그리고 사회 체계의 진화적 발전이 일반적으로 확인될 수 있는 북아메리카 서북 해안의 수렵채집민들을 포함한 다른 잘 알려진 복합 수렵채집민들의 발전과는 상당히 다른 궤적을 따라가는 것을 암시한다. 달리 표현하면, 조몬사회 불평등의 발전에 대한 검토는 세계의 다양한 지역에서 복합 수렵채집민들이 모두 유사한 단계로 발전하였는지 그렇지 않은지에 대한 질문으로 나아가게 한다. 이것은 아주 중요한 쟁점이어서 7장에서 좀더 깊이 있게 논의될 것이다.

둘째, 매장과 의례 관습의 복합성에 있어서 시간에 따른 전반적인 증가는 이들 자료들에 대한 좀더 세밀한 분석이 불필요하다는 것을 의미하는 것은 아니다. 그와는 반대로, 이 장에서 제시된 자료에서 관찰된 지역적으로 큰 다양성은 매장과 의례 관습의 세련화 과정을 시사한다. 이것은 여러 지역에서 다양한 형태를 취했고 발전의 시기도 달리한 사회 불평등의 발생과 밀접하게 관련되어 있었을 것이다. 그리하여 그 과정들을 이해하기 위해서는 한 특정한 지역의 장제와 의례 자료에 대한 분석뿐만 아니라 그 지역의 생업과 취락도 연구하여야 할 필요가 있으며, 그 다음에 우리가 전체적인 문화 경관 변화의 맥락에서 이들 다른 측면의 증거를 검토할 수 있다.

셋째, 매장과 의례 관습은 조몬취락 연구에도 해결의 실마리를 준다. 전통적으로 일본 고고학자들은 선사시대 취락에서 묘지의 존재는 완전한 정주를 시사하는 중요한 것이라고 추정하고 있다(예, 清藤一順 1977; 渡辺 仁 1986). 그러나 조몬 무덤 자료에 대한 검토는 각 유적에서 무덤의 축조와 수혈주거지의 점유는 반드시 동시에 발생하였다는 것을 보여 주지 않는다(202-206쪽을 보기 바람). 이것은 조몬인들의 문화 경관이 이전에 점유되었던 취락을 포함하였다는 것을 의미하고, 또 그들의 전반적인 토지 사용은 과거부터 추정되어 오고 있는 것보다 훨씬 더 복잡한 것 같다. 매장과 의례 행위를 조몬 정주저장형 수렵채집민 그리고/혹은 이동형 수렵채집민의 취락체계의 구성 요소로 추가하면 우리가 엄격한 생태학적 혹은 경제적 관점으로부터는 해명되지 않는 특정한 고고학적 정형성들을 설명할 수 있게 해 준다.

마지막으로 조몬 후기와 만기에 기념비적 유구의 존재와 그들의 상대적 풍부함을 이전 시기와 비교하면 조몬사회 복합성의 발전 가능성의 측면에서 협동 작업의 역할에 대한 식견을 제공할 수 있다. 앞에서 언급한 바와 같이 파인만(1995)은 사회 불평등의 발전을 향한 협동 기반과 네트워크 기반 전략의 두 가지 경로를 제시한다. 이러한 점에서 조몬사회에서 사회 불평등의 발전과 관련하여 기념비적 유구들(즉, 협동 작업의 증거)의 출현 시기에 대한 검토가 수렵채집민들 사이에 사회 불평등의 발생에 대한 이론에 기여할 수 있다.

네트워크 전략들을 토대로 한 파인만(1995)에 의해 제시된 사회 불평등을 향한 가능성 있는 중요한 다른 경로는 교역과 무역의 분석을 통해서 검토될 수 있다. 다음 장에서 필자는 공예품과 원거리 운송이라는 두 가지 관련 주제와 더불어 이들 쟁점에 대해 논의하고자 한다.

제6장 공예품과 교역망

조몬 매장과 의례 관습 분석의 사례에서처럼 조몬의 공예품과 교역/무역망에 대한 연구도 영어로 된 논저에는 두드러지지 않았다. 특히 토기문화와 같은 조몬 물질문화의 세련됨이 오랫동안 영미 고고학자들의 주의를 끌었지만 조몬토기와 다른 유물들의 너무 미세한 형식학적 편년 때문에 대부분의 비일본어권 학자들은 이 유물들의 분석에 진지한 참여가 불가능하였다.

그러나 최근 영미 고고학의 관점에서 공예품과 교역망에 대한 검토는 수렵채집민 복합성의 발전을 이해하는 데 필수적인 단계이다(예, Ames and Maschner 1999; Arnold 1992). 특히 지난 20여 년간 영어권 국가 고고학자들은 물질문화의 세련화 과정에서 종종 발생하는 공예 전문화와 원거리 교역/무역이 세습적 사회 불평등(즉, 출생과 동시에 규정된 사회적 지위의 차별)과 정치구조에 어떻게 관련되어 있는지에 대한 여러 가지 모델을 제시하였다(예, Brumfiel and Earle 1987a; Costin 1991; Earle and Ericson 1977; Renfrew and Shennan 1982; Torrence 1986).

1970년대와 1980년대 과정주의 고고학의 영향력이 클 때 생산 전문화와 교역/무역망의 발전은 전형적으로 "적응주의적 모델"의 관점에서 간주되었다(Brumfiel and Earle 1987b: 2). 그 모델은 "체계 위주" 징지적 엘리트에 의해 조직된 생산 전문화와 교역은 좀더 효과적인 생업경제의 발전을 용이하게 했다. 과정주의 고고학자들 역시 일반적으로 정치체계는 그들의 자원에 대한 접근과 통제와 직접 비례하여 진화한다고 추정하였다(Hirth 1996). 그리하여 생산 전문화와 교역의 발전은 단선적 문화 진화의 관점에서 간주되었다.

과정주의 고고학의 출현과 더불어 "적응주의적 모델"은 정치적 지도자들이 "체

제6장 공예품과 교역망 223

계 위주"보다는 "자기 위주"(예, Hayden 1995)로 간주되는 "정치 모델"로 탈바꿈했다 (Brumfiel and Earle 1987b: 3). 이 패러다임의 전환은 과거에 대한 고고학적 설명에 있어서 규칙성보다는 인간의 작용주체(human agent)와 역사적 우발성을 더 많이 강조하는 방향인 일반적 전환의 일부로 간주될 수 있다. 그러나 과정주의 고고학 시대로부터 물려받은 교의(敎義)인 단선적 문화 진화의 아이디어는 여전히 상당히 영향력이 크다. 더 많은 연구자들(예, Hirth 1996)이 문화적 궤적의 다양성(즉, 개별 문화의 장기 발전과 변화)에 초점을 맞추어 단선적 모델을 진지하게 검토할 필요성을 제안하지만, 생산 전문화와 교역을 다루는 대부분의 모델들은 여전히 단순성에서 복합성으로의 문화 진화를 추정한다.

조몬의 공예품과 교역/무역의 검토는 우리가 수렵채집민 문화 복합성의 발전과 변화에서 이들 문화적 요소들의 역할을 이해하는 데 새로운 해결의 실마리를 제공한다. 이것은 왜냐하면 공예품과 교역/무역망의 전문화에 대한 조몬의 증거가 단선적 문화 진화의 관행적 모델에 반드시 적합하지 않을 수 있는 복잡한 정형성을 시사하는 것으로 보이기 때문이다.

조몬시대에 희귀한 물건들의 원거리 이동을 검토하는 사례연구가 풍부함에도 불구하고 원거리 교역에 대한 장기간의 변화에 초점을 맞춘 연구는 많지 않다. 주어진 상황에서 이 장의 주된 목적은 조몬의 공예품과 교역/무역을 새롭게 종합하기보다는 현재 이용 가능한 자료들에 대한 개요를 제시하는 것이다. 이 장의 첫 번째 및 두 번째 부분은 조몬토기 연구, 조몬의 목공과 칠기, 바구니 세공법, 그리고 직물에 대한 각각의 분석에 대한 현재 상황의 윤곽을 제공한다. 이 두 부분에 이어서 세 번째 부분은 일부 토속적인 물건들뿐만 아니라 흑요석, 옥, 아스팔트[土瀝靑] 그리고 소금을 포함한 희귀한 물건들의 교역/무역에 대한 쟁점을 검토한다. 네 번째 부분은 운송의 한 수단으로서 조몬 통나무배의 고고학적 증거를 살펴본다. 마지막으로 결론 부분은 이 연구들의 의미, 현재 이용 가능한 자료들의 한계, 그리고 향후 연구에 대한 제안에 관해서 논의한다.

조몬토기의 연구

다른 많은 수렵채집민 집단의 물질문화와는 달리 조몬인들의 유물 조합은 일부가 복잡하게 장식되어 있는 다양한 토기 용기가 특징이다. 장식 문양과 용기 형태의 두 측면에서 이들 토기의 예술적 정교함은 많은 미술사학자들뿐만 아니라 고고학자들의 관심을 끌고 있다.

2장에서 논의한 것처럼 조몬토기의 연구는 오랜 역사를 가지고 있지만 이 분야 연구의 초점은 주로 형식학적 편년에 맞추어져 오고 있었다. 원래 야마노우치(山內淸男 1932a; 1932b; 1932c; 1937; 1964a; 1964b)에 의해 제시되었고 많은 일본 고고학자들에 의해 다듬어진 조몬토기 편년은 일본 연구자들에게 조몬 자료를 해석할 수 있는 훌륭하게 맞물린 시간 및 공간적 척도를 제공하였다.

상자 6 **조몬토기의 형식 및 양식적 분석**

야마노우치의 토기형식에서 핵심적인 요소는 영어 단어 "type"의 번역인 형식(形式)이다. 이 개념은 원래 몬텔리우스(Montelius 1932; 고사쿠 하마다가 일본어로 번역함)의 저술을 통해 서양에서 일본으로 소개되었지만 야마노우치(1932a; 1932b; 1932c; 1937; 1964a; 1964b)와 그의 추종자들에 의해 상당히 수정되었다. 수정의 결과로서 현금 조몬 고고학에서 사용되고 있는 "형식"의 개념도 상당히 독특하게 되었다.

야마노우치(1937)에 의하면 형식은 조몬토기의 시간 및 공간적 다양성을 측정하는 기본 단위이다. 야마노우치에 의해 정의된 많은 형식들은 조몬 유적 한 곳의 특정한 층위 혹은 구역에서 나온 조합을 따서 명명되었다. 예를 들면, 간토 지역 조몬 중기 가소리-E식(식은 형식의 약어이다)은 지바현 가소리패총의 E구역에서 발굴된 토기 조합을 따서 명명된 것이다.

야마노우치의 형식에 대한 정의가 확실히 시간에 민감한 단위이기 때문에 토기의 각 형식은 광범위한 모양과 장식을 포함할 수 있다. 예를 들면, 후기 혹은 만기 조몬 유적 한 곳이 발굴되면 한 유적지 하나의 문화층 안에서 정교하거나 조잡하게 제작된 두 종류(精製 및 粗製)의 토기를 발견하는 것은 흔하다. 이 경우 정제

및 조제 토기를 포함하는 전체 조합에 하나의 형식 이름이 부여된다. 정제토기 또한 심발(深鉢), 천발(淺鉢), 그리고 주구(注口) 토기와 같은 다양한 형태를 포함한다. 조제토기의 대부분은 보통 심발이다. 그리하여 야마노우치가 각 형식을 정의하기 위하여 사용한 가장 중요한 판단 기준의 하나는 동시 발생(층위를 토대로 한)이다. 양식적 순서배열법은 비록 이것이 유사한 형태 혹은 유사한 장식적 문양을 가진 토기 집단 내에서만 추구할 수 있는 것이지만 조몬토기의 각 형식을 정의하는 데 사용되는 또 다른 중요한 기준이다. 이들 두 기준을 조합하여 조몬 고고학자들은 한 사람이 정의할 수 있는 최소한의 시간 및 공간적 단위로서 여러 가지 토기형식을 확인하고자 시도해 오고 있다.

야마노우치에 의해 정의된 형식 개념은 총체적인 단위의 하나이기 때문에 많은 학자들은 그 개념을 영미 고고학에서의 "형식(type)"보다는 "양식(style)"의 개념에 더 가까운 것으로 해석하고 있으며 그 단어를 적절하게 번역해 오고 있다. 이 전통을 따라 필자도 본서에 "양식(style)"이라는 단어(예, 모로이소 양식)를 사용하고 있으며 본서의 나머지에서도 계속해서 그렇게 할 것이다(형식의 개념에 대한 보다 상세한 논의는 Hudson and Yamagata 1992를 보기 바람).

야마노우치와 그 추종자들의 연구에 대해 자세하게 묘사하기보다는 조몬토기의 생산과 유통에서 일어나는 장기간의 변화에 대한 검토와 직접적으로 관련된 세 가지 쟁점에 대해 초점을 맞추도록 하겠다. 이들은 (1) 정제(精製)토기와 조제(粗製)토기들 사이의 다양화를 포함한 용기 형태의 변화, (2) 양식 구획의 발전과 집합점, (3) 광물학 및 화학적 분석으로부터 보이는 토기의 이동을 포함한다.

용기 형태의 다양화와 조제토기의 모양

조몬토기 형태의 분류는 아주 자의적이다. 많은 일본 학자들(예, 藤村東男 1983; 甲野 勇 1953; 佐原 真 1979)은 조몬토기를 네 가지 기본적인 토기 형태로 다음과 같이 나누었다. (1) 깊은 바리 혹은 호(深鉢; 약간 수축된 목을 가진 것을 포함하여 넓은 입을 가진 깊은 용기; 그림 6.1.1), (2) 얕은 바리(淺鉢)(그림 6.1.2), (3) 종종 긴 목과 좁은 입을 가진 용

그림 6.1 조몬토기의 네 가지 기본 형식: 1. 심발, 2. 천발, 3. 주구 용기, 4. 좁은 목용기(고래가와 나카이[是川中居], 아오모리현: 하치노해시 조몬학술관에서 사진 제공)

기(壺; 그림 6.1.3), (4) 주둥이를 가진 용기(注口; 그림 6.1.4). 일부 학자들은 중간 깊이의 발을 심발과 천발 사이 독립적인 아 범주[鉢]로 정의한다. 아주 얕은 바리들은 때때로 접시[皿]라고 불린다. 네 가지 기본적인 형태에 더하여 비록 전체적인 수는 상낭히 석지만 등잔 모양 토기(그림 6.2) 같은 다른 형태의 토기도 있다.

조몬토기의 가장 흔한 형태는 심발이다. 조몬시대 초기에 등장한 심발은 나머지 조몬시대 내내 가장 지배적인 형태의 토기로 남아 있었다. 연구자들은 비록 조몬 초창기 전엽 토기의 일부는 방형의 아가리와 평저(平底)가 특징인 독특한 모양을 가졌겠지만 조몬 초창기 대부분의 심발은 원저(圓底)를 가지고 있었다는 견해를 제시한다(小林

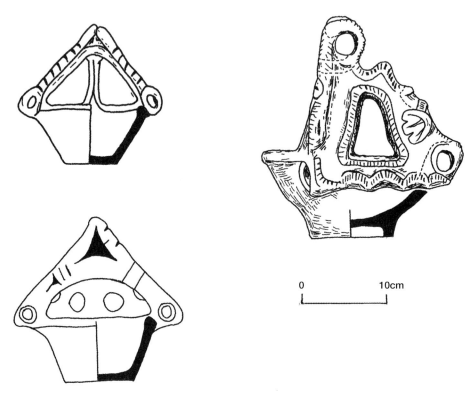

그림 6.2 나가노현 조몬 중기 소리 유적에서 출토된 등잔형 토기(藤森栄一 1965c: 95, 100에서 편집 및 다시 그림)

達雄 1979; 1994; 1996a). 원저와 첨저(尖底)가 조몬 조기의 지배적인 토기 조합이었지만 조몬 전기와 그 이후에는 평저가 일반적이 되었다.

조몬 전기의 말엽으로 가면서 천발이 처음으로 토기 조합의 일부로 등장하였다. 예를 들면, 간토와 주부 지역에서 조몬 전기 모로이소 양식 토기의 조합은 적지 않은 천발이 포함되어 있다(그림 5.20을 보기 바람). 많은 천발이 묘광에서 출토되었기 때문에 학자들은 그것들이 장례 의식 당시 사용되었거나 혹은 특별히 부장품으로 제작되었을 것이라고 추정한다(5장을 보기 바람). 그러나 조몬 전기 천발의 등장이 즉시 용기 형태의 다양화를 초래한 것은 아니었다. 뒤이은 조몬 중기에 호쿠리쿠 지역의 "화염문(火焰文)" 토기와 같이 아주 많이 장식된 토기가 풍부한 것으로 알려져 있지만 심발이 조몬 중기 내내 지배적으로 남아 있었다. 그럼에도 불구하고 등잔 모양과 같은 여러 가지 새로운 형태의 토기가 조몬 중기에 처음으로 등장하였다.

조몬토기 조합에서 용기의 다양한 형태가 마침내 번창하게 된 시기는 조몬 후

그림 6.3 이와테현 조몬 만기 구넨바시 유적에서 발굴된 토기들의 다양한 형태(아키코 이나노, 이로하 사진 스튜디오에서 사진 제공)

기 및 만기 때였다. 이들 분기 동안 심발에 대한 천발의 비율이 증가하였다(藤村東男 1983). 더하여 호와 주구 토기를 포함한 다양한 형태들이 이들 두 조몬 분기로부터 좀 더 흔히 보고된다. 하나의 예로서 〈그림 6.3〉은 이와테현 구넨바시 유적에서 발굴된 조몬 만기 토기 조합에서 나타난 용기 형태의 다양성을 보여 준다.

조몬 후기 및 만기 토기 조합에서도 조제토기들이 흔히 존재하는 것이 특징이다. 조몬 전기 및 중기 양식들의 일부는 조합의 일부로서 장식이 덜된 토기(보통 끈 자국만을 가진 토기)를 포함하고 있지만 정제토기로부터 조제토기의 명백한 구별은 조몬 후기 및 말기에서만의 특징이다. 후지무라(1983)에 의하면 조제토기는 일반적으로 동일본 조몬 후기 및 만기 토기 조합의 40-70%를 이룬다. 이것은 우리들이 조몬토기 전시장의 카탈로그에서 흔히 보는 정제토기가 적어도 조몬 후기 및 만기 동안 조몬토기 조합의 아주 작은 부분이라는 것을 의미한다(佐原 眞 1979).

〈그림 6.4〉는 사이타마현 이시가미(石神)패총에서 출토된 조몬 후기 토기 조합의 구성을 보여 준다(佐原 眞 1979). 이 그림에 보이는 용기의 다양한 범주들 중에서 조제심발이 조합의 65.0%를 차지한다. 나머지 29.4%가 정제심발이다. 다른 형태의 용기(천발과 주구 용기)는 5.6%만을 차지한다.

사하라(1979)에 의하면 조제심발은 그을음과 불에 탄 자국과 같은 심하게 사용한 흔적을 보이는 반면 정제용기는 손상을 덜 입었다. 사하라의 견해는 이것이 이들 조제심발이 매일 조리하는 데 주로 사용된 반면 정제토기는 제의적 맥락에서 기능을 하였다는 것을 시사한다는 것이다. 일본 학자들은 또 주구 토기가 전반적인 조합에서 낮은 비율임에도 불구하고 이들 시기에 주구를 가진 토기가 흔히 존재하는 것은 제의적 맥락에서 알코올성 음료를 만들었다는 것에 대한 상황 증거로 볼 수 있을 것이라는 견해를 제시한다.

요약하면, 조몬토기에 대한 이전의 연구들은 토기 조합에서 두 번의 큰 변화가 있었다는 것을 보여 준다. 첫 번째 변화는 천발이 조몬토기 조합의 일부로 처음으로 등장했을 때인 조몬 전기의 말엽에 발생하였다. 많은 천발 토기가 제의적 맥락에서 수습되어 오고 있기 때문에 천발이 비실용적 토기를 의미하는 것 같다. 이것은 심발이 조리와 저장을 위한 용기로서 특히 유일한 용기 형태였던 이전 시기의 토기 조합과는 뚜렷이 대조된다. 두 번째 큰 변화는 다양한 용기 형태가 토기 조합의 일부가 되었을 때인 조몬 후기에 발생하였다. 동시에 정제토기와 조제토기 사이에 분명한 차이가 있었다. 이 시간을 고려하면 토기 조합에서 일어난 이들 변화는 5장에서 논의한 조몬 후기 및 만기의 제의 관습의 발전과 밀접하게 관련되어 있을 가능성이 높은 것 같다.

조몬 후기 및 만기에 나타난 토기 형태의 다양화와 조제토기의 출현은 그 발전이

토기범주	수량(%)
심발(조제) 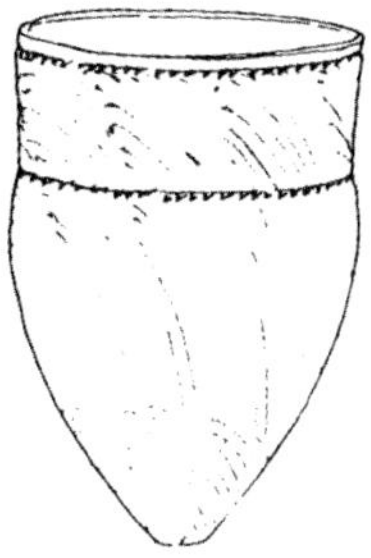	321 (65.0)
심발(정제) 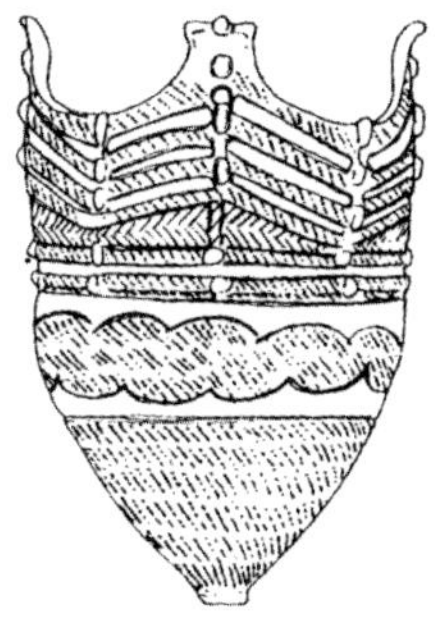	145 (29.4)
천발(정제) 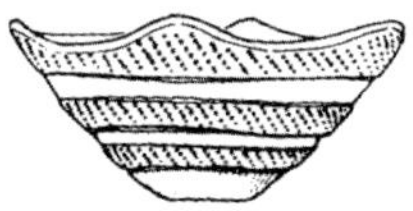	26 (5.3)
주구 토기(정제) 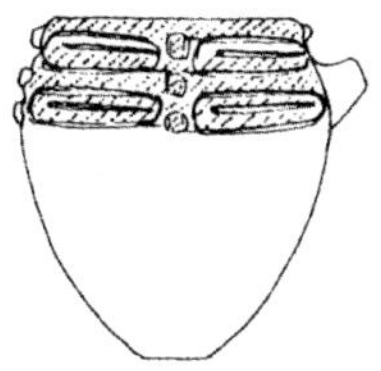	2 (0.3)
합계	494 (100)

그림 6.4 이시가미 유적 토기 조합(佐原 真 1979: 54에서 편집): 천발 범주는 굽이 달린 것을 포함한다.

기본적으로 내재적이었던 것으로 보이는 동일본에서 특히 주목된다. 다른 한편, 서일본에서 조몬 후기 및 만기에 나타난 토기 조합의 변화는 한반도의 토기 생산기술 변화의 영향하에 있었던 것으로 보인다. 마츠모토 나오코(松本直子 1996a; 1996b)에 의하면 서일본 전역(긴키, 주고쿠, 시코쿠, 규슈 지역)에서 조몬 후기부터 만기까지 토기 장식을 단순화하는 경향이 있었다. 한반도에서 기원전 1300년경 즐문[빗살무늬]에서 무문[민무늬] 토기로의 전환 직후 발생한 이 경향은 궁극적으로 서일본 조몬 만기 토기 조합에서 민무늬 혹은 거의 민무늬 토기가 우세하게끔 하였다. 이것은 조몬 만기 초엽 새끼줄 자국과 다른 대부분의 장식이 모든 형태의 토기에서 사라지는 규슈에서 특히 주목된다. 이것은 마연(磨研)된 토기로부터 마연되지 않은 토기를 분명히 구분하는 것과 동반된다(松本直子 1996b). 앞의 범주가 주로 심발로 이루어진 반면 후자 범주 토기의 대부분은 천발이다. 대략 동시기에 긴키, 주고쿠, 그리고 시코쿠 지역에서 심발이 민무늬로 되지만 천발은 장식된 것으로 남아 있었다(그림 6.5). 그리하여 서일본 전역을 통해 주로 조리에 사용되었을 조제심발과 제기(祭器) 혹은 식기(食器)로 사용되었을 것 같은 정제천발의 양분은 조몬 만기 중엽에는 일반적이 되었다(松本直子 1996a: 256-259). 서일본에서 조몬 만기 토기에 발생한 그러한 변화는 외형에서 초기 조몬토기보다 야요이토기에 더 가깝다.

토기 양식에 반영된 교류 영역에서의 지역적 다양성

조몬토기의 시간에 따른 변화는 토기 양식 구획의 분석을 통해서도 명백하다. 위에서 논의한 바와 같이 토기의 형식학적 분류는 자세한 연대학적 순서를 제공할 뿐만 아니라 연구 지역을 지역적 양식 구획으로도 나눌 수 있도록 해 준다.

〈그림 2.5〉에서 보이는 바와 같이 조몬 초창기 전체를 통해 토기 양식에서의 지역적 다양성은 구별되지 않는다. 예를 들면, 융기선문토기가 일본열도에서 네 개의 큰 섬 중에서 세 곳인 혼슈, 시코쿠, 그리고 규슈에서 보고되고 있다. 조몬토기의 양식적 특징에서 지역적 다양성은 조몬 초창기에 발전되기 시작하였다. 이 시기 동안 두 개의 주요 양식 구획인 동쪽 패각[沈線文] 토기 구획과 서쪽 압형문(押型文) 토기 구획은 지역적 다양성의 출현을 반영하는 것으로서 일본 고고학자들에 의해 자주 인용된다(예, 鎌木義昌 1965; 또 그림 2.5를 보기 바람).

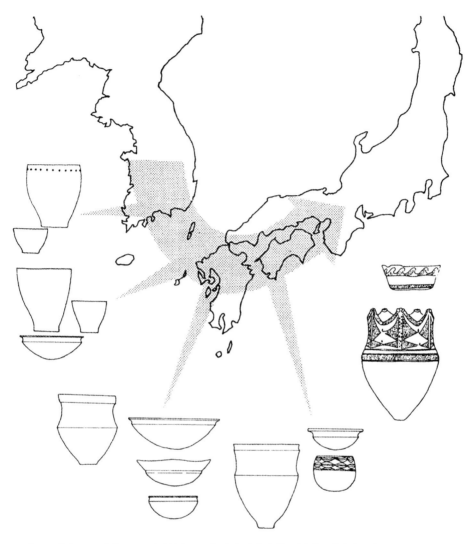

그림 6.5 한반도로부터의 무문토기 영향과 조몬 후기 및 만기 서일본에서의 토기장식 소멸(松本直子 1996a; 나오코 마츠모토로부터 게재 허락을 받음)

조몬 전기가 되면 토기에서 지역적 다양성을 토대로 한 일반적 구획이 다소 확립된다. 가마키(鎌木義昌 1965)에 의하면, 조몬 전기 토기의 양식적 특징의 차이를 토대로 여섯 개의 독특한 지역적 지구가 각각 구별된다. 이들은 (I) 서남부 홋카이도, (II) 서남부 홋카이도와 북부 도호쿠, (III) 남부 도호쿠, (IV) 간토, 주부, 호쿠리쿠, 그리고 도카이, (V) 긴키, 주고쿠, 그리고 시코쿠, (VI) 규슈이다(그림 6.6.1; 이들 여섯 지구 중의 일부는 다시 두 개 혹은 그 이상의 지구로 더 나누어질 수 있으나 이들은 서로서로 아주 유사하다는 것에 주의하여야 한다. 그러므로 연구자들이 반드시 이 시기의 양식 구획의 정확한 수에 관해서 동의하는 것은 아니다). 양식 구획의 크기뿐만 아니라 양식 구획의 전체 수가 시간이 지나면서 증감이 있기는 하지만 대부분의 학자들은 지역적 구획의 일반적인 정형성이 조몬 중기(그림 6.6.2)부터 조몬 후기 초엽까지 상당히 일관성이 있다는 데에 동의한다(鎌木義昌 1965: 20-23; 각 지역에서 다양한 양식의 존속과 분포 범위에 대해서는 그림 2.5를 보기 바람).

조몬 후기 중엽에 이르러 혼슈 동반부에서 토기는 양식적으로 더욱 균일화되기 시작했다(그림 6.6.3에서 구역 III). 궁극적으로 일본열도에서 지역적 지구들은 조몬 만기에 다음처럼 두 개의 큰 지역 집단으로 수렴된다. 동부 일본 한 집단(홋카이도, 도호쿠, 간토, 주부, 그리고 호쿠리쿠), 그리고 서부 일본 다른 집단(도카이, 긴키, 주고쿠, 시코쿠, 그리고 규슈). 가마키(1965)는 동부 일본의 집단이 세 개의 더 작은 양식 구역(그림 6.6.4에서 구역 I, II, III)으로 나누어질 수 있지만 이들 세 구역 내에서 토기들 사이의 유사성은 IV구역 토기보다는 훨씬 더 가깝다고 한다(林 謙作 1986; 家根祥多 1996과 비교 바람). 많은 학자들이 이 현상을 동부와 서부 일본에서 각각 집약적인 상호작용의 영역 형성을 반영하는 것으로 해석한다. 특히, 하야시(1986)는 서부 일본에서 이 상호작용 영역은 연대학적으로 야요이토기의 첫 번째 양식인 온가가와(遠賀川) 토기 양식과 일반적으로 중복된다고 한다. 그는 이 상호작용의 영역이 야요이시대 초에 대륙의 문화적 복합성을 수용하기 위한 기초를 형성하였다고 주장한다. 다른 한편, 동부 일본에서 조몬 만기 토기의 형태와 장식은 주로 도호쿠 지역(그림 6.6.4에서 II구역)에서 발견되지만 동부 일본 전역에서도 산발적으로 발견되는 가메가오카 양식 토기(오보라[大洞]라고도 불린다)로부터 강한 영향을 받은 것으로 보인다. 가마키(1965)와 하야시(1986)와 같은 학자들은 집약적인 상호작용 망의 존재는 이 지역에서 조몬 만기 문화의 특징이었다고 주장한다.

요약하면, 토기 양식의 분석을 통하여 일본 고고학자들은 지역적으로 독특한 집단들이 조몬 전기까지 형성되었고 그들은 조몬 후기 초엽까지 계속해서 존속하였다는 견해를 제시해 오고 있다. 조몬 후기 후반부와 조몬 만기에 큰 상호작용 영역 수의 증가가 추정된다. 이들 해석 뒤에는 동일 형식의 채택은 집단 정체성의 어떤 수준의 반영이라고 추정한 고고학자들의 긴 역사가 있다(예, 小林達雄 1992a; 向坂鋼二 1958; 岡本 勇 1959; 高橋 護 1958). 이 "집단 정체성"의 성격은 향후 더 심도 있는 연구과제이다

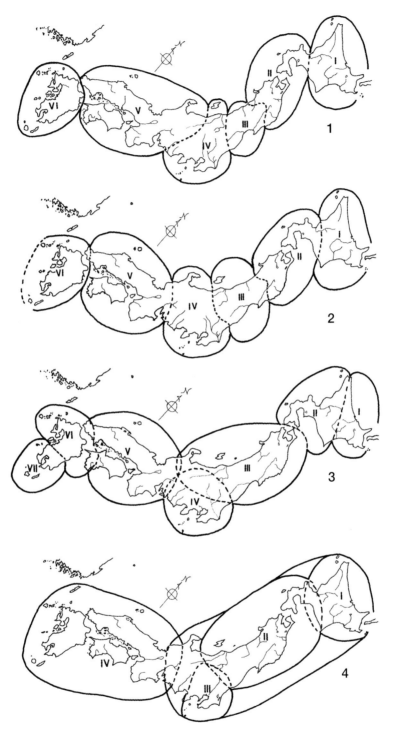

그림 6.6 토기의 다양성을 토대로 한 지역적 지구들 변화: 1. 조몬 전기, 2. 조몬 중기, 3. 조몬 후기, 4. 조몬 만기
(鎌木義昌 1965: 21-24에서 다시 그림)

(양식적 특성과 사람들의 정체성에 대한 논의는 Hardin 1991; Hodder 1981; 1991을 보기 바람). 한편, 지역적 양식 구역의 수렴이 조몬토기 조합과 의례 제도 두 가지 특성이 현저한 변화를 겪었을 때인 조몬 후기에 발생하였다는 사실은 이 "상호교류 영역"의 확장이 조몬의 사회 복합성이 시간이 지남에 따른 발전과 밀접하게 관련되어 있는 것으로 보인다(5장에서 논의되었음).

화학 및 암석학적 분석으로부터 보이는 토기의 이동

비록 현재 이용 가능한 자료가 여전히 상당히 제한적이기는 하지만, 암석 및 화학적 분석이 조몬토기 생산과 유통에 해결의 실마리를 제공할 수 있다. 간토와 주부 지역 다섯 개 유적에서 발굴된 조몬 초기 모로이소 양식 토기에 대한 하부와 홀(Habu and Hall 1999; 2001)의 X-ray 형광(XRF) 분석은 각 유적에서 약 80-90%의 모로이소 양식 토기는 지역에서 제작된 것으로 나타내 준다. 코조(Kojo 1981)의 모로이소 양식 토기의 암석학적 내용물 분석도 간토 지역 17개 유적에서 검출된 모로이소 양식 토기의 70-80%가 지역에서 만들어졌다는 것을 보여 준다. 산나이마루야마 유적을 포함한 도호쿠 지역 네 개의 유적에서 검출된 조몬 중기 토기의 XRF 분석을 통해서도 유사한 결과를 얻었다(Habu et al. 2003). 조몬 전기와 중기 토기의 일정 비율은 교역품 혹은 교역품을 위한 용기로서 하나의 양식 구역 내에 유통되었을 수 있지만, 이 결과들은 조몬 전기와 중기 토기 대부분은 지역적으로 제작되었다는 것을 시사하는 것으로 보인다.

조몬 후기와 만기 토기에 대한 화학적 분석의 결과는 다소 다른 정형성을 보여 준다. 간토 지역의 지바현 조몬 후기 표본(가소리-B 양식 토기)에 대한 홀(Hall no date)의 XRF 분석은 지역에서 생산된 토기가 반드시 조몬 후기 유적에서 우세한 것은 아니었다고 시사한다. 이것은 조몬 초기/중기에서 조몬 후기까지 토기 생산과 유통 방식에 있어서 변화를 의미할 수 있다. 왜냐하면 조몬 후기 및 만기 토기, 특히 정제토기는 조몬 초창기에서 중기까지의 토기에 비해 기벽이 더 얇고 더 높은 온도에서 구웠던 것으로 보이기 때문에 제한된 수의 유적지에서 전문화된 생산의 가능성이 고려되어야 할 필요가 있다. 이용 가능한 정보의 양으로 어떤 결론적인 언급을 하기는 부적절하지만 체계적인 화학 및 암석학적 분석은 이 쟁점을 더 검토하는 데 아주 중요하다.

상자 7 인지적 접근과 사용흔 분석

토기의 양식 및 구조에 대한 분석에 더하여 많은 학자들이 조몬토기 생산, 유통, 그리고 사용의 여러 가지 양상들의 검토에 대한 대안적 접근을 채택하여 오고 있다. 조몬토기 연구에 한 가지 유망한 접근이 마츠모토 나오코(1996b)의 연구에 제시되어 있다. 인지접근(예, Renfrew and Zubrow 1994)을 사용하여 마츠모토는 서부 일본 조몬 후기 및 만기 토기의 색과 두께를 분석하였다. 전통적으로 이 두 속성은 조몬토기 양식을 정의하는 데 주요 근거로 사용되어 오지 않았다. 그의 분석은 (1) 색에 있어서 공간분석은 두께에 있어서의 공간분석과는 다르고, 그리고 (2) 색의 공간적 연속 변이는 조몬 후기부터 만기까지 현저하게 변했다는 것을 보여 주었다. 후자의 결과와 관련하여 그는 이 변화는 한반도에서 즐문토기에서 무문토기로 변한 것에 강한 영향을 받았음에 틀림없다고 주장한다. 바꾸어 말하자면 한반도에 가장 가까이 살면서 무문토기를 실제로 볼 수 있는 좋은 기회를 가졌던 서북부 규슈 조몬인들이 무문토기의 새로운 붉은 토기를 자신들의 토기에 처음 소개하였다는 것이다. 그의 해석에 의하면 이것은 이 특수한 속성(색)의 성격 때문에 발생하였다. 색은 시각적인 속성이기 때문에 제한된 접촉을 통해서도 쉽게 모방된다. 다른 한편, 새로운 색이 조몬인들에 의해 채택되었지만 용기의 두께는 현저하게 변하지 않았다. 이것은 두께는 시각만으로는 쉽게 관찰되지 않기 때문이다. 그는 또 두께는 도공들 사이에 조심스러운 관찰과 그리고/혹은 직접적인 정보교환을 통해서만이 정확하게 전해질 수 있는 속성이기 때문에 도공들 사이에 직접적인 상호작용 정도가 색보다 더 나은 지수(指數)일 수 있다고 주장한다. 그는 시각성의 정도, 언어적 표현의 가능성, 그리고 관련된 지식 및 기술과 같은 다양한 요인이 이들 두 속성의 공간과 시간적 차이에 영향을 미쳤음에 틀림없다고 결론을 내린다. 양식의 개념을 속성으로 분해하고 다른 일본 고고학자들에 의해 대부분 소홀히 다루어졌던 속성에 초점을 맞춤으로써 마츠모토는 고고학자들이 조몬토기 생산의 인지적 측면에 효과적으로 접근할 수 있다는 것을 보여 줄 수 있었다.

고바야시 마사시(小林正史 1997)에 의한 사용흔 분석도 유망한 결과를 보여 준다. 필리핀 칼링가(Kalinga) 토기에 대해 민족지 고고학적 연구를 수행했던 고바야시(M. Kobayashi 1994; Longacre and Skibo 1994을 보기 바람)는 조리 자국의 민족지 고고학적 모델을 선사시대 일본 자료에 적용하였다. 그 결과는 동부 일본 조몬 만기 심발은 용기의 바닥 근처 혹은 바닥에서 내부 숯 침전물을 가지고 있는 경향이 있다는 것을 보여 준다. 그의 모델에 의하면 이것은 이 용기 내부 음식물이 끓고 물이 완전히 증발될 때까지 조리되었으며 그리고 음식이 용기 바닥에만 있었다는 것을 명시하는 것이다. 용기 외부에 남아 있는 그을음도 이 해석과 일관성이 있다. 다른 한편, 야요이토기는 좀더 다양한 조리 자국을 보여 준다. 약간 수축된 목을 가진 대형 조리 토기는 내부에 아주 소량의 숯 침전물을 가지고 있는데 이는 이 토기가 아마도 어떤 종류의 스튜를 만드는 데 사용되었다는 것을 시사한다. 고바야시는 이러한 식의 조리 자국은 아마도 고기와 채소를 조리하는 데서 발생하였을 것이라고 주장한다. 중간 크기와 작은 조리용 토기는 용기의 중간에서 저반부(底半部)까지 내부 숯 침전물을 가지고 있는데 이는 물이 완전히 증발될 때까지 음식이 조리되었지만 내용물이 그 용기 깊이의 절반 이상을 채우고 있었다는 것을 시사한다. 그 자신의 민족지학적 관찰과 이들 결과를 비교함으로써 고바야시는 야요이토기의 이 두 번째 식의 조리 자국은 일반적으로 쌀을 조리한 결과였다고 주장한다. 이 결과들을 토대로 고바야시는 현대 일본인들이 적절한 식사라고 개념화하는 표준 방식인 주식(쌀)과 반찬(고기와 채소) 사이의 구별은 조몬에서 야요이로 변천한 후에 발생하였다고 주장한다.

이들 대안적 접근은 조몬 고고학 분야에 비교적 모두 새로운 것들이고 현재까지 이 결과의 이용은 여전히 한계가 있다. 그럼에도 불구하고 이것들은 위에서 설명했던 전통적인 방식과는 상당히 다른 관점을 제공하는 모습을 보여 준다. 이들 새로운 접근은 현금 영미 고고학의 주의를 점점 더 끌고 있는 개인의 행동과 인간의 작용주체와 같은 쟁점들을 논의하는 새로운 측면의 증거를 제공할 수 있다.

부패성 물질에 반영된 기술 업적: 목공예, 칠기, 바구니 및 직물

토기 편과 석기와는 달리 나무와 섬유와 같은 유기물질로 제작된 유물은 조몬 유적에 보통 보존되어 있지 않다. 그러나 제한된 수의 저습지 유적으로부터 목제 유물, 바구니, 밧줄, 그리고 직물의 수습은 이들 부패성 물품이 조몬 유물 조합의 중요한 부분이었다는 것을 가리킨다. 특히 조몬사회에서 옻칠 목제 유물[漆器] 생산의 역할은 연구자들 관심의 대상이다.

조몬칠기의 초기 연구는 1920년대로 거슬러 올라간다(小林和彦 1995; K. Suzuki 1992). 1926년 아오모리현 고레카와 나카이(是川中居)의 저습지 유적 발굴에서 많은 수의 옻칠된 목제 유물의 존재가 노출되었다. 이들 중에는 칠기 나무 팔찌, 빗, 그리고 검(劍) 모양 유물 등이 포함되어 있었다(八戶市博物館 1988; 그림 6.7.2-4). 칠기 바구니(그림 6.7.1)와 항아리도 발견되었다. 이와 같은 양질의 칠기 유물 생산은 고도의 복잡한 공정을 필요로 하기 때문에 이들 발견물은 예상 밖이었다. 공정은 옻나무(*Rhus verniciflua*; 漆이라고 불리는 옻나무 종)로부터 수액을 추출하고, 이 수액을 정제하여 색을 더하는 과정을 포함한다(鈴木公雄 1988). 스즈키 키미오(1992)에 의하면, 조몬인들은 붉은색을 내기 위해서는 산화제2철(Fe_2O_3)과 황화수은(黃化水銀, HgS) 두 가지와, 그리고 흑색으로는 미세한 숯(아마 검댕) 입자를 사용하였다.

1940년대에서 1970년대까지 지바현 가모(加茂) 유적(松本信広 外 1952)과 같은 여러 다른 저습지 유구들의 발굴에서 칠기 생산은 최소한 조몬 전기까지 올라간다는 것이 밝혀졌다. 1970년대 후쿠이현 도리하마패총 발굴(Aikens and Higuchi 1982: 127-130; 福井県教育委員会 1979; 森川昌和·橋本澄夫 1994)도 조몬 전기에 해당하는 많은 칠기 사례를 제공하였다.

조몬 칠기 연구의 긴 역사와는 대조적으로 조몬의 직물과 밧줄 같은 다른 부패성 유물에 대한 연구는 좀더 최근까지 저개발된 분야였다. 1960년대까지 대부분의 고고학자들은 조몬인들은 가죽과 모피(예, 後藤守一 1956)와 같은 동물을 기반으로 한 옷을 입었을 것으로 추정하였다. 그 이후 직물 조각뿐만 아니라 직물 자국이 있는 적은 수의 조몬토기 파편들이 연구자들로 하여금 조몬인들이 식물을 기반으로 한 직물을 생산하였다는 것을 깨닫게 하였다(伊東信雄 1966; 小笠原好彦 1970; 角山幸洋 1971; 吉田 格 1965).

조몬 유적으로부터 발견되는 실제 직물 잔해의 예는 지난 수십 년간 현저히 증가하였다(예, 小笠原好彦 1983을 보기 바람). 오제키(尾関清子 1996)에 의하면 직물 자국과 직물 조각 두 가지는 비슷한 구조를 보인다. 직물들은 꼰 실로 만들어졌다(그림 6.8.1).

그림 6.7 고레카와 나카이(是川中居) 유적에서 발굴된 칠기 유물: 1. 바구니(높이 8.5cm), 2. 나무 빗 손잡이(왼쪽: 폭 4.4cm), 3. 나무 팔찌(왼쪽: 지름 7.7cm), 4. 검 모양 목제 유물(길이 67cm) (하치노헤시 조몬학술관 사진 제공)

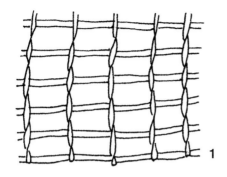
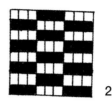

그림 6.8 도식 모델: 1. 꼬아 뒤틀어 만든 조몬 직물의 일반적 구조, 2. 후쿠이현(전기 조몬) 도리하마패총에서 발굴된 평직(平織) 직물 구조를 보여 준다(尾関清子 1996: 57, 63에서 다시 그림).

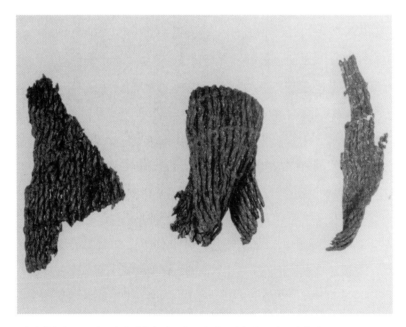

그림 6.9 미야기현 산노우-가코이 유적에서 발굴된 꼬아 뒤틀어서 만든 세 조각의 직물(이치하사마町 교육위원회 사진 제공)

〈그림 6.9〉는 미야기현 산노우-가코이(山王囲) 조몬 만기 유적에서 발굴된 이 형식의 세 개 직물 조각을 보여 준다(大場亜弥 2001). 민족지학적으로 비슷한 종류의 직물이 니가타현(新潟縣)에서 여전히 만들어지며 짠 직물을 의미하는 *안진*이라고 불린다. *안 진*은 전통적으로 단순한 고드래돌을 단 직기(織機)로 짤 수 있는 모시풀(*Boehmeria*) 섬유로 제작되었다. 오제키(1996)는 조몬 유적지에서 발견되는 직물 조각의 원료는 난

티나무(*Ulmus laciniata*)뿐만 아니라 두 종의 모시풀(*Boehmeria*, 그리고 *B. tricuspis*)을 포함하고 있다고 보고한다.

꼬아 뒤틀어서 만든 직물에 더하여 오제키(1996)는 조몬 유적지로부터 네 가지 예의 평직과 그 변형들을 보고한다. 도리하마(조몬 전기), 에히매현 헤이조(平城)(조몬 후기), 그리고 아오모리현 이시고(石鄕)(조몬 만기). 〈그림 6.8.2〉는 오제키(1996: 63)에 의해 보고된 도리하마 유적에서 발굴된 평직 직물 변형의 구조를 보여 준다. 그의 실험적 연구는 그가 *안진* 형식의 직물을 생산하기 위해서 사용하였던 고드래돌을 단 직기는 유사한 평직을 생산하는 데 사용할 수 있다는 것을 보여 준다.

상자 8 **사쿠라정(桜町)과 산나이마루야마에서 발굴된 부패성 유물들**

조몬의 여러 저습지 유적에 대한 최근 발굴조사는 일반적인 조몬 물질문화에서 식물을 기반으로 한 유물의 상대적인 중요성을 부각시켰다. 한 가지 좋은 예는 도야마현 사쿠라정 조몬 중기 유적에 대한 발굴이다(伊藤隆三 2001; 小矢部市教育委員会 1998). 사쿠라정에서 바구니(그림 6.10), 밧줄, 그리고 칠기와 같은 많은 목제 유물이 1,000개가 넘는 목제 보, 가로 장, 그리고 기둥 등과 함께 보고되었다. 이 건축자재들 상당수가 당시 고도의 건축기술을 보여 주는 구멍과 홈을 가지고 있다. 이 유물을 연구한 건축가들은 이 건축자재 대부분이 고상건물의 일부였다고 한다. 사쿠라정 유적은 또 밤, 칠엽수(七葉樹) 열매, 그리고 호두를 포함한 많은 양의 식료 유체와 동반되어 있었다. 실제 칠엽수 뿌리 유체도 발견되었다. 이 유적의 발굴조사 책임자인 이토 류조(伊藤隆三 2001)는 사쿠라정 유적은 호두 가공 특수 목적 유적이라고 주장한다. 그는 또 이 유적에서 발견된 목제 틀과 동반되어 있는 유구들은 마로니에 가공과 관련되어 있다고 주장한다(3장에서 묘사된 유사한 유구를 보기 바람).

아오모리현 산나이마루야마 유적(4장을 보기 바람)의 발굴은 부패성 유물의 사용과 생산에 대한 풍부한 정보를 획득할 수 있는 또 다른 예이다. 이 유적 구역은 조몬 전기의 수장된 여러 패총을 포함하고 있기 때문에 바구니, 팔찌, 밧줄, 그리고 직물 등을 포함한 많은 유기물 잔해가 수습되었다. 위에서 설명한 바와 같이 이 유적에서 평직물 한 조각이 오제키(1996)에 의해서 보고되었다. 이들 폐기장

에서 나온 큰 식물 유체에 대한 초기 분석 결과(Kim 2001)는 모시풀(*Boehmeria*)을 포함한 상대적으로 풍부한 여러 초본 식물들이 조몬 전기를 통해 현저하게 증가하였다는 것을 보여 준다. 앞에서 논의한 바와 같이 모시풀(*Boehmeria*)은 밧줄과 직물 생산을 위해 조몬인들이 선호하였던 원료 중의 하나였던 것으로 여겨진다. 따라서 이 유적 가까이에서 2차적 식물의 발전과 심지어 식물관리의 가능성까지도 포함하여 인간-식물 관계의 변화도 이들 유물을 생산하는 원료 획득이 논의될 때 고려되어야 한다.

최근의 발견물들은 조몬 칠기 기술이 목제와 바구니 유물뿐만 아니라 직물에도 적용되었다는 것을 보여 준다. 홋카이도 가키노시마(垣ノ島) B 유적에서 붉은색 옻칠이 된 비틀어서 꼰 직물이 수습되었다(朝日新聞社 2000). 조몬 조기 말엽으로 편년되는 토기 편들이 묘광 가까이에서 수습되었기 때문에 이 유적 발굴조사자들은 이 무덤을 동일시기로 편년한다. 발굴조사자들도 옻칠된 직물이 죽은 사람이 입었던 옷의 일부라는 견해를 제시한다. 니가타현 다이부(大武) 조몬 전기 유적에서 식물을 가지고 꼰 실이 두 층의 옻으로 입혀져 있었다(朝日新聞社 2000). 마지막으로 니가타현 아오타(青田) 조몬 만기 유적(荒川隆史 2001)에서 25개의 식물로 짠 실 꾸러미들이 수습되었다.

이들 새로운 발견품과 그리고 이전 발견품인 옻칠된 목제 유물 및 바구니에서 조몬의 칠기 기술이 목제 유물, 바구니, 밧줄, 그리고 직물의 생산과 밀접하게 관련되어 있는 것으로 보인다. 야마가타현 온다시 조몬 전기 유적의 항아리(原田昌幸 1996; 佐々木洋治 1996; 武田昭子 1996)와 같은 옻칠된 항아리들의 존재는 토기 생산 역시 이 복합 기술의 일부임을 가리킨다.

옻을 생산하기 위하여 칠(漆)액을 정제하는 것은 아주 많은 시간이 소모되고 고도의 전문화된 작업이기 때문에(見城敏子 1983), 칠기 유물의 생산은 전문가의 존재를 필요로 하였던 것 같다(鈴木公雄 1988; K. Suzuki 1992). 옻칠한 유물의 생산은 어느 정도의 정주성(반드시 완전한 정주는 아니지만 최소한 계절적 정주성)이 필요하다는 것도 지적되어야 한다. 생옻액을 정제하고 양질의 칠기 유물을 생산하는 공정은 수개월이 걸렸기 때문에 조몬 칠기생산이 이동성이 아주 심한 취락체계(즉, 취락체계 범위의 전형적 이동형 수렵채집민)하에서 수행되었던 것 같지는 않다.

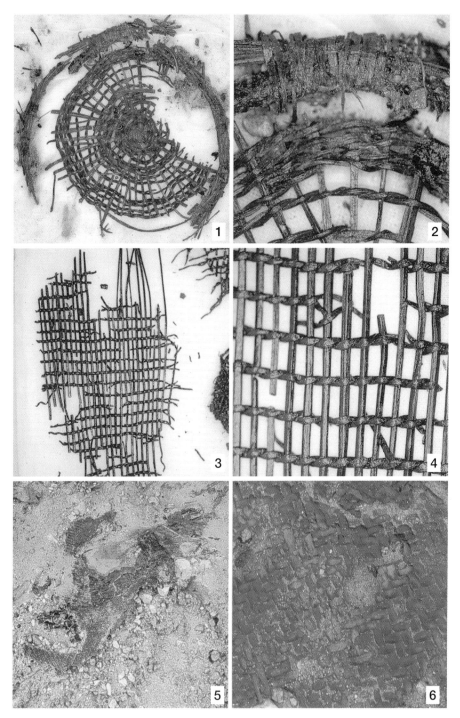

그림 6.10 사쿠라정 유적에서 발굴된 바구니들: 1. 바구니 바닥, 2. 사진 1의 근접 사진, 3. 바구니 조각, 4. 사진 3의 근접 사진, 5. 바구니의 야외 사진, 6. 사진 5의 근접 사진(오야베[小矢部]시 교육위원회로부터 게재 허락을 받음)

칠기-나무-바구니-직물의 전문화 가능성에 대한 쟁점은 성별을 토대로 한 노동 분화와 사회 불평등의 발전 가능성과 관련하여 논의되어야 한다. 현재 이용 가능한 고고학적 자료가 여전히 한계가 있지만 부패성 유물의 고고학적 맥락에 대한 체계적인 검토는 우리들에게 조몬사회의 이러한 측면에 관한 지극히 유용한 정보를 제공한다. 특히, 부패성 부장품과 동반된 분묘 수의 최근 증가는 이들 부패성 유물에 대한 성별—혹은 나이—에 걸맞는 구체적인 사용 등의 연구에 실마리를 제공할 수 있다. 예를 들면, 홋카이도 이니와시(惠庭市) 조몬 후기 가린바(カリンバ) 3호 유적에서 많은 수의 칠기 유물이 여러 묘광에서 수습되었다(上屋真一 2000). 만약 대부분의 부장품이 실제로 옻칠한 나무빗과 팔찌와 같은 부패성 유물이었다면 석제와 토기 부장품에서 지위 차이에 대한 명백한 증거 결여가 반드시 사회 불평등의 부재를 의미하는 것은 아닐 수 있다.

편년상 칠기 사용에 대한 예는 이르게는 조몬 전기로까지 거슬러 올라가는 것 같다(예, 가키노시마 B; 243쪽을 보기 바람). 도리하마패총(239쪽을 보기 바람), 가모 유적(239쪽을 보기 바람), 그리고 야마가타현 온다시 유적에서 나온 칠기 유물의 예를 포함한 조몬 전기 칠기 유물의 풍부한 예는(原田昌幸 1996; 佐々木洋治 1996; 武田昭子 1996), 이 시기에는 칠기 기술이 조몬문화 복합의 확실히 자리 잡은 요소의 하나가 되었다는 것을 가리킨다. 더욱이 사이타마현 조몬 후기 주노(寿能) 유적(埼玉県教育委員会 1984)과 조몬 만기 고레카와 나카이 유적(239쪽을 보기 바람)과 같은 조몬 후기 및 만기 유적의 칠기 제품의 예술적 정교함은 많은 연구자들에 의해 주목을 받았다. 이들 예로부터 조몬 조기/전기와 조몬 후기/만기는 조몬 칠기 기술 발전에 결정적인 전환의 두 시기였던 것으로 보인다. 이 해석이 타당성이 있는지 없는지는 많은 수의 사례로 입증되어야 할 필요가 있다.

희귀하고 일상적인 품목들의 교역망

위에서 설명한 토기와 부패성 유물의 정교함과 더불어 많은 고고학자들은 원료의 원거리 무역/교역을 조몬문화의 핵심적인 특성으로 고려하고 있다. 학자들은 조몬시대에 흑요석, 옥, 아스팔트, 그리고 소금의 원거리 이동에 특히 관심을 가졌다.

흑요석

흑요석(黑曜石)은 녹아 있는 고순도 규석(硅石)이 급속히 냉각되면서 형성되는 화산 유리이다. 흑요석은 투사 첨두기(投射尖頭器), 화살촉, 그리고 밀개 등과 같은 예리한 날을 필요로 하는 석기를 생산하는 데 이상적으로 알맞기 때문에 전 조몬시대를 통해 석기 생산에 광범위하게 사용되었다.

오다 시즈오(小田静夫 1982)에 의하면 일본열도 내에서 40곳이 흑요석의 주요 산지로 알려져 있다. 〈그림 6.11〉에서 보는 바와 같이 이들 산지의 상당수가 홋카이도, 중부 일본, 그리고 규슈에 군집되어 있다. 보다 최근에 와라시나(藁科哲男 2001)는 자그마치 80곳의 산지를 제시하고 있다. 흑요석의 시료는 XRF 분석(Hall and Kimura 2002; 東村武信 1986; 藁科哲男 1999; 2001; 藁科哲男·東村武信 1983)과 중성자활성화 분석(neutron activation analysis)(二宮修治 1983; 二宮修治 外 1985; 1987) 같은 여러 가지 방법을 통해 확인될 수 있다. 이들 분석을 이용하여 일본 학자들은 구석기와 조몬시대 동안 흑요석 유통을 이해하고자 시도하였다(예, 金山喜昭 1998; 太田陽子 外 1982; 斎藤幸恵 1985). 핵분열 비적(飛跡)(fission track)과 흑요석 수화(水和)(obsidian hydration) 분석도 많은 조몬 유적에서 나온 흑요석 표본의 편년에 사용된다(鈴木正男 1969; 1970a; Masao Suzuki 1970b; 1973; 1974b). 나가노현의 여러 조몬 흑요석 채석장에 대한 최근의 발굴 결과(宮坂 清 1998; 大竹幸恵 1998; 2000)는 흑요석의 체계적인 채굴과 유통 체계는 이르면 조몬 초창기까지 거슬러 올라갈 수 있다는 것을 보여 준다.

조몬 유적에서 수습된 흑요석 도구와 파편 중에서 지금의 도쿄와 그 인근(가나가와, 사이타마, 그리고 지바현 등)에서 발견된 것들이 가장 광범위하게 분석되었다(斎藤幸恵 1985). 이들 현에서 발견된 흑요석 유물 대부분이 다음 세 집단의 흑요석 산지에서 온 것으로 확인되었다. (1) 와다 관문, 기리가미네(霧ヶ峰), 그리고 나가노현의 다른 산지들(그림 6.11에서 16-17번을 보기 바람; 이들 산지는 나가노현 지역에 대한 고지명으로 종종 집합적으로 "신슈(信州)"라고 불린다), (2) 하코네(18-22번; 가나가와와 시즈오카 현 사이의 경계에 있는 하나의 화산 집단), (3) 고주시마(24·25번).

사이토 사치에(斎藤幸恵 1985)에 의하면 조몬 조기와 전기 동안 남부 간토 지역(가나가와, 도쿄, 사이타마, 그리고 지바현 등) 각 유적에서 흑요석 상대빈도수는 흑요석의 산지로부터의 거리와 대체로 일치한다. 즉, 흑요석은 가나가와(세 개의 주요 산지에 가

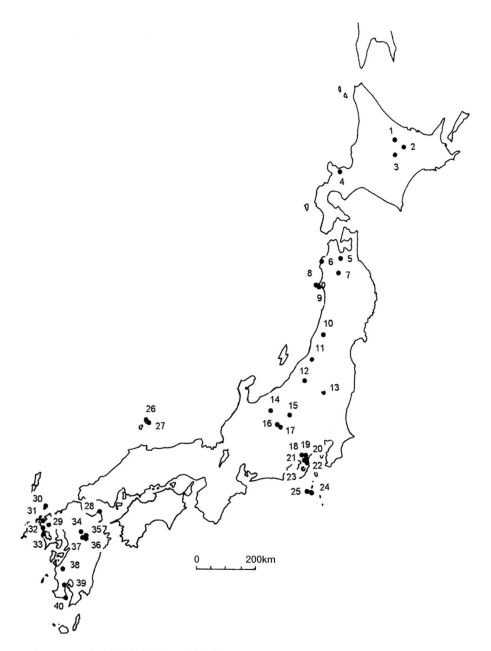

그림 6.11 주요 흑요석 산지의 위치: 1. 시라다키(白滝), 2. 오키토(置戸), 3. 도카치(十勝), 4. 아카이가와(赤井川), 5. 시모유카와(下湯川), 6. 후카우라(深浦), 7. 오다테(大館), 8. 도가(戸賀), 9. 와키모토(脇本), 10. 가산(月山), 11. 이타야마(板山), 12. 오시라가와(大白川), 13. 고겐야마(板山), 14. 오마치(大町), 15. 아사마(浅間), 16. 와다 관문(和田 峠), 17. 기리가미네(霧ヶ峰), 18-22. 하코네(箱根), 23. 아마기(天城), 24-25. 고주시마(神津島), 26-27. 오키시마(隠岐島), 28. 히메시마(姫島), 29. 고시다케(腰岳), 30. 이키시마(壱岐島), 31. 무타(牟田), 32. 후루사토(古里), 33. 요도히메(淀姫), 34-37. 아소(阿蘇), 38. 이주미(和泉), 39 미푸네(三船), 40. 이부수키(指宿) (太田陽子 外 1982에서 다시 그림)

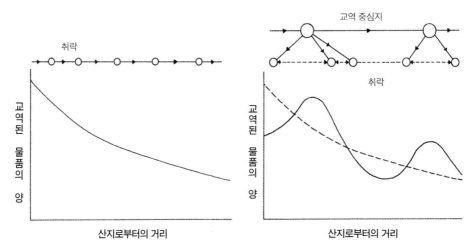

그림 6.12 선사시대 두 개 교역망의 대안 모델: 왼쪽은 교역 중심지가 없는 교역망이며, 오른쪽은 교역 중심지를 기반으로 한 교역망임(泉 拓良 1996b: 130에서 수정, 다시 그림)

장 가까운 현) 유적에서 가장 빈번하게 사용되었고 도쿄에서는 그보다 덜, 사이타마에서는 드물게, 그리고 지바(산지로부터 가장 멀리 떨어져 있다)에서는 극히 드물게 사용되었다. 이는 이 분기들 동안 흑요석 교역은 어떤 주요 "교역 센터"와 연루되지 않았던 것으로 보인다(그림 6.12 왼쪽을 보기 바람). 그러나 그의 분석은 흑요석의 전체적인 빈도수가 네 개 현 모두에서 현저하게 증가하였던 조몬 중기에는 사라졌다고 주장한다. 비슷하게 이즈미 다쿠라(泉 拓良 1996b)와 가나야마(金山喜昭 1998)는 원료로 흑요석이 교역 혹은 재분배 센터로 기능하였던 한정된 수의 대형 취락지에 수입되었던 흑요석 교역/무역망이 조몬 전기 말엽에는 수립되었다고 주장한다(그림 6.12 오른쪽). 특히, 가나야마(1998)는 이것을 평등에서 불평등사회로의 변화로 해석한다. 폴라니(Polanyi 1980)를 인용하여 가나야마는 흑요석의 분배 체계에서 이 변화는 흑요석 및 옥과 같은 다른 희귀한 물건의 재분배를 담당하였던 정치적 수장의 출현을 반영한다고 주장한다.

이들 측면의 증거를 더 검토하기 위하여 흑요석 산지 추정에 대한 체계적인 방법의 확립이 중요하다. 지금까지 조몬 흑요석에 대한 대부분의 XRF분석은 주(主), 부(副), 그리고 미량원소들 사이에 X-ray 강도비(強度比)를 생성시키는 것이었다(예, 藥科哲男 1999; 2001). 중성자활성화 분석(예, 二宮修治 1983; 二宮修治 外 1987)은 정량적인 화학적 데이터를 산출하였다. 북아메리카에서 흑요석의 산지 파악을 강도비에 근거를 두지 않고 주로 정량적 화학 분석에 근거를 두었다는 사실을 고려하면 여러 연구 집단 사이의 연구 결과를 평가하기는 어렵다. 일본열도 내에서 많은 수의 흑요석 산지의 존재도 산지 파악을 어렵게 만든다.

옥

옥(경옥)은 조몬인들에 의한 원거리 교역/무역의 증거를 보여 주는 또 다른 품목이다. 흑요석과는 달리 일본열도 내에서 옥의 산지 수는 극히 제한적이다. 가장 잘 알려진 산지는 니가타현 이토이가와(糸魚川)와 히메가와(姫川)의 지류인 고타키가와(小滝川)를 따라 위치하고 있다(安藤文一 1982). 이 지역에서 다른 산지는 앞의 산지로부터 10km 미만 떨어진 오우미가와를 따라 확인되었다. 이 두 산지는 종종 집합적으로 "이토이가와"(그림 6.14에서 큰 짙은 삼각형)로 알려져 있다. 여러 다른 산지가 알려져 있지만 화학적 분석은 조몬 옥제 유물의 대부분이 이토이가와에서 나온 원료로 제작되었다는 것을 보여 준다(藁科哲男 1999).

지금까지 알려진 가장 오래된 조몬 옥 유물은 야마나시현 덴진(天神) 조몬 전기 유적 묘광에서 나온 한 개의 대형 옥이다(山梨県教育委員会 1994). 이 옥의 산지는 XRF 분석에 의해 이토이가와로 확인되었다(藁科哲男 1999). 그 뒤를 이은 조몬 중기는 많은 옥 유물이 보고된 시기이다. 〈그림 6.13〉은 산나이마루야마 유적(4장을 보기 바람)에서 수습된 옥구슬을 보여 준다. 비록 여러 가지 모양의 옥구슬이 생산되었지만 대형의 타원형 구슬이 가장 흔히 발견된다(그림 5.10.6-7을 보기 바람).

옥 유물과 관련된 조몬 중기 유적의 일부는 많은 수의 구슬이 생산되었던 생산 유적이다. 조몬 중기부터 옥구슬 생산 유적은 모두 이토이가와에 있는 옥의 산지(산지로부터 약 40km 반경 내)에 아주 가까이 위치한다(安藤文一 1982). 이들 예는 니가타현 조자가하라(長者ヶ原)와 데라지 유적과 도야마현 사카이(境) A 유적을 포함하고 있다. 예를 들면, 사카이 A 유적에서 무게 총 650kg 이상 되는 1만 여점 이상의 옥 파편(가공되지 않은 團塊, 미완성품, 혹은 완제품 구슬)이 수습되었다. 망치돌, 모루, 지석(砥石)과 같은 옥 가공 도구가 생산 유적 모두에서 발굴되었다(栗島義明 1985).

적은 수의 옥구슬과 미완성품이 이토이가와와 그 인근 지역 밖에서 조몬 중기 유적지로부터 광범위하게 보고되었지만 그중에 대규모 생산 유적은 하나도 없었던 것으로 보인다(安藤文一 1982). 이들 "소비처" 유적의 분포는 이토이가와 지구가 위치하

그림 6.13 산나이마루야마 유적에서 수습된 대형 옥구슬들(아오모리현 교육청 문화과 사진 제공)

고 있는 호쿠리쿠 지역뿐만 아니라 주부와 간토 지역의 특정 부분에도 조밀하다(그림 6.14). 이들 유적지 상당수가 대형 취락이고 옥구슬은 종종 무덤과 동반된다(泉 拓良 1996b). 구리시마(栗島義明 1985)는 옥과 동반된 유적이 조밀하게 분포되어 있는 지역은 조몬 중기문화가 유적 크기와 토기의 예술적 정교함에 의해 판단할 때 가장 번창한 지역과 중복된다고 지적한다. 그는 또 그러한 옥의 분포 정형성은 "교역 센터"로서 기능하였던 한정된 수의 대형 취락 사이에 중기 조몬 교역/무역망의 존재를 가리킨다고 주장한다. 그리하여 그는 조몬 중기 옥 유물은 처음에 한정된 수의 교역 센터로 수출되었고 이어서 더 작은 취락으로 재분배되었다고 주장한다.

조몬 후기 유적에서 발견된 옥 유물의 전체적인 수는 조몬 중기 유적에서 발견되는 수보다 훨씬 적다. 안도(安藤文一 1982)는 이 감소를 이토이가와 지역과 그 인근 사람들의 사회경제적 힘의 쇠퇴를 반영하는 것이라고 해석한다. 옥구슬의 생산은 옥 생산 유적이 이토이가와와 그 인근뿐만이 아니라 동부 일본 전역에도 출현했을 때인 조몬 만기에 다시 유행하게 되었다(安藤文一 1982). 대부분의 경우 이들 생산 유적에서 발견되는 옥의 산지는 이토이가와로 보인다(泉 拓良 1996b; 藁科哲男 1999). 이즈미 다쿠라(泉 拓良 1996b)는 옥구슬과 미완성품들이 이토이가와 지역에서 다른 곳으로의 수출

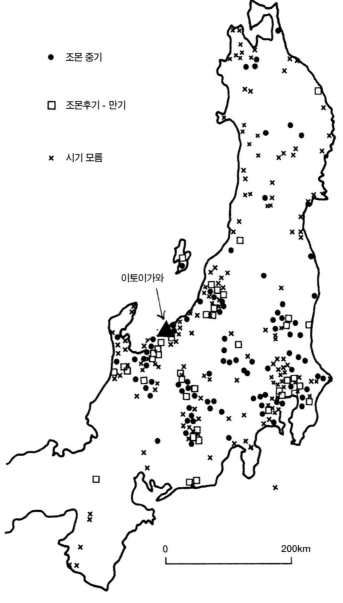

여기서 범례:
- ● 조몬 중기
- □ 조몬후기 - 만기
- ✕ 시기 모름

이토이가와

0   200km

그림 6.14 옥 유물과 동반된 조몬 유적지들의 분포(栗島義明 1985: 40에서 수정, 다시 그림)

을 토대로 한 조몬 중기 옥 분배 체계와는 달리 조몬 만기의 옥 분배 체계는 가공되지 않은 옥 단괴의 원거리 교역/무역에 토대를 두었음에 틀림없다고 한다. 그리하여 그는 원산지에서 떨어져 있는 옥 "교역 센터"의 기능은 조몬 만기에 더 중요하게 되었다는 견해를 제시한다.

요약하면, 조몬 중기 및 만기 두 시기에 옥의 원거리 교역이 있었지만 이들 두 시기에 교역 정형성은 다른 특성을 가지고 있다. 시간성을 고려하면 전자는 조몬 중기에 조직적 복합성의 발전과 관련되어 있는 반면 후자는 5장에서 논의한 바와 같이 사회 불평등의 발생에 대한 반영일 수 있다.

아스팔트

19세기 말 이래 고고학자들은 여러 가지 조몬 유물과 아스팔트[土瀝靑]의 흔적을 인식하였다(安孫子昭二 1982). 열에 의해 쉽게 녹을 수 있는 방수 접착제의 한 유형으로서 조몬 중기에서 만기까지 동부 일본 사람들은 깨진 토기와 다른 유형의 도기제품 유물을 수리할 뿐만 아니라 석기와 골기 도구 자루를 다는 데 자연 아스팔트를 광범위하게 사용했다(安孫子昭二 1982). 아스팔트를 가진 조몬 유물의 예는 〈그림 6.15〉에 보인다.

아스팔트는 단단한 덩어리(예, 이와테현 아카사카타[赤坂田] 조몬 후기[泉 拓良 1996b]와 홋카이도 마코[磨光] 조몬 후기 B 유적[阿部千春 2000])와 토기에 담은 액상(이와테현 가이하타[貝畑] 조몬 중기[泉 拓良 1996b]와 홋카이도 도요자키[豊崎] 조몬 후기 B 유적 [阿部千春 2000]) 두 가지 형태로 조몬 유적에서 발굴되고 있다. 이들이 아스팔트 운반의 두 가지 형태였던 것 같다.

석유 광상 구역에서 획득할 수 있는 천연 아스팔트는 현금 니가타현 아키타 해안부와 남부 홋카이도의 일부에서만 이용이 가능하다(그림 6.16에서 어두운 지역들). 고고학자들(예, 安孫子昭二 1982; 泉 拓良 1996b)은 최소한 하나의 조몬 유적, 아키타현 츠키기(槻木) 유적(그림 6.16에서 크고 진한 별)이 아스팔트 채취장이라고 말한다. 혼슈 석유 광상의 북쪽 부분에 위치한 유적에서 중기, 그리고 만기일 가능성도 있는 천연 아스팔트의 침전물과 더불어 조몬토기가 나왔다. 20세기 초까지도 이 유적 가까이 지역 농부들이 농한기 동안 논을 파서 아스팔트를 수거하였다(安孫子昭二 1982). 조몬시대에 가능성 있는 다른 채취장들은 니가타와 야마가타현 등에서 자연적으로 산출되는 곳들이 포함된다(그림 6.16에서 ▲). 민족지학적 및 역사 기록은 지역 주민들이 석유와 아스팔트를 수거하였던 분수(糞水, 냄새나는 물)라고 불렀던 여러 지역들을 열거하고 있다(安孫子昭二 1982: 211-212).

그림 6.15 아스팔트를 접착제(1-37)로, 그리고 토우 접안렌즈(38)로 함께 사용한 조몬 유물: 1. 골제 슴베를 부착한 석촉, 2-5. 골제 창, 6-7. 골제 낚싯바늘, 8-9. 결합식 골제 낚싯바늘, 10-11. 결합식 골제섬두(骨製銛頭), 12-13. 골제섬두, 14. 楠本政助에 의해 제안된 섬두 자루의 복원(음영 부분은 아스팔트가 사용된 것을 가리킴), 15-25. 석촉, 26-27. 유경식 밀개, 28. 석겸, 29. 마제석부, 30-31. 독고(獨鈷)[金剛杵] 모양 석기 유물, 32. 아스팔트로 수리된 주둥이, 33. 아스팔트로 수리된 토기 틈, 34. 토제품, 35-37. 아스팔트로 수리된 토우들, 38. 토우의 접안렌즈 (安孫子昭二로부터 게재 허락을 받음)

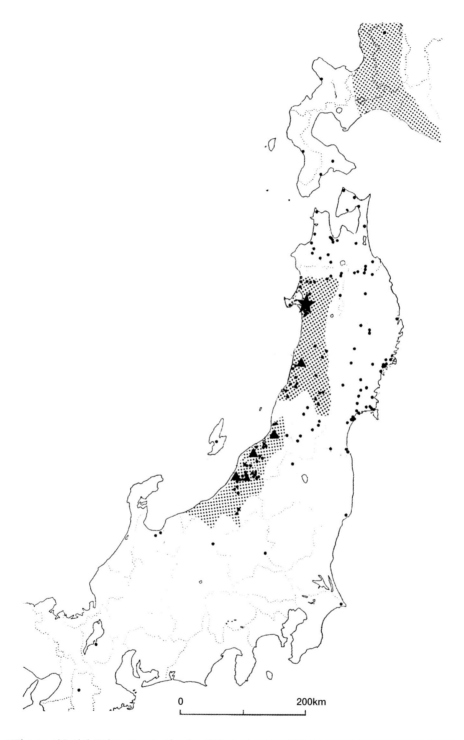

그림 6.16 석유 광상 구역(어두운 부분), 아스팔트 산지(▲), 아스팔트 채취장(★), 그리고 아스팔트와 함께 유물이 보고된 조몬 유적(●) 위치(安孫子昭二 1982: 208에서 수정, 다시 그림)

아스팔트를 소비한 유적은 많다. 아비코(安孫子昭二 1982)는 세 곳의 야요이 유적 뿐만 아니라 총 145곳의 조몬 유적이 아스팔트 사용 흔적을 보여 주는 유물과 동반되어 있다고 보고한다(그림 6.16에서 ●). 145개 유적의 약 절반(70개 유적; 48.3%)이 북부 혼슈 석유 광상 지역과 일치하는 아키타, 야마가타, 그리고 니가타 현에 위치하고 있다. 나머지(75개 유적)의 대부분(60개 유적)은 북부 혼슈 세 개의 다른 현인 아오모리(24개 유적), 이와테(18개 유적), 그리고 미야기(18개 유적)에 있다. 비록 아스팔트가 있는 유적의 절대 수가 아비코(1982)가 이들 자료를 엮어 낸 이래 현저하게 증가함에 틀림없지만 아비코가 보여 준 이들 유적의 지역적 분포 정형성은 상당히 신뢰할 만한 것으로 보인다. 그의 자료로 판단하건대, 북부 도호쿠 태평양 쪽의 이들 유적의 분포는 동해 쪽만큼 거의 조밀하다(그림 6.16을 보기 바람). 소비 유적지로부터 조몬 아스팔트의 산지를 찾는 작업이 고고표본 연대학자들(예, 浅野克彦 外 1999)에 의해 시도되고 있지만 결과는 여전히 초기단계이다.

연대적으로 아스팔트의 사용은 일찍이 조몬 중기 초엽에 시작하였다. 아스팔트와 공반된 조몬 중기 유물의 대부분은 화살촉이다. 아스팔트 사용이 시작되는 시기 동안 유통되었던 아스팔트의 양은 상당히 한정되었던 것으로 보인다. 아스팔트의 사용이 보다 흔해진 것은 그것이 작살 머리[銛頭]와 고기잡이 창과 같은 골제 도구의 자루와 토제 유물을 수리하기 위해 사용되었던 조몬 후기였다(安孫子昭二 1985). 구스모토(楠本政助 1976)에 의한 실험 고고학적 연구도 자루에 아스팔트를 사용한 것이 도호쿠에서 결합식 작살 머리의 발전에 결정적인 역할을 하였음에 틀림없다는 것을 보여 준다.

아스팔트의 사용은 조몬 만기에 가장 일반적이었는데, 도구 자루와 유물 수리를 하는 데뿐만 아니라 칠기 바구니와 때때로 옻칠한 토기를 생산하는 데 밑칠로서 사용되었다(安孫子昭二 1985). 한 개의 바구니와 토기 하나를 완전히 덮는 데 필요한 아스팔트의 양이 도구 자루 하나에 드는 양보다 현저하게 많다는 사실과, 그리고 희귀한 품목으로서 아스팔트가 상당히 귀중하였음에 틀림없다는 사실을 고려하여 아비코(1985)는 칠기 유물에 아스팔트를 사용한 것은 칠기 유물의 사치스러운 성격을 더 보강하였음에 틀림없다는 견해를 제시한다.

소금

조몬 후기 및 만기에 소금 교역 가능성의 중요성이 일부 학자들에 의해 제시되었다. 소위 소금 생산을 위한 "제염(製鹽) 토기"는 간토와 도호쿠 지역 조몬 후기 및 만기 유적 여러 곳에서 보고되었다. 이들 지역에서 나온 조몬 후기 및 만기의 다른 토기와는 달리 제염 토기(보통 심발)는 극히 얇고(약 2-4mm), 저부는 보통 둥글거나 혹은 뾰족하다. 저부가 편평할 때 지름이 극히 작다(그림 6.17). 이 토기의 기벽 표면은 일반적으로 반복해서 열을 가한 흔적이 보인다. 대체로 이들 토기는 장식이 없고 외부 표면은 나무 혹은 대나무 연장으로 대강 매끄럽게 되어 있다(川崎純徳 1983).

소금 생산을 위한 제염 토기는 1960년대 이바라키현 히로하타(廣畑)패총 유적에서 곤도 요시로(近藤義郎 1984)에 의해 처음으로 확인되었다. 이 유적에서 그는 회층(灰層)과 함께 많은 수의 아주 얇은 기벽의 토기 편을 발견하였다. 이들 토기 편의 상당수가 주로 탄산칼슘($CaCO_3$)으로 이루어진 회백색의 찌꺼기로 덮여 있었다. 비슷한 찌꺼기가 그 이후 시기 제염 토기 위에서 발견되었기 때문에 곤도는 히로하타의 예를 소금 생산을 위한 토기로 인식하였다(近藤義郎 1984; 寺門義範 1983을 보기 바람). 1960년대 이바라키현 조몬 후기 두 저지대 유적인 호도(法堂)와 메우라(前浦)에서 유사한 토기 편과 회층의 발굴로 북부 간토에 이러한 유형의 유적이 흔하다는 것이 확인되었다. 발굴된 토기 편의 약 70%가 제염 토기로 이루어진 호도 유적에서 소금 생산을 위한 노지일 가능성이 있는 세 개의 수혈이 회층과 함께 확인되었다(高橋 滿 1996). 제염 토기 및 회층과 동반된 대형 노지가 이바라키현 가미타카츠(上高津)와 고야마다이(小山台)와 같은 다른 조몬 후기 및 만기 유적에서도 보고되었다(鈴木正博 1993). 이들 유적도 모두 "소금 생산 유적"으로 고려되고 있다. 유사한 유적이 도호쿠 지역 특히 미야기현 마츠시마만 지역으로부터 보고되었다. 이들 유적의 예는 조몬 만기 니가데(二月田)패총과 사토하마패총을 포함하고 있다(寺門義範 1983).

제염 토기의 발굴은 이들 "소금 생산 유적"의 가능성이 있는 곳에만 국한된 것은 아니다. 간토 지역에서 제염 토기는 약 100여 곳의 조몬 후기 및 만기 유적으로부터 보고되었다(高橋 滿 1996). 이들 중의 일부는 "소금 생산 유적"으로부터 그리 멀리 떨어지지 않은 패총이다. 그러나 이들 패총 유적의 대부분은 소금 생산을 위한 층위 혹은 노지와 관련되어 있지 않다. 제염 토기와 동반된 다른 유적은 훨씬 내륙 쪽에 위치하고

그림 6.17 미야기현 사토하마(里浜)패총에서 발굴된 시루(岡村道雄 1992; 도호쿠 역사박물관으로부터 게재 허락을 얻음)

때때로 가장 가까운 해변으로부터 100km 이상 떨어져 있다. 이들 내륙 유적에서 발굴된 제염 토기의 수는 보통 아주 적다. 다카하시 미츠루(高橋 滿 1996)는 바닷물은 진한 소금물을 만들기 위해서 한정된 수의 생산 유적지에서 먼저 끓여지고, 그리고 나서 소금 생산을 위한 후의 단계들을 위해 패총 유적지로 반입된다는 견해를 제시한다. 다른 학자들은 패총 유적이 소비 유적을 보여 주고 있다고 믿는다. 두 집단의 연구자들은 내륙에서 제염 토기의 발굴은 소금 혹은 소금에 절인 음식의 원거리 교역을 나타낸다는 견해를 제시한다(泉 拓良 1996b; 鈴木正博 1993; 高橋 滿 1996; 寺門義範 1983).

소금 생산 유적과 제염 토기가 소금 혹은 소금에 절인 음식의 원거리 교역 혹은 무역에 대한 유일한 종류의 증거이기 때문에 우리는 소금 생산과 유통의 성격과 규모에 관해서 아는 것이 별로 없다. 많은 학자들(예, 堀越正行 1999; 川崎純德 1983; 鈴木正博 1993)은 소금이 어류와 같은 해산물을 보존하는 데 사용되었다는 견해를 제시한다. 그들의 의견으로는 간토의 조몬 후기에 각 지역 집단의 생업 전문화는 중요한 교역 품목의 하나로 해양 식품을 보존할 필요성이 초래된다는 것이다. 이것이 매력적인 가설이기는 하지만 타당성을 검증하기 위해서는 더 많은 연구가 필요하다.

한정된 산지로부터 획득한 다른 물품들

흑요석, 옥, 아스팔트, 그리고 소금에 더하여 한정된 산지에서만 이용 가능한 여러 가지 다른 물품들이 보고되었다. 이들은 호박(琥珀), 진사(辰砂, 적색 황화수은), 그리고 바다 조개를 포함하고 있다. 노랗거나 갈색 같은 색으로 화석화된 송진인 호박은 홋카이도와 북부 도호쿠에서 소수의 조몬 유적지에서 발굴되었다(松下 亘 1982). 아오모리현 산나이마루야마 유적의 조몬 중기 층에서 발굴된 것(岡田康博 1995a)을 포함한 상당수의 예는 미가공된 작은 호박 편이다. 더하여 호박 구슬이 비비 4(松下 亘 1982)와 다키사토(滝里) 33(朝日新聞社 1992)을 포함하여 홋카이도 조몬 후기 및 만기 유적으로부터 보고되었다. 가장 잘 알려진 호박 산지는 이와테현의 구지(久慈)이지만 홋카이도에도 산지들이 있다. 적외선 흡수 분광법을 사용한 호박 산지의 확인이 일본 고고표본연대학자들에 의해서 시도되었다(佐藤昌憲 外 1999).

진사는 조몬인들에 의해 이용되었던 한정된 산지를 가진 또 다른 물품이다. 조몬 유물에 적용된 단칠(丹漆)의 화학적 분석은 산화철(철단, 鐵丹)과 진사 두 가지가 칠기 생산을 위한 붉은 물감으로 사용되었다는 것을 보여 준다(泉 拓良 1996b). 여러 곳에서 얻을 수 있는 산화철과는 달리 진사의 산지는 상당히 제한되어 있다. 조몬시대에 진사 공정에 대한 증거는 진사 찌꺼기가 갈돌, 돌절구, 그리고 토기 표면에서 확인되었던 미에현 모리조에(森添) 유적으로부터 보고된다. 이 유적은 후의 역사시대에 진사 광산 가까이 위치하여 이 유적 거주자들이 동일한 자원을 이용하였던 것 같다(泉 拓良 1996b).

마지막으로, 청자고둥과(흔한 일본 이름으로 *이모가이*; 나사조개), 누더기삿갓 조개(*Patella flexuosa optima*; 삿갓조개류), 개오지 조개(별보귀 고둥)와 같은 다양한 희귀 조개들이 그들의 원산지로부터 멀리 떨어진 조몬 유적에서 발굴되었다(岡村道雄 1996). 이들 조개류의 원래 서식지는 류구(琉球) 섬들 가까이 혹은 더 먼 남쪽 아열대 바다였음에 틀림없다. 그럼에도 불구하고, 이 조개들은 홋카이도처럼 먼 북쪽 조몬 유적지로부터 보고된다. 예를 들면, 홋카이도 조몬 후기 도이(音更)패총(戶井町教育委員会 1993)에서 이들 남방조개로 만들어진 구슬과 드리개가 발굴되었다(岡村道雄 1996). 내륙 조몬 유적에서의 상어 이빨 발굴은 특정한 해양 산물이 교역물품으로 조몬인들에 의해 가치 있게 생각되었다는 것을 시사한다.

흔한 재질로 만들어진 물품

전문화된 생산과 광역 유통의 증거는 한정된 산지로부터 나온 재질로 만들어진 유물에 제한된 것은 아니다. 일본 고고학자들은 마제석부/자귀와 타제석"부"와 같이 보다 흔한 재질로 제작된 도구도 제한된 수의 유적지에서 생산되었을 것이라는 견해를 제시한다. 예를 들면, 학자들은 가나가와현 단자와(丹沢) 산맥에 위치하고 있는 조몬 중기 오자키(尾崎) 유적(神奈川県教育委員会 1973)을 마제석부/자귀 생산 유적으로 확인하였다. 이 유적에서 많은 수의 마제석부/자귀의 완성품과 미완성품 두 가지가 발굴되었다. 그들 대부분이 이 유적에서 약 40m 떨어진 강 옆에서 원자재의 이용이 가능한 유형의 응회암으로 제작되었다. 이 유적은 또 마제석부/자귀의 제작에 필수 도구인 많은 수의 지석(砥石)과 망치돌과 동반되어 있다(鈴木次郎 1985). 이 세 가지 범주의 석기들(즉, 마제석부/자귀, 지석, 그리고 망치돌)이 상대적으로 풍부한 결과 오자키 유적에서 석기 조합은 이 지역 다른 조몬 중기 유적의 석기들과는 아주 다르다. 마제석부/자귀들이 일반적으로 조몬 중기 유적 석기 조합의 일부만을 설명하고, 미완성 마제석부/자귀들이 대부분의 다른 유적지에서 드물게 발견되기 때문에 오자키 유적을 생산 유적으로 부르는 것이 합리적이다. 그러나 단자와(丹沢)산맥 전역에서 마제석부/자귀를 제작하는 데 적당한 응회암과 다른 원자재를 흔하게 이용할 수 있어 "소비자" 유적에서 마제석부/자귀들의 출처 탐색을 어렵게 만든다(鈴木次郎 1985). 마제석부/자귀의 생산 전문화에 대한 증거는 사이타마현 데라사카(寺坂) 유적과 도야마현 사카이 A 유적으로부터 보고되었다. 데라사카에서 대부분의 마제석부/자귀는 녹암(緑岩)으로 제작되었고 반면 사카이에서 이 유물들은 사문암(蛇文岩)으로 제작되었다(泉 拓良 1996b; 鈴木次郎 1985).

아마 주로 굴지구(屈地具)로 기능하였을 타제석"부"의 경우(4장을 보기 바람), 현무암, 혼펠스, 사암, 그리고 점판암(鈴木次郎 1983)과 같은 원자재의 이용은 마제석부/자귀보다 훨씬 더 흔하다. 그럼에도 불구하고, 타제석부의 집약적인 생산과 유통의 증거는 구마모토현 후타고야마(二子山)와 같은 여러 조몬 유적으로부터 보고된다(泉 拓良 1996b). 스즈키 지로(鈴木次郎 1985)는 도쿄 누쿠이-미나미(貫井南) 유적 단 하나의 수혈주거지에서 100개가 넘는 타제석부의 발굴(小金井市教育委員会 1974)도 광범위한 유통을 위한 전문화된 생산을 가리킨다고 시사한다.

전문화된 생산의 증거는 석봉에 대해서도 적용할 수 있다. 예를 들면, 기뿌현 긴세이 진자(金淸神社) 유적은 석봉(석봉의 설명에 대해서는 5장을 보기 바람) 생산 유적으로 확인되었다(宮野淳一 1998). 이 유적은 긴 모양으로 쉽게 쪼개질 수 있는 유형의 결합된 화산 쇄설암(火山碎屑岩)의 노두(露頭) 가까이 위치하고 있다. 대부분이 아마 조몬 후기로 편년되는 많은 수의 지석과 망치돌뿐만 아니라 약 800여 점의 완성 및 미완성된 석봉이 이 유적에서 수습되었다(宮野淳一 1998). 결합된 화성 쇄설암이 긴 석봉을 제작하기에 편리한 원자재임에는 틀림없지만 석봉을 대량 생산할 의도가 없었다면 다른 유형의 돌로도 쉽게 제작되었을 수 있다. 집약적인 석봉 생산의 증거는 군마현 조몬 중기 온가 유적으로부터도 보고된다. 마지막으로 도치기현 후지오카 진자(藤岡神社) 조몬 후기 및 만기 유적에서 약 1,100개의 도르래 모양의 완전하거나 깨진 토제 귀걸이 두 가지가 발굴되었다(岩渕一夫 2000). 이 수는 이 유적지 내에서만 소비하기에는 너무 많아서 비록 진흙이 확실히 한정된 산지에서 나는 품목은 아니지만 광범위한 유통을 위한 전문화된 생산을 시사하는 것으로 보인다. 이 유적은 석봉, 독고(獨鈷) 모양 석기, 토판, 그리고 석제 드리개와 같은 여러 가지 다른 유형의 제의 유물과 동반되어 있기 때문에 토제 귀걸이의 생산이 대체로 이 유적지 점유자들에 의해 수행되었던 제의 활동과 밀접하게 관련되었을 가능성이 있다.

　　마지막으로, 일부 저습지 유적이 생산 전문화를 시사하는 집약 목공에 대한 증거를 보여 준다. 도리하마 조몬 전기 유적에서(森川昌和·橋本澄夫 1994), 많은 수의 목부(木斧)와 목자귀의 미완성품과 완성품 두 가지가 발굴되었다. 미완성품이 많은 것은 이 유적에서 이들 유물이 집약 생산되었다는 것을 강하게 시사한다. 니가타현 온이도(御井戸) 조몬 만기의 저습지 유적에서 목제용기의 미완성품이 수습되었다. 이들 모두가 크기와 모양(주둥이와 손잡이가 달린 길쭉한 발)이 비슷하여 대량 생산의 가능성을 시사한다(泉 拓良 1996b). 집약적인 조몬 목공에 대한 증거는 조몬 후기 아카야마 진야(赤山陣屋)(金箱文夫 1996; 川口市遺跡調査会 1989)와 조몬 중기에서 후기 사이타마현 주노(寿能)(埼玉県教育委員会 1984), 조몬 만기 시가현 시가사토(滋賀里)(滋賀県教育委員会 1973), 그리고 도야마현 사쿠라정(위를 보기 바람)과 같은 저습지 유적지로부터도 보고된다. 모리카와·하시모토(森川昌和·橋本澄夫 1994), 이즈미 다쿠라(1996b), 그리고 야마다 마사히사(山田昌久 1983) 등은 모두 물속에 나무를 담그는 것이 목각(木刻)을 쉽게 하기 위한 하나의 필요한 단계라고 하며 그리하여 전문화된 목각을 위해 호수 혹은 습지 가까이 있는 저지대의 유리함을 제시한다.

운송

희귀하거나 평범한 품목들의 원거리 이동은 효과적인 운송방법을 필요로 하였을 것이다. 학자들은 육로와 수로 두 가지가 조몬인들에 의해 활발하게 사용되었을 것이라고 한다. 특히, 조몬의 저습지 유적지에서 통나무배의 발굴은 통나무배의 사용이 중요한 요소였다는 것을 시사한다. 지금까지 약 50사례의 통나무배 발굴이 조몬 전기부터 만기까지의 유적에서 보고되었다(朝日新聞社 1998).

현재 발굴된 통나무배 중에서 가장 오래된 것은 후쿠이현 도리하마패총의 조몬 전기 층에서 나온 것이다(森川昌和·橋本澄夫 1994). 이 통나무배는 길이 6m가 넘고 폭은 약 60cm이다. 이 배는 반으로 쪼갠 일본 삼나무(*Criptomeria japonica*) 몸통 속을 파내서 제작한 것이다. 모리카와·하시모토(1994)는 이 배를 제작하기 위해 사용된 주요 도구들은 석제 자귀 그리고/혹은 석부였다고 한다. 이 배 위의 불탄 자국은 속을 좀 더 쉽게 파내기 위해 불에 태우는 방법을 사용하였다는 것을 시사한다. 통나무배 제작의 마지막 단계에서 표면이 조심스럽게 마연되었다. 일본 삼나무로 제작된 노(櫓)도 동일한 유적 조몬 전기 층에서 발견되었다. 조몬 후기로 편년되는 또 다른 통나무도 동일한 유적에서 발견되었다(森川昌和·橋本澄夫 1994).

통나무배 그리고/혹은 노는 가모(전기 조몬; 지바현)(松本信広 外 1952), 나카자토(도쿄; 조몬 중기, 그림 6.18)(早川 泉 1985; 北区教育委員会 1997), 그리고 유리(ユリ)(후쿠이현; 조몬 후기 및 만기)(森川昌和·橋本澄夫 1994)와 같은 조몬 유적지로부터도 보고된다. 일본 삼나무에 더하여 푸조나무(椋木[むくのき])는 일본 보통 이름이다), 비자나무(榧[かや]; 일본 肉豆蔲), 개비자나무(犬榧[いぬかや]), 그리고 계피나무(樟木[くすのき]; 녹나무)와 같은 다른 종들도 통나무배를 만드는 데 사용되었다(森川昌和·橋本澄夫 1994). 발굴된 통나무배의 일부는 조몬 전기 도리하마의 예보다 더 크다. 예를 들면, 교토현 조몬 전기 우라뉴(浦入) 유적에서 발굴된 통나무배는 폭이 약 1m이다. 비록 뱃머리(이물)와 선미(고물)는 보존되지 않았지만, 추정된 배의 길이는 약 10m이다(朝日新聞社 1998). 도리하마에서 발견된 조몬 전기 배와 같이 이 배도 일본 삼나무로 제작되었고 내부에 불

그림 6.18 도쿄 나카자토(中里) 유적에서 발굴된 조몬 전기 통나무배(北区敎育委員会 1997: 사진 7에서; 기타구 교육위원회로부터 게재 허락을 받음)

에 탄 자국이 많이 관찰되었다.

논의

토기와 여러 가지 부식성 유물, 그리고 교역체계의 발전을 포함한 조몬 공예품의 변화가 복잡하였다는 것은 위에서 본 바와 같이 아주 명백하다. 토기 조합에서 두 가지 큰 변화가 발생하였는데 첫 번째는 조몬 전기에 그리고 두 번째는 조몬 후기 동안이다. 더욱이 지역적 양식 구역들이 조몬 전기에 확립되었고 그리고 이들은 궁극적으로 조몬 후기에서 만기를 거치면서 두 개의 큰 지역 집단으로 집중되었다. 칠기와 다른 부패성 유물의 존재는 조몬 전기까지 비교적 높은 수준의 기술적 성취와 조몬 후기와 만기에는 최고조였다는 것을 시사한다. 마지막으로 비록 이들 교역망의 발전 시기는 다르지만 특정한 생필품뿐만 아니라 희귀한 물품의 체계적인 습득과 원거리 교역에 대한 많은 증거가 있다. 이들 교역 체계 발전의 패턴이 시간이 지나면서 반드시 복합성의 증가를 보여 주는 것은 아니다.

이 일반적인 그림을 검토함으로써 두 가지 중요한 의문이 제기된다. 첫째는 교역망들과 사회 복합성 발전과의 관계에 대한 의문이다. 위에서 논의된 사례연구들은 4장에서 논의된 것처럼 특정한 물품에 대한 원거리 교역망들의 발전시기가 조몬 전기부터 중기까지 생업과 취락에 있어서 조직적인 복합성의 증가와 병행하였다는 것을 보여 준다. 이러한 발전들은 조몬 전기 말엽에 흑요석 교역체계의 재조직과 조몬 중기 전문화된 생산과 옥구슬 교역망과의 동반발전을 포함하고 있다. 다른 발전들은 조몬 후기와 만기 동안 사회 복합성 증가와 더욱 밀접하게 결부되어 있는 것 같다. 그것들은 조몬 후기에서 만기까지 아스팔트의 사용과 조몬 후기와 만기 소금 생산과 분배에 있어서 증가를 포함하고 있다. 5장에서 논의하였던 조몬 후기와 만기 중 세습적 사회 불평등의 출현 가능성을 고려하면 후자 발전들의 어떤 측면들은 조몬사회 불평등 발전의 조건, 원인, 혹은 결과로 작용하였을 가능성이 있다. 이러한 측면의 증거로부터 다양한 생산 전문화와 교역망의 발전은, 다시 전반적인 조몬사회 복합성 향상에 기여하였던 수평적 차별(조몬 전기 말엽부터 중기까지) 및 수직적 차별(조몬 후기와 만기) 두 가지가 증가하였다는 것을 주장하는 것은 합리적이다.

두 번째 의문은 조몬 생업-취락체계에 대한 공예와 교역/무역망 발전의 효과이다. 1장에서 논의한 바와 같이 정주저장형 수렵채집민—이동형 수렵채집민 모델은 수렵채집민들의 생업과 취락체계는 중요한 자원의 분포에 크게 의존하고 있다는 전제에 토대를 두고 있다. 만약 자원의 교역, 특히 식량 교역이 행해졌다면 자원의 무역과 교역이 원래 그 모델 안에 포함되어 있지 않은 요소였기 때문에 그 모델의 구조는 상당 부분 수정되어야 할 필요가 있을 수 있다. 바꾸어 말하면, 만약 중요한 자원의 교역이 광범위하게 행해졌다면 그 교역망이 잘 운영될 수 있도록 그 체계에 조정이 이루어졌던 것 같다는 것이다.

도쿄만 지역(현재의 지바현) 동쪽에서 이루어진 조몬 중기와 후기의 발전은 논의 중인 문제에 잘 들어맞는 사례일 것이다. 3장에서 논의한 바와 같이 이 지역은 상당수가 대규모 취락지와 관련되어 있는 조몬 중기와 후기 패총이 많은 것으로 주목할 만하다. 유적 밀집과 평균 취락 크기가 조몬 중기에서 후기에 이르기까지 현저하게 감소한 간토 지역의 다른 곳들과는 달리 이 지역은 조몬 후기 동안 명백히 조밀하게 남아 있었다(예, 堀越正行 1972). 고토(後藤和民 1982)는 이 지역이 석기 생산에 적당한 원자재의 부족이 눈에 띈다고 한다(또한 Kidder 1993을 보기 바람). 이들 유적지에서 발견된 석기들 대부분이 타 지역 재료로 제작되었기 때문에 고토는 이들 패총 유적 거주민들이 말린 패각의 교역으로 다양한 종류의 돌을 수입하였다고 제의한다. 패각류 수출의 가능성을 뒷받침하는 실질적인 고고학적 증거가 없어 이 가설은 논란의 소지가 많은 채로 남아 있다. 그럼에도 불구하고 타 지역 원료로 제작된 석기들이 흔하게 존재하는 것은 원거리 교역이 전 체계의 중요한 부분이었다는 것을 가리킨다. 그리하여 이 지역에서 조몬 후기 유적들의 조밀도가 특이하게 높은 것은 이러한 맥락에서 더 검토되어야할 필요가 있다.

요약하면, 조몬 공예품의 정교함, 교역망의 발전, 그리고 생산 전문화의 특정한 수준은 모두 수평적 수직적 차별을 포함한 조몬사회 복합성의 다양한 측면과 밀접하게 관련되어 있는 것 같다. 공예와 교역 체계들이 대체로 조몬문화 경관의 일부분이었다는 것도 염두에 두어야 한다. 공예, 교역, 그리고 사회 계층 사이에 원인과 결과 관계들의 모델을 제안하기 위하여 어떻게 각 공예와 교역 체계가 조몬사회의 다른 측면들과 관련되어 작동되었는지를 이해할 필요가 있다. 이러한 측면에서 수행되었던 체계적인 연구가 아주 적지만 필자는 조몬 유적들로부터 이용 가능한 자료의 양은 그러한 조사 계획을 보장하기에 충분하다고 믿는다.

제IV부 논의 및 결론

제7장 논의 및 결론

조몬문화의 네 가지 측면(생업, 취락, 매장/의례 관습, 그리고 공예/교역)에 대해 논의하였고 다음 단계는 조몬문화 복합성에서의 장기간 변화의 모델을 제시하는 것이다. 전통적으로 일본 고고학자들은 이 쟁점을 고전적 마르크스 이론의 직·간접적 영향하에서 접근하고 있다(4장을 보기 바람). 예를 들면, 아마카수 켄(甘粕 健 1986)과 오카모토 이사무(1975; 1986)는 조몬시대를 계급사회에 앞섰던 평등사회로 인식하였다. 이들 학자들은 조몬문화의 번창을 인구 증가에 의해 발생하였던 "생산력" 성장의 결과라고 해석하였다. 그들은 또 그 뒤를 이은 야요이시대로의 전환을 "생산력"의 성장이 궁극적으로 자연환경의 재생산 비율을 초월하였던 비(非)식량-생산 경제를 망라하는 불가피한 모순의 결과로 간주하였다(甘粕 健 1986: 8). 그리하여 조몬 초창기로부터 중기까지 장기간의 변화는 정주생활 정도의 증가와 더불어 진보적인 것으로 해석되었다. 이들 학자들은 또 조몬 중기부터 후기/만기까지 유적 수의 감소는 "생산력"과 환경 제약 사이 불균형의 결과였다는 견해를 제시하였다.

아마카수도 조몬경제의 성격을 작은 잉여물의 존재를 반영하는 희귀한 품목의 교역과 더불어 주로 자급자족하는 것으로 보았다. 마르크스의 접근을 분명하게 채택하지 않은 쓰보이(坪井清足 1962)와 같은 다른 학자들도 조몬인을 정주생활을 한 평등사회로 보았다. 대부분의 일본 학자들이 조몬을 신석기시대 문화의 하나로 간주하였다는 사실도 풍요한 정주적 수렵채집민이라는 관례적인 묘사에 기여하였다.

그러나 앞의 여러 장에서 검토되었던 조몬문화의 양상은 조몬 생업과 취락에 있어서 지역 및 시간적 다양성을 보여 주었고 사회적 복합성은 이전에 추정되었던 것보다 훨씬 더 다양하였다. 예를 들면, 조몬 전기와 그 이후 시기의 정주생활에 대한 추정은 조몬의 평등주의에 대한 추정처럼 재평가되어야 할 필요가 있다. 무엇보다도 먼저 동부 일본 조몬 중기에 최고조에 달했던 생업과 취락에 있어서 조직적 복합성의 장기 간 변화와 조몬 만기에 정점에 달했던 사회적 복합성의 외관상 진보적인 발전 사이의 불일치는 더 많은 설명이 필요하다.

이들 외견상 모순되는 두 가지 정형성에 관해서 많은 의문이 제기될 수 있다. 비록 비(非)식량-생산 경제의 한계에 대한 고전적 마르크스의 이론을 수용하더라도 생업과 취락에서 조직적 복합성이 왜 이전 혹은 그 이후가 아닌 중기 말엽에 발생하였는가? 복합적인 수렵채집민 문화로서 조몬이 생업과 취락 그리고 사회 불평등에 있어서 복합성의 증가가 기본적으로 병행하였던 북아메리카 캘리포니아와 서북 해안과 같이 복합적 수렵채집민들로 잘 알려진 다른 예들과는 궁극적으로는 다른 길을 택했는가 (Koyama and Thomas 1981)? 이들 의문에 답하기 위해서는 조몬시대를 통해 장기간 의 변화에 대한 조건, 원인, 그리고 결과들이 확인되어야 할 필요가 있다.

결론을 맺는 이 장에서 필자는 조몬 생업, 취락, 그리고 사회에 있어서 장기간의 변화에 대한 시론적인 모델을 제시하고자 한다. 1장에서 소개된 정주저장형 수렵채집 민—이동형 수렵채집민 모델은 아래 논의에서 기본적인 지침을 제공한다. 이 모델은 여섯 개 조몬 분기 각각으로부터 다양한 유형의 자료를 분류하는 틀로 사용된다.

빈포드(1978; 1980; 1982)는 원래 정주저장형 수렵채집민—이동형 수렵채집민 모델을 생업-취락체계에서 통시적(通時的)인 변화(이 쟁점에 대해 더 상세한 논의는 Fitzhugh and Habu 2002b; Habu and Fitzhugh 2002를 보기 바람)를 다루기 위해서가 아니라 공시적(共時的) 다양성을 설명하기 위하여 개발하였다는 것에 주의해야 한다. 특히, 빈포드의 1980년 논문의 주요 초점은 다른 자연환경에서 체계의 다양성을 검토 하는 데 맞추어져 있었다. 민족지학적 예를 사용하여(Murdock 1967) 이 논문의 후반 부는 효과적인 온도(ET; 주어진 한 장소에서 日射量과 일사량의 일 년 중 분포 특성 두 가지 에 의해 측정됨)와 생업-취락유형의 상관관계를 찾아내고자 시도하였다. 그의 분석 결 과는 ET와 생업-취락의 유형 사이에 강한 상관관계를 보여 준다. 높은 ET 지역의 수 렵채집민들(적도와 아열대 환경에 살고 있는 수렵채집민들)은 이동형 수렵채집민인 반면, 낮은 ET 지역의 많은 수렵채집민들은 전형적 정주저장형 수렵채집자(collector end) 에 더 가깝다. 이 규칙에 하나의 예외는 이동 집단의 비율이 온대 혹은 한대 환경에서 의 비율보다 현저히 높은 일부 완전한 북극 환경(예, 캐나다 북극 Inuit)에 있는 수렵채집민들이다. 빈포드(1980: 17)는 이 예들 상당수가 그들의 주요 자원 대상을 계절에 따라 바꾸는 주로 이동형 수렵채집민 전략에 의존하는(즉, 낮은 저장용 식료 획득 이동성이 특징), 일시 저장형 전업적 수렵채집민(*serial specialists*)[14] 혹은 일시 저장형 이동성 수렵채집민(*serial foragers*)이라고 그가 명명하는 것으로 확인된다는 견해를 제시한다.

그러나 원래 모델의 주된 초점이 공시적 역동성에 맞추어져 있었다는 사실이 이 모델의 장기간 변화의 검토에 적용 가능성을 부정하는 것은 아니다. 피츠휴·하부(2002a)의 저서에 실린 사례연구가 보여 주듯이 이 모델은 장기간 시스템 변화에 대한 설명을 제공하는 여러 가지 방식에 운용될 수 있다. 이용 가능한 자원의 유형과 그것들의 공간적 분포에 대한 장기간의 변화는 생업-취락체계의 변화를 초래한다. 더하여 여러 가지 비환경적 요인이 장기간 수렵채집민들 체계 변화의 원인 혹은 조건이 될 수 있다. 이들은 (1) 기술적 발전, (2) 인구밀도 혹은 인구압 증가 혹은 감소, (3) 식물재배의 채택과 다른 유형의 자연환경 관리, (4) 중요 자원의 교역/무역, (5) 사회적 동맹 혹은 전쟁의 발전을 포함한 사회적 관계의 변화를 포함하고 있다.

아래에서 필자는 여섯 개 조몬 분기 각각에 있어서 고고학적 자료의 주요한 변화를 개관하고, 정주저장형 수렵채집민—이동형 수렵채집민 모델의 맥락에서 이들 변화를 설명하겠다. 후기 홍적세부터 중기 충적세까지 온난화 경향을 포함한 조몬 생업, 취락, 그리고 사회에 대한 장기간의 자연환경 변동의 효과는 이 모델의 맥락에서 논의된다. 필자는 또 이 모델이 일시 저장형 이동성 수렵채집민 개념에 의거하여 조몬 초창기부터 전기까지 문화적 발전을 설명하는 데 도움을 줄 수 있다고 주장한다. 조몬시대 후반부에서 이 변화에 대한 해석은 위에서 열거하였던 일부 생업과 취락 외에 다른 요인에 대한 적극적인 포용을 요구하는 것으로 보인다. 따라서 전반적인 체계에 대한 이들 요인의 효과도 다음의 논의에서 고려된다.

조몬문화 복합성의 발전

구석기 후기부터 조몬 초창기까지: 조몬 이동형 수렵채집민의 발생

구석기에서 조몬시대로의 전환은 홍적세 말 급격하게 변화한 기후의 맥락에서 일반적으로 논의되고 있다(春成秀爾 1998; Ikawa-Smith 2000; Tsutsumi 1998). 학자들은 식물상(植物相)의 변화와 그 결과로 인한 동물상(動物相)의 변화가 사람들의 생업전략에 대한 일련의 재편성을 촉발시켰다는 견해를 제시하였다(예, 稻田孝司 1986; 岡本 勇 1986; 辻誠一郎 1997b). 특히, 17,000 bp(약 20,000 cal BP) 이후 나우만코끼리(*Palaeoloxodon naumanni*), 야베의 큰뿔 사슴(*Sinomegaceros yabei*), 그리고 들소(*Bison priscus*)와 같은 거대 육지동물의 현저한 감소와 궁극적인 절멸이 이들 생업 재편성에 결정적인 역할을 하였던 것으로 보인다(稻田孝司 1986). 이 시기에 동물상의 변화는 남획에 의해 가속되었을 가능성도 있다. 많은 학자들은 큰 육지 포유동물의 소멸은 사냥감이 큰 것에서 중간 크기의 육지 포유동물 즉, 일본 사슴(*Cervus nippon*)과 멧돼지(*Sus scrofa*)와 같은 것으로의 변화를 초래하였다고 주장한다.

일본열도에서 중형 사슴(일본 사슴과 그것의 조상인 前 일본 사슴 두 종류)의 존재가 40,000 bp까지 거슬러 올라가기 때문에(稻田孝司 1986), 하루나리(1998)는 구석기 후기 사람들이 실제로 대형 포유동물의 사냥꾼이었는지 아니었는지에 대해 의문을 제기한다. 그러나 중형 육지동물의 존재 그 자체가 구석기 후기 사람들이 대형 포유동물 사냥꾼이었다는 가설을 자동적으로 실격시키는 것은 아니다. 문제가 되는 것은 경제적(즉, 노동 투자 대 보상) 그리고 사회/이데올로기적 판단 기준을 토대로 한 모든 이용 가능한 자원들 사이에서 이 자원들의 상대적 순위이다. 바꾸어 말하자면, 비록 중형 사슴이 구석기 후기 내내 상대적으로 풍부하였다고 하더라도 그것에 대한 전반적인 음식의 중요성은 대형 육지 포유동물의 수와 종류가 감소함에 따라 현저히 증가하였던 것 같다.

구석기 말기부터 조몬 초창기까지 나타난 석기 조합에서의 일련의 변화는 사냥감의 종(種)과 그에 따른 사냥 방법의 변화와 일치하였던 것으로 보인다. 이나다(稻田孝司 1986; 2001)에 의하면 구석기 말기부터 조몬 초창기까지 사냥 도구의 변화는 석기 특징의 측면에서 다음 다섯 가지 연속적인 단계를 거쳤다. (1) 작은 양면 첨두기(尖頭器)(길이 약 5cm 혹은 더 작음)와 소위 도형(刀形) 석기(投射 尖頭器로도 사용되었을 것 같다), (2) 세석기로 제작된 조합식 도구, (3) 미코시바 투사 첨두기(대형 양면 석기), (4) 슴베가 있는 양면 첨두기, (5) 화살촉. 2장에서 논의한 바와 같이, 오다이야마모토 I 유적에서 셋째 단계의 석기들이 무문양 토기와 더불어 약 13,800-12,700 bp(약 16,500-15,100 cal BP)의 방사성탄소연대와 공반되어 이 세 번째 단계를 조몬시대의 시작으로 보게끔 한다. 네 번째 단계의 특징인 슴베가 있는 양면 첨두기들은 일반적으로 가미쿠로이와(12,165±320 bp; I-944)(1σ: 15,350-13,450 cal BP)와 타자와(田澤)와 같은 융기선문토기 분기의 유적과 공반되어 있다. 그러나 지역적 다양성도 주목할 만하다. 즉, 규슈와 홋카이도에서 세석인(細石刃)은 다른 지역에서보다 늦게까지 사용되었다. 예를 들면, 후쿠이 동굴에서 나온 융기선문토기는(12,700±500 bp; GaK-950)(1σ: 15,850-14,250 cal BP) 세석인과 공반되어 있어 이 지역에서 세석인의 사용은 늦다는 것을 시사한다.

이들 맥락에서, 구석기 후기에서 조몬시대로의 전환은 하나의 시대를 만드는 사건으로서라기보다는 이들 계속적인 변화의 일부분으로 보아야 한다. 화살촉의 사용이 조몬 초창기의 후반부와 일치하는 다섯 번째 단계까지는 널리 퍼졌던 것은 아니라는 것도 강조되어야 한다. 그러나 만약 오다이야마모토 I 유적(그림 2.2 아래)에서 발굴된 두 개의 삼각 첨두기가 실제로 화살촉(2장을 보기 바람)으로 사용되었다면, 활과 화살촉 기술이 세 번째 단계 이전 혹은 그동안에 발명되었거나 혹은 아시아 대륙으로부터 토기 생산과 함께 도입되었을 것이다. 시라이시(白石浩之 2000)도 화살촉의 존재가 가나가와현 요시오카(吉岡) 복합 유적에서 소문(素文)토기와 공반되었다고 보고한다.

이 전환시대의 생업전략은 주로 정주저장형 수렵채집민—이동형 수렵채집민 연속에서 전형적 이동형 수렵채집민이었던 것 같다. 혼슈와 시코쿠에서 소문토기와 융기선문토기(석기에 관한 한 미코시바 분기에서 슴베가 달린 양면 첨두기 분기까지)와 동반된 대부분의 유적은 유구가 없거나 혹은 있어도 극히 적은 노천 유적 혹은 동굴 유적으로 상대적으로 이동성 취락체계를 시사한다. 비록 일부 학자들(예, 稻田孝司 2001; 宮下健司 1980)은 일본열도에서 토기의 출현이 식물식량에 대한 의존의 증가와 밀접하게 관련되어 있다고 믿지만, 식물식량 채집과 공정에 대한 증거는 비교적 드물다. 어쨌든 이들 유적에서 소문토기와 융기선문토기의 양은 비교적 적다.

다른 학자들은 이 전환시대의 생업전략 변화는 해양 그리고/혹은 민물고기의 이용도 포함할 수 있다고 주장한다. 예를 들면, 사토 히로유키(佐藤宏之 1992)에 의하면 세석기와 소위 아라야(荒屋)식 새기개와 관련되어 있는 아라야(니가타현)와 같은 말기 구석기 유적의 일부는 소하성 어류(遡河性魚類)를 이용한 자원 채취 장소를 대표한다고 한다. 이것은 이들 유적이 큰 강 근처에 위치하고 석기 조합이 동북아시아 전기 신석기 어로 유적과 유사성을 공유하고 있기 때문이다. 마에다코지(前田耕地) 유적(조몬 초창기)에서 나온 연어 유체의 발견은 최소한 조몬 초창기 집단의 일부가 연어를 잡았다는 것을 시사한다(Matsui 1995; K. Imamura 1996). 그러나 구석기 후기/조몬 초창기 시대 다른 유적으로부터 드물게 나온 동물 유체는 이 전환시대 어로의 중요성을 평가하기 어렵게 한다.

혼슈와 시코쿠의 조몬 초창기 자료와는 달리 남부 규슈와 타네가시마(種子島, 규슈의 남쪽 섬)의 조몬 초창기 유적의 자료는 식물식량의 이용에 대한 증거를 명백하게 보여 준다. 소문토기와 세석인(즉, 초창기 조몬 초엽)과 동반되어 있는 가고시마현 요코이다케노야마(橫井 竹の山) 유적에서 갈돌과 돌절구의 가능성이 있는 것들이 적은 수의 화살촉과 함께 보고되었다(鹿児島市教育委員会 1990). 가고시마현 소지야마(掃除山) 유적(조몬 초창기 중엽)에서는 두 동의 수혈주거지, 통기 수갱(通気堅坑)을 가진 화덕, 그리고 여러 개의 노지가 확인되었다(鹿児島市教育委員会 1992). 소지야마와 가고시마(加世田市教育委員会 1998)의 가코이노하라(椿ノ原) 및 타네가시마 오쿠노니타(奥ノ仁田)(西之表市教育委員会 1995)와 같은 다른 여러 동시대의 유적에서 나온 석기 조합들은 갈돌과 같은 식물식량의 공정에 있어서의 증가뿐만 아니라 현저한 다양성을 보여 준다(宮田栄二 2000). 이것은 유적 기능과 점유의 계절성에 있어서 차이가 있을 가능성과 아마도 일본열도의 나머지 지역보다 생업과 취락체계에서 정주저장형 수렵채집민 유형의 출현이 더 일찍 발생하였던 것과 관련되어 있다는 것을 시사한다. 미야타(宮田栄二 2000)는 이들 세 유적(소지야마, 가코이노하라, 그리고 오쿠노니타)의 반복된 사용이 정주저장형 수렵채집민 체계의 모습에도 맞아 들어가는 것이 특징이라고 주장한다.

조몬 조기: 대상 자원의 확산

일부 조몬 초창기 유적 중에서 정주저장형 수렵채집민 체계의 발생 유형을 찾아볼 수 있는 남부 규슈를 제외하고 거주 측면에서의 이동형 수렵채집민 체계가 나머지 일본열도의 조몬 초창기 문화의 특징이었던 것으로 보인다. 대부분의 조몬 초창기 유적에서 무더기 자원의 체계적인 채취에 대한 증거는 드물고 적은 수의 수혈주거지들만이 보고되었다.

이 특징들은 조몬 조기(약 9,500-6,000 또는 11,000-6,900 cal BP) 동안 변하기 시작하였다. 이 기간 동안 새로운 발전 중의 하나는 패총의 출현이다. 하나의 좋은 예는 요리이토-몬(撚糸文) 분기(조몬 조기의 첫 번째 분기)에서 조몬 조기 말엽까지로 편년되는 가나가와현의 나츠시마(夏島)패총(杉原荘介·芹沢長介 1957)이다. 이 패총의 바닥 층(요리이토-몬식 토기와 공반됨)으로부터 수거한 한 개의 굴 껍질이 9,450±400 bp(M-769)(1σ: 10,850-9,550 cal BP)로 편년된다. 서부 도쿄만 지역의 미우라 반도에 위치한 패각층은 두께가 자그마치 1.5m로 측정되고, 주로 굴(*Crassostrea gigas*)과 꼬막조개 패분(*Tegillarca granosa*)으로 이루어졌다. 이 유적으로부터 보고된 동물 유체는 참치(*Thunnus thynnus*), 숭어(*Mugil cephalus*), 흑도미(*Acanthopagrus schlegeli*), 농어(*Lateolabrax japonicus*), 그리고 양태(*Platycephalus indicus*)와 같은 어류(K. Imamura 1996), 그리고 멧돼지, 너구리, 및 토끼 같은 육지 포유동물 두 종류가 보고되었다. 사냥도구(예, 화살촉), 어구(예, 뼈낚싯바늘과 바늘) 및 식물식량 가공도구(예, 자갈돌, 갈돌 및 돌절구) 등도 보고되었다. 이러한 종류의 증거는 소위 소란다산선택(小卵多産選擇, *r*-selected) 종(소형 포유동물, 식물, 어류, 및 패류)을 위주로 급격한 자원대상의 확대를 시사한다.

나츠시마패총에 대한 방사성탄소연대는 조몬을 해양자원을 체계적으로 채취한 선사시대 수렵채집민들의 가장 이른 예 중의 하나로 자리매김한다. 환태평양 지역의 다른 곳에서 초기 충적세 해양 적응에 대한 명백한 증거는 동남 알래스카 프린스 오브 웨일스(Prince of Wales) 섬의 온 유어 니(On Your Knee) 동굴(약 10,000 cal BP), 알류산열도의 아낭굴라(Anangula) 유적(약 8,500 cal BP) 및 히든 폴스(Hidden Falls) 유적(약 8,200 cal BP)을 포함하고 있다(Fitzhugh 2002). 그러나 이들 예와는 달리 거주자들이 해양자원에 아주 크게 의존하였던 것으로 보이는 혼슈의 조몬 조기 식단에 해양식품의 기여는 현저하게 적었던 것으로 보인다. 이것은 패총 수가 내륙 취락과 노천 유적의 수에 비해 상대적으로 적기 때문이다. 동부 도쿄만 지역(263-264쪽을 보기 바람)의 조몬 후기 패총 유적을 예외로 할 수 있다면 혼슈 모든 곳에 해양 자원이 조몬인들의 주식이었다는 증거가 없다. 그리하여 혼슈 조몬인들을 해양 이동형 수렵채집민이라고 특징짓는 것은 대부분의 예에서 부적절하다(3장을 보기 바람).

소란다산선택 종을 채취하는 흔적이 증가함에도 불구하고 필자는 혼슈의 조몬 조기인들의 대부분은 이동형 수렵채집민으로 머물렀다고 생각한다. 이 시기 동안 취락지의 대부분은 작아서 세 동 혹은 다섯 동의 수혈주거지로만 동반되어 있다(岡本 勇 1975). 대부분의 조몬 조기 유적은 구릉의 좁은 산마루에 위치하여 큰 마을을 형성하기에 적절하지 않다. 저장혈이 많지 않은 것은 식량 저장이 조몬 초창기 생업전략의 중요한 요소가 아직은 아니었다는 것을 시사한다.

여러 가지 측면에서 조몬 조기 사람들은 빈포드(1980)가 "일시 저장형 전업적 수렵채집민(serial specialists)" 혹은 "일시 저장형 일반적 수렵채집민(serial foragers)"이라고 언급하는 것과 닮았던 것같이 보인다. 전형적인 이동형 수렵채집민과 같이 일시 저장형 이동성 수렵채집민은 높은 이동성 거주, 낮은 저장용 식료보급을 위한 이동도(移動度), 그리고 저장고가 없는 것이 특징이다. 그러나 공간 및 계절적으로 동질적인 환경에 적응하는 전형적인 이동형 수렵채집민과는 달리 일시 저장형 전업적 수렵채집민들은 중요한 자원의 계절적 다양성이 아주 큰 환경에서 발생한다. 빈포드(1980: 17)는 일시 저장형 전업적 수렵채집민들은 "계절의 순환을 통해 자원 이용 가능성에 시간적으로 단계화되어 있는 특정한 식량 종과 관련하여 그 집단을 자리 잡게 하기 위하여 이동성 거주를 실행"한다고 서술한다. 비록 민족지학적으로 알려진 대부분의 정기 이동성 수렵채집민들이 추운 기후대에 위치하고 있지만(Binford 1980: 16), 온대 지역에서 초기에 소란다산선택 종을 채취하는 일부 사람들도 유사한 전략을 택하였을 것이다.

대상 자원의 확대는 여러 가지 요인에 의해 발생되었거나 좌우되었던 것 같다. 조몬 조기 유적은 일반적으로 조몬 초창기 유적보다 훨씬 더 많은 양의 토기와 동반되어 있다. 이것은 소란다산선택 종(즉 식물식량과 패류)을 효과적으로 가공하고 조리할 수 있는 능력은 이러한 유형의 식량에 크게 의존한 결과로 초래되었다는 것을 시사하는 것으로 보인다. 또 지속적인 온난화 경향은 중부/서부 혼슈(간토 지역을 포함하여), 시코쿠, 그리고 규슈에 종류가 다양한 참나무의 확산을 초래하였다(辻誠一郎 1997b). 온난화는 또 이용 가능한 해산물의 질과 양에도 큰 영향을 미쳤음에 틀림없는 해수면 상승도 초래하였다.

혼슈의 조몬 조기 취락 대부분은 비교적 작지만 동일시기 홋카이도의 일부 취락은 다른 특징을 가지고 있다. 예를 들면, 홋카이도 하코다테(函館) 나카노(中野) B 유적에서 546동의 조몬 조기 수혈주거지가 보고되었다(和泉田毅 1996). 주거지의 상당수가 중복되어 그곳에서 점유가 반복되었다는 것을 시사한다. 정주저장형 수렵채집민의 표지로 간주되는 많은 수의 묘광과 플라스크 모양의 두 가지 저장혈도 발굴되었다. 이 유적은 2만 개 이상의 석제 어망추와 동반되어 있는데 이는 이 유적 거주자들의 생업기반이 집약적 어로였을 가능성을 제시한다.

조몬 초창기의 이른 시기에 정주저장형 수렵채집민 유형의 체계가 발전했던 남부 규슈(271-272쪽을 보기 바람)에 독특한 발전의 지속적인 패턴이 관찰된다. 조몬 조기 우에노하라(上野原) 4호 유적(가고시마현)에서 46동의 수혈주거지, 15기의 통기 수갱(通氣竪坑), 그리고 다른 유구가 발굴되었다. 이 유적은 약 9,500 bp(약 11,000 cal BP)로 편년되는 화산재로 덮여 있었다.

생업과 취락의 조직적 복합성의 초기 발전은 정교한 의례 관습의 발전을 위한 토대를 형성하였던 것으로 보인다. 조몬 조기 후반에 이르면 토우, 도르래 모양의 토제 및 석제 귀 장식 두루마리, 목을 가진 항아리 및 외견상 다른 제의 유물과 유구가 이 지역에 출현한다. 우에노하라 3호 유적은 이 시기 유물 조합의 한 가지 좋은 예를 제공한다(鹿児島県教育委員会 1997). 일부 일본 고고학자들은 우에노하라 3호 유적에서 입증된 제의 유물의 정교한 수준을 간토와 도호쿠의 조몬 후기 수준과 동일시한다. 그러나 이 독특한 발전은 그 뒤 약 6,400 bp(약 7,300 cal BP)로 편년되는 기카이 칼데라(鬼界カルデラ, Kikai Caldera)(야쿠시마[屋久島] 남쪽에 위치한 해저 화산)의 화산 폭발에 의해 끝이 났다(新東晃一 1997).

조몬 전기: 정주저장형 수렵채집민 체계의 발전과 생업과 취락의 조직적 복합성

조몬 전기 동안 일시 저장형 일반적 수렵채집민에 가까운 전략의 발생은 저장용 식료보급형으로 좀더 조직된 체계 발전에 길을 열어 주었다. 일반적 수렵채집민(3장의 85-86쪽을 보기 바람)적인 경향을 가졌던 전형적인 이동형 수렵채집민과는 달리 일시 저장형 이동성 수렵채집민들(serial foragers)은 제한된 수의 중요 자원을 대량으로 채취하는 전업적 수렵채집민들이다. 그러나 체계적인 식량 저장고 없이 조몬 조기 체계는 이동성 거주를 유지하였다.

조몬 전기 초엽에 이루어진 저장 기술의 발전은 일본열도의 여러 지역에서 이동성 거주 체계 발전의 둔화를 촉발시켰던 것으로 보인다. 3장에서 논의한 바와 같이 저장혈의 발굴은 남부 규슈를 제외하고는 조몬 전기와 그 뒤 시기부터 주로 이루어졌다. 저장혈의 출현과 함께 전형적인 정주저장형 수렵채집민 체계의 다른 특징들은 조몬 전기 유적으로부터 흔히 보고된다. 이 특징들은 대형 취락지들과 유적지들의 기능적 분화의 실재를 포함한다. 대형 취락지의 일부는 비록 유구들이 반드시 동시대는 아니더라도 묘지 그리고/혹은 대형의 제의 석조 유구들과 관련되어 있다(5장을 보기 바람). 또 토우와 암우, 활석(滑石)제 귀걸이와 구슬 등과 같은 제의 혹은 종교적 유물의 수가 시간이 지나면서 증가를 보인다.

이들 중에서 대형 취락지의 일반적인 존재가 동부 일본 전역의 조몬 전기 문화의 특징이다. 수십 동의 수혈주거지와 동반되어 있는 많은 취락지가 조몬 전기 초엽부터 계속해서 보고되고 있다. 이들 취락지 중의 일부는 난보리 유적의 수혈주거지와 같은 원형 혹은 마제형 배치가 특징이다(4장을 보기 바람). 다른 취락지들은 좀더 군집 혹은 직선상의 배치를 보여 준다(예, Okada 2003).

이들 수혈주거지의 상당수가 중복되기 때문에 그것들 모두가 동시에 점유되지 않았다는 것은 명백하다. 이 주거지들과 공반되어 있는 토기에 대한 검토도 이 해석을 확인해 준다. 이러한 관찰을 토대로 고바야시 타츠오(1986)는 동시에 점유되었던 주거지의 최대 수는 5동 혹은 6동뿐이었음에 틀림없다고 주장한다. 산나이마루야마 유적의 조몬 전기 요소와 같은 조몬 전기 마을의 일부는(5장을 보기 바람) 더 컸을 수도 있다. 동시에 점유되었던 수혈주거지 수에 관계없이 이들 대형 취락 유적의 대부분은 반복해서 점유되었던 것으로 보인다. 공간 및 계절적으로 군집된 자원을 효과적으로 채취할 필요성이 있는 것이 정주저장형 수렵채집민의 특성이다.

4장에서 제시되었던 사례연구 1의 결과는 최소한 대형 취락지와 관련되어 있는 조몬 전기 취락체계의 일부는 완전히 정주한 취락이 아니고 계절적으로 정주저장형 수렵채집민이었다는 것을 시사한다. 이 결과는 또 조몬 전기 말엽에 이동형 수렵채집민 체계가 존재할 가능성이 있음을 포함하여 이들 체계가 비교적 유동적인 성격을 가졌다는 것을 보여 준다. 그것은 조몬 생업과 취락에 있어서 조직적 복합성이 단순에서 복합으로 진화하지도 않았고 또 보편적이지도 않았다는 것을 보여 준다.

생업과 취락체계의 유동적인 성격에도 불구하고 조몬 전기 동안 정주저장형 수렵채집민 체계의 흔한 출현에 대한 의미는 상당히 깊다. 특히, 매장/의례제도 그리고 공예품/교역 체계 두 가지에 있어서 여러 가지 새로운 발전이 이 시기에 처음으로 발생하였다는 사실은 정주저장형 수렵채집민 체계 발전에 부합하여 사회 복합성(반드시 계층적인 것은 아니지만 취락지들 사이뿐만 아니라 사람들 사이에도 좀더 차별화)의 출현을 시사한다(좀더 상세한 것은 5장과 6장을 보기 바람).

정주저장형 수렵채집민 유형 체계로의 전환은 동부 일본, 특히 주부, 간토, 그리고 도호쿠 지역에서 특별히 눈에 띈다. 서부 일본에서 이 시기에 해당하는 대형 취락의 발견은 흔하지 않다. 고야마(1984)에 의한 인구 추산도 서부 지역에서 아주 작은 증가만을 제시한다(2장을 보기 바람). 이러한 측면의 증거를 고려할 때, 일반적으로 서부 일본은 주부, 간토, 그리고 도호쿠 지역의 체계보다 덜 전문화된 체계(즉, 이동형 수렵채집민에 가까운)와 관련되어 있었던 것 같다.

조몬 중기: 식물 이용의 집약 및 붕괴

조몬 중기 주부, 간토 및 도호쿠 지역은 대형 취락, 많이 장식된 토기(6장을 보기 바람), 그리고 토우와 석봉(5장을 보기 바람)과 같은 제의 유물이 비교적 풍부한 것으로 알려져 있다. 높은 유적 밀집도와 옥(6장을 보기 바람)과 같은 희귀한 물건의 원거리 교역에 대한 많은 증거도 이 시기의 특징이다. 서남부와 주부 산악 지역의 소위 타제석부의 풍부함도 많은 고고학자들의 주목을 받았다. 3장과 4장에서 논의된 바와 같이 여러 학자들(예, 藤森栄一 1950)은 이들 타제석부가 식물재배를 위한 괭이로 사용되었다고 주장하지만 다른 학자들은 풍부한 석부는 집약적인 식물 뿌리 채집을 행하였음을 반영한다고 믿고 있다(Habu 2001을 보기 바람). 어느 경우라도 식물식량의 특별한 유형에 대한 고도의 생업 집약과 전문화가 추정될 수 있다. 후지모리 에이이치(1950)도 주부 산악 지역에 화살촉과 같은 사냥도구가 조몬 중기에 극히 드물다고 지적하였다. 이것도 높은 수준의 식물식량 전문화에 대한 가설을 뒷받침한다. 요약하면, 이들 지역에서 조몬 중기 사람들은 이동형 수렵채집민—정주저장형 수렵채집민 연속선상에서 전형적인 정주저장형 수렵채집민이었던 것으로 보인다.

많은 대형 취락과 부유한 물질문화 때문에 위에서 설명하였던 주부와 간토 지역의 발전은 다수 연구자들의 관심을 끌었다. 결과적으로 타제석부와 관련되어 있는 체계는 조몬 중기 번성의 가장 대표적인 사례로 자주 간주되고 있다. 소위 "조몬 중기 유형" 체계의 발전은 일반적인 조몬문화의 진보적인 발전 혹은 특히 고전적 마르크스주의 틀 내에서 논의될 때 "생산력" 발전의 결과로 간주되었다. 그러나 4장 사례연구 1의 결과에 의하면, 주부 산악 지역에서 이루어진 이 새로운 체계의 발전은 근본적으로 간토 지역의 체계 변화에 의해 촉발되었다는 것을 시사한다. 그리하여 역사적으로 독특한 상황의 중요성—이 경우 한 지역에서 정주저장형 수렵채집으로부터 이동형 수렵채집 체계로의 변화와 결과적으로 인근 지역으로 인구 이동을 초래하는 것—은 이들 지역에서 나타난 조몬 전기부터 중기까지의 변화를 이해하기 위해 심각하게 고려되어야 할 필요가 있다(4장을 보기 바람).

3장에서 논의한 바와 같이 이마무라 케이지(1996)는 동북부 간토 지역은 저장혈이 많다는 것이 특징이라고 한다. 그는 이것이 견과류에 크게 의존하는 것을 반영한다고 주장한다. 만약 이것이 사실이라면 그것은 또 다른 고도로 전문화된 정주저장형 수렵채집민 체계의 존재를 의미한다. 비록 저장혈의 분포 정형성이 더 분석되어야 하겠지만, 도호쿠의 조몬 중기 일부 유적에서도 저장혈이 풍부한 것은 주목된다.

북부 도호쿠 지역에서 초대형의 취락이 조몬 중기 후반부, 특히 엔토 상층-d, -e, 에노키바야시, 그리고 사이바나 분기들 중에 출현하였다. 이들은 산나이마루야마 유적(4장의 사례연구 2를 보기 바람)과 도미노사와 유적(青森県埋蔵文化財調査センター 1989; 1991a; 1991b; 1991c; 1992a; 1992b)을 포함한다. 이들 유적의 기능과 점유의 계절성이 더 조사되어야 할 필요가 있지만(4장을 보기 바람), 이 유적이 생업과 취락에서 고도로 조직적인 복합성과 관련되어 있다는 것은 의심의 여지가 없다.

이 발전의 원인은 현재 확인되지 않는다. 그러나 아오모리현에서 앞선 분기들(조몬 중기 초엽 엔토 상층-a에서 -c 분기까지)은 유적지 수의 현저한 감소가 특징이라는 점은 주목할 만하다. 이것은 간토와 주부 지역의 사례와 닮은 상황으로 복합적인 정주저장형 수렵채집민 체계가 발전하기 전 이동형 수렵채집민 체계의 존재를 의미할 수 있다(4장의 사례연구 1을 보기 바람). 이러한 상황에서, 한 지역에서 다른 지역으로의 인구 이동 가능성을 포함한 지역 간 규모에서 체계의 역동성 검토가 필요하다.

비록 중기 조몬문화는 많은 수의 제의 유물과 유구의 존재가 특징이지만 수직적 사회 불평등에 대한 증거는 드물다. 나카무라 오키(2000)의 연구(5장을 보기 바람)가 보여 주듯이 조몬 중기 무덤은 부장품의 다양성에 관한 한 전 시기의 그것과 크게 다르지 않다. 그럼에도 불구하고 조몬 전기부터 중기까지 특정한 유형의 제의 유물과 원거리 교역의 현저한 증가가 관찰된다(5장과 6장을 보기 바람). 이것은, 수직적 사회 차별의 명백한 증거가 없음에도 불구하고, 만약 우리가 1장에서 개관한 사회 복합성의 광범위한 정의를 따른다면, 대체로 조몬 중기 사회가 조몬 전기 사회보다는 더 복합적이라는 것을 보여 주는 것 같다.

조몬 중기 말엽 이들 체계의 번성은 주부, 간토, 그리고 도호쿠 지역 전역에서 급작스럽게 끝났다. 발굴된 수혈주거지의 분석을 토대로, 이마무라 케이지(1996: 156)는 간토와 주부 지역에서 인구가 자그마치 50배에서 150배까지 증가하였다가 600년에서 700년 내에 원래의 수준으로 내려갔다는 것을 보여 준다. 비록 도호쿠 지역으로부터 이용 가능한 유사한 통계는 없지만, 조몬 중기 말엽 취락 대부분의 급속한 소멸은 오카다(2003)와 고다마(2003)에 의해 보고되었다.

이마무라 케이지(1996: 93)에 의하면 주부와 간토 지역에서 발굴된 모든 수혈주거지의 70%는 조몬 중기에 해당하고, 이들 구역에서 발굴된 모든 수혈주거지의 50%는 조몬 중기 후반부에 해당한다는 것도 주의를 기울일 만한 가치가 있다. 이것은 수렵-채집 행위의 영역 외부에 놓여 있는 이들 지역에서 이 시기 생업-취락체계의 흔치 않은 성격을 분명히 보여 준다. 이러한 측면에서 자연환경의 관리 가능성(예, Y. Sato et al. 2003을 보기 바람)뿐만 아니라 조몬 중기 "식물재배가설"(예, 藤森栄一 1950)의 재검토가 대단히 중요할 것이다.

고도로 전문화된 체계의 이 같은 갑작스러운 쇠퇴의 기제(mechanism)는 아직 조사되지 않았다. 과거 많은 일본 고고학자들은 주부, 간토, 그리고 도호쿠 지역에서의 이 극적인 변화를 조몬 중기 말엽의 기후 냉각 탓으로 돌렸다(예, Okada 2003; Kodama 2003; 安田喜憲 1995). 광범위하게 발생한 이 현상이 그 가설을 설득력이 있는 것처럼 만들었지만 학자들 중에 어떻게 기후 냉각이 이들 체계의 급격한 변화를 실제로 야기하였는가에 대한 설명을 시도한 사람은 아무도 없다. 산나이마루야마 유적으로부터의 탄소연대를 제외한(4장을 보기 바람), 조몬 중기로부터 신뢰할 만한 방사성탄소연대의 상대적인 부족도 기후 냉각 가설의 평가를 어렵게 만든다. 다른 학자들은 이 변화를 전염병의 결과로 해석하지만 이 가설을 뒷받침하는 고고학적 증거는 현재까지 없다.

하나의 대안적인 가설로, 필자는 이들 체계와 연계되어 있는 극히 전문화되어 있는 생업전략이 더 많은 인구를 부양할 수 있지만 동시에 작은 자연환경적 변동 혹은 다른 외부 혼란에 더 민감할 가능성을 제시한다. 바꾸어 말하자면, 이들 지역에서 조몬 중기 사람들은 지나치게 전문화되었을 수도 있다.

비록 조몬 중기 대형 취락 대부분이 집약적인 식물식량 채취에 대한 증거와 관련되어 있지만 동 도쿄만 지역 패총 유적은 예외이다. 3장에서 논의된 바와 같이 많은 수의 수혈주거지와 동반되어 있는 환형(環形) 혹은 마제형 패총이 이 기간에 축조되기 시작하였다. 이것이 해양식량에 크게 의존하였던 것을 의미하는지 혹은 단순히 계절적으로 해양식량을 집중 채취하였던 것을 반영하는지는 더 조사되어야 한다(3장을 보기 바람).

급속한 발전과 극도로 전문화된 체계의 소멸이 동부 일본에서만 관찰된다. 서부 일본에서 조몬 전기부터 중기까지의 변화가 반드시 방향성이 있는 것은 아니지만 더 점진적이었던 것으로 보인다. 고야마(1984)에 의한 인구 추산은 긴키, 주고쿠, 시코쿠, 그리고 규슈에서 감소된 것이 아니라면 소폭의 증가를 보인다(2장을 보기 바람). 전반적으로 서부 일본에서 조몬 중기 수렵채집민들은 동부 일본에서 그들의 대응관계자들보다 이동형 수렵채집민—정주저장형 수렵채집민 연속선상에서 전형적인 정주저장형 수렵채집민으로부터 멀리 떨어져 있었던 것으로 보인다.

조몬 후기: 사회 복합 발전의 심화

도호쿠, 간토, 그리고 주부 지역에서 이루어진 조몬 중기부터 후기까지의 변화는 생업과 취락에서 조직적 복합성은 감소하지만 사회 복합성은 증가하는 것이 일반적인 특징이다. 조몬 후기로 편년되는 초대형 취락의 수는 조몬 중기보다 훨씬 적다. 유적 밀도가 현저히 감소한 것도 명백하다(小山修三 1984). 그러나 이것은 이 지역 사람들이 이동형 수렵채집민—정주저장형 수렵채집민 잣대로 전형적인 이동형 수렵채집민 쪽에 있었다는 것을 시사하는 것은 아니다. 대부분의 경우, 이들 지역에서 생업-취락체계들은 정주저장형 수렵채집민 체계의 범위 안에서 이해된다. 간토와 주부 지역에서 유적 밀도와 유적 크기의 다양성에 반영되어 있는 생업과 취락에서 보이는 조직적 복합성의 수준은 조몬 전기의 그것과 대략 동일한 것으로 보인다(동 도쿄 지역은 제외; 아래를 보기 바람). 도호쿠에서 취락의 평균 크기는 조몬 전기에서보다 작아 보인다. 이 지역에서 취락과 떨어진 제의 유적의 발전(Kodama 2003)은 어쩌면 이 작은 취락 크기와 관련되어 있을 것이다.

세습적 사회 계층의 발생에 대한 시사는 소아 묘에서 볼 수 있다. 나카무라 오키(2000)에 의해 제시된 것처럼 부장품을 가진 소아 묘의 상대빈도수는 동부 일본에서 관찰된다(표 5.5를 보기 바람). 이러한 경향은 조몬 후기에 시작되었고 조몬 만기까지 계속되었다.

사회 복합성에 대한 고고학적 상관관계의 가능성에 관한 한 세 가지 측면의 주요 증거가 있다. 첫째, 제의 유물과 유구의 수와 종류의 증가이다(표 5.3을 보기 바람). 특히, 북부 도호쿠와 홋카이도 조몬 후기 초엽에 대형의 환상열석이 갑자기 증가하였다. 둘째, 아스팔트와 소금을 포함한 한정된 자원으로부터 입수한 물품의 원거리 이동이 확연히 눈에 띄게 된다. 셋째, 정교하게 제작된 토기, 칠기, 그리고 다른 부패성 유물의 전문화된 생산이 조몬 후기 및 이후에 발생하였던 것으로 보인다. 5장과 6장에서 논의하였듯이 이들 세 가지 측면이 수직적 사회 불평등으로 가는 가능한 모든 통로였다. 그들의 위치와 힘의 확립을 위해 부상하는 엘리트에 의해 이용된 어느 요인 혹은 요인들을 확인하기 위해서는 각 지역에서 이들 사건의 발생에 대한 편년 순서를 정해야 할 필요가 있다. 그러한 자료가 본서에서 제시되지는 않았지만 조몬 유적에 대한 정밀한 발굴조사 보고서들이 우리로 하여금 이러한 종류의 자료를 집적할 수 있게끔 해 준다. 여러 지역에서 부상하는 지도자들이 그들의 힘을 획득하기 위하여 다른 전략을 채택했을 가능성이 높다.

부장품을 가진 소아 묘의 수와 비율이 소폭 증가함에도 불구하고 조몬 후기에 수직적 사회 차별의 정도는 비교적 작았던 것으로 보인다. 소아 묘로부터의 자료 이외에 세습적 사회 계층에 대한 증거는 제한적이고 성인 묘 사이에 부장품의 차이는 특별한 의미가 없다. 매장 관습의 정교함은 사람들 사이의 수직적 차이보다는 공동체적 묘(예, 환상토리)의 발전과 더 밀접하게 관련되어 있는 것으로 보인다.

필자는 수직적 차별의 발전은 생업과 취락에서 조직적 복합성이 축소됨으로써 제한되었을 것이라는 견해를 제시한다. 왜냐하면 제의 관습에 있어서 지속성은 조몬 중기부터 후기까지 관찰될 수 있고(Kodama 2003; Okada 2003), 조몬 후기 사회 복합성 발전에 대한 씨앗은 조몬 중기 동안에 뿌려졌음에 틀림없다. 산나이마루야마와 같은 대형 조몬 중기 유적들 사이에서 관찰된 복잡한 유적 구조와 대형 기념물의 축조는 조몬 중기 사회가 매우 복합적이었다는 것을 시사한다. 그러나 조몬 중기로부터 수직적 계층에 대한 증거가 사실상 없기 때문에 이 사회 복합성의 성격은 보다 수평적 차별에 토대를 두었던 것 같다. 대형 기념물 건축을 위해서 지도자들의 존재는 아주 중요하였음에 틀림없었겠지만 그들의 위치가 세습적인 것은 아니었을 것이다.

필자는 또 조몬 중기 말엽에 고도로 전문화된 정주저장형 수렵채집민 체계의 소멸이 그 뒤 조몬 후기에 수직적 차별의 발생을 촉발하였을 것이라는 가설을 세우고자 한다. 현존하던 체계의 갑작스러운 붕괴하에서 집단 지도자들의 역할은 더욱 중요하게 되고 그리하여 존재하던 수평적 차이가 좀더 수직적이 될 수 있는 기회를 제공하였을 것이다. 그러나 집약적인 생업전략의 쇠퇴와 더불어 지도자들에 의해 조종되었던 이용 가능한 잉여물의 양도 비교적 적어졌을 것이다. 기념비 건축과 정교한 제의 관습, 원거리 교역, 그리고 공예 전문화가 정치권력 조종에 사용되었을 수 있었겠지만 궁극적으로 엘리트들이 잉여 식량에 접근권을 가졌어야만 했을 것이다. 기념물 건설자, 교역인, 혹은 공예 전문가로서 일을 했던 개인들을 부양해야 할 필요가 있었을 것이다. 교역망과 공예 전문화의 정교함이 이 생업 기반을 보충했을 것이지만 복합적인 정치 조직을 확립할 수 있는 데까지는 아니었을 것이다.

비록 동부 일본 대부분 지역이 조몬 중기부터 후기까지 유적의 수와 크기에서 심각한 쇠퇴를 경험하였지만, 동 도쿄만 지역은 예외였다. 지바현 가소리와 가이노하나와 같이 많은 수혈주거지와 동반한 패총이 조몬 중기부터 후기까지 존재하였다. 그것들의 높은 밀집도 때문에 호리코시(堀越正行 1972: 22)는 패총과 관계되는 각 취락의 영역은 오직 2-3km 반경 안이었을 가능성을 제시한다. 이것은 비타-핀지와 힉스 (1970)(즉, 약 10km 반경)에 의해 제안된 수렵채집민들의 평균 영역과 비교할 때 극히 작다. 만약 이것이 사실이라면 그리고 만약 이들 유적이 실제로 거점취락을 대표한다면 이 지역에서 과밀 거주가 점유자들의 거주 이동성을 제한하는 결과를 초래하였을 가능성이 있다(Rosenberg 1998과 비교). 대안으로, 명백한 과밀 거주가 단순히 계절적으로 해양식량의 집중 채취를 위해 특수 목적의 임시 숙소로 이들 유적을 반복해서 사용했다는 것을 반영할 가능성도 있다.

동부 일본과는 달리 서부 일본(긴키, 주고쿠, 시코쿠, 그리고 규슈 지역)에서 발굴된 자료는 유적 밀집도가 조몬 중기부터 후기까지 지속적으로 증가하였다는 것을 보여준다(표 2.5를 보기 바람). 비록 밀집도가 동부 일본보다 훨씬 낮지만, 유적 크기와 밀집도가 감소되는 것은 관찰되지 않는다. 이것은 서부 일본에서 생업-취락체계가 덜 전문화되었기 때문에 그것이 동부 일본에서의 체계처럼 환경적 변화와 다른 위험요소에 취약하지 않았다는 것을 의미할 수도 있다. 토기 생산 기술을 포함한 물질문화의 여러 가지 측면에 아시아 대륙으로부터의 영향이 눈에 띄기 시작했다는 것도 주목할 가치가 있다(5장을 보기 바람). 요약하면 동부와 서부 일본 사이에 양분되는 길이, 전자는 조몬사회 복합성의 독특한 발전을 계속해서 따라가고, 후자는 외부의 영향을 점진적으로 수용하여, 이 시기에 명백해지기 시작하였다.

조몬 만기: 야요이로의 전환

조몬 만기에 한반도의 무문토기문화(약 3,300-1,300 cal BP)로부터의 지속적인 영향이 서부 일본 조몬문화의 여러 가지 양상을 바꾸기 시작했다. 토기의 양식적 특징을 포함한 물질문화는 무문토기문화로부터의 강한 영향을 보여 준다. 조몬 만기 후반에 무문토기문화의 두 가지 전형적인 특질인 벼농사를 위한 논과 고인돌(거석묘)이 북부 규슈에 등장하였다.

북부 규슈에서 이 전환적 분기가 조몬기의 종말 분기로 간주되어야 할 것인지 야요이 전기로 분류되어야 할 것인지는 논쟁의 주제가 되어 오고 있다. 전통적으로는 조몬 만기 후반으로 분류되어 오고 있다. 그러나 사하라(佐原 眞 1987)와 같은 학자들은 도작농경의 증거가 발견되고 있기 때문에 이 분기 북부 규슈의 문화는 야요이 초기에 속하는 것으로 분류되어야 한다고 주장한다(이 연대적 구분은 오로지 북부 규슈에만 적용된다는 것에 주의를 요한다).

전통적인 연대에 있어서 이 전환적 분기는 약 500-300 bp로 편년되었고 이들 연대는 역연대로 대략 BC 500-300과 동일하였다. 야요이시대의 나머지는 다음의 세 시기로 나누어지고 있다. 초기(약 BC 300-100), 중기(약 BC 100-AD 100), 그리고 후기(약 AD 100-300). 야요이문화는 북부 규슈에서 동쪽으로 확산되었기 때문에 초기 야요이시대는 오직 서일본에만 존재한다. 결과적으로 동부 일본에서 조몬 만기의 종말은 대략 BC 100으로 추산되어 오고 있다. 그러나 만약 하루나리 외(2003)가 주장하는 것처럼 북부 규슈에서 전환기의 시작이 이르게는 BC 1000-900으로 올라간다면 조몬 만기와 야요이시기는 많이 수정되어야 할 필요가 있다.

조몬 만기의 종말기에 수렵-채집으로부터 식량생산 경제로의 변화 원인은 더 논의되는 것이 타당하다. 전파가 이 전환기에 발생하였던 것을 설명할 수 있지만 전파는 그 변화가 왜 발생하였는지는 설명하지 않는다. 고야마(1984)에 의한 인구 추산을 보면 서부 일본에서 약간의 감소를 보인다(긴키에서 4,400명에서 2,100명, 주고쿠에서 2,400명에서 2,000명, 시코쿠에서 2,700명에서 500명, 그리고 규슈에서 1만 100명에서 6,300명). 이것은 대륙으로부터 새로운 문화 요소의 채택을 촉발시켰던 이 지역에서의 체계 변화를 반영할 수도 있다. 이 쟁점을 더 조사하기 위해서는 지역적 취락 정형성의 체계적인 분석이 필요하다.

한반도에서 일본열도로 온 도래인의 수는 또 다른 논쟁의 주제이다. 하니하라 (1987)와 허드슨(1999)과 같은 학자들은 야요이시대로의 이행에는 한반도로부터의 대규모 이주가 뒤따랐다고 지적한다. 일본의 인구사에 대한 두 가지 구조 모델(2장을 보기 바람)이 일반적으로 잘 수용되지만 조몬에서 야요이로의 전환기에 실제 이주자의 수는 여전히 뜨겁게 논의되고 있다. 만약 실제로 대규모의 이주가 발생하였다면 왜 많은 무문토기인들이 일본열도로 옮겨왔는지 조사되어야 할 필요가 있다. 이러한 점에서 이 주요 변화를 설명하기 위하여 외적 조건도 내적 변화만큼 중요할 것이다(Habu 2002b을 보기 바람).

동부 일본에서 우리가 조몬 만기 생업-취락체계들을 추론할 수 있도록 해 주는 고고학적인 자료는 비교적 드물다. 간토와 주부 지역에서 유적의 수와 유적 밀집도는 극심한 감소를 보인다. 간토 지역에 대한 고야마(1984)의 인구추산은 5만 1,600명(조몬 후기)에서 7,700명(조몬 만기)으로 감소되었다. 주부 지역의 감소는 2만 2,000명에서 6,000명이다(2장을 보기 바람; 표 2.5). 더욱이 이들 유적의 대부분은 어떤 수혈주거지 혹은 다른 거주지 유구들과 동반되지 않고 있어서 취락체계에 대한 어떠한 종류의 분석도 어렵게 만들고 있다. 도호쿠 지역에서 유적지 수의 감소는 간토와 주부만큼 그렇게 극심하지는 않지만(4만 3,800에서 3만 9,500) 대규모 취락지의 발견은 여전히 흔하지 않다. 잘 알려진 조몬 만기 유적의 상당수가 유물이 집중되어 있는 제의 유적 혹은 저습지 유적(아마도 제의적인)이다.

생업과 취락 자료가 상당히 희소함에 비해 제의 유적의 발견은 보다 흔히 보고된다. 이 유적들의 예는 데라지 유적(니가타현), 긴세이(金生)유적(야마나시현), 그리고 야제 유적(군마현)을 포함하고 있다(6장을 보기 바람). 많은 수의 토기와 제의 유물과 동반되어 있는 저습지 유적의 발견은 특히 도호쿠 지역에서 흔하다. 이들 유적에는 고레카와 나카이 유적(아오모리현), 가메가오카 유적(아오모리현), 그리고 구넨바시 유적(이와테현)이 포함된다(5장을 보기 바람).

많은 학자들이 조몬 만기 말엽부터 야요이까지 동부 일본에서 토기 장식에 있어서 강한 지속성을 지적하고 있다는 점에 주목하여야 한다. 그리하여 동부 일본에서 유적지 수의 급격한 감소가 이 지역에서 사람들이 궁극적으로 자취를 감춘 것은 아니라는 것을 의미한다.

조몬 만기에 적은 수의 유적과 낮게 추산된 인구를 설명하기 위하여 세 가지 가능성 있는 가설이 제안될 수 있다. 첫째, 조몬 만기인들은 수혈주거지에 살지 않고 고고학적으로 확인하기 어려운 비-반수혈식(non-semisubterranean) 구조물을 축조하였을 것이다(예, 텐트 혹은 기둥구멍을 가지고 있지 않은 지표 주거지들). 그러나 이것이 수혈주거지의 부족을 설명할 수는 있어도 유적의 부족은 설명할 수 없다.

둘째, 조몬 만기 유적 위치는 다른 조몬 유적과는 아주 다를 수 있어 조몬 만기 유적의 발견 비율을 상당히 낮게 만든다. 일본열도의 저지대 지역과 구릉은 1960년대 이래 대규모 토지개발의 결과로 비교적 철저히 지표조사가 되었지만 산악 지역에서 유적의 발견 비율은 상당히 낮다. 또 유적 발견 비율이 지역 간에 다양하다는 것도 염두에 두어야 한다. 그리하여 도호쿠 지역과 같이 비교적 개발이 덜 된 지역에서 유적의 수는 상당히 적게 추산되었을 수 있다.

셋째, 동부 일본에서 조몬 만기의 지속 기간은 현재 추정되고 있는 것보다 짧을 수 있다. 관례적인 편년은 만기 조몬을 약 3,000-2,100 bp, 보정해서는 약 3,300-2,100 BP에 위치시킨다. 그러나 조몬 후기 말에서 조몬 만기에 이르기까지 신뢰성 있는 방사성탄소연대는 드물다. 만약 조몬 만기의 지속 기간이 전통적인 추산보다 짧았다면 각 지역에 대한 인구 추산은 더 클 수도 있다.

현재 우리는 동부 일본의 조몬 만기 생업-취락체계에 관해서 알고 있는 것이 비교적 적다. 수혈주거지와 동반되어 있는 대형 유적들이 극히 적은 것으로 보고되었다는 사실은 거주상 이동형 수렵채집민이었을 가능성을 뒷받침하는 것으로 보인다. 다른 한편, 칠기 및 다른 옻칠된 유물의 생산은 어느 정도 수준의 정주생활을 필요로 하여 한 곳에 최소한 몇 개월 동안 머물러야 할 필요성이 있다는 점에 주의해야 한다. 도호쿠 지역에서 조몬 만기 문화는 아주 정교하게 제작된 칠기 류(예, 칠기 나무 상자들), 칠기 바구니 그리고 칠도(漆塗) 토기 등의 존재가 특징이기 때문에 이 지역에서 적어도 일부 집단은 완전히는 아니지만 계절적으로 정주생활을 유지하였던 것 같다.

가설적으로 말해서, 여러 요인이 이 변화를 야기하였을 것이다. 북반구에서 기원전 1000년 동안 기후 냉각은 여러 학자들에 의해 주목되고 있다(Endo 1999; Karabanov et al. 2000을 보기 바람). 그러한 변화는 조몬 후기 생업 기반의 일부를 형성했던 하나 혹은 그 이상의 중요한 자원의 감소를 초래했을 것이다. 4장의 사례연구 1에서 논의한 바와 같이 자연환경 조건의 작은 변화가 큰 체계 변화에 이르게 할 수 있다. 아시아 대륙으로부터의 외부 영향이 이들 지역에 미쳤을 가능성도 매우 높다. 대륙으로부터의 강한 영향이 물질문화의 여러 가지 측면에서 관찰되는 서부 일본과는 달리 직접적인 영향의 명백한 증거가 동부 일본에서는 드물다. 그러나 동과 서 사이에 커져 가는 문화적 차이는 이 지역에서 주요 체계의 재조직을 촉발시켰을 가능성이 높다.

맺음말

위에서 논의한 바와 같이 조몬문화의 장기간 변화는 지역과 지방 두 개의 다른 수준에서 무수한 변화의 집적으로 설명될 수 있다. 이들 변화는 다수의 요인에 의해 야기되었거나 좌우되었다. 일부는 자연환경적 변화나 혹은 기술적 발전에 의해 설명될 수 있다. 다른 변화들은 제의, 공예 전문화, 그리고 원거리 교역을 포함한 사회 및 이데올로기적 요소와 밀접한 관련이 있었던 것으로 보인다. 1만 년이 넘는 기간에 걸친 이들 조몬문화의 수많은 변화의 일단은 선사시대 수렵채집민 문화의 독특한 역사적 궤적에서 초래되었다. 대체로 여기서 제안된 역사적 궤적은 단선 진화의 관례적인 그림에는 맞아 들어가지 않는다. 그러나 각 변화의 기제는 일반적인 법칙의 타당성을 추정하는 생태적 혹은 사회적 모델로 적절하게 설명될 수 있다.

이동성 거주와 정주생활의 정도는 조몬인들의 사회관습과 생업 및 취락관습을 연결시키는 핵심이다. 많은 생태적 모델이 제시하는 바와 같이 이동성 거주의 정도는 자연환경 조건 및 결과로 초래된 생업전략과 불가분 연계되어 있다. 동시에 조몬인들이 그들의 거점취락을 옮기는 정도는 그들의 문화적 경관과 그들 사회생활의 정기적/장기간의 순환 두 가지에 많은 영향을 미쳤을 것이다. 그리하여 이동성 거주의 이해는 전체로서 조몬사회의 이해를 향한 첫 번째 단계이다.

이 장에서 제시된 모델은 여전히 빠진 부분이 많다. 4장에서 제시되었던 것과 유사한 일련의 사례연구를 통하여 이들 간극은 메워질 수 있다. 그리고 엄청나게 풍부한 조몬 데이터베이스가 우리로 하여금 대규모(예, 지역적 취락유형 분석)와 소규모(예, 家口 고고학) 두 가지로 조몬에 대한 많은 새로운 연구를 수행할 수 있도록 해 준다.

본서를 통해 필자는 조몬문화 내 시간 및 공간적 다양성의 범위를 보여 주고 또 그 다양성에 대한 이유와 의미를 설명하고자 시도하였다. 비록 여기서 검토된 고고학적 자료가 일본열도에서 온 것이기는 하지만, 본서에서 논의된 방법론 및 이론적 쟁점은 세계 모든 곳에서 연구하는 고고학자들에 의해 공유될 수 있다. 이러한 점에서 필자는 본서의 출판이 특히 수렵채집민 고고학 분야에서 일본 고고학과 세계 고고학 간의 활발한 상호교류를 증진할 수 있게 되기를 바란다.

역주

1   단어 자체만을 보면 차이가 없어 보이지만 개념상 많은 차이가 있다. 초기 조몬문화를 특징짓는 것으로 본서의 저자인 하부(羽生) 선생의 도움을 받아 번역한 것이다. 이 용어들 개념에 대한 상세한 내용은 빈포드(Binford 1980)의 논고를 참고하기 바란다. 책 전체를 통해서 주는 원래 하나도 없다. 하지만 이 역서에 제시되어 있는 모든 주는 역자가 독자들의 이해를 돕기 위해서 단 것이다. 특히, 역주에 제시된 영어 단어의 경우 우리말로 적절하게 번역하는 것이 어려워 원저자와의 교신을 통해 도움을 받았다. 역주를 보아서 알겠지만 원래 영어 단어의 의미와는 전혀 달라 상상할 수도 없는 것들이다. 이 용어들을 통해 수렵채집민(hunter-gatherers)들의 문화를 좀더 잘 이해할 수 있게 되기를 기대한다.

2   보츠와나(Botswana)와 남아프리카에 걸쳐 있는 칼라하리(Kalahari) 사막에 거주하는 사람들로 보통 쿵부시먼(!Kung Bushman)으로 불린다.

3   이 단어도 번역하기가 난해하여 본서의 저자인 하부 선생의 도움을 받아 번역하였다.

4   CRM은 Cultural Resource Management의 약자로 우리나라로 보면 민간 고고학 발굴조사 기관과 동일한 개념이다.

5   방사성탄소연대 측정법(放射性炭素年代測定法, Radiocarbon dating)에서는 보통 살아 있는 동·식물이 가지고 있는 ^{14}C 비율은 대기 중의 비율과 평형상태에 있다고 간주한다. 그러나 호수, 강 및 바다 같은 물속에서는 탄소의 농도가 잠재적으로 대기의 탄소보다 훨씬 낮다. 예를 들어, 물속에서 나온 죽은 물고기 시료의 탄소 농도는 동시기 육지에서 채취된 시료 탄소 농도의 80%에 지나지 않는다. 그리하여 물속에서 채취된 시료의 탄소연대는 육지의 시료보다 높게 나와 신빙성이 떨어진다. 이 두 환경에서 각각 채취된 동시대 시료의 연대가 다르게 나오는바 이를 저장고 효과(reservoir effect)라고 부른다. 대기권(atmosphere), 생물권(biosphere), 그리고 해양권(ocean) 등이 모두 집합적으로 탄소 저장고(carbon reservoir)로 불려진다. 이 각 저장고들이 우주선(cosmic ray)에 의해 생성되는 ^{14}C를 얼마나 많이 그리고 얼마나 오랫동안 취하는가는 조금씩 다르다. 이것이 각각의 저장고(reservoir) 내에서 ^{14}C와 ^{12}C의 비율에 영향을 미치고 궁극적으로 연대 결정에 상이성을 발생시킨다.

6   logistical mobility를 원저자는 '저장용 식료보급 이동도'로 번역한다.

7   collector end를 원저자는 '전형적 정주저장형 채집자'로 번역한다.

8   generalist를 원저자는 '일반적 수렵채집민'으로 번역한다.

9   specialist를 원저자는 '전업적 수렵채집민'으로 번역한다.

10   小山修三 外 1996으로 되어 있으나 참고문헌에는 小山修三·岡田康博 1996으로 되어 있다.

11   원자자는 'Reciprocator'를 '호수형(互酬型)' 혹은 '공동체(共同體)' 사회로, 그리고 'Entrepreneur'를 '경쟁형(競爭型)' 사회로 각각 번역한다.

12   원래는 'square meters'(m^2)로 되어 있으나 내용상 'cubic meters'(m^3)가 맞아 바꾸었다.

13   역주 12와 같음.

14   'serial'이라는 용어의 단어와 개념도 빈포드(1980: 17)의 논고에서 사용된 것으로 북극 지방의 추운 환경에 거주하고 있는 'foragers'를 지칭하는 것으로 사용한다("The cold environment foragers are what I tend to think of as serial specialists"). 이와 동일하거나 유사한 개념으로는 '높은 거주 이동성과 지속적이고 단기간 동안 단일 대형 동물사냥 종을 사냥감 대상으로 하는 전략'(...greater residential mobility and successive, short-term targeting of single, large game prey species...)이 있다(Yi, Mingjie, L. Barton, C. Morgan, D. Liu, F. Chen, Y. Zhang, S. Pie, Y. Guan, H. Wang, X. Gao, and R. L. Bettinger. 2013. Microblade technology and the rise of serial specialists in north-central China. *Journal of Anthropological Archaeology* 32: 212-223).

참고문헌

阿部千春, 2000「縄文時代のアスファルト利用」『白い国の詩』524(pp. 22-25).

阿部義平, 1983「配石」『縄文文化の研究9 縄文人の精神文化』(加藤晋平·小林達雄·藤本強 編), 東京, 雄山閣(pp. 32-45).

阿部芳郎, 1978「縄文時代の生業と中里貝塚の形成」『中里貝塚』東京, 北区教育委員会(pp. 243-259).

安孫子昭二, 1978「縄文式土器の型式と編年」『日本考古学を学ぶ1 日本考古学の基礎』(大塚初重·戸沢充則·佐原真 編), 東京, 有斐閣(pp. 170-188).

_____, 1982「アスファルト」『縄文文化の研究8 社会·文化』(加藤晋平·小林達雄·藤本強 編), 東京, 雄山閣(pp. 205-222).

_____, 1985「アスファルトの流通と東北の地域圏」『季刊考古学』12(pp. 43-46).

Adams, Robert McCormick. 1965. *Land behind Baghdad: A History of Settlement on the Diyala Plains*. Chicago: University of Chicago Press.

相田 薫·小池 聡, 1986「第Ⅱ文化層」『月見野遺跡群上野遺跡第1地点』大和, 大和市教育委員会.

Aikens, C. M. 1981. The last 10,000 years in Japan and eastern North America: parallels in environment, economic adaptation, growth of social complexity, and the adoption of agriculture. In *Affluent Foragers: Pacific Coasts East and West*, ed. Shuzo Koyama and David H. Thomas, pp. 261-273. Senri Ethnological Studies, No. 9. Osaka: National Museum of Ethnology.

_____. 1995. First in the world: the Jomon pottery of Japan. In *The Emergence of Pottery: Technology and Innovation in Ancient Societies*, ed. William K. Barnett and John W. Hoopes, pp. 11-22. Washington, D.C.: Smithsonian Institution Press.

Aikens, C. Melvin, Kenneth M. Ames, and David Sanger. 1986. Affluent collectors at the edges of Eurasia and North America: some comparisons and observations on the evolution of society among north-temperate coastal hunter-gatherers. In *Prehistoric Hunter-Gatherers in Japan*, ed. Takeru Akazawa and C. Melvin Aikens, pp. 3-26. The University Museum, The University of Tokyo, Bulletin No. 27. Tokyo: University of Tokyo Press.

Aikens, C. M., and Don E. Dumond. 1986. Convergence and common heritage: some parallels in the archaeology of Japan and western North America. In *Windows on the Japanese Past: Studies in Archaeology and Prehistory*, ed. Richard J. Pearson, Gina L. Barnes, and Karl L. Hutterer, pp. 163-178. Ann Arbor: Center for Japanese Studies, University of Michigan.

Aikens, C. Melvin, and Takayasu Higuchi. 1982. *Prehistory of Japan*. San Diego: Academic Press.

Aikens, C. Melvin, and Song Nai Rhee, eds. 1992. *Pacific Northeast Asia in Prehistory: Hunter-Fisher-Gatherers, Farmers, and Sociopolitical Elites*. Pullman: Washington State University Press.

赤山容造, 1982「竪穴住居」『縄文文化の研究8 社会·文化』(加藤晋平·小林達雄·藤本強 編), 東京, 雄山閣(pp. 110-121).

赤沢 威, 1969「縄文貝塚産魚類の体長組成並びにその先史漁撈学的意味-縄文貝塚民の漁撈活動の復原に関する一試論」『人類学雑誌』第77巻第4号(pp. 154-178).

Akazawa, Takeru. 1980. Fishing adaptation of prehistoric hunter-gatherers at the Nittano site, Japan. *Journal of Archaeological Science* 7: 325-344.

_____, 1981. Maritime adaptation of prehistoric hunter-gatherers and their transition to agriculture in Japan. In *Affluent Foragers: Pacific Coasts East and West*, ed. Shuzo Koyama and David H. Thomas, pp. 213-258. Osaka: National Museum of Ethnology.

_____, 1982a. Jomon people's subsistence and settlements: discriminatory analysis of the Later Jomon settlements. *Jinruigaku Zasshi* [*Journal of the Anthropological Society of Nippon*] 90 (Supplement): 55-76.

_____, 1982b. Cultural change in prehistoric Japan: receptivity to rice agriculture in the Japanese archipelago. In *Advances in World Archaeology 1*, ed. Fred Wendorf and Angela E. Close, pp. 151-211. New York: Academic Press.

_____, 1986a. Regional variation in procurement systems of Jomon hunter-gatherers. In *Prehistoric Hunter-Gatherers in Japan*, ed. Takeru Akazawa and C. Melvin Aikens, pp. 73-92. Tokyo: University of Tokyo Press.

_____, 1986b. Hunter-gatherer adaptations and the transition to food production in Japan. In *Hunters in Transition*, ed. Marek Zvelebil, pp. 151-166. Cambridge: Cambridge University Press.

_____, 1986c. Regional diversity in Jomon subsistence and its relation to the racial history of the Japanese. In *Traditional Fishing in the Pacific*, ed. Atholl Anderson, pp. 199-213. Honolulu: Pacific Anthropological Records.

_____, 1987. Variability in the types of fishing adaptation of the Later Jomon people, ca. 2500 to 300 B.C. In *The Archaeology of Prehistoric Coastlines*, ed. G. Bailey and J. Parkington, pp. 78-92. Cambridge: Cambridge University Press.

Akazawa, Takeru, and C. Melvin Aikens, eds. 1986. *Prehistoric Hunter-Gatherers in Japan*. Tokyo: University Museum, University of Tokyo Press.

Akazawa, Takeru, and Kiyoaki Maeyama. 1986. Discriminant function analysis of Later Jomon settlements. In *Windows on the Japanese Past: Studies in Archaeology and Prehistory*, ed. Richard J. Pearson, Gina L. Barnes, and Karl L. Hutterer, pp. 279-292. Ann Arbor: Center for Japanese Studies, University of Michigan.

秋元信夫, 1999「環状列石」『縄文時代』第10号(第3分冊)(pp. 167-176).

秋田県考古学協会, 1979『梨ノ木塚遺跡発掘調査報告書』秋田, 秋田県考古学協会.

秋田県埋蔵文化財センター, 1999『池内遺跡』秋田, 秋田県埋蔵文化財センター.

甘粕 健, 1986「総論 生産力発展の諸段階」『岩波講座 日本考古学3 生産と流通』(近藤義郎・横山浩一 編), 東京, 岩波書店(pp. 1-31).

Ames, Kenneth M. 1985. Hierarchies, stress and logistical strategies among hunter-gatherers in northwestern North America. In *Prehistoric Hunter-Gatherers: The Emergence of Cultural Complexity*, ed. T. Douglas Price and James A. Brown, pp. 155-180. Orlando: Academic Press.

Ames, Kenneth M., and Herbert D. G. Maschner. 1999. *Peoples of the Northwest Coast: Their Archaeology and Prehistory*. London: Thames and Hudson.

網野善彦, 1997『日本社会の歴史(上・中・下)』東京, 岩波書店.

穴沢咊光, 1985 「『考古学』としての『人類学』-プロセス考古学(ニュー・アーケオロジー)とその限界」『古代文化』第37巻第4号(pp. 143-152), 第37巻第5号(pp. 189-206), 第37巻第6号(pp. 237-249), 第37巻第7号(pp. 285-297).

Anderson, Atholl J. 1988. Coastal subsistence economies in prehistoric southern New Zealand. In *The Archaeology of Prehistoric Coastlines*, ed. Geoff Bailey and John Parkington, pp. 93-101. Cambridge: Cambridge University Press.

安藤文一, 1982 「翡翠」『縄文文化の研究8 社会・文化』(加藤晋平・小林達雄・藤本強 編), 東京, 雄山閣(pp. 180-192).

安中市教育委員会, 1996 『中野谷松原』安中, 安中市教育委員会.

著者不明, 2000 「特集 縄文の世界」『三井グラフ』119(pp. 3-15).

青森県教育委員会, 1977 『近野遺跡発掘調査報告書(Ⅲ) 三内丸山(Ⅱ)遺跡発掘調査報告書—青森県総合運動公園建設関係発掘調査—』青森, 青森県教育委員会.

青森県教育庁文化課, 1996a 『三内丸山遺跡Ⅴ—第1次~4次調査報告書—』青森, 青森県教育委員会.

_____, 1996b 『三内丸山遺跡Ⅵ』青森, 青森県教育委員会.

_____, 1997a 『三内丸山遺跡Ⅶ—第5次~7次調査概要報告書—』青森, 青森県教育委員会.

_____, 1997b 『三内丸山遺跡Ⅷ—第6鉄塔地区調査報告書1—』青森, 青森県教育委員会.

_____, 1998a 『三内丸山遺跡Ⅸ—第6鉄塔地区調査報告書2—』青森, 青森県教育委員会.

_____, 1998b 『三内丸山遺跡Ⅹ—旧野球場建設予定地発掘調査報告書—』青森, 青森県教育委員会.

_____, 1998c 『三内丸山遺跡ⅩⅠ—第5次~7次調査報告書—』青森, 青森県教育委員会.

_____, 1998d 『三内丸山遺跡ⅩⅡ—第8次~10次調査概要報告書—』青森, 青森県教育委員会.

_____, 1999 『三内丸山遺跡ⅩⅢ—第11次~13次調査概要報告書—』青森, 青森県教育委員会.

_____, 2000a 『三内丸山遺跡ⅩⅣ—第14次~16次調査概要報告書—』青森, 青森県教育委員会.

_____, 2000b 『三内丸山遺跡ⅩⅤ—旧野球場建設予定地発掘調査報告書3—』青森, 青森県教育委員会.

_____, 2000c 『三内丸山遺跡ⅩⅥ—旧野球場建設予定地発掘調査報告書4—』青森, 青森県教育委員会.

_____, 2000d 『三内丸山遺跡ⅩⅦ—第6鉄塔地区調査報告書3—』青森, 青森県教育委員会.

_____, 2001 『三内丸山遺跡ⅩⅧ—第17次~19次調査概要報告書—』青森, 青森県教育委員会.

_____, 2002a 『三内丸山遺跡ⅩⅨ—第20次~22次調査概要報告書—』青森, 青森県教育委員会.

_____, 2002b 『三内丸山遺跡ⅩⅩ—第8次・9次調査報告書—』青森, 青森県教育委員会.

青森県埋蔵文化財調査センター, 1989 『富ノ沢(1)・(2)遺跡』青森, 青森県教育委員会.

_____, 1991a 『富ノ沢(1)・(2)遺跡Ⅱ』青森, 青森県教育委員会.

_____, 1991b 『富ノ沢(1)・(2)遺跡Ⅲ』青森, 青森県教育委員会.

_____, 1991c 『富ノ沢(2)遺跡Ⅳ』青森, 青森県教育委員会

_____, 1992 『富ノ沢(2)遺跡Ⅴ発掘調査報告書』青森, 青森県教育委員会.

_____, 1993 『富ノ沢(2)遺跡Ⅵ発掘調査報告書』青森, 青森県教育委員会.

_____, 1994a 『三内丸山(2)遺跡Ⅱ』青森, 青森県教育委員会.

_____, 1994b 『三内丸山(2)遺跡Ⅲ』青森, 青森県教育委員会.

_____, 1995 『三内丸山(2)遺跡Ⅳ』青森, 青森県教育委員会.

青森市教育委員会, 1994 『三内丸山(2)・小三内遺跡発掘調査報告書』青森, 青森市教育委員会.

_____, 1996 『三内丸山(2)遺跡発掘調査報告書』青森, 青森市教育委員会.

荒川隆史, 2001 「新潟県青田遺跡の調査」『日本考古学協会2001年度大会研究発表要旨』東京, 日本考古学協会(pp. 25-27).

Arnold, Jeanne. E. 1992. Complex hunter-gatherer-fishers of prehistoric California: chiefs, specialists, and maritime adaptations of the Channel Islands. *American Antiquity* 57(1): 60-84.

_____. 1995. Social inequality, marginalization, and economic process. In *Foundations of Social Inequality*, ed. T. Douglas Price and Gary M. Feinman, pp. 87-104. New York: Plenum.

_____. 1996a. Archaeology of complex hunter-gatherers. *Journal of Archaeological Method and Theory* 3(2): 77-126.

_____. 1996b. Understanding the evolution of intermediate societies. In *Emergent Complexity: The Evolution of Intermediate Societies*, ed. Jeanne E. Arnold, pp. 1-12. Ann Arbor: International Monographs in Prehistory.

朝日新聞社, 1992『'92 古代史発掘総まくり』東京, 朝日新聞社.

_____, 1998『'98 古代史発掘総まくり』東京, 朝日新聞社.

_____, 2000『2000 古代史発掘総まくり』東京, 朝日新聞社.

浅野克彦, 伊藤 潤, 小笠原正明, 1999「北東北の『アスファルトの道』の解明」『日本文化財科学会第16回大会研究発表要旨』奈良, 日本文化財科学会(pp. 34-35).

麻生 優, 1960「縄文時代後期の集落」『考古学研究』第7巻第2号(pp. 9-16).

麻生 優 編, 1985『泉福寺洞穴の発掘記録』東京, 築地書館.

馬場悠男, 1990「アイヌ・琉球人は縄文人の直系子孫か」『争点日本の歴史1 原始編』(鈴木公雄 編), 東京, 新人物往来社(pp. 106-123).

保定地区文物管理所・徐水県文物管理所・北京大学考古系・河北大学历史系, 1992「河北徐水县南庄头遗址试掘简报」『考古』11. pp. 961-970 (Baoding Diqu Wenwu Guanlisuo, Xushui Xian Wenwu Guanlisuo, Beijing Daxue Kaoguxi, Hebei Daxue Lishixi [Baoding Prefectural Administration of the Preservation of Ancient Monuments, Xushui County Administration of the Preservation of Ancient Monuments, Archaeology Department of Beijing University, and History Department of Hebei University]. 1992. Hebei Xushuixian Nanzhuangtou yizhi shijue jianbao [Trial digging at the Nan-zhuangtou site in Xushui County, Hebei Province]. Kaogu [Archaeology] 11: 961-970).

Barnes, Gina L. 1993. *China, Korea and Japan: The Rise of Civilization in East Asia*. London: Thames and Hudson.

Barnes, Gina L., and Masaaki Okita. 1999. Japanese archaeology in the 1990's. *Journal of Archaeological Research* 7(4): 349-395.

Baumhoff, Martin A. 1963. Resource intensification among hunter-gatherers: acorn economies in prehistoric California. *University of California Publications in Archaeology and Ethnology* 49: 155-236.

Binford, Lewis R. 1978. *Nunamiut Ethnoarchaeology*. New York: Academic Press.

_____. 1980. Willow smoke and dogs' tails. *American Antiquity* 45(1): 4-20.

_____. 1982. The archaeology of place. *Journal of Anthropological Archaeology* 1(1): 5-31.

_____. 1983. Long-term land-use patterning: some implications for archaeology. In *Working at Archaeology*, ed. Lewis R. Binford, pp. 379-386. New York: Academic Press.

_____. 1990. Mobility, housing and environment: a comparative study. *Journal of Anthropological Research* 46(2): 119-152.

Bleed, Peter. 1989. Foreign archaeologists in Japan: strategies for exploitation. *Archaeological Review from Cambridge* 8(1): 19-27.

_____. 1992. Ready for anything: technological adaptation to ecological diversity at Yagi, an Early Jomon community in southwestern Hokkaido, Japan. In *Pacific Northeast Asia in Prehistory: Hunter-Fisher-Gatherers, Farmers, and Sociopolitical Elites*, ed. C. Melvin Aikens and Song Nai Rhee, pp. 47-52. Pullman: Washington State University Press.

Bleed, Peter, and Ann Bleed. 1981. *Animal Resources of the Yagi Community: A Theoretical Reconstruction of Early Jomon Hunting Patterns*. Technical Report, No. 81-06, Lincoln: Division of Archaeological Research, Department of Anthropology, University of Nebraska-Lincoln.

Bleed, Peter, Carl Falk, Ann Bleed, and Akira Matsui. 1989. Between the mountains and the sea: optimal hunting patterns and faunal remains at Yagi, an Early Jomon community in southwestern Hokkaido. *Arctic Anthropology* 26(2): 107-126.

Bowman, Sheridan. 1990. *Radiocarbon Dating*. Berkeley: University of California Press.

Brumfiel, Elizabeth, and Timothy K. Earle, eds. 1987a. *Specialization, Exchange and Complex Societies*. Cambridge: Cambridge University Press.

_____. 1987b. Specialization, exchange and complex societies: an introduction. In *Specialization, Exchange and Complex Societies*, ed. Elizabeth M. Brumfiel and Timothy K. Earle, pp. 1-9. Cambridge: Cambridge University Press.

文化庁文化財保護部記念物課, 1996『埋蔵文化財関係統計資料』東京, 文化庁文化財保護部記念物課.

Campbell, J. M. 1968. Territoriality among ancient hunters: interpretations from ethnography and nature. In *Anthropological Archaeology in the Americas*, ed. Betty J. Meggers, pp. 1-21. Washington, D.C.: The Anthropological Society of Washington.

Cannon, Aubrey. 1998. Contingency and agency in the growth of Northwest Coast maritime economies. *Arctic Anthropology* 35(1): 57-67.

Chang, Kwang-chih, ed. 1968. *Settlement Archaeology*. Palo Alto: National Press Books.

Chard, Chester S. 1974. *Northeast Asia in Prehistory*. Madison: University of Wisconsin Press.

千葉県文化財センター, 2000『君津市三直貝塚現地説明会資料』千葉, 千葉県文化財センター.

Chisholm, Braian Stwart, 1985「古代人は何を食べていたか―人骨の炭素同位体比による分析法―」『科学朝日』11月号(pp. 126-130).

Chisholm, Brian S・小池裕子, 1988「Stable carbon isotopes and paleodiet in Japan」『昭和63年度日本文化財科学会大会研究発表要旨』東京, 日本文化財科学(pp. 64-65).

Chisholm, Brain. S・小池裕子・中井信之, 1988「炭素安定同位体比法による古代食性の研究」『考古学と自然科学』20(pp. 7-16).

Chisholm, Brian S., Hiroko Koike, and Nobuyuki Nakai 1992. Carbon isotopic determination of paleodiet in Japan: marine versus terrestrial resources. In *Pacific Northeast Asia in Prehistory*, ed. C. Melvin Aikens and Song Nai Rhee, pp. 69-73. Pullman: Washington State University Press.

Cohen, Mark N.1981. Pacific Coast foragers: affluent or overcrowded? In *Affluent Foragers: Pacific Coasts East and West*, ed. Shuzo Koyama and David H. Thomas, pp. 275-295. Senri Ethnological Studies No. 9. Osaka: National Museum of Ethnology.

Costin, Cathy L. 1991. Craft specialization: issues in defining, documenting, and explaining the organization of production. In *Archaeological Method and Theory* 3, ed. Michael B. Schiffer, pp. 1-56. Tucson: University of Arizona Press.

Crawford, Gary W. 1983. *Paleoethnobotany of the Kameda Peninsula Jomon*. Anthropological Papers,

No. 73. Ann Arbor: Museum of Anthropology, University of Michigan.

_____. 1992a. Prehistoric plant domestication in East Asia. In *The Origins of Agriculture: An International Perspective*, ed. C. Wesley Cowan and Patty Jo Watson, pp. 7-38. Washington, D.C.: Smithsonian Institution Press.

_____. 1992b. The transitions to agriculture in Japan. In *Transitions to Agriculture in Prehistory*, ed. Anne Birgitte Gebauer and T. Douglas Price, pp. 117-132. Madison: Prehistory Press.

_____. 1997. Anthropogenesis in prehistoric northeastern Japan. In *People, Plants and Landscapes: Studies in Paleoethnobotany*, ed. Kristen J. Germillion, pp. 86-103. Tuscaloosa: University of Alabama Press.

Crawford, Gary W., William M. Hurley, and Masakazu Yoshizaki. 1978. Implications of plant remains from the Early Jomon Hamanasuno site. *Asian Perspectives* 19: 144-155.

D'Andrea, Catheryn A., Gary W. Crawford, Masakazu Yoshizaki, and Takehisa Kudo. 1995. Late Jomon cultigens in northeastern Japan. *Antiquity* 69: 146-152.

土肥孝, 1990「墓にあらわれた縄文社会の特質は何か」『争点日本の歴史1 原始編(旧石器〜縄文・弥生時代)』(鈴木公雄 編)東京, 新人物往来社(pp. 169-185).

土井義夫, 1985「縄文時代集落論の原則的問題―集落遺跡の二つのあり方について」『東京考古』3(pp. 1-12).

Earle, Timothy K., and Jonathon E. Ericson. 1977. *Exchange Systems in Prehistory*. New York: Academic Press.

榎森 進, 2000「開拓とアイヌ民族」『白い国の詩』528(pp. 4-13).

Endo, K. 1999. Linkage in Holocene and Latest Pleistocene environmental changes. *Bulletin of the National Museum of Japanese History* 81: 143-153.

Erlandson, Jon M. 1988. Role of shellfish in prehistoric economies: a protein perspective. *American Antiquity* 53(1): 102-109.

江坂輝彌, 1965「青竜刀形石器考」『史学』第38巻第1号(pp. 75-102).

江坂輝彌・岡本健児・西田栄, 1967「愛媛県上黒岩岩陰」『日本の洞穴遺跡』日本考古学協会洞穴調査委員会, 東京, 平凡社(pp. 224-236).

Fawcett, Clare. 1990. A study of the socio-political context of Japanese archaeology. Ph.D. Dissertation, McGill University, Montreal.

_____. 1995. Nationalism and postwar Japanese archaeology. In *Nationalism, Politics, and the Practice of Archaeology*, ed. P.L. Kohl and C. Fawcett, pp. 232-246. Cambridge: Cambridge University Press.

Feinman, Gary M. 1995. The emergence of inequality: a focus on strategies and processes. In *Foundations of Social Inequality*, ed. T. Douglas Price and Gary M. Feinman, pp. 255-279. New York: Plenum.

Fitzhugh, Ben. 2002.「北太平洋における海洋狩猟採集民の起源」, 佐々木史郎訳, 『国立民族学博物館調査報告』33(佐々木史郎 編), 大阪, 国立民族学博物館(pp. 49-82).

_____. 2003. The evolution of complex hunter-gatherers on the Kodiak Archipelago. In *Hunter-Gatherers of the North Pacific Rim*, ed. Junko Habu, James M. Savelle, Shuzo Koyama, and Hitomi Hongo, pp. 13-48. Senri Ethnological Studies 63. Osaka: National Museum of Ethnology.

Fitzhugh, Ben, and Junko Habu, eds. 2002a. *Beyond Foraging and Collecting: Evolutionary Change in Hunter-Gatherer Settlement Systems*. New York: Kluwer- Plenum Publishing Corporation.

＿＿＿, 2002b. Introduction to Part I: regional scale processes of settlement pattern change. In *Beyond Foraging and Collecting: Evolutionary Change inHunter-Gatherer Settlement Systems*, ed. Ben Fitzhugh and Junko Habu, pp. 15-17. New York: Kluwer-Plenum Publishing Corporation.

Fitzhugh, William W., and Chisato O. Dubreuil, eds. 1999. *Ainu: Spirit of a Northern People*. Washington, D. C.: Arctic Studies Center, National Museum of Natural History, Smithsonian Institution in association with the University of Washington Press.

Flannery, Kent V. 1976. *The Early Mesoamerican Village*. New York: Academic Press.

藤 則雄, 1984『考古花粉学』東京, 雄山閣.

藤森栄一, 1949「原始焼畑陸耕の諸問題」『夕刊信州』11月20日, 長野.

＿＿＿, 1950「日本原始陸耕の諸問題」『歴史評論』第4巻第4号(pp. 41-46).

＿＿＿, 1963「縄文時代農耕論とその展開」『考古学研究』第10巻第2号(pp. 21-33).

＿＿＿, 1965a「中期縄文文化論─新しい縄文中期農耕論の可能性について─」『井戸尻』(藤森栄一 編), 東京, 中央公論美術出版(pp. 157-160).

＿＿＿, 1965b「縄文中期農耕肯定論の現段階」『古代文化』第15巻第5号(pp. 111-116).

＿＿＿, 1965c『井戸尻』東京, 中央公論美術出版.

＿＿＿, 1966「原始古代聚落の考古学的研究について」『歴史教育』第14巻第3号(pp. 1-11).

＿＿＿, 1970「縄文中期植物栽培の起源」『縄文農耕』(藤森栄一 編): pp. 207-214, 東京, 学生社.

藤村東男, 1983「縄文土器組成論」『縄文文化の研究5 縄文土器Ⅲ』(加藤晋平・小林達雄・藤本強 編), 雄山閣(pp. 237-250).

＿＿＿, 1991「岩手県九年橋遺跡出土土偶残存部目録」『萌木』26.

＿＿＿, 2001「遺物研究にとっての出土個体数の利用価値」『縄文時代』12(pp. 141-150).

藤沼邦彦, 1997『縄文の土偶』東京, 講談社.

藤沢宗平・林茂樹, 1961「神子柴遺跡─第1次発掘調査概報」『古代学』第9巻第3号.

藤原宏志, 1998『稲作の起源を探る』東京, 岩波書店 .

福井県教育委員会, 1979『鳥浜貝塚─縄文前期を主とする低湿地遺跡の調査1』福井, 福井県教育委員会.

＿＿＿, 1985『鳥浜貝塚─縄文前期を主とする低湿地遺跡の調査5』福井, 福井県教育委員会.

船橋市教育委員会, 1975『飯山満東遺跡』船橋市, 船橋市教育委員会.

ふれいく同人会, 1971「水野正好氏の縄文時代集落論批判」『ふれいく』1(pp. 1-37).

Gero, Joan, and Margaret Conkey, eds. 1991. *Engendering Archaeology*. Oxford: Basil Blackwell.

後藤和民, 1970「原始集落研究の方法論序説」『駿台史学』27(pp. 63-124).

＿＿＿, 1982「縄文集落の概念」『縄文文化の研究8 社会・文化』(加藤晋平・小林達雄・藤本強 編), 東京, 雄山閣(pp. 20-48).

後藤信祐, 1999「石棒, 石剣, 石刀」『縄文時代』10(第4分冊)(pp. 71-82).

後藤守一, 1956「縄文時代の生活─衣・食・住」『日本考古学講座第三巻』東京, 河出書房(pp. 247-288).

Groot, Gerard J. 1951. *The Prehistory of Japan*. New York: Columbia University.

Grootes, P. M., M. Stuiver, J. W. C. White, C. Johnsen, and J. Jouzel. 1993. Comparison of oxygen isotope records from the GISP 2 and GRIP Greenland ice core. *Nature* 366: 552-554.

羽生淳子, 1988. Numbers of pit-dwellings in Early Jomon Moroiso stage sites. 『人類学雑誌』第96巻第2号(pp. 147-165).

＿＿＿, 2000「縄文人の定住度(上)・(下)」『古代文化』第52巻第2号(pp. 29-38), 第52巻第4号(pp. 18-29).

＿＿＿, 1989b「住居址数からみた遺跡の規模─縄文時代前期諸磯式期の資料を用いて─」『考古学の世界』(慶

應義塾大学民族学考古学研究室 編), 東京, 新人物往来社(pp. 71-92).

_____, 1993「縄文文化の研究に民族誌はどう役立つか」『新視点 日本の歴史第1巻—原始編』(鈴木公雄・石川日出志 編), 東京, 新人物往来社(pp. 140-147).

_____, 2002c.「三内丸山遺跡の『ライフ・ヒストリー』—遺跡の機能, 定住度, 文化景観の変遷—」『先史狩猟採集文化研究の新しい視野』佐々木史郎 編, pp. 161-183.『国立民族学博物館調査報告』33. 国立民族学博物館.

Habu, Junko, 1989a. Contemporary Japanese archaeology and society. *Archaeological Review from Cambridge* 8(1): 36-45.

_____, 1996. Jomon sedentism and intersite variability: collectors of the Early Jomon Moroiso phase in Japan. *Arctic Anthropology* 33(2): 38-49.

_____, 1999. Book review: Keiji Imamura (1996), *Prehistoric Japan: New Perspectives on Insular East Asia. Anthropological Science* 107(2): 195-198.

_____, 2001. *Subsistence-Settlement Systems and Intersite Variability in the Moroiso Phase of the Early Jomon Period in Japan.* Ann Arbor: International Monographs in Prehistory.

_____, 2002a. Book review: M. J. Hudson (1999), *Ruins of Identity: Ethnogenesis in the Japanese Islands. Journal of East Asian Archaeology* 3(3-4): 255-258.

_____, 2002b. Jomon collectors and foragers: regional interactions and long-term changes in settlement systems among prehistoric hunter-gatherers in Japan. In *Beyond Foraging and Collecting: Evolutionary Change in Hunter-Gatherer Settlement Systems*, ed. Ben Fitzhugh and Junko Habu, pp. 53-72. New York: Kluwer-Plenum Publishing Corporation.

Habu, Junko, and Clare Fawcett. 1990. Education and archaeology in Japan. In *Excluded Past: Archaeology in Education*, ed. Peter Stone and Robert MacKenzie, pp. 217-230. London: Unwin Hyman.

_____, 1999. Jomon archaeology and the representation of Japanese origins. *Antiquity* 73: 587-593.

Habu, Junko, and Ben Fitzhugh. 2002. Introduction. In *Beyond Foraging and Collecting: Evolutionary Change in Hunter-Gatherer Settlement Systems*, ed. Ben Fitzhugh and Junko Habu, pp. 1-11. New York: Kluwer-Plenum Publishing Corporation.

Habu, Junko, and Mark E. Hall. 1999. Jomon pottery production in central Japan. *Asian Perspectives* 38(1): 90-110.

_____, 2001. Jomon pottery production at Honmura-cho and Isarago sites: insights from geochemistry. *Anthropological Science* 109(2): 141-166.

Habu, Junko, Mark E. Hall, and Tadayuki Ogasawara. 2003. Pottery production and circulation at the Sannai Maruyama site, northern Japan: chemical evidence from early middle Jomon pottery. In *Hunter-Gatherers of the North Pacific Rim*, ed. Junko Habu, James M. Savelle, Shuzo Koyama, and Hitomi Hongo, pp. 199-220. Senri Ethnological Studies 63. Osaka: National Museum of Ethnology.

Habu, Junko, Minkoo Kim, Mio Katayama, and Hajime Komiya. 2001. Jomon subsistence-settlement systems at the Sannai Maruyama site. *Bulletin of the Indo-Pacific Prehistory Association* 21: 9-21.

八戸市博物館, 1988『縄文の美—是川中居遺跡出土品図録 第2集』八戸市, 八戸市博物館.

Hall, Mark E. 2004 Pottery production during the Late Jomon period: insights from the chemical analyses of Kasori-B pottery. *Journal of Archaeological Science* 31(10): 1439-1450.

Hall, Mark E., and Hideaki Kimura. 2002. Quantitative EDXRF studies of obsidian in northern Hokkaido. *Journal of Archaeological Science* 29: 259-267.

Hanihara, Kazuro. 1986. The origin of the Japanese in relation to other ethnic groups in East Asia. In *Windows on the Japanese Past: Studies in Archaeology and Prehistory*, ed. Richard J. Pearson, Gina L. Barnes, and Karl L. Hutterer, pp. 75-84. Ann Arbor: Center for Japanese Studies, University of Michigan.

_____. 1987. Estimation of the number of early migrants to Japan: a simulative study. *Journal of the Anthropological Society of Nippon* 95(3): 391-403.

_____. 1991. Dual structure model for the population history of the Japanese. *Japan Review* 2: 1-33.

原秀三郎, 1972 「日本における科学の原始・古代史研究の成立と展開」『歴史科学大系第1巻』(原秀三郎 編), 東京, 校倉書房(pp. 343-409).

原田昌幸, 1996 「押出遺跡出土品の意味するもの」『押出遺跡』(山形県立うきたむ風土記の丘考古資料館 編), 山形, 山形県立うきたむ風土記の丘考古資料館(pp. 34-39).

Hardin, Margaret Ann. 1991. Sources of ceramic variability at Zuni Pueblo. In *Ceramic Ethnoarchaeology*, ed. William A. Longacre, pp. 40-70. Tucson: University of Arizona Press.

春成秀爾, 1973 「抜歯の意義(1)」『考古学研究』第20巻第2号(pp. 25-48).

_____, 1974 「抜歯の意義(2)」『考古学研究』第20巻第3号(pp. 41-58).

_____, 1979 「縄文晩期の婚後居住規定」『岡山大学法文学部学術紀要―史学篇』第40号(pp. 25-63).

_____, 1982 「縄文社会論」『縄文文化の研究8 社会・文化』(加藤晋平・小林達雄・藤本強 編), 東京, 雄山閣(pp. 223-252).

_____, 1998 「更新世-完新世移行期の動物と人類」『シンポジウム:更新世-完新世移行期の比較考古学：発表要旨』(小野昭 編), 佐倉: 国立歴史民俗博物館(pp. 19-22).

_____, 2000 「旧石器時代から縄文時代へ」『日本文化財科学会第17回大会研究発表要旨集』佐倉, 日本文化財科学会(pp. 2-3).

Harunari, Hideji. 1986. Rules of residence in the Jomon period, based on the analysis of tooth extraction. In *Windows on the Japanese Past: Studies in Archaeology and Prehistory*, ed. Richard J. Pearson, Gina Lee Barnes, and Karl L. Hutterer, pp. 293-310. Ann Arbor: Center for Japanese Studies, University of Michigan.

春成秀爾・藤尾慎一郎・今村峯雄・坂本稔, 2003 「弥生時代の開始年代―¹⁴C 年代の測定結果について―」『日本考古学協会第69回総会研究発表要旨』東京, 日本考古学協会(pp. 65-68).

橋本澄夫, 1994 「環状木柱列と半截柱の発見」『考古学ジャーナル』377(pp. 2-6).

秦光次郎, 1998 「三内丸山遺跡調査報告」『第8回国際狩猟採集民会議』青森.

早川泉, 1985 「縄文時代の丸木舟」『季刊考古学』12(p. 12).

林謙作, 1965 「縄文文化の発展と地域性2―東北」『日本の考古学Ⅱ 縄文時代』(鎌木義昌 編) 東京, 河出書房(pp. 64-96).

_____, 1974 「縄文期の集団領域」『考古学研究』第20巻第4号(pp. 12-19).

_____, 1975 「縄文期の集団領域(補論)」『考古学研究』第21巻第3号(pp. 33-40).

_____, 1980 「貝ノ花貝塚のシカ・イノシシ遺体」『北方文化研究』13(pp. 75-134).

_____, 1986 「亀ヶ岡と遠賀川」『岩波講座 日本考古学5 文化と地域性』(近藤義郎・横山浩一 編)(pp. 93-124).

Hayden, Brian. 1981. Research and development in the Stone Age: technological transitions among hunter-gatherers. *Current Anthropology* 22(5): 519-548(역주-본문에 인용되지 않았으나 참고문헌에

제시된 것임).

_____. 1990. Nimrods, piscators, pluckers, and planters: the emergence of food production. *Journal of Anthropological Archaeology* 9(1): 31-69.

_____. 1995. Pathways to power: principles for creating socioeconomic inequalities. In *Foundations of Social Inequality*, ed. T. Douglas Price and Gary M. Feinman, pp. 15-86. New York: Plenum.

東村武信, 1986 『石器産地推定法』東京, ニュー・サイエンス社.

平林照雄, 1957 「上原遺跡の地学ならびに岩石学的考察」『上原遺跡』(大場磐雄 編), 長野, 長野県文化財保護協会(pp. 195-212).

Hirth, Kenneth G. 1996. Political economy and archaeology: perspectives on exchange and production. *Journal of Archaeological Research* 4(3): 203-239.

Hodder, Ian. 1981. Society, economy and culture: an ethnographic case study amongst the Lozi. In *Patterns of the Past: Studies in Honour of David Clarke*, ed. Ian Hodder, Glynn Isaac, and Norman Hammond, pp. 67-95. Cambridge: Cambridge University Press.

_____. 1991. The decoration of containers: an ethnographic and historical study. In *Ceramic Ethnoarchaeology*, ed. William A. Longacre, pp. 71-94. Tucson: University of Arizona Press.

_____. 1999. *The Archaeological Process: An Introduction*. Oxford: Blackwell Publishers.

堀口万吉, 1983 「埼玉県寿能泥炭層遺跡の概況と自然環境に関する2・3の問題」『第四紀研究』第22巻第3号(pp. 231-244).

堀越正行, 1972 「縄文時代の集落と共同組織―東京湾沿岸地域を例として―」『駿台史学』第31号(pp. 1-29).

_____. 1999 「縄文時代の製塩」『白い国の詩』518(pp. 24-27).

Hudson, Mark J. 1999. *Ruins of Identity: Ethnogenesis in the Japanese Islands*. Honolulu: University of Hawai'i Press.

_____. 2003. Foragers as fetish in modern Japan. In *Hunter-Gatherers of the North Pacific Rim*, ed. Junko Habu, James M. Savelle, Shuzo Koyama, and Hit-omi Hongo, pp. 263-274. Senri Ethnological Studies 63. Osaka: National Museum of Ethnology.

Hudson, Mark J., and Mariko Yamagata. 1992. Introduction to Kobayashi Tatsuo's "Regional organization in the Jomon period." *Arctic Anthropology* 29(1): 82-85.

伊庭 功・岩橋隆浩, 1992 「滋賀県大津市粟津湖底遺跡」『日本考古学年報』43(pp. 520-523).

Iba, Isao, Akira Matsui, and Tsuneo Nakajima. 1999. The Awazu shell midden. In *Ancient Lakes: Their Cultural and Biological Diversity*, ed. G. Kawanabe, W. Coulter, and A. C. Rosevelt, pp. 135-145. Ghent, Belgium: Kenobi Pro-ductions.

市原寿文, 1959 「縄文時代の共同体をめぐって」『考古学研究』第6巻第1号(pp. 8-20).

_____. 1984 「和島誠一論」『縄文文化の研究10 縄文時代研究史』(加藤晋平・小林達雄・藤本強 編), 東京, 雄山閣(pp. 241-252).

一戸町教育委員会, 1993 『御所野遺跡』一戸, 一戸町教育委員会.

Ikawa-Smith, Fumiko. 1980. Current issues in Japanese archaeology. *American Scientist* 68: 134-145.

_____. 1986. Late Pleistocene and Early Holocene technologies. In *Windows on the Japanese Past: Studies in Archaeology and Prehistory*, ed. Richard J. Pearson, Gina L. Barnes, and Karl L. Hutterer, pp. 199-218. Ann Arbor: Center for Japanese Studies, University of Michigan.

_____. 1992. Kanjo dori: communal cemeteries of the Late Jomon in Hokkaido. In *Pacific Northeast Asia in Prehistory: Hunter-Fisher-Gatherers, Farmers, and Sociopolitical Elites*, ed. C. Melvin

Aikens and Song Nai Rhee, pp. 83-89. Pullman: Washington State University Press.

_____. 1995. The Jomon, the Ainu, and the Okinawans. In *Communicating with Japan*, ed. D. J. Dicks, pp. 43-55. Montreal: Concordia University.

_____. 2000. Younger Dryas, radiocarbon calibration, and the beginning and adoption of pottery use in Eastern Asia. Paper presented at the Frywell Symposium, 65th Annual Meeting of the Society for American Archaeology, Philadelphia, April 8.

_____. 2002. Gender in Japanese archaeology. In *Pursuit of Gender: Worldwide Archaeological Approaches*, ed. Sarah M. Nelson and Myriam Rosen-Ayalon, pp. 323-354. Walnut Creek: Altamira Press.

今村啓爾, 1992「縄文前期末の関東における人口減少とそれに関連する諸現象」『武蔵野の考古学―吉田格先生古稀記念論文集』吉田格先生古稀記念論文集刊行会, 東京(pp. 85-115).

Imamura, Keiji. 1996. *Prehistoric Japan: New Perspectives on Insular East Asia*. Honolulu: University of Hawai'i Press.

今村峯雄, 1999「高精度^{14}C年代測定と考古学―方法と課題」『月刊地球(号外)』26(pp. 23-31).

今村峯雄・辻誠一郎・春成秀爾・西本豊弘・坂本 稔, 1999「縄文時代の高精度編年を目指して2―層序を利用した年代の精密化―」『日本文化財科学会第16回大会研究発表要旨』奈良, 日本文化財科学会(pp. 88-89).

稲田孝司, 1986「縄文文化の形成」『岩波講座日本考古学6 変化と画期』(近藤義郎・横山浩一 編), 東京, 岩波書店(pp. 65-117).

_____, 2001『遊動する旧石器人』東京, 岩波書店.

稲野彰子, 1983「岩版」『縄文文化の研究9 縄文人の精神文化』(加藤晋平・小林達雄・藤本強 編), 東京, 雄山閣(pp. 102-113).

稲野裕介, 1983「岩偶」『縄文文化の研究9 縄文人の精神文化』(加藤晋平・小林達雄・藤本強 編), 東京, 雄山閣(pp. 86-94).

_____, 1997「円筒土器に伴う岩偶2」『土偶研究の地平―「土偶とその情報」研究論集(1)』(八重樫純樹 編), 東京, 勉誠社(pp. 401-409).

_____, 1999「遺物研究 岩偶」『縄文時代』10(第4分冊)(pp. 139-146).

犬丸義一, 1976「渡部義通」『日本の歴史家』(永原慶二・鹿野政直 編), 東京, 日本評論社(pp. 275-283).

伊皿子貝塚遺跡調査団 編, 1981『伊皿子貝塚』東京, 伊皿子貝塚遺跡調査会.

石井寛, 1977「縄文社会における集団移動と地域組織」『調査研究集録』2(港北 ニュータウン埋蔵文化財調査団), 横浜, 港北ニュータウン埋蔵文化財調査団(pp. 1-42).

_____, 1982「集落の継続と移動」『縄文文化の研究8 社会・文化』(加藤晋平・小林達雄・藤本強 編), 東京, 雄山閣(pp. 49-59).

磯前順一・斎藤和子, 1999「遺物研究 岩版・土版―形式・意味・構造」『縄文時代』10(第4分冊)(pp. 147-155).

伊東信雄, 1966「縄文時代の布」『文化』第30巻第1号(pp. 1-20).

伊藤隆三, 2001「高度に発達した木の縄文文化」『白い国の詩』536(pp. 22-25).

岩渕一夫, 2000「蘇る縄文人の暮らし―栃木県藤岡神社遺跡」『白い国の詩』527(pp. 22-25).

伊沢幸平, 1951「栗帯文化圏」『信濃毎日新聞(諏訪版)』12月12日, 諏訪(p. 4).

井関弘太郎, 1977「完新世の海面変動」『日本の第四紀研究』(太田陽子・加藤芳朗・土隆一・羽鳥謙三・松田時彦・米倉伸之 編), 東京, 東京大学出版会(pp. 89-97).

泉 靖一, 1962「原始共同体論」『古代史講座2』(pp. 209-239).

泉 拓良, 1996a「縄文土器の成立」『歴史発掘2 縄文土器出現』(泉拓良 編)東京, 講談社(pp. 49-73).

_____, 1996b「縄文土器・文化の多様性」『歴史発掘2 縄文土器出現』(泉拓良 編), 東京, 講談社(pp. 110-130).

和泉田毅, 1996「中野B遺跡の驚異」『歴史発掘2 縄文土器出現』(泉拓良 編), 東京, 講談社(pp. 69-71).

江西省博物館, 1976「江西万年大源仙人洞洞穴遺址第二次発掘報告」『文物』12, pp. 23-35 (Jiangxi Bowugu-an [Kiangsi Provincial Museum]. 1976. Jiangxi Wannian Dayuan Xianrendong dongxue yizhi di-erci fajue baogao [Excavation (second excavation season) of the Neolithic site of Hsien-jên-tung (Fairly Cave) at Ta-yüan in Wan-nien, Kiangsi Province]. Wenwu [Cultural Relics] 12: 23-35).

江西省文物管理委員会, 1963「江西万年大源仙人洞洞穴遺址試掘」『考古学報』1. pp. 1-16 (Jiangxi Sheng Wenwu Guanli Weiyuanhui [CPAM, Kiangsi Province]. 1963. Jiangxi Wannian Dayuan Xianren-dong Dongxue yizhi shijue [Trial diggings at the Neolithic site of Hsien Jên Tung, Ta Yuan, Wan Nien, Kiangsi Province]. Kaogu Xuebao [Acta Archaeologica Sinica] 1: 1-16).

Jochim, Michael A., ed. 1979. *Breaking Down the System: Recent Ecological Approaches in Archaeology*. New York: Academic Press.

縄文まほろば博実行委員会, 1996『縄文の扉』東京, NHK出版.

鹿児島県教育委員会, 1997『栫ノ原遺跡』鹿児島県教育委員会.

鹿児島市教育委員会, 1990『横井竹ノ山遺跡』鹿児島, 鹿児島市教育委員会.

_____, 1992『掃除山遺跡』鹿児島, 鹿児島市教育委員会.

梶原 洋, 1995『国際シンポジウム 東アジア・極東の土器の起源 予稿集』仙台, 東北福祉大学.

_____, 1998「シベリア・極東の更新世―完新世移行期と土器の起源」『シンポジウム：更新世-完新世移行期の比較考古学』(小野昭 編), 佐倉, 国立歴史民俗博物館(pp. 23-31).

鎌木義昌, 1965「縄文文化の概観」『日本の考古学II 縄文時代』(鎌木義昌 編), 東京, 河出書房(pp. 2-28).

鎌木義昌・芹沢長介, 1965「長崎県福井岩陰」『考古学集刊』第3巻第1号(pp. 1-14).

_____, 1967「長崎県福井洞穴」『日本の洞穴遺跡』(日本考古学協会洞穴調査委員会 編), 東京, 平凡社(pp. 254-265).

Kamikawana, A. 1970. Sites in Yamanashi Prefecture and Middle Jomon agriculture. *Asian Perspectives* 11: 53-68.

土屋真一, 2000「カリンバ3」『発掘された日本列島2000』(文化庁編), 東京, 朝日新聞社(pp. 28-29).

金箱文夫, 1996「埼玉県赤山陣屋跡遺跡」『季刊考古学』55(pp. 66-71).

神奈川県教育委員会, 1973「尾崎遺跡」横浜, 神奈川県文化財協会.

金山喜昭, 1998「集落間の交流と交易」『季刊考古学』64(pp. 59-63).

金子昭彦, 1999「遺物研究 土偶」『縄文時代』10(第4分冊)(pp. 127-132).

金子浩昌, 1965「貝塚と食糧資源」『日本の考古学II 縄文時代』(鎌木義昌編), 東京, 河出書房(pp. 372-398).

_____, 1967「洞穴遺跡出土の動物遺存体」『日本の洞穴遺跡』(日本考古学協会洞穴調査会特別委員会編), 東京, 平凡社(pp. 372-398).

_____, 1969「鳥と縄文人の生活」『考古学ジャーナル』28(pp. 5-9).

_____, 1976「縄文時代遺跡出土の動物遺存体(2)」『考古学ノート』7(pp. 1-19).

_____, 1979「縄文時代の狩猟・漁労」『歴史公論』5(2)(pp. 67-71).

_____, 1982「縄文人の生活と動物」『日本の美術 縄文時代II (中期)』No.190 (土肥孝 編), 東京, 至文堂(pp. 87-98).

金子拓男, 1983「三角形土版・三角形石版」『縄文文化の研究9 縄文人の精神文化』(加藤晋平・小林達雄・藤本強 編), 東京, 雄山閣(pp. 114-127).

Karabanov, E., A. Prokopenko, D. Williams, and G. Khursevich. 2000. A new record of Holocene climate change from the bottom sediments of Lake Baikal. *Palaeogeography, Palaeoclimatology, Palaeoecology* 156(3-4): 211-224.

葛西励, 1983「東北北部における縄文時代の改葬墓」『季刊考古学』2(p. 5).

葛西励・高橋潤 編, 1981『平賀町堀合Ⅰ号遺跡発掘調査報告書』平賀, 平賀町教育委員会.

加世田市教育委員会, 1998『栫ノ原遺跡 第1分冊』加世田, 加世田市教育委員会.

片岡由美, 1983「貝輪」『縄文文化の研究9 縄文人の精神文化』(加藤晋平・小林達雄・藤本強編), 東京, 雄山閣(pp. 231-241).

加藤道雄, 1994「石川県能登町真脇遺跡」『考古学ジャーナル』377(pp. 18-24).

葛城和穂, 2000「環状配石墓」『三内丸山遺跡ⅩⅣ—第14次～16次調査概要報告書—』(青森県教育庁文化課 編), 青森, 青森県教育委員会(p. 9).

河口貞徳, 1982「縄文草創期の貯蔵穴—鹿児島県東黒土田遺跡」『季刊考古学』1(p. 63).

川口市遺跡調査会, 1989『赤山』川口, 川口市教育委員会.

川崎純徳, 1983「製塩」『季刊考古学』1(pp. 44-46).

キーリ´C. T., 1971「セトルメントアーケオロジー」『信濃』第23巻第2号(pp. 200-209).

キーリ´C. T.・武藤康弘, 1982「縄文時代の年代」『縄文文化の研究1 縄文人とその環境』(加藤晋平・小林達雄・藤本強 編), 東京, 雄山閣(pp. 246-275).

Kelly, Robert L. 1983. Hunter-gatherer mobility strategies. *Journal of Anthropological Research* 39(3): 277-306.

見城敏子, 1983「漆工」『縄文文化の研究7 道具と技術』(加藤晋平・小林達雄・藤本強 編), 東京, 雄山閣(pp. 285-292).

Kidder, Edward J. 1968. *Prehistoric Japanese Arts: Jomon Pottery*. Palo Alto: Kodansha International.

_____. 1993. The earliest societies in Japan. In *Cambridge History of Japan*, vol. I: *Ancient Japan*, ed. Delmer Brown, pp. 48-107. Cambridge: Cambridge University Press.

菊池実, 1983「甕棺墓」『縄文文化の研究9 縄文人の精神文化』(加藤晋平・小林達雄・藤本強編), 東京, 雄山閣(pp. 57-71).

Kim, Minkoo. 2001. Making sense of small seeds: cultural complexity of Jomon hunter-gatherers and changes in plant exploitation at Sannai Maruyama. Unpublished manuscript submitted to the Department of Anthropology, University of California at Berkeley. Berkeley.

Kimura, Moto'o. 1968. Evolutionary rate at the molecular level. *Nature* 217: 624-626.

Kishinoue, K. 1911. Prehistoric fishing in Japan. *Tokyo Teikoku Daigaku Noka Kiyo* [*Journal of College of Agriculture*] 2(7): 327-382.

北上市教育委員会, 1977『九年橋遺跡第3次調査報告書』北上, 北上市教育委員会.

_____, 1978『九年橋遺跡第4次調査報告書』北上, 北上市教育委員会.

_____, 1979『九年橋遺跡第5次調査報告書』北上, 北上市教育委員会.

_____, 1980『九年橋遺跡第6次調査報告書』北上, 北上市教育委員会.

_____, 1984『九年橋遺跡第7次調査報告書』北上, 北上市教育委員会.

_____, 1985『九年橋遺跡第8次調査報告書』北上, 北上市教育委員会.

_____, 1986『九年橋遺跡第9次調査報告書』北上, 北上市教育委員会.

_____, 1987『九年橋遺跡第10次調査報告書』北上, 北上市教育委員会.

_____, 1988『九年橋遺跡第11次調査報告書』北上, 北上市教育委員会.

_____, 1991『九年橋遺跡第10次調査報告書(補遺)』北上, 北上市教育委員会.

北区教育委員会, 1997『中里貝塚発掘調査概報』東京, 北区教育委員会.

_____, 2000『中里貝塚』東京, 北区教育委員会.

清川繁人, 2000「三内丸山遺跡から出土したクルミの遺伝子工学的研究」『平成11年度三内丸山遺跡発掘調査報告会および特別研究推進事業報告会』青森, 青森県教育委員会(pp. 5-8).

清野謙次, 1949『古代人骨の研究に基づく日本人種論』東京, 岩波書店.

小林和彦, 1995「縄文時代の漆工」『季刊考古学』50(pp. 31-36).

小林謙一・今村峯雄・西本豊弘・坂本稔, 2003「AMS¹⁴C年代による縄文中期土器・集落研究」『日本考古学協会第68回総会研究発表要旨』東京, 日本考古学協会(pp. 49-52).

Kobayashi, Masashi. 1994. Use-alteration analysis of Kalinga pottery: interior carbon deposits of cooking pots. In *Kalinga Ethnoarchaeology*, ed. William A. Longacre and James M. Skibo, pp. 127-168. Washington, D.C.: Smithsonian Institution.

小林正史, 1997「先史時代・古代における土器による煮炊き方法」『月刊文化財』10月(pp. 39-45).

小林達雄, 1973「多摩ニュータウンの先住者―主として縄文時代のセトルメント・システムについて」『月刊文化財』112(pp. 20-26).

_____, 1977a「縄文世界の社会と文化」『日本原始美術大系』東京, 講談社(pp. 156-159).

_____, 1977b『日本原始美術大系』東京, 講談社.

_____, 1977c『日本陶磁全集3 土偶, 埴輪』東京, 講談社.

_____, 1979「縄文土器」『日本の原始美術1 縄文土器1』東京, 講談社.

_____, 1980「縄文時代の集落」『国史学』110(pp. 1-17).

_____, 1986「原始集落」『岩波講座 日本考古学4 集落と祭祀』(近藤義郎・横山浩一 編), 東京, 岩波書店(pp. 37-75).

_____, 1994『縄文土器の研究』東京, 小学館.

_____, 1996a『縄文人の世界』東京, 朝日新聞社.

_____, 2000『縄文人追跡』東京, 日本経済新聞社.

Kobayashi, Tatsuo. 1992a. Regional organization in the Jomon period. *Arctic Anthropology* 29(1): 82-95.

_____. 1992b. Patterns and levels of social complexity in Jomon Japan. In *Pacific Northeast Asia in Prehistory: Hunter-Fisher-Gatherers, Farmers, and Sociopolitical Elites*, ed. C. Melvin Aikens and Song Nai Rhee, pp. 91-96. Pullman: Washington State University Press.

_____. 1996b. Nishida. In *Ancient Japan*, ed. Richard J. Pearson, pp. 89-91. Washington, D.C.: M. Sackler Gallery, Smithsonian Institution.

小林達雄・瓬生 優・岡本東三・加藤晋平・永峯光一・林 謙作, 1980「座談会 縄文土器の起源」『国学院雑誌』第81巻第1号(pp. 19-63).

小林達雄・藤田富士夫・冨樫泰時・西本豊弘・春成秀爾・松井 章・山田昌久, 1998『シンポジウム 日本の考古学2 縄文時代の考古学』東京, 学生社.

小林行雄, 1951『日本考古学概説』東京, 東京創元社.

_____, 1959「御物石器」『図解考古学辞典』東京, 東京創元社(p. 245).

Kodama, Daisei. 2003. Komakino stone circle and its significance for the study of Jomon social structure. In *Hunter-Gatherers of the North Pacific Rim*, ed. Junko Habu, James M. Savelle, Shuzo Koyama, and Hitomi Hongo, pp. 235-261. Senri Ethnological Studies 63. Osaka: National Museum of Ethnology.

小金井市教育委員会, 1974『貫井南』小金井, 小金井市教育委員会.

Kohl, Philip L., and Clare Fawcett. 1995a. Archaeology in the service of the state: theoretical considerations. In *Nationalism, Politics, and the Practice of Archaeology*, ed. Philip L. Kohl and Clare Fawcett, pp. 3-18. Cambridge: Cambridge University Press.

_____ eds. 1995b. *Nationalism, Politics, and the Practice of Archaeology*. Cambridge: Cambridge University Press.

港北ニュータウン埋蔵文化財調査団 編, 1985『三の丸遺跡調査概報』横浜, 横浜市埋蔵文化財調査委員会.

_____ 編, 1986『古代の横浜』横浜, 横浜市教育委員会.

小池裕子, 1973「Daily growth lines of the clam, Meretrix lusoria」『人類学雑誌』第81巻第2号, pp. 122-138.

_____, 1979「関東地方の貝塚遺跡における貝類採取の季節性と貝層の堆積速度」『第四紀研究』第17巻第4号, pp. 267-278.

_____, 1981「貝類の分析」『伊皿子貝塚遺跡』(港区伊皿子貝塚遺跡調査団 編), 東京, 港区伊皿子貝塚遺跡調査会(pp. 607-615).

_____, 1983「貝類分析」『縄文文化の研究2 生業』(加藤晋平・小林達雄・藤本強 編), 東京, 雄山閣(pp. 221-237).

Koike, Hiroko. 1980. *Seasonal Dating by Growth-line Counting of the Clam, Meretrix lusoria: Toward a Reconstruction of Prehistoric Shell-Collecting Activities in Japan*. Tokyo: University of Tokyo Press.

_____. 1986a. Jomon shell mounds and growth-line analysis of molluscan shells. In *Windows on the Japanese Past: Studies in Archaeology and Prehistory*, ed. R. J. Pearson, G. L. Barnes, and K. L. Hutterer, pp. 267-278. Ann Arbor: Center for Japanese Studies, University of Michigan.

_____. 1986b. Prehistoric hunting pressure and paleobiomass: an environmental reconstruction and archaeozoological analysis of a Jomon shellmidden area. In *Prehistoric Hunter-Gatherers in Japan*, ed. Takeru Akazawa and C. Melvin Aikens, pp. 27-53. Tokyo: University of Tokyo Press.

_____. 1992. Exploitation dynamics during the Jomon period. In *Pacific Northeast Asia in Prehistory Hunter-Fisher-Gatherers, Farmers, and Sociopolitical Elites*, ed. C. Melvin Aikens and Song Nai Rhee, pp. 53-67. Pullman: Washington State University Press.

小池裕子・Brian S. Chisholm, 1988「炭素安定同位体法による日本産哺乳動物の食性分析法の検討」『埼玉大学紀要』6(pp. 107-115).

小泉清隆, 1985「古人口論」『岩波講座 日本考古学2 人間と環境』(近藤義郎・横山浩一編), 東京, 岩波書店(pp. 213-245).

小島俊明, 1983a「三角壔形土製品」『縄文文化の研究9 縄文人の精神文化』(加藤晋平・小林達雄・藤本強編), 東京, 雄山閣(pp. 128-140).

_____, 1983b「有孔球状製品」『縄文文化の研究9 縄文人の精神文化』(加藤晋平・小林達雄・藤本強編), 東京, 雄山閣(pp. 141-148).

Kojo, Yasushi. 1981. Inter-site pottery movements in the Jomon period. *Journal of the Anthropological Society of Nippon* 89: 85-97.

国立歴史民俗博物館, 1992「土偶とその情報」『国立歴史民俗博物館研究報告』vol.37, 佐倉, 国立歴史民俗博物館.

小宮 孟, 1976「横浜市菊名貝塚採集の魚貝類遺存体」『史学』第47巻第4号(pp. 335-357).

_____, 1980「土浦市上高津貝塚産出魚貝類の同定と考察」『第四紀研究』第19巻第4号(pp. 281-227).

＿＿＿＿, 1981「貝塚産魚貝類の解析と課題」『千葉県文化財センター研究紀要』6 (pp. 215-227).

＿＿＿＿, 1983「魚類」『縄文文化の研究2　生業』(加藤晋平・小林達雄・藤本強 編), 東京, 雄山閣 (pp. 194-210).

小宮 孟・鈴木公雄, 1977「貝塚産魚貝類の体長組成復元における標本採集法の影響について―特にクロダイの体長組成について」『第四紀研究』第16巻第2号 (pp. 71-75).

近藤尚義 他, 1992「下茂内遺跡Ⅰ・Ⅱ文化層の編年的位置に関わる諸問題」『上信越自動車道埋蔵文化財発掘調査報告書Ⅰ―下茂内遺跡』(近藤尚義・小林秀行 編), 長野, 長野県教育委員会 (pp. 235-241).

近藤義郎, 1984『土器製塩の研究』東京, 青木書店.

甲野 勇, 1929「未開人の身体装飾」『史前学研究会パンフレット』第4号.

＿＿＿＿, 1953『縄文土器の話』東京, 世界社.

小谷凱宣, 1972b「縄文時代晩期の植物利用の研究：上ノ原遺跡の植物遺物について」『民族学研究』第36巻第4号 (pp. 312-313).

Kotani, Yoshinobu. 1972a. Economic bases during the Later Jomon periods in Kyushu, Japan: a reconsideration. Ph.D. dissertation, University of Wisconsin.

＿＿＿＿, 1972c. Implications of cereal grains from Uenoharu, Kumamoto. *Jinruigaku Zasshi* [*Journal of the Anthropological Society of Nippon*] 80(2): 159-162.

＿＿＿＿, 1981. Evidence of plant cultivation in Jomon Japan: some implications. In *Affluent Foragers, Pacific Coasts East and West*, ed. Shuzo Koyama and David H. Thomas, pp. 201-212. Osaka: National Museum of Ethnology.

小山修三, 1984『縄文時代―コンピュータ考古学による復元』東京, 中央公論社.

＿＿＿＿, 1995「華やかなりし"北の大国"」『縄文文明の発見―驚異の三内丸山遺跡』(梅原猛, 安田喜憲 編), 東京, PHP研究所 (pp. 50-77).

Koyama, Shuzo. 1978. Jomon subsistence and population. *Senri Ethnological Studies* 2: 1-65.

小山修三・岡田康博 編, 1996『縄文鼎談―三内丸山の世界』東京, 山川出版社.

Koyama, Shuzo and David H. Thomas, eds. 1981. *Affluent Foragers: Pacific Coasts East and West*. Senri Ethnological Studies No. 9. Osaka: National Museum of Ethnology.

倉石村教育委員会, 1997『薬師前遺跡－縄文時代後期集合改葬土器棺墓調査』青森, 倉石村教育委員会.

栗島義明, 1985「硬玉製大珠の広大な分布圏」『季刊考古学』12 (pp. 39-42).

黒尾和久, 1988「縄文時代中期の居住形態」『歴史評論』454 (pp. 9-21).

楠本政助, 1976『縄文人の知恵に挑む』東京, 筑摩書房.

Kuzmin, Yaroslav V., A. J. T. Jull, Zoya S. Lapshina, and Vitaly E. Medvedev. 1997. Radiocarbon AMS dating of the ancient sites with earliest pottery from the Russian Far East. *Nuclear Instruments and Methods in Physics Research B* 123: 496-497.

Kuzmin, Yaroslav V., and Charles T. Keally. 2001. Radiocarbon chronology of the earliest Neolithic sites in East Asia. *Radiocarbon* 43(2B): 1121-1128.

Lightfoot, Kent. 1993. Long-term developments in complex hunter-gatherer societies: recent perspectives from the Pacific Coast of North America. *Journal of Archaeological Research* 1(3): 167-201.

Longacre, William A., and James M. Skibo, eds. 1994. *Kalinga Ethnoarchaeology*. Washington: Smithsonian Institution Press.

McGuire, Randall H. 1983. Breaking down cultural complexity: inequality and heterogeneity. In *Advances in Archaeological Method and Theory*, vol. 8, ed. M. B. Schiffer, pp. 91-142. New York: Academic Press.

_____. 1992. *Death, Society, and Ideology in a Hohokam Community*. Boulder: Westview Press.

Mathiassen, Therkel. 1927. *Archaeology of the Central Eskimos*. Copenhagen: Gyldendal.

松井 章, 1985「『サケ・マス』論の評価と今後の展望」『考古学研究』第31巻第4号(pp. 39-67).

Matsui, Akira. 1992. Wetland sites in Japan. In *The Wetland Revolution in Prehistory*, ed. Bryony Coles, pp. 5-14. WARP (Wet Land Archaeology Research Project) Occasional Paper 6. Exeter: WARP and the Prehistoric Society.

_____. 1995. Postglacial hunter-gatherers in the Japanese Archipelago: maritime adaptations. In *Man and Sea in the Mesolithic: Coastal Settlement above and below Present Sea Level*, ed. Anders Fischer, pp. 327-334. Oxford: Oxbow Books.

_____. 1996. Archaeological investigations of anadromous salmonoid fishing in Japan. *World Archaeology* 27(3): 444-460.

松本直子, 1996a「狩猟・漁労と採集の生活―縄文時代」『小郡市史』第1巻, 小郡, 小郡市(pp. 193-267).

_____, 1996b「認知考古学的視点からみた土器様式の空間的変異―縄文時代後晩期黒色磨研土器様式を素材として」『考古学研究』第42巻第4号(pp. 61-84).

松本信広・藤田亮策・清水潤三・江坂輝彌, 1952『加茂遺蹟』東京, 三田史学会.

松島義章, 1979「南関東における縄文海進に伴う貝類群集の変遷」『第四紀研究』第17巻第4号(pp. 243-265).

松島義章・小池裕子, 1979「自然貝層による内湾の海況復元と縄文時代の遺跡」『貝塚』22(pp. 1-9).

松下 亘, 1982「琥珀」『縄文文化の研究8 社会・文化』(加藤晋平・小林達雄・藤本強 編), 東京, 雄山閣(pp. 193-204).

松谷暁子, 1981a「灰像と炭化像による縄文時代の作物栽培の探求」『考古学ジャーナル』192(pp. 18-21).

_____, 1981b「長野県諏訪郡原村大石遺跡で出土のタール状炭化種子の同定について」『長野県中央道埋蔵文化財包蔵地発掘調査報告書―茅野市・原村その1, 富士見町その2―』(pp. 141-143).

_____, 1983「エゴマ・シソ」『縄文文化の研究2 生業』(加藤晋平・小林達雄・藤本強 編), 東京, 雄山閣(pp. 50-52).

_____, 1984「走査電顕像による炭化種実の識別」『古文化財の自然科学的研究』(古文化財編集委員会 編), 東京, 日本学術振興会(pp. 630-637).

_____, 1988「電子顕微鏡で見る縄文時代の栽培植物」『畑作文化の誕生―縄文農耕論へのアプローチ』(佐々木高明・松山利夫 編), 東京, 日本放送出版(pp. 91-117).

Medvedev, Vitaly E. 1994「ガーシャ遺跡とロシアのアジア地区東部における土器出現の問題について」『環日本海地域の土器出現期の様相』(小野昭, 鈴木俊成 編), 東京, 雄山閣(pp. 9-20).

Meese, D., R. Alley, T. Gow, P.M. Grootes, P.Mayewski, M. Ram, K. Taylor, E. Waddington, and G. Zielinski. 1994. *Preliminary Depth-Age Scale of the GISP Ice Core*. CRREL Special Report 94-1. Hanover, N. H.: Cold Regions Research and Engineering Laboratory.

南川雅男・赤沢 威, 1988「縄文人の食糧摂取」『遺伝』第42巻第10号(pp. 15-23).

Minagawa, Masao, and Takeru Akazawa. 1992. Dietary patterns of Japanese Jomon hunter-gatherers: stable nitrogen and carbon isotope analyses of human bones. In *Pacific Northeast Asia in Prehistory: Hunter-Fisher-Gatherers, Farmers, and Sociopolitical Elites*, ed. C. Melvin Aikens and Song Nai Rhee, pp. 59-67. Pullman: Washington State University Press.

南木睦彦, 1995「農耕は行われていたか―三内丸山遺跡の"栽培植物"」『縄文文明の発見―驚異の三内丸山遺跡』(梅原猛, 安田喜憲 編), 東京, PHP研究所(pp. 223-233).

南木睦彦・斎藤由美子・辻誠一郎, 1998「三内丸山遺跡第6鉄塔スタンダード・コラムの大型植物化石群」『三内丸

山遺跡IX 第2分冊』(青森県教育庁文化課 編), 青森, 青森県教育委員会(pp. 15-17).

南木睦彦・辻誠一郎・住田雅和, 1998「三内丸山遺跡第6鉄塔地区VIa, VIb層から産出した大型植物遺体(化石)」
　　『三内丸山遺跡IX 第2分冊』(青森県教育庁文化課 編), 青森, 青森県教育委員会(pp. 35-51).

南 久和, 1994「チカモリ遺跡の巨大な木柱」『考古学ジャーナル』377(pp. 25-30).

三沢 章(和島誠一), 1936「金属文化の流入と生産経済の発達」『日本歴史教程第1冊―原始社会の崩壊まで』(渡部
　　義通・三沢 章・伊豆公夫・早川二郎 編), 東京, 白揚社(pp. 142-202).

三宅敦気, 1994「群馬県月夜野町矢瀬遺跡の木柱遺構」『考古学ジャーナル』377(pp. 7-12).

三宅徹也, 1977「大平山元I遺跡」『日本考古学年報』28(p. 95).

三宅徹也 編, 1979『大平山元I遺跡発掘調査報告』青森, 青森県立郷土館.

宮本長二郎, 1994「三内丸山遺跡の集落と建築の構造を探る」『アサヒグラフ3780(号外:三内丸山遺跡)』(pp. 80-
　　83)(역주-본문에 인용되지 않았으나 참고문헌에 제시된 것임).

＿＿＿, 1995「巨木柱遺構の正体―三内丸山遺跡の高床建築」『縄文文明の発見―驚異の三内丸山遺跡』(梅原猛,
　　安田喜憲 編), 東京, PHP研究所(pp. 214-222).

宮野淳一, 1998「自然と誕生への畏敬」『平成10年春季特別展―縄紋の祈り・弥生の心』(大阪府立弥生文化博物館
　　編), 和泉, 大阪府立弥生文化博物館(pp. 36-43).

宮坂英弍, 1946「尖石先史聚落址の研究」『諏訪史談会会報』3(pp. 16-25).

宮坂 清, 1998「和田峠・霧ヶ峰の黒曜石原産地と遺跡群」『第10回長野県旧石器文化研究交流会発表要旨』(堤隆
　　編), 諏訪, 長野県旧石器文化研究交流会(pp. 15-28).

宮下健司, 1980「土器の出現と縄文文化の起源(試論)―自然環境の復元と土器の機能を中心にして」『信濃』第32
　　巻第4号(pp. 411-447).

宮田栄二, 2000「南九州の縄文時代草創期」『シンポジウム 旧石器から縄文へ―遺構と空間利用―発表要旨』(日
　　本考古学協会2000年度鹿児島大会実行委員会), 鹿児島, 日本考古学協会2000年度鹿児島大会実行委員会
　　(pp. 36-51).

Mizoguchi, Koji. 2002. *Archaeological History of Japan: 30000 B.C.to A.D. 700*. Philadelphia: Univer-
　　sity of Pennsylvania Press.

水野正好, 1963「縄文式文化期における集落構造と宗教構造」『日本考古学協会第29回総会研究発表要旨』東京,
　　日本考古学協会(pp. 11-12).

＿＿＿, 1968「環状組石墓群の意味するもの」『信濃』第20巻第4号(pp. 255-263).

＿＿＿ 1969a「縄文時代集落復元への基礎的操作」『古代文化』第21巻第4号(p. 1-21).

＿＿＿ 1969b「原始社会1―縄文の社会」『日本文化の歴史1 大地と呪術』(国分直一・岡本太郎 編), 東京, 学習研
　　究社(pp. 199-202).

＿＿＿, 1970「なぜ縄文時代集落論は必要なのか」『歴史教育』第18巻第3号(pp. 15-24).

＿＿＿, 1979『日本の原始美術5 土偶』東京, 講談社.

＿＿＿, 1999「神を祭る住まいと広場」『縄文世界の一万年』(泉拓良・西田泰民 編)(pp. 66-69).

Montelius, Oscar・濱田耕作訳. 1932『考古学研究法』東京, 岡書院.

森 浩一, 1988『世界の大遺跡(11) 日本文化の開花』東京, 講談社.

森 勇一, 1998a「三内丸山遺跡第6鉄塔スタンダード・コラムから産出した昆虫化石」『三内丸山遺跡IX 第2分冊』
　　(青森県教育庁文化課 編), 青森, 青森県教育委員会(pp. 19-25).

＿＿＿, 1998b「三内丸山遺跡第6鉄塔地区第VIa, VIb層から得られた昆虫化石」『三内丸山遺跡IX 第2分冊』(青
　　森県教育庁文化課 編), 青森, 青森県教育委員会(pp. 151-162).

＿＿＿, 1999「昆虫化石で大集落を探る」『科学』第54巻第9号(pp. 34-38).

306

森川昌和・橋本澄夫, 1994『鳥浜貝塚』東京, 読売新聞社.

森本岩太郎・加藤克知, 1997「薬師前遺跡出土の甕棺内改葬人骨について」『薬師前遺跡：縄文時代後期集合改葬土器棺墓調査』(倉石村教育委員会), 青森, 倉石村教育委員会(pp. 52-66).

Morris, Ian. 1987. *Burial and Ancient Society: The Rise of the Greek City-State*. Cambridge: Cambridge University Press.

向坂鋼二, 1958「土器型式の分布圏」『考古学手帖』2(pp. 1-2).

_____, 1970「原始時代郷土の生活圏」『郷土史研究講座―郷土史研究と考古学』(古島敏雄・和歌森太郎・木村礎 編), 東京, 朝倉書店(pp. 257-299).

村越 潔, 1974『円筒土器文化』東京, 雄山閣.

_____, 1998『青森大学考古学研究所紀要1 青森県内における縄文時代の住居跡集大成(1)』青森.

村崎恭子, 2000「樺太アイヌの人々」『白い国の詩』521(pp. 4-13).

村田文夫, 1974「川崎市潮見台遺跡の縄文中期集落復元への一試論」『古代文化』26(pp. 1-31).

Murdock, G. P. 1967. *Ethnographic Atlas*. Pittsburgh: University of Pittsburgh Press.

武藤康弘, 1999「環状集落と非環状集落」『季刊考古学』69(pp. 6-7).

武藤雄六・小林公明, 1978『曽利―第3, 4, 5次発掘調査報告書』富士見, 富士見町教育委員会.

永原慶二, 1974「マルクス主義歴史学について」『マルクス主義研究入門』(永原慶二 編), 東京, 青木(pp. 3-13).

永峯光一, 1977『日本原始美術大系3』東京, 講談社.

Nagamine, Mitsukazu. 1986. Clay figurines and Jomon society. In *Windows on the Japanese Past: Studies in Archaeology and Prehistory*, ed. Richard J. Pearson, Gina Lee Barnes, and Karl L. Hutterer, pp. 255-265. Ann Arbor: Center for Japanese Studies, University of Michigan.

長野県中央道遺跡調査団, 1982『長野県中央道埋蔵文化財包蔵地発掘調査報告書-原村その5』長野, 長野県教育委員会.

長野県教育委員会, 1979『長野県中央道埋蔵文化財包蔵地発掘調査報告書―茅野市 原村 その2』長野, 長野県教育委員会.

長崎元広, 1973「八ヶ岳西南麓の縄文中期集落における共同祭式のあり方とその意義上・下」『信濃』第25巻第4・5号.

_____, 1977「中部地方の縄文時代集落」『考古学研究』第23巻第4号(pp. 1-8).

中島栄一, 1983「石冠・土冠」『縄文文化の研究9 縄文人の精神文化』(加藤晋平・小林達雄・藤本強 編), 東京, 雄山閣(pp. 197-205).

中島栄一・渡辺智一, 1994「新潟県内の巨柱遺構」『考古学ジャーナル』377(pp. 13-17).

中島広顕, 2000「都心に眠る縄文文化の再発見―東京都中里貝塚」『白い国の詩』528(pp. 22-25).

中島広顕・保阪太一, 1998「東京都北区中里貝塚」『日本考古学年報』49(pp. 489-492).

中村健二, 1991「近畿地方における縄文晩期の墓制について」『古代文化』第43巻第1号(pp. 17-31).

_____, 1999「西日本‐墓と墓地構造」『季刊考古学』69(pp. 60-64).

中村 大, 1999「墓制から読む縄文社会の階層化」『縄文学の世界』(小林達雄編), 東京, 朝日新聞社(pp. 48-60).

_____, 2000「狩猟採集民の副葬行為」『季刊考古学』70(pp. 19-23).

中村俊夫・南雅代・小田寛貴, 2000「加速機質量分析による高精度^{14}C年代測定―測定サイドからの疑問と提案」『日本文化財科学会第17回大会研究発表要旨集』佐倉, 日本文化財科学会(pp. 4-5).

中村俊夫・辻誠一郎, 1999「青森県東津軽郡蟹田町大平山元 I 遺跡出土の土器破片表面に付着した微量炭化物の加速器^{14}C年代」『大平山元 I 遺跡の考古学調査』(大平山元 I 遺跡発掘調査団), 東京, 大平山元 I 遺跡発掘調査団(pp. 107-111).

中山 潔, 1998「化身の祭り」『平成10年春季特別展―縄紋の祈り・弥生の心』(大阪府立弥生文化博物館 編), 大阪, 大阪府立弥生文化博物館(pp. 48-51).

中山清隆, 1992「縄文文化と大陸系文物」『季刊考古学』38(pp. 48-52).

直良信夫, 1938「史前日本人の食糧文化」『人類学・先史学講座』東京, 雄山閣(pp. 1-133).

_____, 1941~1942「史前遺蹟出土の獣骨」『古代文化』第12巻第9号(pp. 504-506), 第12巻第10号(pp. 566-569), 第12巻第11号(pp. 628-630), 第12巻第12号(pp. 684-687), 第13巻第1号(pp. 64-66), 第13巻第2号(pp. 117-122), 第13巻第3号(pp. 178-182), 第13巻第4号(pp. 231-242), 第13巻第5号(pp. 291-300), 第13巻第6号(pp. 351-356), 第13巻第7号(pp. 410-416), 第13巻第8号(pp. 463-471), 第13巻第12号(pp. 651-660), 第14巻第1号(p. 56).

奈良文化財研究所埋蔵文化財センター, 2002「2000年度埋蔵文化財関係統計資料」『埋蔵文化財ニュース』107(pp. 1-7).

_____, 2003「2001年度埋蔵文化財関係統計資料」『埋蔵文化財ニュース』112(pp. 1-7).

日本考古学協会 編, 1984,「シンポジウム 縄文時代集落の変遷」『日本考古学協会昭和59年度大会資料』東京・山梨, 日本考古学協会.

_____, 1989『日本考古学年報』40, 東京, 日本考古学協会.

_____, 1998『日本考古学年報』49, 東京, 日本考古学協会.

新美倫子, 1991「愛知県伊川津遺跡出土ニホンイノシシの年齢及び死亡時期査定について」『国立歴史民俗博物館研究報告』29(pp. 123-143).

新津 健, 1999「葬墓制研究 配石墓」『縄文時代』第10号(第3分冊)(pp. 80-92).

二宮修治, 1983「黒曜石の産地同定」『はけうえ遺跡』東京, 国際基督教大学考古学研究センター (pp. 121-127).

二宮修治・網干守・大沢真澄, 1985「向ノ原遺跡出土黒曜石石器の産地推定」『向ノ原遺跡』(重住豊・中津由紀子 編), 東京, 国際基督教大学考古学研究センター (pp. 112-118).

二宮修治・田村 隆・澤野 弘, 1987「黒曜石、黒色緻密質安山岩、メノウの機器中性子放射化分析による原産地推定」『千葉県文化財センター研究紀要』11(pp. 57-73).

西田正規, 1977「栽培種子・鳥浜貝塚」『季刊ドルメン』13(pp. 85-89).

_____, 1981「縄文時代の食糧資源と生業活動―鳥浜貝塚の自然遺物を中心として」『季刊人類学』第2巻第2号(pp. 3-83).

_____, 1986『定住革命―遊動と定住の人類史』東京, 新曜社(역주–본문에 인용되지 않았으나 참고문헌에 제시된 것임).

Nishida, Masaki. 1983. The emergence of food production in Neolithic Japan. *Journal of Anthropological Archaeology*. 2: 305-322.

西田泰民, 1996「死と縄文土器」『歴史発掘2 縄文土器出現』(泉拓良 編), 東京, 講談社(pp. 94-109).

西本豊弘, 1995「魚と鳥の肉食生活―三内丸山遺跡の動物質食糧の問題」『縄文文明の発見―驚異の三内丸山遺跡』(梅原猛, 安田喜憲 編), 東京, PHP研究所(pp. 207-213).

_____, 1998「三内丸山遺跡第6鉄塔地区出土の鳥類・哺乳類遺体」『三内丸山遺跡IX 第2分冊』(青森県教育庁文化課), 青森, 青森県教育委員会(pp. 53-60).

西村正衛, 1965「埋葬」『日本の考古学II 縄文時代』(鎌木義昌 編), 東京, 河出書房(pp. 335-352).

西野秀和, 1994「金沢市米泉遺跡の環状木柱列」『考古学ジャーナル』377(pp. 31-37).

西之表市教育委員会, 1995『奥ノ仁田遺跡』西之表, 鹿児島.

丹羽佑一, 1978「縄文時代中期における集落の空間構成と集団の諸関係」『史林』第61巻第2号(pp. 274-312).

_____, 1982「縄文時代の集団構造」『考古学論考―小林行雄博士古稀記念論文集』(小林行雄博士古稀記念論

　　文集刊行委員会 編), 東京, 平凡社(pp. 4 1-74).

野村 崇, 1983「石剣・石刀」『縄文文化の研究9 縄文人の精神文化』(加藤晋平・小林達雄・藤本強 編), 東京, 雄山閣
　　(pp. 181-196).

能登 健, 1983「第二の道具 土偶」『縄文文化の研究9 縄文人の精神文化』(加藤晋平・小林達雄・藤本強 編), 東京,
　　雄山閣(pp. 74-85).

能登町教育委員会, 1986『石川県能登町真脇遺跡』能登, 能登町教育委員会.

＿＿＿＿, 1992『図説 真脇遺跡』能登, 能登町教育委員会.

大場亜弥, 2001「縄文晩期のタイム・カプセル—宮城県山王囲遺跡」『白い国の詩』535(pp. 22-25).

大場磐雄 編, 1957a『上原遺跡』松本, 長野県文化財保護協会.

＿＿＿＿, 1957b「上原遺跡の考古学的考察」『上原遺跡』松本, 長野県文化財保護協会(pp. 117-156)(역주-본문
　　에 인용되지 않았으나 참고문헌에 제시된 것임).

大林太良, 1971「縄文時代の社会組織」『季刊人類学』第2巻第2号(pp. 2-83).

大林太良・宮本長二郎・野村 崇・岡田康博・森 浩 ·, 1994「全休討論」『アサヒグラフ3780』号外(pp. 97-117).

小田静夫, 1982「黒曜石」『縄文文化の研究8 社会・文化』(加藤晋平・小林達雄・藤本強 編), 東京, 雄山閣(pp. 168-
　　179)(역주-본문에 인용되지 않았으나 참고문헌에 제시된 것임).

大平山元Ⅰ遺跡発掘調査団 編, 1999『大平山元Ⅰ遺跡の考古学調査』東京, 大平山元Ⅰ遺跡発掘調査団.

小笠原雅行・葛城和穂, 1999「三内丸山出土の土偶の研究」『1998年度三内丸山遺跡特別研究(社会)』青森, 青森
　　県教育委員会.

小笠原好彦, 1970「縄文・弥生式時代の布」『考古学研究』第17巻第3号(pp. 29-49).

＿＿＿＿, 1983「編物・布」『縄文文化の研究7 道具と技術』(加藤晋平・小林達雄・藤本強 編), 東京, 雄山閣(pp.
　　293-304).

荻原真子, 1987「アイヌ」『文化人類学事典』(石川栄吉・大林太良・佐々木高明・梅棹忠夫・蒲生正男・祖父江孝男
　　編), 東京, 弘文堂(pp. 4-5).

大迫町教育委員会, 1979『立石遺跡』大迫, 大迫町教育委員会.

大塚和義, 1967「縄文時代の葬制—埋葬形態による分析」『史淵』第27巻第3号.

＿＿＿＿, 1988「縄文の祭り」『古代史復元2 縄文人の生活と文化』東京, 講談社(pp. 113-148).

岡田康博, 1995a「円筒土器文化の巨大集落」『季刊考古学』50(pp. 25-30).

＿＿＿＿, 1995b「日本最大の縄文集落"三内丸山遺跡"」『縄文文明の発見—驚異の三内丸山遺跡』(梅原猛, 安田喜
　　憲 編), 東京, PHP研究所(pp. 12-30).

＿＿＿＿, 1997「三内丸山遺跡からの報告」『縄文都市を掘る—三内丸山から原日本が見える』(岡田康博・NHK青森
　　編), 東京, 日本放送協会(pp. 9-33).

＿＿＿＿, 1998a「三内丸山遺跡の集落変遷」『国際狩猟採集民会議青森シンポジウム』青森, 国際狩猟採集民会議
　　青森シンポジウム委員会(pp. 10-12, 29-31).

＿＿＿＿, 1998b「東日本の縄文文化」『季刊考古学』64(pp. 31-35).

Okada, Yasuhiro. 2003. Jomon culture of northeastern Japan and the Sannai Maruyama site. In *Hunter-Gatherers of the North Pacific Rim*, ed. Junko Habu, James M. Savelle, Shuzo Koyama, and Hitomi Hongo, pp. 173-186. Senri Ethnological Studies 63. Osaka: National Museum of Ethnology.

Okada, Yasuhiro, and Junko Habu. 1995. Public presentation and archaeological research: a case study from the Jomon period Sannai Maruyama site. Paper presented at the 1995 Chacmool Conference, Calgary.

岡本明郎, 1961「〈サケ・マス〉と〈とち・どんぐり〉—狩猟社会研究者への質問」『考古学研究』第7巻第4号

(pp. 2-4).

岡本 勇, 1956「縄文時代の生活―埋葬」『日本考古学講座Ⅲ 縄文文化』, 東京, 河出書房.

_____, 1959「土器型式の現象と本質」『考古学手帖』6(pp. 1-2).

_____, 1975「原始時代の生産と呪術」『岩波講座 日本歴史Ⅰ 原始および古代』(近藤義郎・横山浩一 編), 東京, 岩波書店(pp. 75-112).

_____, 1986「先土器・縄文時代の食糧生産」『岩波講座 日本考古学3 原始および古代』(近藤義郎・横山浩一 編), 東京, 岩波書店(pp. 33-56).

岡本孝之, 1999a「遺物研究 石冠・石鋸・鰹節形石器」『縄文時代』10(第4分冊)(pp. 91-97).

_____, 1999b「遺物研究 独鈷状石器(独鈷石・白河型石器)」『縄文時代』10(第4分冊)(pp. 83-89).

岡村秀雄, 1995a「貯蔵穴と水さらし場―長野県栗林遺跡」『季刊考古学』50(pp. 43-48).

_____, 1995b「縄文時代の低湿地利用例―長野県栗林遺跡」『季刊考古学』50, 口絵(pp. 3).

岡村道雄, 1992「貝むきと製塩作業場」『季刊考古学』41(p. 8).

_____, 1996「北への道・海の道」『縄文の扉』(縄文まほろば博実行委員会), 東京, NHK出版(pp. 66-69).

奥野 充・中村俊夫, 2000「高精度¹⁴C年代と測定資料のタフォノミー」『日本文化財科学会第17回大会研究発表要旨集』佐倉, 日本文化財科学会(pp. 6-7).

Omoto, Keiichi, and Naruya Saitou. 1997. Genetic origins of the Japanese: a partial support for the dual structure hypothesis. *American Journal of Physical Anthropology* 102(4): 437-446.

小野美代子, 1999「土偶(総論)」『縄文時代』10(第4分冊)(pp. 107-117).

大阪府立弥生文化博物館, 1998『平成10年春季特別展―縄紋の祈り・弥生の心』和泉, 大阪府立弥生文化博物館.

O'Shea, John M. 1984. *Mortuary Variability: An Archaeological Investigation*. Orlando: Academic Press.

太田陽子・松島義章・森脇 広, 1982「日本における完新世海面変化に関する研究の現状と問題― Atlas of Holocene Sea-Level Records in Japanを資料として」『第四紀研究』第21巻第3号(pp. 133-143).

大泰司紀之, 1983「シカ」『縄文文化の研究2 生業』(加藤晋平・小林達雄・藤本強 編), 東京, 雄山閣(pp. 122-135).

大竹幸恵, 1998「星糞峠の原産地と遺跡群」『第10回長野県旧石器文化研究交流会発表資料』諏訪, 長野県旧石器文化研究交流会(pp. 29-43).

_____, 2000「縄文時代の黒曜石鉱山」『白い国の詩』529, pp. 18-21.

大谷敏三, 1983「環状土籬」『縄文文化の研究9 縄文人の精神文化』(加藤晋平・小林達雄・藤本強 編), 東京, 雄山閣(pp. 46-56).

大塚久雄, 1955『共同体の基礎理論』東京, 岩波書店.

小矢部市教育委員会, 1998『桜町遺跡』小矢部市, 小矢部市観光協会.

尾関清子, 1996『縄文の衣』東京, 学生社.

Parker Pearson, Michael. 1982. Mortuary practices, society and ideology: an ethnoarchaeological study. In *Symbolic and Structural Archaeology*, ed. Ian Hodder, pp. 99-113. Cambridge: Cambridge University Press.

Patterson, Thomas C. 1995. *Towards a Social History of Archaeology in the United States*. Fort Worth: Harcourt Brace.

Pearson, Richard J. 1992. The nature of Japanese archaeology. *Asian Perspectives* 31(2): 115-127.

Pearson, Richard J., Gina L. Barnes, and Karl L. Hutterer, eds. 1986a. *Windows on the Japanese Past: Studies in Archaeology and Prehistory*. Ann Arbor: Center for Japanese Studies, University of Michigan.

_____. 1986b. Editors' comment on "Clay figurines and Jomon society" by Mitsukazu Nagamine. In *Windows on the Japanese Past: Studies in Archaeology and Prehistory*, ed. Richard Pearson, Gina L. Barnes, and Karl L. Hutterer, p. 255. Ann Arbor: Center for Japanese Studies, University of Michigan.

Pearson, Richard J., and Kazue Pearson. 1978. Some problems in the study of Jomon subsistence. *Antiquity* 52: 21-27.

Peebles, Christopher S., and Susan Kus. 1977. Some archaeological correlates of ranked societies. *American Antiquity* 42(3): 421-448.

カール・ポランニー・栗本慎一郎 訳, 1980『人間の経済』1, 東京, 岩波書店.

Price, T. Douglas. 2002. Afterword: beyond foraging and collecting: retrospect and prospect. In *Beyond Foraging and Collecting: Evolutionary Change in Hunter-Gatherer Settlement Systems*, ed. Ben Fitzhugh and Junko Habu, pp. 413-425. New York: Kluwer Academic/Plenum.

Price, T. Douglas, and James A. Brown. 1985a. Aspects of hunter-gatherer complexity. In *Prehistoric Hunter-Gatherers: The Emergence of Cultural Complexity*, ed. T. Douglas Price and James A. Brown, pp. 3-20. Orlando: Academic Press.

_____ eds. 1985b. *Prehistoric Hunter-Gatherers: The Emergence of Cultural Complexity*. Orlando: Academic Press(역주-본문에 인용되지 않았으나 참고문헌에 제시된 것임).

Price, T. Douglas, and Gary M. Feinman, eds. 1995. *Foundations of Social Inequality*. New York: Plenum Press.

Renfrew, Colin, and Stephen Shennan, eds. 1982. *Ranking, Resource and Exchange: Aspects of the Archaeology of Early European Society*. Cambridge: Cambridge University Press.

Renfrew, Colin, and Ezra B. W. Zubrow, eds. 1994. *The Ancient Mind: Elements of Cognitive Archaeology*. Cambridge: Cambridge University Press.

Rosenberg, Michael. 1998. Cheating at musical chairs: territoriality and sedentism in an evolutionary context. *Current Anthropology* 39: 653-684.

佐賀県立博物館, 1975『坂の下遺跡の研究』佐賀, 佐賀県立博物館.

佐川正敏, 1998「中国の更新世—完新世移行期の考古学的新発見」『シンポジウム: 更新世-完新世移行期の比較考古学』(小野昭 編), pp. 32-34, 佐倉, 国立歴史民俗博物館.

佐原 真, 1979『日本の原始美術2 縄文土器2』東京, 講談社.

_____, 1987『大系 日本の歴史1 日本人の誕生』東京, 小学館(역주-본문에 인용되지 않았으나 참고문헌에 제시된 것임).

佐原 真・小池裕子・中井信之, 1986「残存脂肪分析法と原始古代の生活環境復元」『日本考古学協会第52回総会研究発表要旨』東京, 日本考古学協会(p. 22)(역주-본문에 인용되지 않았으나 참고문헌에 제시된 것임).

佐原 真・中野益男, 1984「脂肪酸分析と考古学」『日本考古学協会第52回総会研究発表要旨』東京, 日本考古学協会(p. 33)(역주-본문에 인용되지 않았으나 참고문헌에 제시된 것임).

埼玉県教育委員会, 1984『寿能泥炭層遺跡発掘調査報告書』埼玉, 埼玉県教育委員会.

斎藤幸恵, 1985「黒曜石の利用と流通」『季刊考古学』12(pp. 27-30).

坂本 彰・中村若枝, 1991「縄文海進期の住居址覆土内貝層—横浜市西ノ谷貝塚J30号住居址とその貝層について」『調査研究集録』8(横浜市埋蔵文化財センター), 横浜, 横浜市埋蔵文化財センター(pp. 61-130).

酒詰仲男, 1957「日本原始農業試論」『考古学雑誌』第42巻第2号(pp. 1-12)(역주-본문에 인용되지 않았으나 참고문헌에 제시된 것임).

_____, 1959『日本貝塚地名表』東京, 土曜会.

_____, 1961『日本縄文石器時代食料総説』東京, 土曜会.

山内丸山遺跡対策室 編, 1999「三内丸山遺跡の時期別竪穴住居址数」『三内丸山人の資源利用モデルの構築―青森県との三内丸山遺跡に関する共同研究―1998年度報告』青森, 青森県教育委員会(p. 35).

佐々木藤雄, 1993「和島集落論と考古学の新しい流れ―漂流する縄文時代集落論」『異貌』13(pp. 46-123).

佐々木高明・松山利夫 編, 1988『畑作文化の誕生-縄文農耕論へのアプローチ』東京, 日本放送出版協会.

佐々木勝, 1994「岩手県における縄文時代の掘立柱建物について」『岩手県立博物館研究報告』12(pp. 29-44).

佐々木洋治, 1996「押出遺跡の調査経過とその意義について」『押出遺跡』(山形県立うきたむ風土記の丘考古資料館 編), 山形, 山形県立うきたむ風土記の丘考古資料館(pp. 32-33).

佐藤宏之, 1992『日本旧石器文化の構造と進化』東京, 柏書房.

佐藤正彦・熊谷 賢, 1995「宗教の問題」『季刊考古学』50(pp. 75-80).

佐藤昌憲・三村 充・肥塚隆保・山崎一雄, 1999「出土琥珀の産地推定に関する基本問題」『日本文化財科学会第16回大会研究発表旨集』奈良, 日本文化財科学会第16回大会研究(pp. 32-33).

佐藤洋一郎, 1997「森の文明・縄文の世界」『縄文都市を掘る』(岡田康博・NHK青森 編), 東京, NHK青森(pp. 163-178).

_____, 1998「三内丸山遺跡第6鉄塔地区出土の栗のDNA分析」『三内丸山遺跡IX 第2分冊』(青森県教育庁文文化課 編), 青森, 青森教育委員会(pp. 141-146).

佐藤洋一郎・羽生淳子・細谷 葵, 2002「世界の原始農耕」『縄文農耕を捉え直す』(佐藤洋一郎 編), Science of Humanity Bensei No. 41, 東京, 勉誠出版(pp. 107-128).

Sato, Yo-Ichiro, Shinsuke Yamanaka, and Mitsuko Takahashi. 2003. Evidence for Jomon plant cultivation based on DNA analysis of chestnut remains. In *Hunter-Gatherers of the North Pacific Rim*, ed. Junko Habu, James M. Savelle, Shuzo Koyama, and Hitomi Hongo, pp. 187-197. Senri Ethnological Studies 63. Osaka: National Museum of Ethnology.

Schalk, Randall F. 1981. Land use and organizational complexity among foragers of northwestern North America. In *Affluent Foragers, Pacific Coasts East and West*, ed. Shuzo Koyama and David H. Thomas, pp. 53-75. Osaka: National Museum of Ethnology(역주-본문에 인용되지 않았으나 참고문헌에 제시된 것임).

Schmidt, Peter R., and Thomas C. Patterson, eds. 1995. *Making Alternative Histories: The Practice of Archaeology and History in Non-Western Settings*. Santa Fe: School of American Research Press.

清藤一順, 1977「縄文時代集落の成立と展開―国分谷周辺区域における前期・中期を中心として」『千葉県文化財センター研究紀要』2(pp. 1-36).

芹沢長介, 1960『石器時代の日本』東京, 築地書館.

_____, 1974「石器製作技法の発展」『最古の狩人たち』(芹沢長介 編), 東京, 講談社(pp. 38-50).

芹沢長介・須藤隆, 1968「田沢遺跡調査予報」『考古学ジャーナル』27(pp. 6-8).

Shanks, Michael, and Christopher Tilley. 1987. *Reconstructing Archaeology*. Cambridge: Cambridge University Press.

Sherratt, Andrew. 1997. Climatic cycles and behavioral revolutions: the emergence of modern humans and the beginning of farming. *Antiquity* 71: 271-287.

渋谷孝雄, 2000「低湿地縄文遺跡の新発見―山形県押出遺跡」『白い国の詩』526(pp. 22-25).

滋賀県教育委員会, 1973『湖西線関係遺跡発掘調査報告書』滋賀, 滋賀県教育委員会.

清水芳裕, 1973「縄文時代の集団領域について」『考古学研究』第19巻第4号(pp. 90-102).

Shinoda, Ken'ichi, and Satoru Kanai. 1999. Intracemetery genetic analysis at the Nakazuma Jomon site in Japan by mitochondrial DNA sequencing. *Anthropological Science* 107(2): 129-140.

新東晃一, 1997「南九州の早期縄文文化」『鹿児島の縄文文化』(KTS鹿児島テレビジョン), 鹿児島, 国分上野原シンポジウム実行委員会(pp. 24-25).

白石浩之, 1980『寺尾遺跡』横浜, 神奈川県教育委員会.

_____, 2000「縄文時代草創期の様相」『シンポジウム 旧石器から縄文へ―遺構と空間利用―発表要旨』(日本考古学協会2000年度鹿児島大会実行委員会 編), 鹿児島, 日本考古学協会2000年度鹿児島大会(pp. 32-35).

設楽博己, 1983「土製耳飾」『縄文文化の研究9 縄文人の精神文化』(加藤晋平・小林達雄・藤本強 編), 東京, 雄山閣(pp. 206-217).

_____, 1999「埋葬と墓のいろいろ」『縄文世界の一万年』(泉拓良・西田泰民 編), 東京, 集英社(pp. 22-24).

Soffer, Olga. 1989. Storage, sedentism and the Eurasian Paleolithic record. *Antiquity* 63: 719-732.

Sowers, T., M. Bender, L. Labeyrie, D. Martinson, J. Jouzel, D. Raynaud, J. J. Pichon, and A. Korotkevich. 1993. A 135,000 year Vostok-Specmap common temporal framework. *Paleoceanography* 8: 737-766.

Spencer, Robert F. 1959. *The North Alaskan Eskimo: A Study in Ecology and Society*. Washington, D. C.: Smithsonian Institution.

スチュアート・ヘンリ, 1982「海進・海退」『縄文文化の研究1 縄文人とその環境』(加藤晋平・小林達雄・藤本強 編), 東京, 雄山閣(pp. 130-142).

Stuiver, Minze, and Pieter M. Grootes. 2000. GISP2 oxygen isotope ratios. *Quaternary Research* 53(3): 277-284.

Stuiver, Minze, Pieter M. Grootes, and Thomas F. Braziunas. 1995. The GISP δ18O climate record of the past 16,500 years and the role of the sun, ocean, and volcanoes. *Quaternary Research* 44: 341-354.

Stuiver, M., and P. Reimer. 1993. Extended ^{14}C data base and revised CALIB 3.0 ^{14}C age calibrating program. *Radiocarbon* 35(1): 215-230.

Stuiver, M., P. J. Reimer, E. Bard, J. W. Beck, G. S. Burr, K. A. Hughen, B. Kromer, G. McCormac, J. van der Plicht, and M. Spurk. 1998a. INT-CAL98 radiocarbon age calibration, 24000-0 cal BP. *Radiocarbon* 40(3): 1041-1083.

Stuiver, M., P. J. Reimer, and T. F. Braziunas. 1998b. High-precision radiocarbon age calibration for terrestrial and marine samples. *Radiocarbon* 40(3): 1127-1151.

菅原正明, 1972「縄文時代の集落」『考古学研究』第19巻第2号(pp. 47-63).

杉原荘介・芹沢長介, 1957『神奈川県夏島における縄文時代初頭の貝塚』東京, 明治大学.

杉谷政樹・中川 明・西出孝, 1998「三重県飯南郡飯南町粥見井尻遺跡」『日本考古学年報』49(pp. 524-527).

杉浦重信 編, 1987『東麓郷1・2遺跡』富良野, 富良野市教育委員会.

鈴木秀夫, 1974「ヒプシサーマルにおける世界の気候」『第四紀研究』第13巻第3号(pp. 99-105).

鈴木次郎, 1983「打製石斧」『縄文文化の研究7 道具と技術』(加藤晋平・小林達雄・藤本強 編), 東京, 雄山閣(pp. 48-59).

_____, 1985「石斧の大量生産」『季刊考古学』12(pp. 31-34).

鈴木公雄, 1979「縄文時代論」『日本考古学を学ぶ3 原始・古代の社会』(大塚初重・戸沢充則・佐原真 編), 東京, 有斐閣(pp. 178-202).

_____ 編, 1988『古代史復元2 縄文人の生活と文化』東京, 講談社.

Suzuki, Kimio. 1986. Volumetry and nutritional analysis of a Jomon shellmidden. In *Prehistoric Hunter-Gatherers in Japan*, ed. Takeru Akazawa and C. Melvin Aikens, pp. 55-72. Tokyo: University Museum, University of Tokyo.

_____, 1992. Prehistoric *urushi* (lacquer) manufacture in Japan. Paper presented at Art, Technology, and Society in Ancient Japan, Arthur M. Sackler Gallery, Smithsonian Institution.

鈴木正博, 1993「土器製塩と貝塚」『季刊考古学』41(pp. 47-51).

鈴木正男, 1969「フィッショントラック法による黒曜石の噴出年代とウラン濃度の測定(第Ⅰ報)―石器時代黒曜石製石器の原産地推定に関する基礎的研究」『第四紀研究』第8巻第4号(pp. 123-130).

_____, 1970a「フィッショントラック法による黒曜石の噴出年代とウラン濃度の測定第Ⅱ報」『第四紀研究』第9巻第1号(pp. 1-6).

鈴木正男, 1974a「物理科学導入による年代測定」『最古の狩人たち』(芹沢長介 編)(pp. 151-159).

Suzuki, Masao. 1970b. Fission track ages and uranium contents of obsidians. *Journal of the Anthropological Society of Nippon* 17(1): 50-57.

_____, 1973. Chronology of prehistoric human activity in Kanto, Japan. Part I. *Journal of the Faculty of Science, University of Tokyo, Section V: Anthropology* 4(3): 241-318.

_____, 1974b. Chronology of prehistoric human activity in Kanto, Japan. Part II. *Journal of the Faculty of Science, University of Tokyo, Section V: Anthropology* 4(4): 395-469.

鈴木敏昭, 1989「諸磯b式からc式への土器変遷」『埼玉県立博物館紀要』15(pp. 29-48).

Tainter, Joseph A. 1996. Introduction: prehistoric societies as evolving complex systems. In *Evolving Complexity and Environmental Risk in the Prehistoric Southwest*, ed. J. A. Tainter and B. B. Tainter, pp. 1-23. Reading, Mass: Addison-Wesley.

高橋 護, 1958「土器とその型式」『考古学手帖』1(pp. 1-2).

_____, 1965「縄文時代における集落分布について」『考古学研究』第12巻第1号(pp. 16-20).

高橋 満, 1996「土器製塩の工程と集団―製塩土器分布圏の成り立ち」『季刊考古学』55(pp. 38-43).

高橋 理, 1998「北海道における縄文時代の植物栽培と農耕の地平」『考古学ジャーナル』439(pp. 4-9).

高橋龍三郎, 1999「墓と墓地構造―東日本 関東地方における縄文後期前半の墓制」『季刊考古学』69(pp. 55-59).

鷹野光行, 1979「御物石器」『世界考古学辞典』東京, 平凡社(p. 285).

高山 純, 1974「サケ・マスと縄文人」『季刊人類学』第5巻第1号(pp. 3-54).

武田昭子, 1996「押出遺跡出土漆製品について」『押出遺跡』(山形県立うきたむ風土記の丘考古資料館 編), 山形, 山形県立うきたむ風土記の丘考古資料館(pp. 40-41).

武井則道, 1990「南堀貝塚」『港北ニュータウン地域内埋蔵文化財調査報告Ⅹ 全遺跡調査概要』(横浜市埋蔵文化財センター 編), 横浜, 横浜市埋蔵文化財センター(pp. 16-18).

玉田芳英, 1996「生と縄文土器」『歴史発掘2 縄文土器出現』(泉拓良 編), 東京, 講談社(pp. 74-109).

Tanaka, Migaku. 1984. Japan. In *Approaches to Archaeological Heritage*, ed. H. Cleere, pp. 82-88. Cambridge: Cambridge niversity Press.

谷口康浩, 1999a「Archaeological research at the Odai Yamamoto I site: summary」『大平山元Ⅰ遺跡の考古学調査』(大平山元Ⅰ遺跡発掘調査団 編), 東京, 大平山元Ⅰ遺跡発掘調査団(pp. 135-144).

_____, 1999b「長者久保文化期の諸問題」『大平山元Ⅰ遺跡の考古学調査』(大平山元Ⅰ遺跡発掘調査団 編), 東京, 大平山元Ⅰ遺跡発掘調査団(pp. 84-99).

_____, 1999c「土器」『大平山元Ⅰ遺跡の考古学調査』(大平山元Ⅰ遺跡発掘調査団 編), 東京, 大平山元Ⅰ遺跡発掘

掘調査団, (pp. 26-33).

寺門義範, 1983「製塩」『縄文文化の研究2 生業』(加藤晋平・小林達雄・藤本強 編), 東京, 雄山閣(pp. 239-251).

寺沢 薫・寺沢知子, 1981「弥生時代植物質食糧の基礎的研究」『橿原考古学研究所紀要考古學論攷』5(pp. 1-129).

勅使河原彰, 1988「縄文時代集落をめぐる問題」『歴史評論』466(pp. 12-125).

栃木県教育委員会・小山市教育委員会, 1994『寺野東遺跡発掘調査概要報告』小山, 栃木県教育委員会・小山市教育委員会.

冨樫泰時, 1983「青竜刀形石器」『縄文文化の研究9 縄文人の精神文化』(加藤晋平・小林達雄・藤本強 編), 東京, 雄山閣(pp. 197-205).

戸井町教育委員会, 1993『戸井貝塚3』戸井, 戸井町教育委員会.

樋泉岳二, 1998「三内丸山遺跡第6鉄塔地区出土の魚類遺体(1)」『三内丸山遺跡IX 第2分冊』(青森県教育庁文化課), 青森, 青森県教育委員会(pp. 61-97).

樋泉岳二・津村宏臣, 2000「遺跡の放射性炭素年代と暦年代」『日本先史時代の^{14}C年代』(日本先史時代の^{14}C年代編集委員会), 東京, 第四紀学会.

藤間生大, 1951『日本民族の形成―東亜諸民族との連関において―』東京, 岩波書店.

Torrence, Robin. 1986. *Production and Exchange of Stone Tools: Prehistoric Obsidian in the Aegean*. Cambridge: Cambridge University Press.

豊島吉則, 1978「山陰海岸における完新世海面変化」『地理学評論』51(pp. 147-157).

戸沢充則, 1989「貝塚を発掘する」『縄文人と貝塚』(戸沢充則 編), 東京, 六興出版(pp. 11-56).

Trigger, Bruce G. 1967. Settlement archaeology: its goals and promise. *American Antiquity* 32(2): 149-160.

_____. 1968. The determinants of settlement patterns. In *Settlement Archaeology, ed. Kwang-chih Chang*, pp. 53-78. Palo Alto: National Press Books.

_____. 1995. Romanticism, nationalism and archaeology. In *Nationalism, Politics, and the Practice of Archaeology*, ed. Philip L. Kohl and Clare Fawcett, pp. 263-279. Cambridge: Cambridge University Press.

坪井清足, 1962「縄文文化論」『岩波講座 日本歴史1 原始および古代』(近藤義郎・横山浩一 編), 東京, 岩波書店(pp. 75-112).

辻誠一郎, 1996「植物相からみた三内丸山遺跡」『三内丸山遺跡VI』(青森県教育庁文化課 編), 青森, 青森教育委員会(pp. 81-83).

_____, 1997a「三内丸山を支えた生態系」『縄文都市を掘る』(岡田康博・NHK青森 編), 東京, NHK(pp. 174-188).

_____, 1997b「縄文時代への移行期における陸上生態系」『第四紀研究』第36巻第5号(pp. 309-318).

_____, 1998「三内丸山遺跡―縄文時代前期の堆積物の内容と環境復元」『三内丸山遺跡IX 第2分冊』(青森県教育庁文化課 編), 青森, 青森教育委員会(pp. 27-28).

_____, 1999「高精度^{14}C年代測定による三内丸山遺跡の編年」『月刊地球(号外)』26(pp. 32-38).

Tsukada, Matsuo. 1986. Vegetation in prehistoric Japan. In *Windows on the Japanese Past: Studies in Archaeology and Prehistory*, ed. Richard Pearson, Gina L. Barnes, and Karl L. Hutterer, pp. 11-56. Ann Arbor: Center for Japanese Studies, University of Michigan.

塚本師也, 1993「食糧貯蔵」『季刊考古学』44(pp. 62-66).

角山幸洋, 1971「職工」『新版 考古学講座VIII』(大場磐雄 編), 東京, 雄山閣(pp. 175-182).

堤隆, 1998「日本列島の氷期の週末と人類の適応システム」『シンポジウム：更新世―完新世移行期の比較考古学』(小野 昭 編), 佐倉, 国立歴史民俗博物館(pp. 35-53).

植木 弘, 1999「遺物研究―土偶(機能論・用途論)」『縄文時代』第10号(第4分冊)(pp. 133-138).

海津正倫, 1976「津軽平野の沖積世における地形発達史」『地理学評論』49(pp. 714-735).

後野遺跡調査団 編, 1976『後野遺跡』勝田, 勝田市教育委員会.

牛沢百合子, 1981「伊皿子貝塚出土の魚鱗」『伊皿子貝塚遺跡』伊皿子貝塚遺跡調査団, 東京, 港区伊皿子遺跡調査団(pp. 422-439).

Vita-Finzi, Claudio, and Eric S. Higgs. 1970. Prehistoric economy in the Mount Carmel area of Palestine: site catchment analysis. *Proceedings of the Prehistoric Society* 36: 1-37.

和島誠一, 1948「原始聚落の構成」『日本歴史講座』(東京大学歴史学研究会 編), 東京, 東京大学出版会(pp. 1-32).

_____, 1958「南堀貝塚と原始集落」『横浜市史』1, 横浜, 横浜市(pp. 29-46).

_____, 1962「序説 農耕牧畜発生以前の原始共同体」『古代史講座』東京, 学生社(pp. 1-16).

和島誠一・松井 健・長谷川康雄・岡本勇・塚田 光・田中義昭・中村嘉男・小宮恒雄・高橋健一・佐藤 攷, 1968「関東平野における縄文海進の最高海水準について」『資源科学研究所彙報』70(pp. 108-129).

藁科哲男, 1999「石器と玉の原材産地分析」『日本文化財科学会第16回大会研究発表要旨』奈良, 日本文化財科学会(pp. 68-73).

_____, 2001「畑内遺跡出土黒曜石製石器の原材産地分析」『畑内遺跡Ⅶ 第2分冊』(青森県教育委員会 編), 青森, 青森県教育委員会(pp. 3-10).

藁科哲男・東村武信, 1983「石器原材の産地分析」『考古学と自然科学』16(pp. 59-88).

渡辺 仁, 1964「アイヌの生態と本邦先史学の問題」『人類学雑誌』第72巻第1号(pp. 9-23).

_____, 1966「縄文時代人の生態―住居の安定性とその生物学的民族史的意義」『人類学雑誌』第74巻第2号(pp. 73-84).

_____, 1990『縄文式階層化社会』東京, 六興出版.

Watanabe, Hitoshi. 1972. *The Ainu Ecosystem: Environment and Group Structure*. Tokyo: University of Tokyo Press.

_____. 1983. Occupational differentiation and social stratification: the case of northern Pacific maritime food-gatherers. *Current Anthropology* 24(2): 217- 219.

_____. 1986. Community habitation and food gathering in prehistoric Japan: an ethnographic interpretation of the archaeological evidence. In *Windows on the Japanese Past: Studies in Archaeology and Prehistory*, ed. Richard J. Pearson, Gina L. Barnes, and Karl L. Hutterer, pp. 229-254. Ann Arbor: Center for Japanese Studies, University of Michigan.

渡辺 誠, 1967「日本石器時代文化研究における"サケ・マス"論の問題点」『古代文化』第18巻第2号(pp. 33-36).

_____, 1970「青森県類家貝塚における自然遺物の研究」『古代学研究』第17巻第3号(pp. 82-87).

_____, 1973a「縄文時代のドングリ」『古代文化』第25巻第4号(pp. 127-133).

_____, 1973b「"サケ・マス"論批判」『縄文時代の漁撈』東京, 雄山閣(pp. 206-212).

_____, 1975『縄文時代の植物食』東京, 雄山閣.

渡辺直経, 1966「縄文および弥生時代のC14年代」『第四紀研究』第5巻第3・4号(pp. 157-168).

渡部義通・三沢 章・伊豆公夫・早川二郎 編, 1936『日本歴史教程第一冊 原始社会の崩壊まで』東京, 白揚社.

Weninger, B., Olaf Jöris, and Uwe Danzeglocke. 2002. CalPal for Windows. Available from: http://www.calpal.de/

Willey, Gordon R. 1953. *Prehistoric Settlement Patterns in the Viru Valley, Peru*. Washington, D.C.: Smithsonian Institution.

Winterhalder, Bruce. 1981. Optimal foraging strategies and hunter-gatherer research in anthropology: theory and models. In *Hunter-Gatherer Foraging Strategies*, ed. Bruce Winterhalder and Eric A. Smith, pp. 13-36. Chicago: University of Chicago Press.

Wylie, Alison. 1991. Feminist critiques and archaeological challenges. In *Archaeology of Gender*, ed. Dale Walde and Noreen D. Willows, pp. 17-23. Calgary: Archaeological Association of the University of Calgary.

_____. 1993. A proliferation of new archaeologies: "beyond objectivism and relativism." In *Archaeological Theory: Who Sets the Agenda?*, ed. Norman Yoffee and Andrew Sherratt, pp. 20-26. Cambridge: Cambridge University Press.

山田昌久, 1983「木製品」『縄文文化の研究7 道具と技術』(加藤晋平・小林達雄・藤本強 編), 東京, 雄山閣(pp. 263-283).

_____, 1997「縄文集落の大きさとしくみ」『縄文都市を掘る』(岡田康博・NHK青森 編), 東京, NHK出版(pp. 127-148).

山田芳和 編, 1986『石川県能登町真脇遺跡』能登, 能登町教育委員会・真脇遺跡発掘調査団.

山本暉久, 1979「石棒祭祀の変遷(上)・(下)」『古代文化』第31巻第11号(pp. 651-691)・第31巻第12号(pp. 713-736).

_____, 1983「石棒」『縄文文化の研究9 縄文人の精神文化』(加藤晋平・小林達雄・藤本強 編), 東京, 雄山閣(pp. 86-94).

山中慎介・岡田康博・中村郁郎・佐藤洋一郎, 1999「植物遺体のDNA多型解析手法の確立による縄文時代前期三内丸山遺跡のクリ栽培の可能性」『考古学と自然科学』38(pp. 13-28).

山梨県教育委員会, 1994『天神遺跡』甲府, 山梨県教育委員会.

山梨県埋蔵文化財調査センター, 1989『金生遺跡2 縄文時代編』甲府, 山梨県教育委員会.

山内清男, 1932a「日本遠古之文化1 縄紋土器文化の眞相」『ドルメン』第1巻第4号(pp. 40-43).

_____, 1932b「日本遠古之文化2 縄紋土器の起原」『ドルメン』第1巻第5号(pp. 85-90).

_____, 1932c「日本遠古之文化3 縄紋土器の終末」『ドルメン』第1巻第6号(pp. 46-50).

_____, 1937「縄紋土器型式の細別と大別」『先史考古学』1(pp. 28-32).

_____, 1964a「日本先史時代概説」『日本原始美術1 縄文式土器』東京, 講談社(pp. 135-158).

_____, 1964b「縄文式土器各論」『日本原始美術1 縄文式土器』東京, 講談社(pp. 159-173).

_____, 1968「矢柄研磨器について」『日本民族と南方文化』(金関丈夫博士古稀記念委員会 編), 東京, 平凡社(pp. 63-87).

_____, 1969「縄文文化の社会―縄文時代研究の現段階―」『日本と世界の歴史』1, 東京, 学習研究社(pp. 86-97).

山内清男・佐藤達夫, 1962「縄紋土器の古さ」『科学読売』12(pp. 18-26), 13(pp. 84-88).

_____, 1967「下北の無土器文化―青森県上北郡東北町長者久保遺跡発掘報告」『下北―自然・文化・社会』東京, 平凡社.

家根祥多, 1996「縄文土器の終焉」『歴史 発掘2 縄文土器出現』(泉拓良 編), 東京, 講談社(pp. 134-154).

安田喜憲, 1995「クリ林が支えた高度な文化―花粉が明らかにした遺跡の変遷」『縄文文明の発見―驚異の三内丸山遺跡』(梅原猛, 安田喜憲 編), 東京, PHP研究所(pp. 118-152).

Yesner, David R. 1987. Life in the "Garden of Eden." In *Food and Evolution*, ed. Marvin Harris and Eric B. Ross, pp. 285-310. Philadelphia: Temple University Press.

Yoffee, Norman, and Andrew Sherratt. 1993. Introduction: a source of archaeological theory. In *Archaeological Theory: Who Sets the Agenda?*, ed. Norman Yoffee and Andrew Sherratt, pp. 1-9. Cambridge: Cambridge University Press.

横浜市ふるさと歴史財団埋蔵文化財センター編, 1995『花見山遺跡』横浜, 横浜市ふるさと歴史財団埋蔵文化財センター.

米田耕之助, 1984『土偶』東京, ニューサイエンス社.

吉朝則富, 1999「遺物研究—御物石器」『縄文時代』10(第4分冊), pp. 98-106.

吉田 格, 1965「生活用具」『日本の考古学2 縄文時代』東京, 河出書房.

吉田邦夫・宮崎ゆみ子・小原圭一・阿部直弘・菱木繁臣・大野綾子・飯嶋寛子, 2000「縄文土器がもつ時間情報」『日本文化財科学会第17回大会研究発表要旨集』佐倉, 日本文化財科学会, pp. 8-9.

吉川昌伸・辻誠一郎, 1998「三内丸山遺跡第6鉄塔スタンダード・コラムの花粉化石群」『三内丸山遺跡IX 第2分冊』(青森県教育庁文化課), pp. 11-14, 青森, 青森県教育委員会.

吉崎昌一, 1995「日本における栽培植物の出現」『季刊考古学』50, pp. 18-24.

吉崎昌一・椿坂恭代, 1992「青森県富ノ沢(2)遺跡出土の縄文時代中期の炭化植物種子」『富ノ沢(2)遺跡VI』(青森県教育委員会 編 青森, 青森県教育委員会), pp. 1097-1110.

Zhushchikhovskaya, Irina. 1997. On early pottery-making in the Russian Far East. *Asian Perspectives* 36(2): 159-174.

부록

1. 인명 표기

일본인명

가나야마 요시아키 (金山喜昭, Yoshiaki Kanayama)

기네코 이키히코 (金子昭彦, Akihito Kaneko)

가네코 히로마사 (金子浩昌, Hiromasa Kaneko)

가마키 요시마사 (鎌木義昌, Yoshimasa Kamaki)

가지와라 히로시 (梶原 洋, Hiroshi Kajiwara)

가토오 카츠토모 (加藤克知, Katsutomo Kato)

고다마 다이세이 (児玉大成, Daisei Kodama)

고바야시 겐이치 (小林謙一, Ken'ichi Kobayashi)

고바야시 마사시 (小林正史, Masashi Kobayashi)

고바야시 타츠오 (小林達雄, Tatsuo Kobayashi)

고야마 슈우조우 (小山修三, Shuzo Koyama)

고이즈미 키요타카 (小泉清隆, Kiyotaka Koizumi)

고이케 히로코 (小池裕子, Hiroko Koike)

고타니 요시노부 (小谷凱宣, Yoshinobu Kotani)

고토 가즈히토 (後藤和民, Kazuhito Goto)

곤도 요시로 (近藤義郎, Yoshiro Kondo)

구로오 카즈히사 (黒尾和久, Kazuhisa Kuro'o)

구리시마 요시아키 (栗島義明 Yoshiaki Kurishima)

구스모토 마사스케 (楠本政助, Masasuke Kusumoto)

기시노우에 가마기치 (岸上鎌吉, Kamakichi Kishinoue)

기요노 켄지 (清野謙次, Kenji Kiyono)

기쿠치 미노루 (菊池 実, Minoru Kikuchi)

나오라 노부오 (直良信夫, Nobuo Naora)

나카무라 오키 (中村 大, Oki Nakamura)

나카무라 토시오 (中村俊夫, Toshio Nakamura)

나카지마 히로아키 (中島広顕, Hiroaki Nakajima)

노무라 타카시 (野村 崇, Takashi Nomura)

니시다 마사키 (西田正規, Masaki Nishida)

니시모토 토요히로 (西本豊弘, Toyohiro Nishimoto)

니시무라 마사에 (西村正衛, Masae Nishimura)

니와 유이치 (丹羽佑一, Yuichi Niwa)

다니구치 야스히로 (谷口康浩, Yasuhiro Taniguch)

다카하시 류자부로 (高橋龍三郎, Ryuzaburo Takahashi)

다카하시 미츠루 (高橋 満, Mitsuru Takahashi)

도마 세이타 (藤間生大, Seita Toma)

도이 요시오 (土井義夫, Yoshio Doi)

도이 다카시 (土肥 孝, Takshi Doi)

도이즈미 가쿠지 (樋泉岳二, Gakuji Toizumi)

도자와 미츠노리 (戸沢充則, Mitsunori Tozawa)

마에야마 키요아키 (前山精明, Kiyoaki Maeyama)

마츠모토 나오코 (松本直子, Naoko Matsumoto)

마츠시마 요시아키 (松島義章, Yoshiaki Matsushima)

마츠이 아키라 (松井 章, Akira Matsui)

모리모토 이와타로 (森本口岩太郎, Iwataro Morimoto)

모리카와 마사카즈 (森川昌和, Masakazu Morikawa)

무라코시 키요시 (村越 潔, Kiyoshi Murakoshi)

무토 야스히로 (武藤康弘, Yasuhiro Muto)

미나가와 마사오 (皆川正雄, Masao Minagawa)

미나미 히사카즈 (南 久和, Hisakazu Minami)

미나키 무츠히코 (南木睦彦, Mutsuhiko Minaki)

미야타 에이지 (宮田栄二, Eiji Miyata)

미즈노 마사요시 (水野正好, Masayoshi Mizuno)

바바 히사오 (馬場悠男, Hisao Baba)

사가와 마사토시 (佐川正敏, Masatoshi Sagawa)

사사키 후지오 (佐々木藤雄, Fujio Sasaki)

사이토 나루야 (斎藤成哉, Naruya Saito)

사이토 사치에 (斎藤幸恵 Sachie Saito)

사카쓰메 나카오 (酒詰仲男, Nakao Sakatsume)

사토 요이치로 (佐藤洋一郎, Yo-Ichiro Sato)

사토 히로유키 (佐藤宏之, Hiroyuki Sato)

사하라 마코토 (佐原 真, Makoto Sahara)
세리자와 조스케 (芹沢長介, Chosuke Serizawa)
스즈키 도시아키 (鈴木敏昭, Toshiaki Suzuki)
스즈키 마사오 (鈴木正男, Masao Suzuki)
스즈키 마사히로 (鈴木正博, Masahiro Suzuki)
스즈키 지로 (鈴木次郎, Jiro Suzuki)
스즈키 키미오 (鈴木公雄, Kimio Suzuki)
스즈키 히데오 (鈴木秀夫, Hideo Suzuki)
쓰보이 키요타리 (坪井清足, Kiyotari Tsuboi)
쓰지 세이이치로 (辻誠一郎, Seiichiro Tsuji)
쓰카다 마츠오 (塚田松尾, Matsuo Tsukada)
쓰카모토 모로야 (塚本師也, Moroya Tsukamoto)
아나자와 와코 (穴澤咊光, Wako Anazawa)
아마카수 켄 (甘粕 健, Ken Amakasu)
아미노 요시히코 (網野善彦, Yoshihiko Amino)
아베 기헤이 (阿部義平, Gihei Abe)
아베 요시로 (阿部芳郎, Yoshiro Abe)
아베 치하루 (阿部千春, Chiharu Abe)
아비코 쇼오지 (安孫子昭二, Shoji Abiko)
아사노 가쓰히코 (淺野克彦, Katsuhiko Asano)
아소 마사루 (麻生 優, Masaru Aso)
아이다 카오루 (相田 薰, Kaoru Aida)
아카야마 요조 (赤山容造, Yojo Akayama)
아카자와 타케루 (赤沢 威, Takeru Akazawa)
안도 노리카주 (安藤文一, Norikazu Ando)
야네 요시마사 (家根祥多, Yoshisama Yane)
야마나카 신스케 (山中慎介, Shinsuke Yamanaka)
야마노우치 스가오 (山内清男, Sugao Yamanouchi)
야마다 마사히사 (山田昌久, Masahisa Yamada)
야스다 요시노리 (安田喜憲, Yoshinori Yasuda)
오가사와라 다다유키 (小笠原雅行, Tadayuki Ogasawara)
오가사와라 요시히코 (小笠原好彦, Yoshihiko Ogasawara)
오노 미요코 (小野美代子, Miyoko Ono)
오다 시즈오 (小田静夫, Shizuo Oda)
오다 요코 (太田陽子, Yoko Ota)
오모토 케이이치 (尾本惠市, Keiichi Omoto)
오바 이와오 (大場磐雄, Iwao Oba)
오바야시 타료 (大林太良, Taryo Obayashi)
오쓰카 히사오 (大塚久雄, Hisao Otsuka)
오제키 키요코 (尾関清子, Kiyoko Ozeki)
오츠카 카즈요시 (大塚和義, Kazuyoshi Ohtsuka)

오카다 야스히로 (岡田康博, Yasuhiro Okada)
오카모토 아키오 (岡本明郎, Akio Okamoto)
오카모토 이사무 (岡本 勇, Isamu Okamoto)
오쿠노 미츠루 (奥野 充, Mitsuru Okuno)
오타니 토시조우 (大谷敏三, Toshizo Otani)
와라시나 테츠오 (藁科哲男, Tetsuo Warashina)
와지마 세이이치 (和島誠一, Seiichi Wajima)
와타나베 나오쓰네 (渡辺直経, Naotsune Watanabe)
와타나베 마코토 (渡辺 誠, Makoto Watanabe)
와타나베 요시미치 (渡部義通, Yoshimichi Watanabe)
와타나베 히토시 (渡辺 仁, Hitoshi Watanabe)
요네다 고노스케 (米田耕之助, Konosuke Yoneda)
요시다 이타루 (吉田 格, Yoshida Itaru)
요시다 쿠니오 (吉田邦夫, Kunio Yoshida)
요시아사 노리토미 (吉朝則富, Noritomi Yoshiasa)
요시자키 마사카즈 (吉岐昌一, Masakazu Yoshizaki)
요시카와 마사노부 (吉川昌伸, Masanobu Yoshikawa)
우미즈 마사토모 (海津正倫, Masamoto Umitsu)
우시자와 유리코 (牛澤百合子, Yuriko Ushizawa)
우에키 히로시 (植木 弘, Hirochi Ueki)
이나노 아키코 (稲野彰子, Akiko Inano)
이나노 유스케 (稲野裕介, Yusuke Inano)
이나다 타카시 (稲田孝司, Takashi Inada)
이누마루 요시카즈 (犬丸義一, Yoshikazu Inumaru)
이마무라 미네오 (今村峯雄, Mineo Imamura)
이마무라 케이지 (今村啓爾, Keiji Imamura)
이바 이사오 (伊庭 功, Isao Iba)
이소마에 주니치 (磯前順一, Jun'ichi Isomae)
이시이 히로시 (石井 寬, Hiroshi Ishii)
이와부치 카즈오 (岩渕一夫, Kazuo Iwabuchi)
이자와 코헤이 (伊沢幸平, Kohei Izawa)
이즈미 다쿠라 (泉 拓良, Takura Izumi)
이즈미 세이이치 (泉 靖一, Seiichi Izumi)
이즈미타 다케시 (和泉田毅, Takeshi Izumita)
이즈키 히로타로 (井関弘太郎, Hirotaro Izeki)
이치하라 히사후미 (市原寿文, Hisafumi Ichihara)
이카와-스미스 후미코 (Fumiko Ikawa-Smith)
이토 노부오 (伊東信雄, Nobuo Ito)
이토 류조 (伊藤隆三, Ryuzo Ito)
코조 야스시 (古城 泰, Yasushi Kojo)
하니하라 가즈로 (埴原カジュロ, Kazuro Hanihara)

320

히라 슈자부로 (原秀三郎, Shuzaburo Hara)
하라다 마사유키 (原田昌幸, Masayuki Harada)
하루나리 히데지 (春成秀爾, Hideji Harunari)
하부 준코 (羽生淳子, Junko Habu)
하시모토 스미오 (橋本澄夫, Sumio Hashimoto)
하야가와 이즈미 (早川 泉, Izumi Hayakawa)
하야시 켄사쿠 (林 謙作, Kensaku Hayashi)
하타 고지로 (秦光次郎, Kojiro Hata)
호리구치 (掘口方吉, M. Horiguchi)
호리코시 마사유키 (堀越正行, Masayuki Horikoshi)
후지 노리오 (藤 則雄, Norio Fuji)
후지누마 쿠니히코 (藤沼邦彦, Kunihiko Fujinuma)
후지모리 에이이치 (藤森榮一, Eiichi Fujimori)
후지무라 하루오 (藤村東男, Haruo Fujimura)
후지사와 소헤이 (藤澤宗平, Sohei Fujisawa)
후지와라 히로시 (藤原宏志, Hiroshi Fujiwara)
히가시무라 다케노부 (東村武信, Takenobu Higashimura)
히라바야시 데루오 (平林照雄, Teruo Hirabayashi)

서양인명

그루테스 (P. M. Grootes)
그루트 (Gerard J. Groot)
댄드리아 (Catheryn A. D'Andrea)
라이트풋트 (Kent Lightfoot)
렌프류 (Colin Renfrew)
로젠버그 (Michael Rosenberg)
롱에이커 (William A. Longacre)
마티아센 (Therkel Mathiassen)
머닥 (G. P. Murdock)
메드베데프 (Vitaly E. Medvedev)
멕과이어 (Randall H. McGuire)
모리스 (Ian Morris)
몬텔리우스 (Oscar Montelius)
미즈 (D. Meese)
바움호프 (Martin A. Baumhoff)
반스 (Gina Barnes)
보우만 (Sheridan Bowman)
브라운 (James A. Brown)
브룸필 (Elizabeth Brumfiel)
블리드 (Peter Bleed)
비타-핀지 (Claudio Vita-Finzi)
빈포드 (Lewis R. Binford)
샤크 (Randall F. Schalk)
소워스 (T. Sowers)
소퍼 (Olga Soffer)
쉥크스 (Michael Shanks)
쉬랏트 (Andrew Sherratt)
쉬밋트 (Peter R. Schmidt)
스투이버 (Minze Stuiver)
스튜어트 (Henry Stewart)
스펜서 (Robert F. Spencer)
아놀드 (Jeanne E. Arnold)
아담스 (Robert M. Adams)
앤더슨 (Atholl J. Anderson)
얼 (Timothy K. Earle)
얼랜슨 (Jon M. Erlandson)
에이킨스 (C. Melvin Aikens)
에임스 (Kenneth M. Ames)
예스너 (David R. Yesner)
오쉐 (John M. O'Shea)
와일리 (Alison Wylie)
요피 (Norman Yoffee)
웨닝거 (B. Weninger)
윈터할더 (Bruce Winterhalder)
윌리 (Gordon R. Willey)
자킴 (Michael A. Jochim)
지로 (Joan Gero)
차드 (Chester Chard)
추쉬치코프스카야 (Irina Zhushchikhovskaya)
치솜 (Brian S. Chisholm)
카라바노프 (E. Karabanov)
캐넌 (Aubrey Cannon)
캠벨 (J. M. Campbell)
켈리 (Robert L. Kelly)
코스틴 (Cathy L. Costin)
코헨 (Mark N. Cohen)
콜 (Philip L. Kohl)
쿠즈민 (Yaroslav V. Kuzmin)
크로포드 (Gary W. Crawford)
키더 (Edward J. Kidder)
킬리 (Charles T. Keally)

데인터 (Joseph A. Tainter)

토렌스 (Robin Torrence)

트리거 (Bruce G. Trigger)

틸리 (Christopher Tilley)

파인만 (Gary M. Feinman)

파커 (Pearson M. Parker)

페터슨 (Thomas C. Patterson)

포셋 (Clare Fawcett)

폴라니 (Karl Polanyi)

프라이스 (T. Douglas Price)

플내너리 (Kent V. Flannery)

피블스 (Christopher S. Peebles)

피어슨 (Richard J. Pearson)

피츠휴 (Ben Fitzhugh)

하딘 (Margaret A. Hardin)

허드슨 (Mark J. Hudson)

허스 (Kenneth G. Hirth)

헤이든 (Brian Hayden)

호더 (Ian Hodder)

홀 (Mark E. Hall)

힉스 (Eric S. Higgs)

2. 지명 표기

가가와 (香川)
가고시마 (鹿兒島)
가고이노하라 (椿ノ原)
가나가와 (神奈川)
가나자와 야시키 (金沢屋敷)
가린바 (カリンバ)
가마나시가와 (釜無川)
가메가오카 (亀ヶ岡)
가모 (加茂)
가미구로이와 (上黒岩)
가미노 (神野)
가미노키 (神之木)
가미오부치 (上小淵)
가미키타정 (上北町)
가미타카츠 (上高津)
가산 (月山)
가소가와 (木曾川)
가소리 (加曾利)
가시와기 (柏木)
가와라다 (川原田)
가와지 (川地)
가유미 이지리 (粥見井尻)
가이토리 (買鳥)
가이하타 (貝畑)
가즈노시 (鹿角市)
가츠사카 (勝坂)
가코이노하라 (椿ノ原)
가키노시마 (垣ノ島)
간자와다테 (蟹沢館)
간토 (關東)
고겐야마 (板山)
고나미 (小波)
고레카와 나카이 (是川中居)
고마키노 (小牧野)
고무로 우에다이 (小室上台)
고사쿠 (古作)
고사쿠 (小作)
고쇼노 (御所野)
고시다케 (腰岳)

고야마다이 (小山台)
고주시마 (神津島)
고치 (高知)
고타키가 (小滝川)
고하라 (郷原)
고호쿠 (都筑区)
곤겐바라 (権現原)
교토 (京都)
구넨바시 (九年橋)
구로하마 (黒浜)
구리바야시 (栗林)
구마노사와 (熊の沢)
구마모토 (熊本)
구모리 (久森)
구시로가와 (釧路川)
구지 (久慈)
군마 (群馬)
규슈 (九州)
기누가와 (鬼怒川)
기리가미네 (霧ヶ峰)
기뿌 (岐阜)
기소가와 (木曽川)
기소산맥 (木曽山脈)
기온바라 (祇園原)
기우수 (キウス)
기카이 (鬼界)
기타가와 (北川)
기타무라 (北村)
기타시라가와 (北白川)
기타카미시 (北上市)
기타코가네 (北黄金)
긴세이 (金生)
긴세이 진자 (金清神社)
긴키 (近畿)
나가노 (長野)
나카노 (中野)
나가노다이 (長野平)
나가사키 (長崎)
나라 (奈良)

나시노키주카 (梨ノ木塚)
나츠시마 (夏島)
나카고시 (中越)
나카노야 마츠바라 (中野谷松原)
나카사와메 (中沢日)
나카자토 (中里)
나카주마 (中妻)
나츠시마 (夏島)
난보리 (南堀)
노나카도 (野中堂)
노모다이 (野面平)
노토정 (能登町)
누마즈 (沼津)
누사마이 (幣舞)
누쿠이미나미 (貫井南)
니가데 (二月田)
니가타 (新潟)
니시노매 (西ノ前)
니시노조 (西之城)
니시노타니 (西ノ谷)
니시다 (西田)
니시자키야마 (西崎山)
다나바타케 (棚畑)
다마 (多摩)
다마가와 (多摩川)
다이기 (大木)
다이부 (大武)
다카네키도 (高根木戸)
다카라가미네 (宝ヶ峯)
다카세가와 (高瀬川)
다키바므로 (瀧馬室)
다키사토 (滝里)
다테시나야마 (蓼科山)
다테이시 (立石)
단자와 (丹沢)
데라사카 (寺坂)
데라오 (寺尾)
데라지 (寺地)
덴류가와 (天竜川)

아이치 (愛知)

아카기야마 (赤城山)

아카사카타 (赤坂田)

아카야마 (赤山)

아카야마 진야아토 (赤山陣屋跡)

아카이가와 (赤井川)

아카이시산맥 (赤石山脈)

아키타 (秋田)

아키타현 (秋田県)

아타마다이 (阿玉臺)

아타카 (阿高)

안교 (安行)

야마가타 (山形)

야마구치 (山口)

야마나시 (山梨)

야마노토게 (山野峠)

야제 (矢瀬)

야츠다케야마 (八ヶ岳)

야쿠시마 (屋久島)

야쿠시마에 (薬師前)

에노키바야시 (榎林)

에비수다 (恵比須田)

에히메 (愛媛)

엔다이 (縁帶)

엔토 (円筒)

오가와라호 (小川湖)

오니주카 (鬼塚)

오다이 (大平)

오다이야마모토 (大平山元)

오다테 (大館)

오마치 (大町)

오모리 (大森)

오사카 (大阪)

오소레잔야마 (恐山)

오슈쿠 (鶯宿)

오시라가와 (大白川)

오시마 (大島)

오이 (大井)

오이가와 (大井川)

오이라세가와 (奥入瀬川)

오이타 (大分)

오자키 (尾崎)

오카야마 (岡山)

오쿠노니타 (奥ノ仁田)

오키나와 (沖繩)

오키시마 (隠岐島)

오키토 (置戸)

오토에 (音江)

오토에 미나미 (音江 南)

오하라 (大原)

온가가와 (遠賀川)

온다시 (押出)

온이도 (御井戸)

와다 관문 (和田 峠)

와카야마 (和歌山)

와키모토 (脇本)

와파라 (上原)

요나이즈미 (米泉)

요도히메 (淀姫)

요스케오네 (与助尾根)

요시고 (吉胡)

요시오카 (吉岡)

요코이 다케노야마 (横井 竹の山)

우라뉴 (浦入)

우라야마 테라조 (浦山寺藏)

우바야마 (姥山)

우수 (有珠)

우수지리 (臼尻)

우시로노 (後野)

우시이시 (牛石)

우에노하라 (上野原)

우치노다이 (内の岱)

우키시마 (浮島)

유리 (ユリ)

이니와 (恵庭)

이모지야 (鑄物師屋)

이바라키 (茨城)

이부수키 (指宿)

이사라고 (伊皿子)

이시가미 (石神)

이시가와 (石川)

이시고 (石郷)

이시야마 (石山)

이와주쿠 (岩宿)

이와키가와 (岩木川)

이와테 (岩手)

이즈 (伊豆)

이주미 (和泉)

이차니 (伊茶仁)

이치키 (市來)

이치하사마정 (一迫町)

이케나이 (池内)

이케다데라 (池田寺)

이키시마 (壱岐島)

이타야마 (板山)

이토이가와 (糸魚川)

조자가하라 (長者ヶ原)

조자쿠보 (長子久保)

주고쿠 (中國)

주노 (寿能)

주부 (中部)

주산보다이 (十三菩提)

지가타 (地方)

지바 (千葉)

지치부산맥 (秩父山脈)

진야아토 (赤山陣屋)

추게하라 (中下原)

츠가루 (津軽) 해협

츠루미가와 (鶴見川)

츠츠미가와 (堤川)

츠쿠모 (津雲)

츠키기 (槻木)

치카노 (近野)

치카모리 (チカモリ)

치쿠마가와 (千曲川)

치토세시 (千歳市)

카자하리 (風張)

쿠리바야시 (栗林)

쿠릴一 (クル)

타네가시마 (種子島)

타이라 (平)

타자와 (田澤)

테라노 히가시 (寺野東)

326

옮긴이의 글

'번역은 제2의 창작'이라는 말이 있다. 이 말은 일반적으로 문학 작품에 해당하는 것으로 이해하고 있다. 본서의 경우 문학이 아닌 인문과학의 내용을 가진 서적이다. 물질적 증거인 고고학 자료의 분석과 그 결과를 토대로 해석을 한 비교적 객관적인 내용을 담고 있다. 그렇기 때문에 '창작'이 들어설 여지가 별로 없다. 그럼에도 불구하고 본서를 번역함에 있어 '창작'까지는 아니더라도 비슷한 상황에 봉착한 경우가 적지 않았다. 그런 부분을 제외하고는 모두 가능하면 직역을 하는 것을 원칙으로 하였다. 직역을 했을 경우 문장이 어색한 부분이 있는 곳은 적절하게 의역을 하였다.

본서는 일본의 신석기시대에 해당하는 조몬 고고학을 다룬 것으로 캐나다의 맥길 대학교(McGill University)에서 유학한 하부 준코(羽生淳子) 선생이 영어로 작성한 것이다. 그러다보니 번역하는 과정에서 예상하지 못했던 기술적인 어려움이 있었다. 구체적으로 일본 내 수많은 고고학 유적지명과 연구인명이 영어로 표기되어 있어 이를 다시 일본어 및 한자로 치환하는 것에 많은 시간이 소요되었다. 역자가 일본어를 전혀 못하는 것은 아니지만 수렵-채집의 조몬 고고학에 조예가 그리 깊지 않은 탓에 그만큼 애를 먹었다. 특히, 본서에 인용된 엄청나게 많은 일문으로 작성된 참고문헌을 모두 원문 제목을 찾아 바꾸는 작업은 역자가 감당하기가 불가능하였다. 이를 신숙정 박사께서 일본에서 고고학을 전공한 천선행 교수에게 특별히 의뢰하여 역자의 짐을 덜어 주었다. 이 작업을 하는 과정에서 심지어 원저자인 하부 준코가 참고문헌을 틀리게 표기한 것까지 바로 잡아 주었다. 천선행 교수에게 이 지면을 빌어서 심심한 감사의 말씀을 드린다.

이 책의 내용은 우리나라 고고학 연구자들이 일본 고고학을 알고 그것을 우리나라 신석기문화와 비교·연구하는 데 좋은 길잡이 역할을 할 수 있는 것이다. 또 일본 고고학자들의 연구 관심사 및 경향을 이해하는 데 도움이 될 것이다. 하부 준코는 서구 고고학의 학문적 분위기에서 조몬문화 연구로 박사학위를 취득하였고 현재 미국 캘리포니아 주립대학교인 버클리(U. C. Berkeley)에서 고고학을 가르치고 있다. 따라서 일본 고고학과 서구 고고학의 장·단점과 문제점을 잘 인식하고 있다. 우리나라 고고학의 학문적 수준이 서구는 물론이고 일본 고고학 수준에 미치지 못하고 있음을 대부분의 사람들이 인지하고 있다. 그런 상황에서 원저자가 일본 고고학의 문제점을 지적하는 내용에 우리들이 귀 기울일 필요가 있다고 생각한다.

일본 조몬문화 연구로 서구 고고학의 학문 세계에 저작을 내놓는 것을 보고 우리나라 고고학의 내용을 이와 유사한 형태로 출판할 수는 없을 것인가 생각해 보았다. 이에 대한 해답은 이 책 안에 담겨져 있다. 우리들만의 고고학적 관심이 아닌 외국의 좀 더 많은 연구자들이 공유할 수 있는 공통적이고 보편적인 내용과 기본적이고 일반적인 이론과 방법론 및 분석의 틀을 사용하여야 그것을 이룰 수 있다. 그렇지 않으면 외국 연구자들이 우리나라의 고고학에 관심을 가지게 되는 것이 요원할 뿐이고 한국 고고학의 질적인 발전은 기대하기 어렵다.

이 책을 번역하면서 많은 것을 깨닫게 되었다. 우선 역자도 미국에서 공부하여 박사학위 논문의 일부를 미국의 학술지에 몇 편 게재하였다. 돌이켜 생각하면 이것에 지나치게 안주하였고 체면치레를 했다고 자위를 한 것이 아닌가 하는 생각이 많이 든다. 다른 한편, 역자가 미국에서 공부하고 있는 중에 한국 고고학을 전공하는 미국인 교수가 "한국 고고학자들은 박사학위를 받고 '왜' 사라져 버리는가?"라고 한 말이 아직도 귀에 생생하다. 역자는 그렇게 사라지지 않으려고 애를 많이 쓴 것은 사실이지만 만족스럽지 못하다. 꺼져 가는 불씨를 살려 행여나 마지막으로 불을 지필 수 있는 계기를 마련하도록 노력해 보고자 다짐한다.

역자는 역사고고학 연구자로 '복합사회 형성'(국가 형성의 메커니즘인 전쟁, 원거리 교역, 관개수리)이 주된 연구주제이다. 그러다보니 선사시대 '수렵-채집' 문화를 다룬다는 것이 다소 부담스러웠다. 그럼에도 불구하고 신숙정 박사께서 이 책의 번역을 맡겨 많은 공부를 할 수 있도록 배려하여 주신 후의에 심심한 감사의 뜻을 전하고자 한다. 아울러 본서가 출판되기까지 한강문화재연구원의 권도희 선생과 사회평론의 고인욱 선생 그리고 뒤에서 궂은 일을 해 주신 사회평론의 직원 선생들에게 감사의 뜻을 전하고 싶다. 번역을 함에 있어 전문용어를 적절하게 번역하기 위하여 저자인 하부 준코의 도움을 받았다. 그의 협조에 대해 이 지면을 빌어서 감사의 뜻을 전하고자 한다. 모쪼록 이 번역서가 한국 선사시대 고고학 나아가서는 우리나라 고고학 학문 발전에 다소나마 기여하게 되기를 기대하는 바이다.

2016. 10.

강봉원

찾아보기

340